HISTOIRE

DE LA

MONARCHIE DE JUILLET

PAR

PAUL THUREAU-DANGIN

OUVRAGE COURONNÉ DEUX FOIS PAR L'ACADÉMIE FRANÇAISE
GRAND PRIX GOBERT, 1885 ET 1886

DEUXIÈME ÉDITION

TOME SIXIÈME

PARIS

LIBRAIRIE PLON

E. PLON, NOURRIT ET Cie, IMPRIMEURS-ÉDITEURS
RUE GARANCIÈRE, 10

—

1892

Tous droits réservés

HISTOIRE

DE LA

MONARCHIE DE JUILLET

L'auteur et les éditeurs déclarent réserver leurs droits de traduction et de reproduction à l'étranger.

Ce volume a été déposé au ministère de l'intérieur (section de la librairie) en avril 1892.

DU MÊME AUTEUR :

Royalistes et Républicains, Essais historiques sur des questions de politique contemporaine : I. *La Question de Monarchie ou de République du 9 thermidor au 18 brumaire*; II. *L'Extrême Droite et les Royalistes sous la Restauration*; III. *Paris capitale sous la Révolution française.* 2e édition. Un volume in-18. Prix...... 4 fr.

Le Parti libéral sous la Restauration. 2e *édition*. Un vol. in-18. Prix.. 4 fr.

L'Église et l'État sous la Monarchie de Juillet. Un vol. in-18. Prix... 4 fr.

Histoire de la Monarchie de Juillet. Tomes I, II, III, IV et V, 2e *édition*. Prix de chaque vol. in-8°............................... 8 fr.

(*Couronné deux fois par l'Académie française, GRAND PRIX GOBERT, 1885 et 1886.*)

PARIS. — TYPOGRAPHIE DE E. PLON, NOURRIT ET Cie, RUE GARANCIÈRE, 8.

HISTOIRE
DE LA
MONARCHIE DE JUILLET

LIVRE VI

L'APOGÉE DU MINISTÈRE CONSERVATEUR

(DE LA FIN DE 1845 AU COMMENCEMENT DE 1847)

CHAPITRE PREMIER

LES ÉLECTIONS DE 1846.

(Fin de 1845-août 1846.)

I. Bonne situation du ministère à la fin de 1845. M. Thiers unit le centre gauche à la gauche. Le *National* et la *Réforme*. — II. L'opposition dans la session de 1846. Débats sur les affaires du Texas et de la Plata. — III. L'opposition crie à la corruption. Défense du ministère. Qu'y avait-il de fondé dans ce grief? — IV. La campagne contre le pouvoir personnel. Débat sur ce sujet entre M. Thiers et M. Guizot. La majorité fidèle au cabinet. — V. Tranquillité générale. Attentat de Lecomte. Évasion de Louis Bonaparte. — VI. Dissolution de la Chambre. Polémiques électorales. Attentat de Henri. Les résultats du scrutin. Ce qu'on en pense dans le gouvernement.

I

Le ministère durait depuis cinq ans. Plusieurs fois l'opposition s'était crue sur le point d'en avoir raison : toujours elle avait échoué. Sa dernière déception n'avait pas été la moins complète ni la moins mortifiante. On sait comment M. Guizot, un instant ébranlé, au début de la session de 1845, par le débat sur l'indemnité Pritchard, s'était bientôt après raffermi, et comment même, quelques mois plus tard, grâce à l'heureuse issue des négociations engagées à Londres sur le droit de visite et à Rome sur l'affaire des Jésuites, il était sorti de cette session plus solide qu'il ne l'avait jamais été. A la fin de 1845, on se trouvait encore sous l'impression de ce double succès. Aucune grosse difficulté n'embarrassait la politique du cabinet, soit en France, soit en Europe; l'horizon, naguère si chargé, s'était partout éclairci. Tout au plus discernait-on un point noir du côté de l'Algérie, où l'indomptable Abd-el-Kader venait de reprendre les armes; mais cet accident local mettait surtout en cause la responsabilité du maréchal Bugeaud. Le ministère paraissait impossible à renverser, tant du moins que subsisterait la Chambre actuelle. Cette conviction, universellement répandue, produisait son effet sur les députés. La victoire attire, la défaite désagrège. Les flottants se détachaient de l'opposition et rentraient dans la majorité. Le gouvernement ne cachait pas, d'ailleurs, son intention de dissoudre la Chambre après la session de 1846; pour tous ceux qui ne se sentaient pas sûrs de leurs collèges, il n'était que temps de se remettre bien avec les ministres qui feraient sûrement les élections.

Le changement qui s'opéra à ce moment dans la situation du centre gauche ne contribua pas peu à raffermir la majorité. Jusqu'alors, ce groupe avait gardé une position moyenne, intermédiaire, qui lui permettait de tendre la main, suivant les circonstances, soit à la gauche, soit au centre. Son chef, M. Thiers, avait paru, plus que personne, soucieux des avantages de cette position. Mais, à la fin de 1845, n'espérant plus rien du centre, il annonça l'intention de réunir le centre gauche et la gauche, pour en faire une seule armée dont il se flattait d'avoir le commandement. Après discussion entre les plénipotentiaires des deux groupes, un traité fut rédigé et signé en double, le 25 décembre 1845, par M. Thiers et M. Odilon Barrot : les contractants se déclaraient résolus à entrer ensemble au ministère et à se concerter pour le choix de leurs

collègues ; il était stipulé que le futur cabinet présenterait des
lois sur la réforme électorale et parlementaire, la répression
de la corruption électorale, les annonces judiciaires, la définition des attentats déférés à la cour des pairs, et qu'il proposerait des modifications aux lois sur le jury et sur la presse [1].
Le centre gauche accepta docilement ce qu'avait fait son chef.
A gauche, cette alliance ne laissa pas que d'éveiller certaines
répugnances, non seulement chez M. de Lamartine, comme
toujours superbement isolé, mais aussi chez M. de Tocqueville
et ses amis, qui se plaignaient de voir la politique de principes sacrifiée à la politique d'expédients et d'intrigues. Toutefois, ces mécontents n'étaient que le petit nombre ; la masse
du parti suivit M. Odilon Barrot, qui était complètement
dominé par M. Thiers.

Les radicaux de la Chambre, sans être partie au traité d'alliance, se montrèrent disposés à seconder la campagne qui
devait en être la suite. Croyant avoir à attendre longtemps
encore le jour de la république, désabusés des conspirations et
des émeutes, ils jugeaient utile de se mêler à l'action parlementaire. D'ailleurs, en s'unissant à l'opposition dynastique,
ils se flattaient, non sans raison, de l'entraîner et de la compromettre. En dehors de la Chambre, tous les républicains ne
se prêtèrent pas à cette tactique. Le *National*, sans doute,
l'approuvait : mais il n'était plus seul à parler au nom des
républicains. En 1843, un ancien sténographe, fort mêlé aux
sociétés secrètes, dévot de 1793, M. Flocon, avait fondé la
Réforme. Le nouveau journal eut des débuts pénibles ; il était
loin d'avoir autant d'abonnés que le *National,* qui cependant
n'en comptait guère plus de trois mille ; il ne vivait que grâce
aux subventions de M. Ledru-Rollin, dont M. Flocon avait
trouvé moyen d'exploiter l'ambitieuse vanité. A la *Réforme*,
on était violemment jacobin, bienveillant au socialisme ; on
regardait d'un œil jaloux et soupçonneux les « messieurs » du
National. Ceux-ci, de leur côté, ne cachaient pas leur dédain

---

[1] *Notes inédites de M. Duvergier de Hauranne.*

pour ces nouveaux venus qui prétendaient leur disputer la direction du parti. Quand le *National,* à la suite des radicaux parlementaires, parut disposé à seconder M. Thiers, la *Réforme* dénonça aussitôt ce qu'elle appelait une intrigue, un scandale, une trahison. Le *National* se défendit, mais avec l'embarras que manifestent toujours les Girondins aux prises avec les Montagnards. Ainsi commençait un antagonisme qui devait subsister jusqu'en 1848, et se manifester, après la révolution de Février, au sein du gouvernement provisoire. Pour le moment, les meneurs de la gauche parlementaire pouvaient ne pas y attacher grande importance : la coterie de la *Réforme* n'avait guère d'autre représentant dans la Chambre que M. Ledru-Rollin, et dès lors sa désapprobation n'était pas de nature à beaucoup gêner la manœuvre de M. Thiers.

II

A peine la session fut-elle ouverte, le 27 décembre 1845, que les premiers votes émis pour la constitution du bureau et pour la nomination de la commission de l'adresse confirmèrent l'existence d'une majorité ministérielle résolue à ne pas se laisser entamer. L'opposition ne renonça pas à la lutte ; seulement elle décida de parler surtout pour le dehors, se donnant comme but, non d'obtenir un vote de la Chambre, mais de préparer les élections dans le pays. Sur quel point porter ses efforts? Les circonstances ne lui offraient alors aucune des chances dont elle avait pu profiter les années précédentes : rien de pareil à ces incidents du droit de visite, de la flétrissure, de l'indemnité Pritchard, qui lui avaient fourni de si favorables terrains d'attaque. Réduite à remplacer la qualité par la quantité, elle entreprit de soulever pêle-mêle tous les griefs, d'allonger et de multiplier les discussions, d'y revenir à chaque propos, sans jamais considérer une question comme vidée. Ainsi se flattait-elle d'agiter l'opinion et de fatiguer le pouvoir. Était-ce la meilleure tactique, en face d'un pays un peu las de la politique et plus porté à l'apathie qu'à la colère? En tout cas, M. Guizot ne s'en troublait pas : il était plein d'espoir. « Le début est bon, écrivait-il le 5 janvier 1846. Le parti conservateur est plus uni, plus décidé et plus en train que jamais, avec un sentiment de confiance en lui-même et en nous que j'ai rarement vu... La fusion de la gauche et du centre gauche a dissous le camp des incertains. » Il ajoutait, quelques jours plus tard, le 26 janvier : « Au fond, la majorité est très décidée, très compacte. L'opposition joue, avec grand dépit, ses cartes, qu'elle croit les dernières avant les élections. Elle fera du bruit, autant et aussi longtemps qu'elle le pourra, pour relever et exciter son public extérieur. Je doute que cela lui soit bon, et nous en souffrirons, je pense, plus d'ennui et de fatigue que de mal [1]. » L'attaque, en effet, fut aussi acharnée que le prévoyait le ministre. L'adresse à la Chambre des députés occupa dix-sept séances, ce qui ne s'était pas encore vu, et aussitôt après, comme si rien n'était fait, la bataille reprit à propos de la réforme parlementaire et des crédits supplémentaires. Ce ne fut pas tout : dans les derniers jours de la session, à l'époque où d'ordinaire le sentiment dominant est l'impatience d'en finir, M. Thiers, qui avait pris à cœur son rôle de chef de l'opposition et qui s'était prodigué à la tribune [2], rouvrit, à l'occasion du budget, un débat de politique générale qui dura plusieurs jours.

Dans ces diverses discussions, les affaires étrangères n'occupèrent pas la place prépondérante que l'opposition était habituée, depuis plusieurs années, à leur donner. C'est que toutes les questions de ce genre, qui naguère passionnaient l'opinion, semblaient réglées et finies. Vainement, lors de l'adresse, prétendit-on raviver la querelle sur le droit de

---

[1] Lettres particulières au comte de Flahault, ambassadeur à Vienne. (*Documents inédits.*)

[2] M. Thiers ne prononça pas moins de neuf discours pendant la session de 1846. En 1845, il n'en avait prononcé que trois; en 1844, six; en 1842, sept. En 1843, il n'avait pas paru à la tribune. En 1847, il ne devait parler qu'une fois

visite, en soutenant que la convention du 29 mai 1845 était une mystification ; cette tentative n'eut aucun succès, et les propositions faites dans ce sens furent repoussées, ou durent être abandonnées. A défaut des questions anciennes, force fut d'en imaginer de nouvelles qu'on alla chercher bien loin, jusqu'au Texas et à la Plata.

Pour échapper aux difficultés qu'il avait depuis quelque temps avec le Mexique, le Texas, jusque-là indépendant, venait de s'annexer aux États-Unis. Le cabinet français n'avait pas prétendu s'opposer à cette annexion, mais, de concert avec le cabinet britannique, il l'avait déconseillée au gouvernement texien. Il estimait que l'existence de ce petit État importait à l'équilibre du nouveau monde et prévenait les chocs entre les deux races espagnole et anglo-saxonne. Si mesurée qu'elle eût été, notre intervention avait causé à Washington une humeur dont la trace se retrouva dans le message du président : celui-ci déclara « ne pouvoir permettre, en silence, qu'aucune action européenne s'exerçât sur le continent du nord de l'Amérique ». L'opposition en France fit grand bruit de ce mécontentement ; elle reprocha à M. Guizot d'avoir, par docilité envers ses alliés d'outre-Manche, compromis une amitié qui était dans les traditions de notre politique ; la France, ajoutait-on, n'a pas les mêmes raisons que l'Angleterre de jalouser les agrandissements des États-Unis.

Ce fut à une critique analogue que donna lieu l'affaire de la Plata. Déjà une première fois, en 1838, les mauvais traitements infligés à nos nationaux par le dictateur de la Confédération argentine, le farouche Rosas, nous avaient amenés à intervenir dans ses démêlés avec l'État de Montevideo et à procéder au blocus des deux rives de la Plata. Malgré la vigueur de nos marins, leur action avait été peu efficace. Aussi, en 1840, le gouvernement français avait-il été fort aise de se dégager tant bien que mal de cette entreprise lointaine, coûteuse, difficile, en concluant avec Rosas une convention qui semblait assurer à peu près la protection de nos nationaux et l'indépendance de Montevideo. Dans les années suivantes, il avait résisté à toute tentation d'une intervention nouvelle, malgré les griefs trop réels que continuait à lui fournir Rosas. Cependant, en 1845, l'Angleterre, gênée dans son trafic par la continuation de la guerre entre les riverains de la Plata, voulut y mettre fin en imposant sa médiation armée, et demanda à la France de se joindre à elle. M. Guizot y consentit, au fond fort à contre-cœur. L'opposition l'attaqua à ce sujet ; ses critiques, il est vrai, étaient peu concordantes, les uns se plaignant que la France agît, les autres, dont était M. Thiers, se plaignant qu'elle n'agît pas seule et avec plus de vigueur ; mais tous s'accordaient à montrer dans la dépendance où le ministère du 29 octobre était à l'égard de l'Angleterre, la cause de la faute commise.

Sans doute, au Texas comme sur la Plata, le gouvernement français eût mieux fait de s'abstenir. Son action ne s'expliquait guère que par le désir d'être agréable au cabinet de Londres. Mais, si l'on veut bien se rappeler qu'au même moment il obtenait de ce cabinet l'abandon du droit de visite, on jugera peut-être qu'en payant de ce léger prix une si importante concession, il ne faisait pas un mauvais marché. D'ailleurs, dans l'une et l'autre affaire il veillait à ne pas se laisser entraîner : en ce qui concernait le Texas, il n'avait rien fait et entendait ne rien faire qui pût le mettre en conflit avec les États-Unis ; sur la Plata, la communauté d'action avec l'Angleterre, si elle ne rendait pas l'entreprise plus agréable et plus efficace, en diminuait du moins le risque. Rien donc n'était sérieusement compromis. Le public en avait l'instinct. Aussi, malgré les efforts de l'opposition et particulièrement de M. Thiers pour grossir ces incidents, la Chambre refusa-t-elle de s'en émouvoir, et repoussa-t-elle à de fortes majorités toutes les motions de blâme présentées à ce sujet.

III

Sentant qu'elle n'avait rien à gagner aux discussions de politique étrangère, l'opposition se rejeta sur les questions intérieures et y porta son principal effort. De ce côté, pourtant, les circonstances ne lui fournissaient pas de plus sérieux sujets d'attaques. Point de réformes à poursuivre dont le pays eût vraiment souci ; aucun acte arbitraire à dénoncer. A défaut de réalités, on trouva un mot, mot méchant, meurtrier, que, jusqu'à la révolution de Février, on devait répéter en grossissant de plus en plus la voix, le mot de « corruption ». Ne pouvant alléguer que les libertés publiques fussent violées, on prétendit qu'elles étaient faussées ; que le pouvoir, en exploitant les appétits privés des électeurs d'abord, des députés ensuite, détruisait l'indépendance et la sincérité de leurs votes, de telle sorte que le gouvernement représentatif, intact en apparence, n'était plus qu'un leurre. Sans doute cette accusation de corruption n'était pas nouvelle ; il était d'usage que les oppositions y eussent recours, dès que les ministères duraient trop longtemps à leur gré. Ainsi avait-il été fait, sous la Restauration, contre M. de Villèle ; après 1830, contre le ministère du 11 octobre et tout particulièrement contre M. Thiers ; enfin contre M. Molé, lors de la coalition. Mais il semblait, en 1846, qu'on criât plus fort. Ce grief fut le sujet principal de la plupart des débats, depuis l'adresse jusqu'au budget.

Parmi les opposants, tous ne traitaient pas la question de même. Les enfants perdus se lançaient dans les personnalités, se plaisaient aux anecdotes, dénonçaient des scandales le plus souvent controuvés ou dénaturés. Puis survenait quelque généralisateur, M. Odilon Barrot par exemple, qui, sans s'inquiéter des rectifications de fait, croyant sincèrement à toute parole d'opposition, s'épanchait en indignations généreuses. M. Thiers, qui avait été lui-même au pouvoir, savait trop à quoi s'en tenir sur la valeur de ces reproches, pour le prendre sur un ton aussi dramatique ; mais il n'en frappait pas moins fort. « Les gouvernements libres, disait-il, ont aussi leurs misères. Il faut flatter en bas, il faut s'acquérir les voix des membres des assemblées délibérantes, flatter leur vanité, flatter leurs intérêts, les leurs, ceux de leurs familles ; et quand on a conquis leurs voix, il faut souvent aussi conquérir les voix de ceux qui les nomment; il faut descendre dans ce travail de brigues déplorables, de façon que la liberté, qui a pour but d'étendre la participation aux affaires publiques, n'étend souvent que la corruption, comme ces poisons qui, communiqués à la masse du sang, portent la mort partout où ce liquide bienfaisant est destiné à porter la vie. » L'orateur se défendait de « dénigrer son temps et son pays ». « Je sais bien, continuait-il, que notre temps manque d'élévation, mais il a plus d'honnêteté privée que ceux qui l'ont précédé;... nos mains sont plus pures. » Toutefois, il s'élevait contre ceux qui se résignaient trop facilement au mal, et il s'écriait, en visant les ministres actuels : « Il y a des gens qui croient qu'on ne peut gouverner que par la satisfaction des intérêts privés, qui regardent cela comme nécessaire, qui disent que la corruption est un mal inévitable, que dès lors ce n'est presque pas un mal, que c'est même un bien, si l'on peut le faire servir à la cause à laquelle on est attaché; que tout le monde en ferait autant, et que ceux qui blâment voudraient être ou corrupteurs ou corrompus eux-mêmes;.... et ces hommes, je les vois, après avoir ainsi souri au mal, se sourire à eux-mêmes, tant ils se trouvent profonds de penser de la sorte. »

C'était le plus souvent M. Duchâtel qui répondait au nom du ministère. Précis, imperturbable, sans étalage d'indignation oratoire, usant plutôt d'une sorte de bonhomie narquoise, il ne se lassait pas de démentir ou de rectifier les faits et les chiffres, et mettait parfois les rieurs de son côté, en montrant que les députés de l'opposition n'étaient pas les moins âpres à solliciter les faveurs administratives, ni les moins prompts à s'en faire valoir auprès de leurs électeurs. Quant à M. Guizot, il évitait le plus possible de discuter ces misères. Était-il contraint de le faire, il usait surtout de dédain, et, délaissant les détails, tâchait d'élever le débat à d'éloquentes généralités. « Comment supposer, s'écriait-il, qu'avec les moyens dont le gouvernement dispose, avec ces moyens si petits, si subalternes, il vienne à bout de dompter, d'annuler de grandes institutions libres? Et cela, en présence d'une opposition qui, à l'en croire, possède seule l'intelligence des intérêts généraux du pays, l'intelligence des idées élevées, des sentiments généreux, qui a le monopole de tous les grands ressorts moraux qui peuvent agir sur le pays! » Puis il ajoutait : « Croyez-moi ; relevez, tant que vous en trouverez l'occasion, les faits de corruption qui vous paraîtront illégitimes, dangereux pour nos libertés... Mais n'attribuez pas à quelques abus isolés ces grands résultats dont vous cherchez la cause. Voici la vraie cause : après la lutte qui dure depuis longtemps, entre vous et nous, sur la politique qui convient à la France, lutte qui se passe sous le grand soleil du pays, au milieu de toutes les libertés du pays, le pays a donné et donne raison au gouvernement et tort à l'opposition. Voilà la vraie, la grande cause de ce qui se passe. Toutes les autres sont misérables et ne valent pas la peine qu'on en parle. »

Entre le ministère et ses accusateurs, où était la vérité? Nul doute tout d'abord sur la grossière exagération des griefs. C'est un républicain, M. Lanfrey, qui a écrit, plusieurs années après la chute de la monarchie de Juillet : « Il est impossible aujourd'hui, à l'historien comme au moraliste, de se mettre en très grands frais d'indignation au sujet des faits de corruption reprochés au ministère de MM. Guizot et Duchâtel. » Et M. Lanfrey attribuait le retentissement qu'avaient eu ces faits à la « candeur relative de cette époque[1] ». Notons en outre l'impropriété vraiment calomnieuse du mot employé par l'opposition. Corruption implique une idée de vénalité, de prévarication. Rien de pareil n'existait; M. de Montalembert et M. de Tocqueville, qui étaient cependant alors au nombre des censeurs les plus sévères, le proclamaient hautement. Mais si, laissant de côté ce gros mot de « corruption », on parle seulement de ce que M. Guizot lui-même appelait l'« abus des influences », de l'envahissement et de la prédominance des préoccupations électorales ou parlemen-

---

[1] Revue nationale, t. XV, p. 31.

taires dans l'administration, dans la distribution des faveurs dont le pouvoir dispose, force est alors de reconnaître que, pour être exagérées, les accusations n'en avaient pas moins une part de vérité. Parmi les histoires de députés qu'on prétendait avoir été raffermis ou gagnés par une promesse de place, toutes n'étaient pas de pure invention. Les amis du gouvernement, dans leurs épanchements intimes, ne niaient pas le mal et en gémissaient[1]. Placé, par les élections de 1842, en face d'une majorité incertaine, vivant au milieu d'un monde politique où trop souvent l'affaiblissement des croyances et l'absence de sentiments chevaleresques, d'illusions généreuses, ne laissaient plus guère subsister que le sens de l'intérêt personnel, le ministère n'avait pas cru pouvoir se soutenir sans faire appel à cet intérêt. Comme toujours en pareil cas, il tâchait de rassurer sa conscience par l'utilité du but à atteindre. A vrai dire, ce mal était moins celui d'un ministère que celui de la société elle-même. Pour le guérir, il eût fallu changer non les gouvernants, mais les mœurs, rehausser l'âme de la nation, et surtout en extirper le scepticisme politique, moral, religieux, fruit de tant de révolutions. Or c'était une œuvre à laquelle l'opposition ne paraissait certes pas plus propre que le cabinet du 29 octobre.

Toutefois, pour un homme tel que M. Guizot, cette excuse de n'avoir pas fait pis que n'eussent fait ses adversaires à sa place ne paraît pas suffisante. N'était-il pas de ceux dont on pouvait attendre qu'ils fissent mieux que les autres? La répugnance, le mépris qu'il éprouvait évidemment pour certains procédés ne devaient-ils pas l'empêcher non seulement d'y recourir, mais d'y laisser recourir à côté ou au-dessous de lui? Son austérité propre était incontestable. Il y avait déjà longtemps qu'il « s'était promis, une fois pour toutes, de ne jamais tenir compte, dans sa vie publique, d'aucune considération d'intérêt privé[2] ». « Je ne fais cas et n'ai envie que

[1] Voir, par exemple, le *Journal inédit de M. de Viel-Castel.*
[2] Lettre du 19 juillet 1835. (*Lettres de M. Guizot à sa famille et à ses amis*, p. 145.)

de deux choses, écrivait-il à M. Bresson en 1846 : de mon vivant, ma force politique; après moi, l'honneur de mon nom[1]. » Seulement, se contentant trop facilement d'être personnellement intact, il s'était peu à peu habitué à considérer ce qui lui paraissait être les défauts inévitables de son temps et de son pays avec une sorte de résignation hautaine, au sujet de laquelle il se plaisait à philosopher. « En toutes choses, écrivait-il un jour à M. de Barante, c'est le grand effort de la vie que de se soumettre à l'imperfection sans en prendre son parti, et de garder au fond toute son ambition en acceptant toute sa misère. Si je m'estime un peu, c'est par là. J'ai appris à me contenter de peu, sans cesser de prétendre à tout[2]. »

La mesure avec laquelle l'histoire s'efforce après coup de faire le partage entre les torts du gouvernement et les injustices de l'opposition, il ne fallait pas, sur le moment, l'attendre du public. Celui-ci était, par le fait même du régime censitaire, plus disposé à écouter l'accusation que la défense : la foule, facilement jalouse du « pays légal » dont elle n'était pas, écoutait volontiers ceux qui le lui présentaient comme une oligarchie bourgeoise n'usant de son pouvoir que pour satisfaire ses appétits. « Ainsi, a écrit depuis M. de Tocqueville, presque toute la nation, fut amenée à croire que le système représentatif n'était autre chose qu'une machine politique propre à faire dominer certains intérêts particuliers et à faire arriver toutes les places dans les mains d'un certain nombre de familles; opinion très fausse, même alors, mais qui a plus favorisé que tout le reste l'établissement d'un nouveau gouvernement[3]. » C'était là en effet un état d'esprit fort dangereux. Il tendait à bien autre chose qu'à un changement de ministère, et devait être pour beaucoup dans la chute de la monarchie, dans cette révolution de février 1848 qu'on a prétendu qualifier de « révolution du mépris ».

---

[1] *Mémoires de M. Guizot*, t. VI, p. 78.
[2] *Documents inédits.*
[3] Lettre du 27 juillet 1853.

IV

On eût dit vraiment que, dans cette session de 1846, un mauvais génie poussait l'opposition dynastique à choisir de préférence les armes qui pouvaient faire le plus de mal à la royauté. Non contente de dénoncer la politique du gouvernement comme corruptrice, elle s'efforça d'en faire remonter la responsabilité au Roi lui-même, en reprenant avec plus d'âpreté que jamais la campagne contre le « pouvoir personnel ». M. Thiers ne fut pas le moins animé à porter la lutte sur ce terrain scabreux, qui lui était d'ailleurs familier : il y avait déjà mis le pied, en 1839, lors de la coalition, avec M. Guizot pour complice; en 1843, plus accidentellement, à propos de l'algarade faite par Louis-Philippe à M. de Salvandy [1]. Cette fois, l'attaque était bien froidement et mûrement préméditée. Lors du traité d'alliance signé, le 25 décembre 1845, entre M. Thiers et M. Odilon Barrot, il avait été expressément stipulé qu'un article serait ajouté au projet de réforme parlementaire, en vue d'exclure de la Chambre « toute personne recevant, à un titre quelconque, un traitement de la liste civile ». Était-ce pour le plaisir d'écarter du Palais-Bourbon quelques officiers de service aux Tuileries? Non; on visait plus haut, et l'on ne s'en cachait pas. « Cet amendement, disait le *Siècle*, permettra d'apprécier, avec une liberté devenue nécessaire, l'influence exercée par la couronne sur les délibérations du pouvoir législatif. »

M. Thiers avait promis de soutenir lui-même cette proposition. Il tint parole, le 17 mars 1846. « Le gouvernement représentatif dans toute sa vérité », ainsi formula-t-il sa revendication; et il ajoutait malicieusement : « M. Guizot me comprend; c'est un langage que nous avons parlé ensemble. » Il

---

[1] Cf. plus haut, t. V, ch. IV, § v.

continua en ces termes : « Sous la Restauration, pourquoi me suis-je si hardiment décidé pour le duc d'Orléans contre Charles X? C'était sous l'empire d'une idée. J'avais écrit, en 1829, ce mot devenu célèbre : « Le Roi règne et ne gouverne « pas. » Est-ce que vous croyez que ce que j'ai écrit en 1829, je ne le pense pas en 1846? Non, je le pense encore, je le penserai toujours. » Puis, répondant à ceux qui, pour écarter cette maxime, arguaient de l'état particulier de la France : « Si cela était, messieurs, si le vrai gouvernement représentatif était impossible en France, ah! il fallait nous le dire en juillet 1830; il fallait nous dire, ce jour-là, que nous allions risquer, par une protestation qui engageait nos têtes, nos vies pour une illusion... Si le gouvernement représentatif dans toute sa réalité n'est pas possible en France, oubliez-vous qu'il eût mieux valu alors ne pas faire une révolution? Quoi! nous ne pourrions avoir que les formes extérieures du gouvernement représentatif! Mais pour cette fiction, pour ce mensonge, la Restauration valait bien mieux; elle avait des avantages de situation incontestables au dedans, comme au dehors. » De là l'importance que l'orateur attachait à la disposition qui devait exclure de la Chambre les aides de camp du Roi : elle lui paraissait « un pas dans cette carrière au bout de laquelle il voyait en perspective la vérité du gouvernement représentatif ». « On nous dit souvent, ajouta-t-il en terminant, que cela viendra, mais que cela viendra tard. Eh bien, soit! Je me rappelle, en ce moment, le noble langage d'un écrivain allemand qui, faisant allusion aux opinions destinées à triompher tard, a dit ces belles paroles que je vous demande la permission de citer : *Je placerai mon vaisseau sur le promontoire le plus élevé du rivage, et j'attendrai que la mer soit assez haute pour le faire flotter.* Il est vrai qu'en soutenant cette opinion, je place mon vaisseau bien haut; mais je ne crois pas l'avoir placé dans une position inaccessible. »

Écouté par tous avec une attention émue, applaudi avec passion par la gauche, exalté par une grande partie de la presse, répandu dans le pays à cent mille exemplaires, ce discours eut un immense retentissement. Ce fut pour l'opposition, particulièrement pour ses journaux, comme un signal de soutenir la même thèse et de porter partout l'attaque contre les prétendus empiétements de la couronne. Les républicains, on le comprend, ne furent pas les derniers à se joindre à une campagne qui servait si directement leur cause. M. Thiers ne parut pas troublé de ce bruit, au contraire. Il écrivait à un de ses correspondants d'Angleterre, dont j'aurai occasion de reparler, M. Panizzi : « Je sais que vous avez approuvé mon dernier discours *ad Philippum*. Celui-ci a été fort mécontent, ce dont je me soucie peu, car je ne veux ni le flatter, ni le blesser. Je vais à mon but, qui est la vérité, et ne regarde ni à droite ni à gauche [1]. »

Que fallait-il penser du danger dénoncé par M. Thiers ? Sans doute l'action du Roi était réelle, visible, tangible. Très laborieux malgré son grand âge, suivant de près toutes les affaires, y donnant même une partie de ses nuits [2], ayant acquis pleine conscience de son habileté et de son expérience, fier d'avoir fait prévaloir la fixité de son système politique à travers tant d'accidents et en présence d'un esprit public si incertain et si mobile, convaincu que les choses iraient très mal s'il cessait d'y mettre la main, ayant, depuis la mort du duc d'Orléans, le sentiment plus profond encore que sur lui seul reposait l'avenir de la nouvelle monarchie, Louis-Philippe était moins que jamais d'humeur à accepter la maxime : Le Roi règne et ne gouverne pas. Mais n'avons-nous pas eu déjà occasion de montrer que cette maxime, inventée pour jeter bas Charles X, n'était pas conforme aux vraies traditions du gouvernement représentatif, et qu'elle était encore plus contraire aux besoins particuliers de la société française ? Si le Roi cher-

---

[1] Lettre du 26 mars 1846. (*The Life of sir Anthony Panizzi*, par Louis FAGAN.)
[2] Louis-Philippe écrivait au maréchal Soult, le 7 octobre 1846 : « Le temps ne suffit plus aux exigences de ma position, et surtout au travail des papiers, qui prend sur mes nuits d'une manière qui m'extermine. » Plusieurs de ses lettres sont datées de minuit ou une heure du matin. (*Documents inédits*.)

chait à amener ses ministres et, par eux, la Chambre à ses idées, il ne violentait pas leur liberté et n'avait pas la prétention de gouverner contre la majorité. Nul prince n'était plus scrupuleusement résolu à ne pas sortir des règles constitutionnelles. Son seul tort était de manifester parfois son action avec quelque intempérance, de se donner des airs d'ingérence un peu tatillonne, de prépotence effarouchante, de ne pas comprendre qu'il est parfois plus habile à un roi de paraître indifférent et de demeurer silencieux. Déjà plusieurs fois, j'ai dû noter cette petite faiblesse, que l'âge et un peu d'infatuation venant du succès rendaient maintenant plus sensible. Elle ne justifiait pas l'accusation de « pouvoir personnel », mais elle la facilitait.

M. Guizot avait d'abord laissé à M. Duchâtel, qui s'en était habilement acquitté, la tâche de répondre à M. Thiers. Le retentissement prolongé de ce débat, et les polémiques qui en furent la suite, l'obligèrent à intervenir à son tour et à apporter, sur ces graves questions, ce qu'il croyait la doctrine vraie. Il le fit, le 28 mai 1846, dans le débat de politique générale soulevé par M. Thiers à l'occasion du budget. Il commença par relever sévèrement certaines paroles du premier discours de son contradicteur. « Il se trouve, dit-il, parmi les amis de la monarchie de 1830, parmi les hommes qui ont contribué à la fonder et qui veulent réellement la maintenir, il se trouve des hommes qui, lorsqu'une chose ne leur convient pas, se croient le droit de lui dire : Que ne nous disiez-vous cela en 1830? Il est grave de s'entendre dire ces paroles. Ce n'est pas la première fois que je les ai entendues. Je les ai entendu prononcer, en 1831, par l'honorable général de La Fayette, à propos du programme de l'Hôtel de ville qu'on disait violé. Il disait aussi : « Que ne « nous disiez-vous cela en 1830? » J'eus l'honneur de répondre alors qu'à coup sûr personne n'avait la fatuité de croire qu'il eût disposé de la France et de la couronne et l'eût donnée au prince qui la portait. Ç'a été la bonne fortune de la France de trouver dans son sein, en 1830, le prince qui porte la couronne. C'est la France elle-même qui s'est donnée à lui; personne n'en a disposé, personne n'a pu faire qu'il en fût autrement. Je repousse pour mon compte, aujourd'hui comme en 1831, ces bouffées d'un orgueil frivole. » Ceci dit, non sans avoir fait crier l'opposition, M. Guizot aborda la question de fond, et n'hésita pas à exposer des doctrines nettement monarchiques, qu'il eût sans doute été plus gêné de professer publiquement au lendemain de 1830; mais, depuis lors, bien des changements s'étaient opérés. « Je suis décidé, déclara-t-il, à trouver bon que la couronne déploie pour le pays tout ce qu'elle possède de sagesse, de fermeté et de dévouement... Je me regarde, à titre de conseiller de la couronne, comme chargé d'établir et de maintenir l'accord entre les grands pouvoirs publics, mais non d'assurer la prépondérance de tel ou tel de ces pouvoirs sur les autres... Pour cela, qu'y a-t-il à faire? Il faut traiter avec tous ces grands pouvoirs; il faut les prendre pour ce qu'ils sont en effet, pour des êtres libres, intelligents, qui ont leur situation, leurs idées, leurs sentiments, leur volonté;... il faut s'entendre avec la couronne comme avec les Chambres,... et amener ces transactions desquelles naît l'unité du gouvernement. Voilà le gouvernement représentatif. On parle d'indépendance. Je fais grand cas de l'indépendance; je suis convaincu qu'il en faut porter beaucoup dans les conseils qu'on donne à la couronne et dans les résolutions qu'on prend vis-à-vis d'elle; il faut l'avoir, l'indépendance; mais l'afficher, jamais! Je suis assez vieux pour avoir vécu sous bien des pouvoirs. J'ai vécu à côté de plusieurs d'entre eux, sans contact avec eux; j'en ai servi d'autres; je suis sûr qu'il n'y en a aucun qui m'ait jamais trouvé servile ou complaisant... Mais, je l'avoue, j'ai soif de déférence ou de respect envers les pouvoirs qui gouvernent mon pays. Et s'il m'arrivait, ce qui m'est arrivé, de me trouver en dissidence avec eux, bien loin de le laisser voir, je m'efforcerais de le cacher... Voici encore, dans cette grave question, un point sur lequel je crois que nous différons. C'est ma conviction que le devoir d'un conseiller de la couronne est constamment de faire remonter le bien à la couronne elle-même ; elle ne répond jamais du mal ; la responsabilité ministérielle la couvre... Il y a eu, de tous temps, des ministres de la couronne qui se sont appliqués à l'effacer, à s'interposer entre elle et le pays, pour se grandir eux-mêmes et eux seuls. Ce n'est pas mon goût, ni mon devoir. Je crois, au contraire, qu'il faut s'effacer au profit de la couronne et pour laisser aller à elle la reconnaissance publique. C'est à cela que je mets ma dignité et ma fierté, et je trouve les autres fiertés un peu vulgaires et subalternes. »

M. Thiers riposta avec une vivacité souvent amère. Sa doctrine tendait toujours à cette conclusion qu'un roi annulé était le corollaire nécessaire d'un roi inviolable. Plus les ministres avaient la réalité du pouvoir, plus, à son avis, on possédait le vrai gouvernement représentatif. « Ce qu'il faut, disait-il, ce sont des ministres qui ne se contentent pas seulement du rôle d'intermédiaires des pouvoirs... De tels ministres peuvent être des commis éloquents ; ce ne sont pas des ministres à grande responsabilité. Cette transparence dont on se plaint, ce n'est pas avec du talent seulement qu'on la fait cesser, c'est avec du caractère. » Puis, passant par-dessus la tête de M. Guizot, pour faire la leçon et poser ses conditions au Roi lui-même, il terminait ainsi : « Hier, M. le ministre des affaires étrangères montrait une grande confiance dans la durée du ministère. Si cependant, malgré cette confiance, le ministère actuel n'était pas éternel, si ses successeurs ne l'étaient pas non plus, et qu'enfin il n'y eût plus d'autre ressource que celle des ministres impossibles, et qu'on me fît l'honneur de jeter les yeux sur mon impossibilité, je le déclare, dans ce cas, avec le profond dévouement que j'ai pour la royauté et avec le profond respect dont je ne me suis jamais écarté envers elle, je lui dirais : « Je suis prêt, si mes
« efforts peuvent vous être utiles, à vous servir, mais en gou-
« vernant d'après ma propre pensée ; si ma pensée est d'accord
« avec celle de Votre Majesté, j'en serai très heureux ; mais, si
« elle en diffère, je persisterai à gouverner suivant ma propre

« pensée. » C'est peut-être là, messieurs, un grand orgueil, un orgueil frivole, si vous le voulez, mais c'est un orgueil désintéressé ; et j'avoue que j'aime mieux, pour ma part, cet orgueil désintéressé, quoiqu'il puisse être accusé d'être frivole, qu'une ambition qui s'abaisse pour avoir, non point le pouvoir, mais l'apparence du pouvoir. »

Une réplique de M. Guizot vint clore ce débat, le plus brillant et le plus considérable qui eût jamais été engagé sur cette question. « Le trône, dit-il en résumant ses idées, n'est pas seulement un fauteuil fermé pour que personne ne puisse s'y asseoir. Une personne intelligente et libre, qui a ses idées, ses sentiments, ses désirs, ses volontés, comme tous les êtres réels et vivants, siège dans ce fauteuil... Vous disiez qu'il faut qu'un ministre, pour être un ministre constitutionnel, soit tout-puissant du côté de la couronne. On n'exige pas la toute-puissance du côté des Chambres ; on reconnaît que là il y a indispensable nécessité de discuter, de transiger, de se faire accepter. Mais on veut que, du côté de la couronne, la même nécessité n'existe pas... Eh bien, tout cela est faux, complètement faux. Et si cela était vrai, sachez bien qu'il n'y aurait jamais eu, dans cette Angleterre dont vous parlez, un ministre qui eût couvert la couronne ; car il n'y en a pas eu un seul, même sous des rois très faibles, très médiocres, qui n'ait souvent et grandement compté avec eux. »

La Chambre donna pleinement raison à M. Guizot, par 229 voix contre 147. Ainsi se confirmait un phénomène déjà noté : plus M. Thiers se portait vers la gauche, faisant siens les griefs et les thèses de l'opposition avancée, plus les conservateurs effarouchés se serraient autour du cabinet. Pendant cette session de 1846, le ministère avait constamment obtenu, sur les questions politiques, des majorités de 60 à 80 voix. Si l'on se rappelle que depuis 1842, à chaque session, il avait failli être renversé, et que naguère encore, en 1845, il ne l'avait emporté que de huit voix dans le débat sur l'affaire Pritchard, on reconnaîtra que le progrès était considérable. M. Guizot avait de tout temps attaché une importance capitale, peut-être même par trop exclusive, à la constitution d'une majorité. Ne devait-il pas dès lors triompher d'un résultat qui, après de si pénibles efforts, de si inquiétantes vicissitudes, pouvait paraître un succès définitif et complet? Aussi n'est-on pas étonné de l'entendre, dans son grand discours du 28 mai, « se féliciter que la majorité ait enfin acquis une unité, une organisation qui lui manquaient », proclamer que, « depuis cinq ans, il avait consacré tous ses efforts à amener ce résultat », et montrer là « comme l'ancre principale de salut dans les épreuves auxquelles le pays pouvait être encore appelé ». Peu auparavant, s'inspirant de la pensée du ministre, le *Journal des Débats* disait : « Nous avons vu enfin arriver le jour que nous appelions de tous nos vœux, celui où il n'y aurait plus dans la Chambre que deux grands partis... Depuis trente ans, c'est la première fois peut-être qu'il y a une vraie majorité dans nos Chambres. Jamais, dans les années précédentes, nous n'avions vu l'opposition renoncer à l'espoir d'entamer la majorité ; pour le coup, elle y renonce... De cette époque, datera la fin de la politique d'intrigue. »

V

La fixité de la majorité donnait à la machine politique une apparence de stabilité telle qu'on n'en avait pas encore connu depuis 1830. L'ordre matériel régnait partout. Pas plus de menace d'émeute dans la rue que de menace de crise dans le Parlement. L'insurrection avait fait son dernier effort, le 12 mai 1839. Les sociétés secrètes désorganisées, découragées, ne comptant qu'un petit nombre d'adhérents infimes, végétaient sous l'œil de la police, qui s'était adroitement introduite jusque dans leurs plus secrets conseils. Depuis Darmès en 1840, près de six années s'étaient écoulées sans qu'on eût attenté à la vie de Louis-Philippe ; on croyait en avoir fini avec cette horrible manie du régicide qui avait sévi pendant les dix premières années du règne.

Le 16 août 1846, le Roi, alors en villégiature à Fontainebleau, rentrait en char à bancs, avec la Reine et plusieurs de ses enfants, d'une promenade dans la forêt, quand deux coups de feu furent tirés sur lui, à quelques pas, du haut d'un mur qui longeait la route; la bourre de l'un des coups tomba dans la voiture, mais personne ne fut atteint. L'assassin, aussitôt arrêté, était un nommé Lecomte, ancien garde des bois de la couronne, récemment congédié pour faute grave dans son service. Il passait pour un très habile tireur. « Je me suis trop pressé », dit-il seulement quand on s'empara de lui. « Rien n'indique, écrivait quelques jours après M. Guizot à M. Rossi, aucune ramification ni complot. Ce qui n'empêche que ce ne soit une sottise de dire, comme le font les badauds pour se rassurer, qu'il n'y a là rien de politique. Quoi de plus politique que cette contagion, cette *mal'aria* qui fait que l'humeur d'un garde mécontent de sa pension se tourne en régicide [1]! »

Pendant qu'on instruisait le procès de ce vulgaire assassin, un incident imprévu appela l'attention sur un condamné de nom plus retentissant. On se rappelle que, le 6 octobre 1840, à la suite de la piteuse échauffourée de Boulogne, la cour des pairs avait condamné le prince Louis Bonaparte à l'emprisonnement perpétuel. Il subissait sa peine au château de Ham, où avaient été enfermés naguère M. de Polignac et ses collègues. Sa captivité n'était pas bien rigoureuse : on le laissait recevoir ses amis, écrire dans les journaux, publier des livres. Il en profitait pour lier des relations et entretenir des correspondances avec les opposants de nuances diverses, depuis M. Odilon Barrot jusqu'à M. Louis Blanc, pour collaborer à plusieurs feuilles républicaines de province, notamment au *Progrès du Pas-de-Calais*, pour souscrire à la fondation d'un journal fouriériste, et pour publier, sur l'*Extinction du paupérisme*, une brochure à tendance socialiste. A gauche, on paraissait assez flatté d'une pareille

---

[1] *Documents inédits.*

recrue. « Louis Bonaparte n'est plus un prétendant, disait un journal radical; c'est un citoyen, un membre de notre parti, un soldat de notre drapeau. » Malgré tout le mouvement qu'il se donnait, le prisonnier de Ham ne parvenait pas à attirer sur lui l'attention du pays; en dehors de quelques fidèles et des démocrates qui se laissaient courtiser par lui, il était à peu près complètement oublié. Au commencement de 1846, alléguant la maladie de son père, l'ex-roi Louis, alors à Florence, il demanda à sortir de sa prison, fût-ce temporairement. Cette requête fut vivement appuyée auprès des ministres et du Roi par plusieurs députés, entre autres par M. Odilon Barrot et M. Dupin. Le gouvernement était disposé à y faire bon accueil et même à accorder une libération définitive, si toutefois le prisonnier donnait, sous une forme à trouver, une garantie de sa sagesse à venir. Le prince refusa de faire plus que quelque déclaration vague de reconnaissance et préféra tenter la chance d'une évasion. Le 25 mai 1846, il saisit l'occasion que lui offraient des travaux de réparation accomplis dans le château pour s'échapper, déguisé en ouvrier, avec une planche sur l'épaule. Trois jours après, il était en Angleterre. Cette évasion, machinée comme un épisode de roman, intéressa un instant la curiosité du public, mais sans troubler sa sécurité, ni faire prendre davantage au sérieux un personnage en qui l'on ne voyait alors que l'aventurier de Strasbourg et de Boulogne. Dans une lettre adressée à M. de Sainte-Aulaire, ambassadeur à Londres, le prince assura le gouvernement français de « ses intentions pacifiques », se défendit de vouloir « renouveler des tentatives qui avaient été si désastreuses », et affirma que « sa seule idée avait été de revoir son vieux père ». Deux mois plus tard, le 27 juillet, le roi Louis mourut à Livourne : le prince Louis-Napoléon n'était pas auprès de lui; il avait écrit à son père que le gouvernement anglais lui refusait des passeports pour se rendre en Italie.

VI

La bonne situation parlementaire du cabinet, la tranquillité du pays, l'absence de tout grave embarras au dedans et au dehors semblaient des conditions favorables pour procéder aux élections générales. Le 6 juillet 1846 fut publiée l'ordonnance de dissolution, convoquant les électeurs pour le 1ᵉʳ août. Aussitôt les comités réunis de la gauche et du centre gauche confirmèrent la fusion des deux groupes en publiant un manifeste unique. Dans ce manifeste, ils tendaient ouvertement la main aux républicains et aux légitimistes, à tous ceux qui voulaient renverser ce qu'on appelait alors « un système corrupteur et antinational ». « La question pour chaque électeur, disaient-ils, n'est pas de choisir celui qu'il préfère, mais bien, en nommant un homme indépendant, à quelque nuance de l'opposition qu'il appartienne, d'empêcher le succès du candidat ministériel. » Les républicains, qui ne pouvaient que gagner à cette coalition, s'y prêtèrent volontiers : ils en profitèrent pour s'assurer une part prépondérante dans le « comité central des électeurs de la Seine », qui non seulement dirigeait les élections de Paris, mais, par ses communications aux journaux, exerçait son influence dans toute la France. Les légitimistes, au contraire, ne répondirent qu'incomplètement à l'appel qui leur était adressé ; beaucoup d'entre eux préférèrent faire campagne avec le parti catholique : celui-ci, par une tactique imitée de la ligue de M. Cobden, se tenait absolument en dehors des questions débattues entre M. Thiers et M. Guizot, et promettait appui au candidat quelconque qui serait « le plus offrant et dernier enchérisseur en fait de liberté religieuse ».

M. Thiers apporta, dans cette campagne électorale, la même ardeur impatiente avec laquelle il venait de conduire la bataille parlementaire. Ses amis étaient même obligés de le retenir. Il avait préparé une lettre à ses électeurs où il parlait de la couronne avec une extrême amertume. « On me trouve fort prononcé, fort actif dans l'opposition, y disait-il. Serait-ce par hasard afin d'avoir le pouvoir plus tôt?... Cette conduite éloigne du pouvoir, si bien qu'on vous appelle ministre impossible. Peu m'importe. Je ne tiens à être ni possible ni prochain... Certes je savais bien que demander la réalité rigoureuse du gouvernement représentatif, qui tend à diminuer l'influence de la royauté irresponsable au profit des ministres responsables, je savais bien que c'était davantage encore me ranger dans la classe des ministres impossibles. Je n'ai pas hésité : non pas que j'eusse le goût puéril, que certaines gens me prêtent, de me poser, moi simple citoyen, en face de la majesté royale... Mais je suis convaincu que la monarchie ne sera admise par les générations présentes et futures que lorsque des ministres vraiment responsables exerceront véritablement le pouvoir, et, profondément convaincu de cette vérité, j'ai eu l'orgueil de défendre ma conviction, même à mes dépens. Cet orgueil, je l'ai eu, je l'aurai toujours dans toute son étendue. Le pouvoir, je l'ai possédé, et, dans cette transition inévitable de la monarchie représentative fausse à la monarchie représentative vraie, transition toujours plus ou moins longue, je sais ce que vaut le pouvoir. Être ministre entre une royauté qui ne vous souhaite pas et une Chambre que cinquante ans de révolutions et de guerres ont profondément troublée, que beaucoup d'intérêts dominent, être ministre à ces conditions ne me séduit guère. » Cette lettre fut imprimée, mais ne fut pas envoyée : MM. Duvergier de Hauranne, de Rémusat, de Maleville, qui n'étaient pourtant pas des timides, firent comprendre à M. Thiers le tort qu'il se ferait par un tel langage.

Le gouvernement, de son côté, arrivait bien préparé à la bataille dont il avait lui-même choisi l'heure. La tâche principale incombait au ministre de l'intérieur, M. Duchâtel, qui n'épargna pas sa peine et déploya une rare habileté. Un de ses amis, témoin quotidien de ses efforts, M. Vitet, a écrit à ce sujet : « Je puis dire que, pendant trois mois, il ne cessa de suivre du regard, d'aider, de stimuler, de réveiller, parfois aussi de tempérer plus de quatre cents candidats dont il savait par cœur, grâce aux ressources de sa mémoire, toutes les situations personnelles, et que sans cesse, avec un à-propos qui les frappait d'étonnement, il éclairait sur leurs oublis, leurs négligences, leurs imprudences. Ce n'était pas seulement le sentiment du devoir, c'était un certain plaisir de déjouer les trames de tant d'habiles adversaires de toute provenance et de toute couleur, qui lui donnait cette sorte de fièvre de surveillance et d'exhortation. » Dans une circulaire à ses préfets, M. Duchâtel avait publiquement revendiqué pour l'administration le droit d'exercer une « franche et loyale influence », mais en même temps il en avait fixé les limites. « L'indépendance des consciences, disait-il, doit être scrupuleusement respectée ; les intérêts publics, les droits légitimes ne doivent jamais être sacrifiés à des calculs électoraux... Fidélité sévère aux règles de justice dans l'expédition des affaires, respect de la liberté et de la moralité des votes, mais action ferme et persévérante sur les esprits, tels sont les principes qui, en matière d'élections, doivent présider aux rapports de l'administration avec les citoyens. » Ce langage était sensé et correct. Lors de la vérification des pouvoirs, l'opposition prétendit que la conduite du ministre n'avait pas été conforme à sa circulaire, mais elle n'apporta rien de sérieux à l'appui de ses allégations. Sur ce point d'ailleurs, on peut s'en fier à la parole du témoin déjà cité : « J'ai vu de près les élections, a dit M. Vitet ; j'en puis parler en conscience. Je sais quelle scrupuleuse observation de la loi, quel respect des droits de tous y présidèrent du côté du pouvoir, et je tiens, pour ma part, qu'on n'en trouverait guère d'aussi sincères, d'aussi vraiment exemptes de sérieux abus, soit chez nous depuis 1814, soit même dans les pays les plus libres du monde, l'Angleterre, par exemple, ou les États-Unis. »

La polémique, menée grand train par les journaux des deux bords, ne fit guère que ressasser les questions déjà traitées à la tribune. Il apparut bientôt que la malheureuse affaire Pritchard, si vieille qu'elle fût, était encore la meilleure carte du jeu de l'opposition. Les candidats ministériels étaient marqués dans les feuilles adverses de cette simple lettre : P; cela voulait dire *Pritchardiste*. Or, à voir l'embarras qu'en éprouvaient ces candidats, il fallait bien croire que la sottise publique était encore dupe des déclamations prodiguées par la gauche en cette matière. La presse conservatrice avait, il est vrai, pour riposter, une arme plus efficace encore, c'était l'évocation de 1840. Le *Journal des Débats* ne manquait pas de rappeler que la victoire de l'opposition serait la rentrée de M. Thiers au pouvoir, la reprise de la « politique du 1ᵉʳ mars ». « La France, demandait-il, est-elle lasse de la prospérité dont elle jouit au dedans, de la paix dont elle jouit au dehors? Six années ont été nécessaires pour réparer les fautes de 1840. Deux jours d'élection peuvent anéantir le travail de six ans... Avant six mois, cette prospérité corruptrice et cette paix déshonorante auront fait place à une crise intérieure et à une crise européenne... Les deux hommes sont connus; les deux politiques aussi... Rappelez-vous dans quel état était la France au 29 octobre 1840; voyez dans quel état elle est aujourd'hui, et choisissez! »

Toutefois, ce qui frappe le plus, ce n'est pas l'effet produit par telle ou telle polémique; c'est au contraire le peu de retentissement qu'avait en réalité ce bruit de presse. Le fond du pays demeurait tranquille, inerte. Rarement on avait vu, pendant une période électorale, si peu d'émotion, on pourrait presque dire une pareille indifférence. Que cachait et présageait cette indifférence? L'opposition affectait d'y voir le signe que l'opinion se désintéressait du sort du cabinet : elle se croyait certaine du succès et le disait très haut. « Je n'ai jamais vu si complète assurance », a écrit M. Vitet. Du côté ministériel, la confiance était moindre. On se souvenait de la déception de 1842. N'était-il pas à craindre que l'affaire Pritchard ne fît, en 1846, le mal qu'avait fait, quatre ans auparavant, le droit de visite? Le duc de Broglie écrivait à son fils, le 16 juillet : « Jamais élections ne se seront accomplies au milieu d'une prospérité et d'un calme plus complets. Ce que cela donnera, tout le monde l'ignore parfaitement. Le gouvernement, à mesure que le jour fatal approche, semble plus inquiet, quoique ses nouvelles soient excellentes[1]. » M. Duchâtel mandait à M. Guizot, le 18 juillet : « Plusieurs points de l'horizon se rembrunissent depuis quelques jours. J'espère que cela s'éclaircira. D'après les apparences actuelles, je m'attends à une bataille d'Eylau, où il y aura beaucoup de morts de part et d'autre, où le champ de bataille nous restera, mais en nous laissant encore une rude campagne à soutenir. Si les nôtres, comme je l'espère, se battent bien, je serai content; je désire d'abord la victoire, et puis, en second lieu, le combat[2]. »

Telle était la situation quand, le 29 juillet, trois jours avant les élections, au moment où le Roi saluait la foule du balcon des Tuileries, deux coups de pistolet furent tirés à une assez grande distance par un homme caché derrière une statue. Cet homme, appelé Henri, était un ancien fabricant d'objets en acier, exaspéré par des malheurs de fortune et de famille. L'instruction révéla par la suite, dans ce crime, plutôt le désespoir d'un naufragé de la vie que la haine d'un révolutionnaire, moins un régicide qu'une sorte de suicide : dans les conditions où il avait été tiré, le coup était à peu près inoffensif. Au premier moment, toutefois, on ne se rendit pas compte de ces circonstances, qui devaient faire écarter la peine de mort par la cour des pairs : ce nouvel attentat, qui suivait de si près celui de Lecomte, parut la preuve d'un sinistre parti pris et causa partout un sentiment d'inquiétude et d'indignation, dont la presse ministérielle se hâta de tirer parti pour raviver le zèle des conservateurs et discréditer l'opposition. Quant aux journaux de gauche, ils furent réduits à insinuer que les coups de pistolet étaient une manœuvre de la police.

Vint le jour du scrutin. Les élections de Paris donnèrent

---

[1] *Documents inédits.*
[2] *Mémoires de M. Guizot*, t. VIII, p. 30.

l'avantage à l'opposition : sur quatorze mille suffrages, elle en réunissait plus de neuf mille; sur quatorze députés, elle en avait onze; le deuxième arrondissement, le plus riche de la ville, était enlevé aux conservateurs, qui le possédaient depuis 1830; M. Jacques Lefebvre y était remplacé par M. Berger. Les journaux de gauche triomphèrent, mais ce ne fut pas pour longtemps. Dès le lendemain, les nouvelles de province firent savoir que les ministériels y avaient remporté des succès dont l'étendue surprenait les vainqueurs eux-mêmes. « Le résultat, écrivit aussitôt M. Duchâtel, dépasse les espérances que nous étions en droit de concevoir. » L'opposition perdait vingt-cinq à trente sièges, et le gouvernement pouvait compter sur une majorité d'une centaine de voix. On en eut la confirmation, dans la session qui s'ouvrit, dès le 19 août, pour la constitution de la nouvelle Chambre; M. Sauzet fut élu président par 223 voix, contre 98 données à M. Odilon Barrot.

Après les années laborieuses qu'il venait de passer, le ministère ressentit comme une joie étonnée de se voir en possession d'une si grande majorité. M. Guizot déclarait à ses amis « qu'aucun événement politique ne lui avait causé une satisfaction égale à celle qu'il éprouvait de ce triomphe de la bonne et saine politique sur les mauvaises passions[1] ». Le duc de Broglie écrivait à son fils : « Jamais victoire ne fut plus complète... Depuis les *trois cents* de M. de Villèle, aucun ministère ne s'était trouvé à pareille fête[2]. » A la satisfaction du triomphe se mêlait cependant quelque préoccupation. Ce dont on s'inquiétait, c'était moins de l'irritation des vaincus que des exigences possibles des vainqueurs, d'autant que, parmi ces derniers, il y avait un assez grand nombre de députés nouveaux. « Il faut demander à Dieu, disait M. Doudan, que les conservateurs, se sentant nombreux, ne soient pas pris de la démangeaison de se mettre en petits paquets, ayant chacun ses fan-

---

[1] *Journal inédit du baron de Viel-Castel.*
[2] *Documents inédits.*

taisies à satisfaire. Tout cela n'est que l'embarras des richesses, qui est peut-être préférable aux embarras de la pauvreté[1]. » Quant à M. Duchâtel, c'était d'un autre côté, du côté de la couronne, qu'il pressentait des exigences gênantes. « La situation est très bonne, écrivait-il à M. Guizot; mais elle impose des devoirs nouveaux et des difficultés au moins aussi grandes que les anciennes. Le Roi m'écrit une grande lettre de quatre pages pour me recommander de montrer de la confiance dans l'avenir. Je suis pour la confiance qui assure et prépare l'avenir, non pas pour celle qui le gaspille et le compromet. En face des passions hostiles que nous avons à combattre, il faudrait très peu de fautes pour changer la situation, jeter le pays de l'autre côté. Il ne faut pas laisser s'accréditer l'idée que tout est possible. Nous avons résisté d'un côté; nous aurons probablement à résister de l'autre. Je sais que vous pensez là-dessus comme moi; aussi je ne vous en dis pas plus long. Après avoir assuré le triomphe du parti conservateur, il y va de notre honneur de ne pas devenir les instruments de sa défaite[2]. » Si heureux que fût M. Guizot de sa victoire, si optimiste qu'il fût par nature, il ne se dissimulait pas non plus le danger qui résultait du succès même. « L'avenir n'en sera pas moins difficile ni moins laborieux, écrivait-il à M. Rossi. On sera plus exigeant avec nous et plus complaisant pour soi-même. On nous demandera plus et l'on nous aidera moins. Je me prédis bien des embarras, et je m'y prépare. Après tout, ceux-là valent mieux que d'autres[3]. » Et puis le ministre se rendait compte qu'avec une telle majorité il ne lui suffirait plus de durer, qu'il lui faudrait entreprendre quelque chose. Depuis longtemps, il cherchait, sans avoir encore pu la trouver, l'occasion de quelque grande initiative. Serait-il plus heureux désormais? En tout cas, il paraissait décidé à s'y appliquer. « L'ordre et la paix une fois bien assurés, disait-il dans son discours de remerciement aux

---

[1] X. DOUDAN, *Mélanges et Lettres*, t. II, p. 87.
[2] *Mémoires de M. Guizot*, t. VIII, p. 32.
[3] *Documents inédits.*

électeurs de Lisieux, la politique conservatrice, en veillant toujours assidûment à leur maintien, pourra, devra se livrer aussi à d'autres soins, à d'autres œuvres. Un gouvernement bien assis a deux grands devoirs. Il doit, avant tout, faire face aux affaires quotidiennes de la société, aux incidents qui surviennent dans sa vie... Ce devoir rempli, le gouvernement doit aussi s'appliquer à développer dans la société tous les germes de prospérité, de perfectionnement, de grandeur... C'est là, sans nul doute, pour la politique conservatrice, un devoir impérieux, sacré, et c'est là aussi, soyez-en sûrs, un but que cette politique seule peut atteindre. Toutes les politiques vous promettront le progrès; la politique conservatrice seule vous le donnera, comme seule elle a pu réussir à vous donner l'ordre et la paix. » Cette parole, aussitôt mise en relief par les amis et par les adversaires, eut un grand retentissement. Le public l'accepta comme une solennelle promesse.

CHAPITRE II

LES INTÉRÊTS MATÉRIELS.

I. Développement de la prospérité. Les chemins de fer. La spéculation et l'agiotage. — II. Timidité économique du gouvernement. Il fait ajourner la réforme postale. Ses idées sur le libre échange. — III. Les finances en 1846. L'équilibre du budget ordinaire. Le budget extraordinaire. — IV. L'administration locale. Le comte de Rambuteau. — V. Le matérialisme de la bourgeoisie. Elle succombe à la tentation du veau d'or. Elle devient indifférente à la politique. Dangers de cet état d'esprit. — VI. L'opposition accuse le gouvernement d'avoir favorisé ce matérialisme. M. de Tocqueville. Son origine, ses visées et ses déceptions. Amertume de ses critiques sur l'état social et politique. — VII. Le mal s'étend à la littérature. La « littérature industrielle ». Cependant l'état des lettres est encore fort honorable à la fin de la monarchie de Juillet. Le roman-feuilleton. Ce qui s'y mêle de mercantilisme et de spéculation. Alexandre Dumas. Le procès Beauvallon. Romans socialistes publiés dans les journaux conservateurs. Eugène Süe. Les *Mystères de Paris* dans le *Journal des Débats*. Autres romans publiés par le *Constitutionnel*. Aveuglement de la bourgeoisie, faisant fête à ces romans.

I

La tranquillité dont le pays jouissait au dedans et la paix qui régnait au dehors aidaient singulièrement à la prospérité matérielle. On eût pu noter alors, d'après les statistiques officielles ou privées, bien des signes de cette prospérité. Le mouvement du commerce, tel qu'il ressortait des tableaux de douane, avait beaucoup plus que doublé depuis 1830. Même progression dans les revenus des canaux, les produits des voitures publiques, le nombre des lettres distribuées par la poste. La consommation de la houille, criterium de l'activité industrielle, avait triplé. Les économistes estimaient que la fortune immobilière était doublée. En 1845, le cours de la rente 5 0/0 atteignait 122 fr. 85; celui du 4 1/2 0/0, 116 fr. 25; celui du 4 0/0, 110 fr. 50; celui du 3 0/0, 86 fr. 40. Le paysan et l'ouvrier étaient mieux logés, mieux vêtus, mieux nourris; dans les campagnes, on prenait l'habitude nouvelle des bas, des souliers, du vin, de la viande, du pain blanc. Les salaires avaient à peu près doublé en quinze ans.

Le gouvernement avait secondé ce progrès, par l'impulsion donnée aux travaux publics, routes, chemins vicinaux, ports, canaux, etc. Il s'était surtout occupé des chemins de fer, la grande affaire du moment. On sait comment, après de longs tâtonnements, la loi de 1842 avait fixé le mode d'établissement des voies ferrées[1]. Depuis lors, on avait beaucoup fait et entrepris plus encore. En mai 1843 eut lieu l'inauguration solennelle des deux premières grandes lignes, celle de Paris à Rouen et celle de Paris à Orléans. L'impression fut considérable sur le public. Henri Heine écrivait, au moment même, de Paris : « L'ouverture de ces lignes cause ici une commotion que chacun partage, à moins de se trouver par hasard placé sur un escabeau d'isolement social... Nous sentons que notre existence est entraînée ou plutôt lancée dans de nouveaux orbites, que nous allons au-devant d'une nouvelle vie... De pareils tressaillements doivent avoir agité nos pères, alors que l'Amérique fut découverte, que l'invention de la poudre à canon s'annonça par les premiers coups de feu, que l'imprimerie répandit par le monde les premières épreuves de la parole divine... Une nouvelle ère commence dans l'histoire universelle[2]. » L'inauguration, qui frappait à ce point les imaginations, n'eut pas moins d'action sur les capitaux. Ceux-ci, en France, s'étaient montrés jusqu'alors, en matière de chemins de fer, craintifs, embarrassés, défiants. Les quelques compagnies qui s'étaient hasardées au début n'avaient généralement pas été heureuses. C'était même leur impuissance constatée qui avait conduit le

---

[1] Voir plus haut, t. V, ch. i, § x.
[2] Lettre du 5 mai 1843. (*Lutèce*, p. 326.)

législateur de 1842 à mettre à la charge de l'État les acquisitions de terrains, les terrassements, les ouvrages d'art, les stations, et à ne demander aux compagnies que la pose de la voie, la fourniture du matériel et l'exploitation. En 1843, à la vue des chemins de fer devenus une réalité, l'initiative particulière se réveilla, s'enhardit; des sociétés surgirent, s'offrant à entreprendre elles-mêmes non seulement l'exploitation, mais la construction des lignes. La loi de 1842 avait prévu cette éventualité; sur l'insistance de M. Duvergier de Hauranne, il y avait été stipulé que les lignes non immédiatement exécutées « pourraient être concédées à l'industrie privée en vertu de lois spéciales ». En 1844, 1845 et 1846, cette clause fut appliquée à plusieurs lignes importantes, à celles du Nord, de Paris à Lyon, de Lyon à Avignon, d'Avignon à Marseille, de Bordeaux à Cette.

Le mouvement était bon, mais il devint tout de suite excessif. A trop de méfiance succédait trop d'illusion. Après avoir été timide, on se montrait téméraire. Ce fut comme un débordement de compagnies nouvelles qui se disputaient les concessions, rivalisaient de promesses dans leurs prospectus, recherchaient, pour en décorer leurs conseils, les ducs et les princes, les notabilités politiques et administratives, ou même les généraux et les amiraux. Bouche béante, le public était prêt à mordre à tous les hameçons. Excité par le spectacle de quelques fortunes rapides, chacun croyait voir là un trésor et se précipitait pour mettre la main dessus. A quelles étranges sollicitations certains fondateurs de sociétés n'étaient-ils pas en butte [1] !

---

[1] Dans la lettre dont nous avons déjà cité un passage, Henri Heine disait : « La maison Rothschild, qui a soumissionné la concession du chemin de fer du Nord et qui l'obtiendra selon toute probabilité, ne constitue pas une véritable société, et chaque participation à son entreprise, que cette maison accorde à un individu quelconque, est une faveur, ou plutôt, pour m'exprimer en termes tout à fait précis, c'est un cadeau d'argent dont M. de Rothschild gratifie ses amis. Les actions éventuelles ou, comme elles sont nommées, les promesses de la maison Rothschild se cotent déjà à plusieurs cents francs au-dessus du pair, en sorte que celui qui demande au baron James de Rothschild de pareilles actions au pair mendie, dans la véritable acception du mot. Mais tout le monde mendie à présent chez lui; il y pleut des lettres où l'on demande la charité, et, comme les mieux

A peine émises ou même avant de l'être, les actions étaient l'objet d'une spéculation effrénée qui tenait les convoitises en haleine. C'était la préoccupation dominante, universelle. Non seulement à la Bourse, mais à la Chambre, dans les journaux, dans les salons, on ne parlait presque pas d'autre chose. La concurrence que se faisaient ces nombreuses sociétés dans la poursuite des concessions les poussait à offrir des conditions extrêmement onéreuses pour elles. Les pouvoirs publics croyaient faire une bonne affaire en les acceptant; ils ne se rendaient pas compte que les embarras des concessionnaires imprudents finiraient toujours par retomber sur l'État. C'était notamment sur la durée des concessions que portaient les rabais; quelques compagnies se contentaient de vingt-quatre ans; on offrait ces rabais à peu près à l'aveugle, sans étude préalable sérieuse. Parfois, du reste, on s'inquiétait moins du chemin de fer à établir que de la prime à réaliser par la plus-value des actions. Certaines sociétés sans base réelle se fondaient, non pour vivre, mais pour vendre leur mort à des concurrents plus solides. Ce n'était même plus de la spéculation, c'était du pur agiotage, avec les désordres et les scandales qui en sont la suite, brusques alternatives de hausse et de baisse, engouements et paniques, fortunes faites et défaites en un instant. Le marché public était livré à des coups de main dont les naïfs et les faibles étaient généralement les victimes.

Un moment le mal prit une telle étendue qu'on se demanda si le législateur ne devait pas intervenir pour le réprimer. La difficulté était de ne pas entraver les sociétés sérieuses, sous prétexte d'empêcher les sociétés suspectes. En 1844, M. Cré-

---

huppés se mettent en avant avec leur digne exemple, ce n'est plus une honte de mendier. M. de Rothschild est donc le héros du jour... » (*Lutèce*, p. 330.) M. Duvergier de Hauranne écrivait peu après : « Si M. de Rothschild a gardé toutes les lettres qui lui furent adressées lors de l'adjudication du chemin de fer du Nord, non seulement par des députés et des fonctionnaires publics, mais par des femmes haut placées dans le monde, il doit avoir un recueil d'autographes tout à fait précieux. Jamais ministre du Roi ne fut sollicité, courtisé à ce point. On eût dit les beaux jours de la rue Quincampoix revenus. » (*Notes inédites.*)

mieux fit voter à l'improviste, par la Chambre des députés, un amendement portant « qu'aucun membre des deux Chambres ne pourrait être adjudicataire ni administrateur dans les compagnies auxquelles des concessions seraient accordées ». Mais la Chambre des pairs estima qu'exclure ainsi des compagnies en formation les personnages considérables et influents du pays n'était pas un moyen de fortifier cet esprit d'association qu'on regrettait de voir si faible en France : aussi n'admit-elle pas l'amendement [1]. L'année suivante, au début de la session de 1845, une proposition plus réfléchie fut faite, à la Chambre des pairs elle-même, par le comte Daru, pour supprimer certains abus de l'agiotage : cette fois encore, la haute assemblée craignit qu'on n'étouffât du même coup d'utiles initiatives, et le projet, bien qu'appuyé par le ministère, fut repoussé. La session ne se termina pas cependant sans que le gouvernement fît voter quelques dispositions destinées à limiter une liberté qui tournait en licence : elles furent insérées dans la loi du 15 juillet 1845, relative à la concession du chemin de fer du Nord. Dans l'exposé des motifs, le ministre avait ainsi caractérisé le désordre qu'il entendait réprimer : « Une sorte de vertige s'est emparé d'une partie de la société. Les chemins de fer, qui ont été si longtemps l'objet du dédain des capitalistes, semblent devenus aujourd'hui une mine inépuisable de richesses. De l'excès du découragement on est passé à l'excès de l'engouement; on se précipite, on se presse dans les bureaux ouverts pour recevoir les listes de souscription, et l'on pourrait se croire revenu au temps de ce système

---

[1] M. Molé, alors président du conseil d'administration de la société formée pour le chemin de fer de l'Est, se crut visé par le vote de la Chambre des députés et en fut fort blessé. « Je leur jetterai au nez tous les chemins de fer passés, présents et futurs », mandait-il à M. de Barante. Et celui-ci écrivait, de son côté, à l'un de ses parents : « Mathieu (M. Molé) m'écrit qu'il traitera l'amendement Crémieux selon son mérite et dira quels sentiments l'ont inspiré, mais qu'en conclusion il laissera là tous les chemins de fer. C'est précisément ce que veulent ces démocrates, qui vont poursuivant les capitaux, la propriété, le bénéfice commercial et industriel, comme ils ont poursuivi toutes les supériorités sociales. » Et il ajoutait, dans une autre lettre : « Voir gagner de l'argent à autrui est un sensible chagrin pour tout bon député » (*Documents inédits*).

fameux qui a tourné tant de têtes et ruiné tant de familles. »

Le législateur faisait son devoir en cherchant à remédier aux excès de l'agiotage; mais son action n'était pas et ne pouvait pas être bien efficace. D'ailleurs, quand on voit qu'au même moment la même cause produisait en Angleterre les mêmes désordres, on se demande si ce n'était pas la conséquence à peu près inévitable d'une révolution économique dont la nouveauté et la grandeur étaient bien faites pour troubler à la fois les intérêts et les cerveaux. En décembre 1845, à l'une des phases les plus aiguës de cette crise, le *Journal des Débats* rappelait, non sans quelque raison, à ceux qui se lamentaient, que, du moment où l'on avait voulu l'exécution des chemins de fer par l'industrie privée, il fallait s'attendre à la spéculation; que, sans elle, les concessions n'eussent pas abouti; que, d'autre part, la spéculation, en s'excitant elle-même, avait grande chance de dégénérer en agiotage. « Il y a eu de l'agiotage, ajoutait-il, parce qu'il y en aura toujours, quand il y aura de grands profits en perspective, enveloppés dans un nuage de mystère. » Le *Journal des Débats* voulait bien plaindre les victimes, mais il se consolait en constatant que les chemins de fer se faisaient. Et en effet, à considérer aujourd'hui les choses de loin, les accidents passagers s'effacent, et ce qui domine, c'est l'effort, parfois inexpérimenté, pas toujours bien pondéré, mais, en fin de compte, efficace et puissant, qui donna alors à la grande œuvre des chemins de fer français une impulsion décisive. En 1844 et 1845 furent concédées presque toutes les lignes principales de notre réseau, tel qu'il est aujourd'hui constitué. En 1846 eut lieu l'inauguration du premier de nos chemins internationaux, celui de Paris à la frontière belge. Le nombre de kilomètres exploités, qui était de 598 en 1842, s'élevait à 1,320 en 1846.

II

En matière économique, le gouvernement, qui avait les vertus et les défauts de la bourgeoisie, était plus prudent que novateur ; il évitait les aventures téméraires où d'autres ont compromis les intérêts du pays, mais parfois il était un peu lent à entreprendre certaines transformations fécondes. Cette timidité se manifesta, par exemple, dans la question postale. En 1839, l'administration anglaise, renversant hardiment toutes les idées reçues, avait substitué, pour le transport des lettres, une taxe unique et fort abaissée aux tarifs élevés et variables suivant les zones ; elle avait compté, non sans raison, sur le développement des correspondances, pour retrouver les recettes qu'elle paraissait sacrifier. Une proposition faite, au cours de la session de 1845, en vue d'introduire cette réforme en France, parut trouver quelque faveur à la Chambre des députés ; mais le ministre des finances la combattit si vivement qu'au vote d'ensemble elle réunit seulement 170 voix contre 170, et que, par suite, elle fut déclarée rejetée. Le tarif variable devait subsister jusqu'en 1850.

Était-ce également la timidité ou bien une sage prévoyance qui retenait le ministère sur la pente du libre échange ? La Restauration avait été hautement protectionniste. Le gouvernement de Juillet, qui, à l'origine, s'inspirait quelque peu des idées nouvelles émises sur ce sujet par l'école du *Globe,* eût été disposé à suivre une politique moins restrictive. Mais, chaque fois qu'il avait tenté de faire un pas en avant, il s'était heurté aux intérêts des manufacturiers qui, sous le régime du suffrage restreint, possédaient une grande influence. Ce fait s'était produit plusieurs fois depuis l'avènement du ministère du 29 octobre 1840. C'est ainsi que M. Guizot avait dû renoncer à conclure avec l'Angleterre un traité de commerce vers lequel il était porté par des raisons, il est vrai, plus politiques qu'économiques. C'est ainsi également qu'il avait été contraint d'abandonner le projet d'une union douanière avec la Belgique [1]. A défaut de cette union, il avait conclu, en 1842, une convention spéciale d'une durée de quatre années, assurant à la Belgique un traitement de faveur pour ses fils et tissus de chanvre : en compensation, nos tissus de soie, nos sels et nos vins bénéficiaient de quelques abaissements de droits. Même ainsi limitée, cette convention fut fort critiquée, d'autant que le cabinet de Bruxelles s'était hâté d'accorder à l'Allemagne les mêmes tarifs. En mars 1845, M. Guizot dut promettre à la Chambre de ne pas renouveler la convention, si des concessions réelles ne nous étaient faites. Il entama donc, peu après, des négociations qui aboutirent, le 13 décembre 1845, à un nouveau traité ; il y obtenait certains avantages, ou du moins l'abandon de certaines mesures hostiles : c'était peu de chose ; mais il nous importait politiquement que la Belgique ne fût pas tentée de rechercher le patronage d'une autre puissance. Très attaqué à la Chambre, en avril 1846, habilement défendu par le cabinet, le traité fut approuvé.

Cette discussion fut pour M. Guizot l'occasion d'exposer, d'une façon générale, la politique commerciale du gouvernement. L'attention publique était alors fort éveillée sur ces questions. Un livre de M. Frédéric Bastiat, *Cobden et la Ligue,* venait de révéler aux Français, qui jusque-là ne s'en doutaient guère, la révolution économique accomplie outre-Manche sous les auspices de sir Robert Peel. Les libre-échangistes de France y avaient trouvé un encouragement à s'organiser et à tenter, eux aussi, une « agitation » ; par contre-coup, les protectionnistes, se sentant menacés, s'étaient mis sur la défensive. Les circonstances donnaient donc une importance particulière à la parole du ministre. Celui-ci rendit largement hommage à l'initiative de sir Robert Peel, mais il montra en quoi l'état de l'Angleterre différait du nôtre, comment elle avait dû remédier à un mal social qui n'existait pas

---

[1] Voir t. V, ch. III, § II.

chez nous, et comment elle avait pu, sans péril, exposer son industrie déjà puissante à une concurrence qui eût été dangereuse pour notre industrie plus jeune. Après avoir déclaré sa volonté de « maintenir le système protecteur », le ministre ajoutait aussitôt : « Nous entendons le modifier, l'élargir, l'assouplir, à mesure que des besoins nouveaux et des possibilités nouvelles se manifestent. Non seulement nous entendons le faire, mais nous l'avons toujours fait. Combien de prohibitions ont été supprimées depuis 1830! Combien de tarifs ont été abaissés!... Nous sommes dans la même voie que l'Angleterre, nous y sommes plus lentement, et par de bonnes raisons, mais nous y sommes. » Et quelques jours plus tard, toujours à propos du même traité, le ministre disait à la Chambre des pairs : « La science s'est aperçue que les intérêts de ceux qui consomment n'étaient pas suffisamment consultés, que la part accordée à ceux qui produisent était trop grande : alors elle n'a plus parlé que des intérêts des consommateurs, et elle a demandé la liberté illimitée du commerce. Les gouvernements ne peuvent suivre la science dans cette voie; ils ne sont pas des écoles philosophiques; ils ne sont pas chargés de poursuivre le triomphe d'une certaine idée, d'un certain intérêt; ils ont tous les intérêts, tous les droits, tous les faits entre les mains; ils sont obligés de les consulter tous;... c'est leur condition, condition très difficile. Celle de la science est infiniment plus commode... Il y a ici une question d'intérêt public, une de ces questions d'État dont les gouvernements doivent tenir grand compte. Je ne veux pas dire qu'il ne faut pas faire à la liberté commerciale une plus large part que celle qu'elle a obtenue jusque-là... Le but, c'est l'extension des relations des peuples; mais la première condition, c'est de ne pas porter une perturbation brusque, soudaine, dans l'ordre des faits relatifs à la création et à la distribution des richesses. »

Au mois d'août de cette même année 1846, M. Cobden vint à Paris, en missionnaire du *free trade*. Fêté par les économistes, il voulut gagner à ses idées les autorités politiques. Louis-Philippe le reçut très bien, lui parla abondamment de beaucoup de sujets divers, mais, sur la question du libre-échange, ne lui répondit que par des généralités [1]. M. Cobden n'eut pas plus de succès auprès des ministres, toujours résolus à ne s'avancer que lentement et prudemment. Le plus « économiste » d'entre eux, M. Duchâtel, écrivait à M. Guizot, le 1ᵉʳ octobre 1846 : « Il ne faut pas trop nous lancer dans les modifications du régime commercial. Notre rôle n'est pas d'alarmer et de troubler les intérêts... Je suis d'avis de faire quelque chose, mais avec une grande prudence et en annonçant très haut que l'on maintient la protection [2]. » Le Roi s'exprimait de même dans ses conversations : il se déclarait partisan en principe de la liberté commerciale, admirait ses progrès en Angleterre, mais estimait que la question était parvenue, de l'autre côté du détroit, à un degré de maturité qu'elle n'avait pas encore atteint en France; il reconnaissait qu'on devait marcher vers la réalisation du principe, mais peu à peu, en ménageant les intérêts engagés, intérêts des manufacturiers et des ouvriers. « Soyons donc, concluait-il, pilotes prudents sur cette mer pleine d'écueils, et louvoyons le long des côtes, sans perdre de vue l'entrée du port, empressés d'y aborder chaque fois que nous pourrons le faire sans mettre en péril ces intérêts qui sont aussi ceux de la France [3]. » Force était bien d'ailleurs de compter avec les résistances des protectionnistes, toujours fort influents dans les Chambres. Jusqu'à la dernière heure de la monarchie, ils tâchèrent d'empêcher tout changement. En 1847, le ministère, fidèle à son système de progrès graduel, proposa de supprimer dix-sept prohibitions et de diminuer les droits sur un grand nombre d'articles; la commission de la Chambre se montra défavorable à cette réforme; renvoyé à la session suivante, le projet ne put être discuté avant la révolution de Février.

[1] John Morley, *The Life of Richard Cobden*, t. I, p. 420 et suiv.
[2] *Mémoires de M. Guizot*, t. VIII, p. 30.
[3] *Rien! Dix-huit années de gouvernement parlementaire,* par le comte de Montalivet.

III

On n'a pas oublié les phases diverses par lesquelles avaient passé les finances de la France depuis 1830 ; la crise menaçante, conséquence de la révolution de Juillet : la prospérité laborieusement et honorablement reconquise par dix années d'ordre, de paix et de sagesse ; les événements de 1840 venant de nouveau tout compromettre, presque aussi funestes à ce point de vue que ceux de 1830 ; puis, au moment même où, par suite de ces événements, le Trésor était obéré par tant de dépenses militaires, l'obligation de faire face immédiatement aux charges non moins énormes de la création du réseau ferré[1]. De là les difficultés budgétaires en face desquelles le cabinet du 29 octobre s'était trouvé. En 1846, après plus de cinq années d'efforts, il se flattait d'en être sorti, et il proclamait, dans le discours royal lu à l'ouverture de la session, « la situation satisfaisante de nos finances ». Était-il fondé à tenir ce langage ?

1840 avait inauguré le régime des déficits. Même en laissant de côté le budget extraordinaire, les dépenses ordinaires dépassaient les recettes ordinaires de 138 millions en 1840, de 165 millions en 1841, de 65 millions en 1842, de 38 millions en 1843. La cause principale des déficits était l'augmentation subite du budget du ministère de la guerre : ce budget, qui n'était que de 214 millions en 1829 et de 241 millions en 1839, s'était élevé en 1840 à 367 millions, en 1841 à 385, en 1842 à 325, en 1843 à 310, en 1844 à 297, en 1845 à 302, en 1846 à 331 ; ces chiffres s'expliquent parce que, d'une part, l'effectif normal de l'armée avait été porté de 248,000 hommes à 339,000, et que, d'autre part, la vigoureuse impulsion donnée par le maréchal Bugeaud à la guerre algérienne en avait à peu près doublé les frais. Pro-

[1] Voir t. III, ch. v, § v ; t. IV, ch. v, § xii ; t. V, ch. i, § x

gression analogue dans le budget de la marine, qui était passé de 72 millions en 1829 et 79 millions en 1839, à 99 millions en 1840, 124 en 1841, 130 en 1842, 116 en 1843, 117 en 1844, 114 en 1845, 130 en 1846. Ajoutons que la dotation des ministères civils s'était aussi accrue, quoique dans une moindre proportion, soit à cause des améliorations apportées dans les services, soit par le seul effet de cette loi de la cherté croissante de toutes choses.

Comment rétablir l'équilibre du budget ordinaire ? Des impôts nouveaux, le ministère n'en voulait pas proposer, fidèle en cela à la tradition du gouvernement de Juillet. Des économies vraiment considérables, il n'y fallait pas songer ; l'état militaire, une fois mis sur un certain pied, ne pouvait plus être réduit, et, quant à l'Algérie, rien n'eût été plus fâcheux, même au point de vue des finances, que de revenir aux demi-mesures. On eût pu, sans doute, diminuer notablement les charges en convertissant successivement en 3 0/0 les divers types de rentes au-dessus du pair ; le service de la dette publique aurait été ainsi allégé d'une quarantaine de millions. Souvent il avait été question de cette mesure ; mais le Roi s'y était obstinément opposé, ne jugeant ni équitable ni politique d'imposer ce sacrifice aux rentiers. Il ne restait donc qu'un moyen de rétablir l'équilibre, c'était une politique sage, pacifique, qui développât la prospérité publique et par là accrût le revenu des contributions indirectes. Ainsi fit le gouvernement. Ces contributions, qui avaient donné 687 millions en 1840, en produisirent 719 en 1841, 754 en 1842, 768 en 1843, 791 en 1844, 808 en 1845, 827 en 1846, soit, en sept ans, une augmentation de 140 millions. Grâce à ces recettes, le budget ordinaire finit par retrouver son équilibre : celui de 1844 n'avait plus qu'un déficit insignifiant de 181,000 francs ; celui de 1845 se solda par un boni de 4,335,332 francs.

Rétablir l'équilibre du budget ordinaire, c'était bien ; ce n'était pas assez. Le budget extraordinaire n'était pas le moindre embarras de nos finances. Il avait commencé à prendre quelque importance en 1838 ; avec le développement

donné aux travaux publics et avec les premiers efforts faits
pour les chemins de fer. Il comprit 37 millions de dépenses
en 1838; 55 en 1839, 65 en 1840; 62 en 1841. A partir de
1842, ces chiffres se trouvèrent subitement grossis, parce
qu'aux dépenses des chemins de fer, on ajouta les crédits plus
considérables encore ouverts pour certains travaux militaires
ou maritimes, fortifications, ports de guerre, accroissement
de la flotte : ainsi arriva-t-on, en 1842, à un total de 118 millions; en 1843, de 135; en 1844, de 128; en 1845, de 162;
en 1846, de 168. Dans un budget régulier, à toute dépense
autorisée il faut une ressource correspondante. Le système
adopté en 1837 avait été de faire face aux dépenses extraordinaires avec les réserves de l'amortissement. On sait en quoi
consistaient ces réserves : en vertu des règles posées pour
l'amortissement, chaque année, une certaine quantité de
rentes 3 0/0 était rachetée; mais on n'eût pu faire de même
pour les rentes 5 0/0, 4 et demi 0/0, 4 0/0, qui étaient au-
dessus du pair, sans imposer au Trésor une perte considérable;
la dotation et les rentes rachetées appartenant à chacun de ces
fonds n'étaient donc plus employées en achats nouveaux et
constituaient un fonds provisoirement disponible auquel on
donna le nom de « réserves de l'amortissement ». Ce furent ces
réserves, environ 75 à 80 millions par an, que la loi du
17 mai 1837 affecta aux travaux publics extraordinaires. Une
telle mesure se justifiait : du moment où l'on ne pouvait plus
appliquer ces fonds à l'extinction des dettes anciennes, n'était-
il pas naturel de les employer à prévenir des dettes nouvelles?

Tout alla bien en 1838, en 1839, tant que les budgets ordinaires furent en équilibre et que les dépenses extraordinaires
ne dépassèrent pas les réserves. Mais quand la crise de 1840
amena le déficit et qu'au même moment le chiffre des
dépenses extraordinaires fut considérablement grossi, la combinaison se trouva entièrement dérangée. Les réserves de
l'amortissement durent être détournées de l'affectation que
leur avait donnée la loi de 1837 et furent employées à couvrir
les déficits. Pendant plusieurs années, elles n'y suffirent même

pas et laissèrent un découvert qui absorbait d'avance les réserves des années futures. A la fin de 1845, ces réserves paraissaient ainsi engagées jusqu'au milieu de 1846 : encore, en faisant une telle prévision, mettait-on les choses au mieux et supposait-on que l'équilibre qui venait d'être rétabli dans le budget ordinaire ne serait plus détruit.

A défaut des réserves de l'amortissement, force avait été de trouver d'autres ressources pour faire face aux dépenses extraordinaires. Ce fut alors qu'intervinrent la loi du 25 juin 1841, relative aux grands travaux militaires et civils [1], et la loi du 11 juin 1842, qui établit le réseau des chemins de fer [2]. La première autorisait le gouvernement à emprunter 450 millions applicables aux grands travaux : par suite, deux emprunts furent effectués en rentes 3 0/0 ; l'un, en octobre 1841, de 150 millions, au cours de 78 fr. 52 c. 1/2 ; l'autre, en décembre 1844, de 200 millions, au cours de 84 fr. 75 ; ce dernier cours, le plus élevé qu'on eût obtenu dans un emprunt depuis 1830, témoignait du relèvement du crédit ; pour les 100 millions restants, on ne jugea pas nécessaire de s'adresser au public ; on se contenta, en 1845, de consolider jusqu'à concurrence de cette somme les fonds de la caisse d'épargne. Quant à la seconde de ces lois, celle de 1842 sur les chemins de fer, on sait qu'elle n'assurait aucune recette comme contre-partie de l'énorme dépense qu'elle autorisait ; tout devait être à la charge de la dette flottante jusqu'à ce que l'extinction des découverts permît d'appliquer à cette dépense les réserves de l'amortissement, ou, si cette ressource manquait, jusqu'à ce qu'il fût fait un nouvel emprunt. Suivant l'expression de M. Dumon, la dette flottante était comme « un prêteur intermédiaire entre une dépense anticipée et une recette retardée ». Le crédit ouvert dans ces conditions n'avait été tout d'abord, en 1842, que de 126 millions ; mais, chaque année, de nouveaux crédits s'y ajoutaient, et il fut bientôt visible que le

---

[1] Voir t. IV, ch. v, § xii.
[2] Voir t. V, ch. i, § x.

chiffre total de l'opération, évalué dans le début à 475 millions, dépasserait 650 millions. Une fois engagé dans cette voie, on ne s'y arrêta pas. Le procédé qui consistait à imputer des dépenses sur la dette flottante était dangereux, mais il était commode, et l'on fut amené à l'appliquer à d'autres dépenses qui ne trouvaient pas place dans le budget ordinaire et dont quelques-unes n'avaient pas l'excuse d'être, comme celles des chemins de fer, des dépenses essentiellement productives. Tel fut notamment le crédit de 93 millions voté en 1846 pour le développement de la flotte : c'était la Chambre elle-même, émue par certaines révélations sur l'état de notre marine, notamment par la fameuse note du prince de Joinville, qui avait poussé le ministère à proposer cette dépense. Au 1ᵉʳ janvier 1846, la dette flottante, bien qu'allégée par les récents emprunts, s'élevait à 428 millions, et l'on prévoyait qu'elle grossirait encore dans les années suivantes.

Sans doute chacune de ces dépenses extraordinaires se justifiait par d'excellentes raisons. Eût-il été possible de retarder les chemins de fer, ou de ralentir la conquête algérienne? Eût-il été patriotique de se refuser à renforcer notre état militaire? Le malheur était qu'on dût faire tout à la fois. De cette concomitance tout accidentelle venait l'embarras de nos finances. Le gouvernement se flattait du moins que l'embarras ne serait que passager, et s'il chargeait si lourdement la dette flottante, il n'était pas sans prévoir les moyens de la dégager. Il comptait pour cela sur les remboursements à effectuer par les compagnies de chemins de fer, remboursements s'élevant à plus de deux cents millions, et sur les réserves de l'amortissement qu'il espérait bientôt retrouver disponibles. Toutefois ce n'était pas avant plusieurs années que la dette flottante pourrait être ainsi complètement déchargée du poids qu'on avait momentanément rejeté sur elle. La commission des finances, dans le rapport fait en 1846 sur le budget de 1847, calculait que cette libération totale ne serait accomplie qu'en 1857. Et encore était-ce à la condition qu'il n'y aurait d'ici là aucune crise extérieure ou intérieure, que les budgets ordinaires ne présenteraient plus de découverts et qu'on n'entreprendrait pas de nouveaux travaux. Qui pouvait répondre que toutes ces conditions seraient remplies? Le ministère se flattait cependant de n'avoir pas dépassé les forces de la France, et quand c'était M. Thiers, le ministre de 1840, qui lui reprochait d'avoir été téméraire, M. Guizot se croyait fondé à répondre : « La paix aussi a ses grandes entreprises, la paix a aussi ses témérités; mais les témérités de la paix ont cet avantage qu'elles sont fécondes, qu'elles valent au pays des biens immenses qui vont toujours se développant. Les témérités d'une autre politique, d'un autre système, sont au contraire stériles et vont s'aggravant tous les jours. Voilà la différence. Nous avons la confiance qu'avec le maintien de la bonne politique, de la politique pacifique et conservatrice, les témérités de la paix seront heureuses et fructueuses, et que le pays surmontera, c'est-à-dire portera le fardeau dont il s'est volontairement chargé, au-devant duquel il est allé lui-même à cause des biens qu'il en espère [1]. »

IV

Les mesures législatives et les actes du pouvoir central ne sont pas les seuls moyens par lesquels un gouvernement travaille à la prospérité d'un pays. Il y contribue aussi par l'administration locale. Après 1830, le personnel préfectoral, improvisé sous le coup de la révolution, avait laissé parfois à désirer. Peu à peu il s'était épuré, et l'on peut dire que dans les dernières années de la monarchie il était devenu excellent [2]; il avait la capacité, l'expérience et la considération; il avait surtout la stabilité, conséquence naturelle de la durée du cabinet.

[1] Discours du 28 mai 1846.
[2] Citons, parmi les préfets de cette époque : MM. de la Coste, Bocher, de Champlouis, Tourangin, Darcy, de Saint-Marsault, Sers, Roulleaux-Dugage, Pellenc, Chaper, de Villeneuve, Brun, Bonnet, Mallac, Desmousseaux de Givré, Meinadier, Azevedo, Vaïsse, Jayr, Monicault, Morisot, Saladin, Lorois, etc., etc.

Presque tous les préfets étaient anciens dans la carrière et restaient longtemps au même poste. Quelques-uns paraissaient avoir formé avec leur département une sorte de mariage indissoluble, témoin M. Lorois et M. Lucien Arnauld, qui, nommés, l'un à Vannes en 1830, l'autre à Nancy en 1832, devaient y demeurer jusqu'à la révolution de Février. De cette sorte de permanence et d'inamovibilité préfectorale, il était d'autres exemples : le plus considérable fut celui de M. de Rambuteau, préfet de la Seine de 1833 à 1848. Déjà le comte de Chabrol avait occupé l'Hôtel de ville pendant toute la Restauration.

Le comte de Rambuteau est l'une des figures intéressantes du règne. Dans sa jeunesse, il avait appris le monde auprès de son charmant beau-père le comte Louis de Narbonne, et l'administration à l'école de l'Empereur, qui l'avait distingué et nommé préfet du Simplon. De cette double éducation il avait gardé des qualités rarement unies, à la fois homme de bureau et de salon, laborieux et enjoué, sachant les affaires et connaissant les hommes. Le premier, il se trouva à Paris en face d'un conseil municipal élu, où l'opposition avait une large place et dont le président fut bientôt l'un des personnages importants du parti radical, M. Arago. Par son adresse, par sa patience, par un esprit de conciliation qui parfois effarouchait un peu les ministres, le préfet parvint à bien vivre avec le conseil, le détournant de la politique vers les affaires, et l'amenant à s'associer à toutes les cérémonies monarchiques, réceptions de la famille royale à l'Hôtel de ville, baptême du comte de Paris, funérailles du duc d'Orléans. De grands travaux furent faits pour assainir et embellir la capitale. « Je dois procurer aux Parisiens de l'eau, de l'air et de l'ombre », avait-il dit dans une de ses premières harangues au Roi. Les gigantesques et coûteuses transformations opérées depuis ne doivent pas faire oublier ces années d'activité réglée et féconde, où l'administration municipale renouvela entièrement la voirie par le pavage en chaussée et la création des trottoirs, nivela les boulevards, élargit ou perça un grand nombre de rues, refit les quais, établit l'éclairage au gaz, agrandit l'Hôtel de ville;

termina la Bourse et la Madeleine, construisit l'église Saint-Vincent de Paul, commença Sainte-Clotilde, éleva le nombre des écoles de 58 à 209, améliora les hôpitaux et les prisons, développa le service des eaux de façon à porter la part de chaque habitant de 70 litres à 108; et tout cela, sans embarrasser les finances, sans grever l'avenir, bien plus, en laissant entrevoir, pour 1851, l'extinction complète de la dette municipale. Sous ce régime, le commerce et l'industrie parisienne progressèrent rapidement : les déclarations d'exportation à la douane, qui étaient de 60 millions en 1832, montèrent à 171 en 1846. M. de Rambuteau payait de sa personne, non seulement par la direction donnée aux grandes affaires, mais par les relations qu'il avait avec ses administrés ; son cabinet était ouvert à tous; chaque matin, il parcourait les quartiers populaires, causant volontiers avec les ouvriers, auprès desquels son activité, sa bonhomie, son abord gracieux et facile lui valaient une sorte de popularité. Fort bien vu du Roi et de Madame Adélaïde, on l'interrogeait souvent, aux Tuileries, sur les sentiments de Paris. En 1848, lors de la dévastation de l'Hôtel de ville, les vainqueurs respectèrent son portrait, et le portant sur le lit du préfet : « Dors, papa Rambuteau, dirent-ils ; tu as mérité de te reposer. »

V.

En somme, malgré les excès de la spéculation, malgré certaines timidités de la politique commerciale et certaines témérités de la politique financière, l'activité économique du pays était en plein développement. Telle était même cette activité, qu'on en venait à se demander si elle ne tenait pas une place trop grande dans les préoccupations du public, et si l'idéal national n'en était pas un peu abaissé. Beaucoup s'en plaignaient alors et y montraient le vice propre de la classe moyenne, devenue omnipotente depuis 1830. On prétendait que le règne de cette classe aboutissait à rétablir une nouvelle féodalité, la « féodalité financière », ou, pour parler comme Proudhon, à remplacer l'aristocratie par la « bancocratie ». Il semblait, du reste, qu'on fût bienvenu, dans ce temps, à mal parler de la bourgeoisie. C'était désormais contre elle que s'exerçait la satire, que s'acharnait la caricature ; c'était d'elle que l'on se moquait sous les traits de Prudhomme ou de Paturot. Sa prépondérance avait éveillé la jalousie. La noblesse, qu'elle traitait en vaincue, et le peuple, qu'elle traitait en suspect, étaient également empressés à la trouver en faute, et tous deux s'accordaient à lui reprocher un matérialisme dont ils se flattaient de n'être pas atteints au même degré.

Que doit-on penser de ce reproche? Depuis qu'elle était maîtresse, la bourgeoisie avait fait preuve de sérieuses qualités ; elle s'était montrée sensée, instruite, laborieuse, honnête. Mais elle avait deux causes de faiblesse : l'une était sa rupture avec l'aristocratie de naissance, que l'aristocratie d'argent ne suppléait pas ; l'autre était la part insuffisante faite, dans sa vie morale, au christianisme, que ne pouvait pas non plus remplacer la philosophie éclectique, alors officiellement investie du gouvernement des âmes, mais incapable de répondre à toutes leurs questions, de satisfaire à tous leurs besoins. Par cette double séparation, la bourgeoisie s'était privée de certains éléments sympathiques, généreux, chevaleresques, héroïques, qui eussent fait heureusement contrepoids à ce qu'elle pouvait avoir, par ses origines, par ses habitudes, d'un peu égoïste et terre à terre. C'étaient ces côtés faibles que M. Guizot avait en vue quand, au lendemain de 1848, dans une lettre à M. Lenormant, il définissait ainsi le parti conservateur avec lequel il avait été obligé de gouverner : « Trop étroit de base, trop petit de taille, trop froid ou trop faible de cœur ; voulant sincèrement l'ordre dans la liberté, et n'acceptant ni les principes de l'ordre, ni les conséquences de la liberté ; plein de petites jalousies et de craintes ; étranger aux grands désirs et aux grandes espérances, les repoussant même comme un trouble ou un péril pour son repos. » Et il ajoutait : « J'en dirais trop, si je disais tout. » Un homme avait senti plus vivement encore les défauts de la classe portée au pouvoir par la révolution de 1830, c'était le prince sur la tête duquel paraissait reposer l'avenir de cette révolution, le duc d'Orléans. Ses lettres intimes, récemment publiées, nous révèlent avec quelle sévérité il se laissait aller à parler de cette bourgeoisie, de la façon dont elle avait été « amollie » par le succès, de ce « mouvement politique qui ne parlait pas à l'imagination », de ces « idées mesquines et étroites qui avaient seules accès dans la tête des députés », de ces hommes « qui ne voyaient dans la France qu'une ferme ou une maison de commerce » ; parfois même, l'expression de son « dégoût » avait une amertume et une véhémence dont l'exagération surprend, et où il faut voir moins un jugement réfléchi et mesuré que la généreuse impatience d'une âme jeune, ardente, froissée dans ses plus nobles instincts[1].

On conçoit l'effet que dut produire, dans une société ainsi malade, l'esprit de spéculation surexcité par la création des chemins de fer. Placée en face de ce qu'on pouvait appeler la grande tentation du veau d'or, la classe moyenne se trouva mal armée pour y résister : elle y succomba. « Le vent est à la conquête des richesses, écrivait M. Léon Faucher en 1845 ; nous faisons des chemins de fer ; nous sommes dans une veine miraculeuse de prospérité... On ne pense plus qu'à s'enrichir, et l'on ne mesure plus les événements qu'au thermomètre de la Bourse[2]. » Cette fièvre d'argent eut tout de suite une conséquence digne de remarque dans un pays où, depuis 1815, la politique avait tenu tant de place : elle en fit perdre le goût au public. « L'esprit politique est mort pour plusieurs années, disait M. Faucher... Il n'y a plus d'opinion en laquelle on ait foi[3]. » Mettra-t-on ce témoignage en doute,

---

[1] *Lettres du duc d'Orléans*, publiées par ses fils, p. 148, 149, 171, 222, 265, 297.

[2] Lettres du 18 août et du 9 décembre 1845. (Léon Faucher, *Biographie et Correspondance*, t. I, p. 163 et 168.)

[3] Lettres du 9 décembre 1845 et du 4 février 1846. (*Ibid.*, p. 168 et 171.)

comme émanant d'un opposant? Voici M. Rossi qui, dès le mois de décembre 1842, s'exprimait en ces termes dans la *Revue des Deux Mondes* : « Le public ne s'occupe que de ses spéculations, de ses affaires. Il n'a pas de goût en ce moment pour la politique ; il s'en défie ; il craint d'en être dérangé. Il a eu ainsi des engouements successifs : sous l'Empire, les bulletins de la grande armée ; sous la Restauration, la Charte, la liberté ; tout le reste lui paraissait secondaire. Aujourd'hui, c'est la richesse. Les hommes aux passions généreuses doivent s'y faire. » M. de Barante, d'un esprit si mesuré et si sagace, écrivait, vers la même date, à l'un de ses parents : « La politique est morte pour le moment. Je ne me souviens pas d'avoir vu un pareil assoupissement des opinions. Les intérêts privés ont aboli l'intérêt public, ou, pour parler plus exactement, personne ne l'envisage que sous cet aspect[1]. » Il ajoutait, en 1843, dans une lettre à M. Guizot : « L'oubli des opinions politiques est complet ; il se confond avec une insouciance croissante de tout intérêt public ; ni conviction, ni affection, ni même approbation explicite ; on jouit de ce bien-être ; on y tient assurément beaucoup, mais sans songer à lui assurer un lendemain[2]. » Et encore, en 1845 : « Rien qui diffère des années précédentes... Un oubli plus complet encore des opinions ; point d'esprit public ; aucune montre d'attachement aux institutions ni aux personnes[3]. » Ce phénomène ne frappait pas seulement les hommes d'État ; M. Sainte-Beuve notait, le 5 novembre 1844, que « la politique était de plus en plus morte en France[4] ». De cette sorte d'inertie, le gouvernement essayait parfois de donner une explication rassurante : « C'est, disait M. Guizot, que le pays est tranquille sur les principes, sur les intérêts moraux qui lui sont si chers. Il est tranquille, parce qu'il sait que le gouvernement ne les menace pas ; et, tranquille sur sa grande existence morale, il fait pai-

---

[1] Lettre du 17 octobre 1842. (*Documents inédits.*)
[2] Lettre du 28 août 1843. (*Documents inédits.*)
[3] Lettre du 5 septembre 1845. (*Documents inédits.*)
[4] *Chroniques parisiennes*, p. 277.

siblement ses affaires quotidiennes[1]. » Qu'il y eût une part de vérité dans cette explication, je le veux bien. Toutefois, elle ne suffisait pas, et il n'était pas besoin d'y regarder de bien près pour se rendre compte que le pays n'était pas seulement tranquille ; il était indifférent et distrait.

Un fait avait aidé à cette indifférence politique : c'est que le régime parlementaire ne s'était pas relevé du discrédit dont l'avait frappé la coalition de 1839. On n'avait plus sans doute à se plaindre de crises pareilles à celles qui s'étaient succédé de 1836 à 1840 ; le ministère avait acquis une stabilité jusqu'alors inconnue ; la majorité semblait constituée. Mais, en dépit du talent des orateurs, le public ne pouvait pas s'intéresser beaucoup à des luttes où ne lui paraissaient être en jeu que des ambitions personnelles ; il ne se sentait plus en communion avec les Chambres, comme sous la Restauration et dans les premières années de la monarchie de Juillet, alors que les grands problèmes portés à la tribune, — « royalisme » ou « libéralisme », « résistance » ou « mouvement », — étaient ceux mêmes que le pays débattait avec ardeur ou angoisse. Aussi, vers 1846, était-on assez bienvenu, dans certains milieux, à mal parler du « parlementarisme », à le déclarer une « machine usée ». Les démocrates ne se montraient pas les moins vifs, témoin une brochure de M. Henri Martin qui fit à ce moment quelque bruit. Il n'était pas jusqu'au monde doctrinaire d'où l'on ne vît s'élever des doutes. M. Doudan, dont on n'ignore pas, il est vrai, le scepticisme un peu fantasque, se demandait si « la soupe constitutionnelle était une bonne soupe ». « Nous avons cru pendant vingt ans, disait-il, que le bouillon était nourrissant, trop nourrissant, et, en regardant de près les chiens qu'on engraissait de cette gélatine, on a pu voir qu'ils maigrissaient à vue d'œil[2]. » C'était à toutes les libertés que risquait de s'étendre l'indifférence du public. « La réaction contre les idées libérales est grande en ce

---

[1] Discours du 28 mai 1846.
[2] Lettre du 27 septembre 1844. (X. Doudan, *Mélanges et Lettres*, t. II, p. 39.)

moment, notait un observateur; on croit avoir suffisamment
réfuté le système le plus généreux, le plus sensé, le plus équitable, lorsqu'on l'a qualifié dédaigneusement de théorie [1]. »
Tel paraissait être notamment l'état d'esprit des jeunes députés,
qui venaient d'entrer en assez grand nombre dans la Chambre,
en 1846, et qui se piquaient d'y représenter les générations
nouvelles : il fallait entendre de quel ton ils parlaient des
« illusions libérales » de leurs devanciers [2]. Peu de temps
auparavant, M. Molé écrivait à M. de Barante : « Nous sommes
à une de ces époques où l'esprit humain, doutant de lui-même,
ne sait plus que penser de ce qu'il avait condamné et de ce
dont il s'était enorgueilli [3]. » M. de Rémusat, tout en se rai-
dissant pour son compte contre une telle désillusion, constatait qu'elle avait gagné beaucoup d'esprits [4].

Cet affaiblissement de la vie politique, cette préoccupation
excessive de l'intérêt individuel étaient, pour la nation, une
diminution de sa dignité morale. Était-ce une sécurité pour le
gouvernement? Quelques-uns s'en flattaient. Une opinion ainsi
distraite leur paraissait moins gênante. Et puis ils croyaient
trouver dans les intérêts surexcités une force pour le pouvoir
qui travaillait à les satisfaire, fondement plus solide, disait-on,
que des sentiments, de leur nature, toujours un peu capricieux.
Les journées de février 1848 devaient cruellement détruire
cette illusion. « Le matérialisme en politique, a-t-on écrit très
justement à propos de la monarchie de Juillet [5], produit les
mêmes effets qu'en morale; il ne saurait inspirer le sacrifice, ni
par conséquent la fidélité... On dira peut-être que ces intérêts
bien entendus, en faisant sentir au bourgeois le besoin de la
stabilité, suppléeront aux principes et l'attacheront solidement
à son parti : il n'en est rien. Loin de lui conseiller la fermeté,
ses intérêts le porteront à être toujours de l'avis du plus fort.
De là ce type fatal, sorti de nos révolutions, l'homme d'ordre,

---

[1] *Journal inédit de M. de Viel-Castel.*
[2] *Ibid.*
[3] Lettre du 18 août 1844. (*Documents inédits.*)
[4] Article sur M. Jouffroy, *Revue des Deux Mondes* du 3 août 1844.
[5] M. RENAN, dans la *Revue des Deux Mondes* du 1er juillet 1859, p. 201.

comme on l'appelle, prêt à tout subir, même ce qu'il déteste. L'intérêt ne saurait rien fonder, car, ayant horreur des grandes choses et des dévouements héroïques, il amène un état de faiblesse et de corruption où une minorité décidée suffit à renverser le pouvoir établi. » Ces réflexions étaient inspirées, après coup, à M. Renan par la leçon des faits. Dès 1840, devançant les événements avec une sagacité prophétique, Henri Heine annonçait qu'au jour des tempêtes « la bourgeoisie se tiendrait coi et ferait défaut au Roi, en lui laissant à lui-même tout le soin de se tirer d'affaire ». Et il continuait ainsi : « La bourgeoisie fera peut-être encore bien moins de résistance que n'en fit, dans un cas pareil, l'ancienne aristocratie; même dans sa faiblesse la plus pitoyable, dans son énervement par l'immoralité, dans sa dégénération par la courtisanerie, l'ancienne noblesse resta encore animée d'un certain point d'honneur inconnu à notre bourgoisie, qui est devenue florissante par l'industrie, mais qui périra également par elle. On prophétise un autre Dix août à cette bourgeoisie, mais je doute que les chevaliers industriels du trône de Juillet se montrent aussi héroïques que les marquis poudrés de l'ancien régime qui, en habit de soie et avec leurs minces épées de parade, s'opposèrent au peuple envahissant les Tuileries [1]. »

VI

La prédominance des intérêts matériels était le mal de la société elle-même. L'opposition, fidèle à sa tactique, tâcha d'y faire voir la faute, le crime du ministère, qu'elle accusa d'avoir machiavéliquement travaillé à la perversion de l'âme nationale. A entendre les orateurs et les journaux de la gauche, le gouvernement avait poussé le pays aux pieds du veau d'or, pour le détourner de la politique; il avait sciemment provoqué et fa-

---

[1] *Lutèce*, p. 150.

vorisé l'agiotage en matière de chemins de fer[1]. Ce sont là de ces calomnies de parti dont l'exagération même trahit l'injustice et que l'histoire peut négliger. Mais des bancs de l'opposition s'élevaient parfois des critiques qui méritent de n'être pas confondues avec ces vulgaires déclamations. Tels étaient les discours, ou plutôt les dissertations, où, presque chaque année, M. de Tocqueville, laissant de côté les faits particuliers de la politique courante, dogmatisait gravement et mélancoliquement sur l'altération des mœurs publiques, et prophétisait les malheurs qui en résulteraient. Il semblait s'être fait une spécialité de ce rôle de Cassandre auprès de la bourgeoisie régnante. Son inspiration était élevée; toutefois il s'y mêlait quelque chose d'un peu chagrin qui le portait à voir souvent la situation trop en noir. Et puis, même chez ce haut et droit esprit, l'opposant faisait tort au moraliste politique. Sa critique, généralement fondée quand elle s'adressait à la société et poursuivait la réforme des mœurs, se rapetissait quand elle concluait à un changement de cabinet. Dans ses paroles il y avait donc beaucoup à prendre, et aussi quelque chose à laisser; l'orateur méritait grand crédit, et cependant était, par certains côtés, un peu suspect : réunion de qualités et de défauts, d'autorité et de faiblesse, dont on se rendra mieux compte si l'on considère de plus près cette figure. On l'a déjà aperçue plusieurs fois au cours de ce récit, mais sans avoir encore eu l'occasion de s'y

---

[1] Le *Siècle* du 11 novembre 1845 montrait, dans cet agiotage, « le symptôme de la contagion morale que le pouvoir s'efforçait d'inoculer à la France, avec une persévérance systématique ». M. Thiers, dans la circulaire qu'il avait rédigée pour les élections de 1846 et que ses amis le détournèrent de publier, s'exprimait ainsi : « Est-il vrai qu'on a livré aux compagnies plutôt qu'à l'État l'exploitation des grands travaux publics pour engager le pays entier dans une masse de spéculations telles que tout le monde fût intéressé à la politique existante, et que chacun vît dans chaque affaire politique, non pas l'intérêt de la France, mais l'intérêt de sa fortune privée qu'une variation dans les cours pouvait compromettre? Quelqu'un oserait-il le nier?... C'est le cœur du pays qu'on tend à abaisser. » Et, après avoir donné des preuves de cet abaissement, M. Thiers flétrissait de nouveau le gouvernement, « qui, sous prétexte que tout est fini au dedans et au dehors, veut faire tout oublier au pays, le dehors comme le dedans, en le jetant dans des spéculations qui l'absorbent, l'enchaînent et le paralysent ».

arrêter. Le moment est venu d'en tenter l'esquisse, fallût-il suspendre quelques instants nos observations sur les mœurs de l'époque. M. de Tocqueville est de ceux dont les traits particuliers intéressent l'histoire générale.

Alexis de Tocqueville n'avait pas encore trente ans, quand il devint tout d'un coup célèbre, en 1835, par son livre *De la démocratie en Amérique*. Jamais publication de ce genre n'avait eu un succès si considérable, si soudain, si peu préparé. La veille, personne ne connaissait ce jeune homme qui, après avoir débuté, sous la Restauration, dans la magistrature, était parti pour l'Amérique au lendemain des journées de Juillet et, une fois de retour, avait travaillé silencieusement sur ses notes de voyage, sans occuper de lui le public. Le lendemain, son nom était dans toutes les bouches; son libraire, naguère froid et défiant, lui disait, joyeux et stupéfait : « Ah çà, mais il paraît que vous avez fait un chef-d'œuvre[1] ! » et chacun répétait l'oracle rendu par M. Royer-Collard : « Depuis Montesquieu, il n'a rien été fait de pareil. » L'auteur n'était pas le moins surpris du bruit que faisait son œuvre[2]. S'intéressait-on tellement à l'Amérique? Non, c'est qu'en réalité il s'agissait de la France[3]. Ce livre rappelait à une nation, qui s'en était laissé distraire par les incidents de chaque jour, le redoutable problème qui pesait sur elle, celui de la démocratie; il lui donnait conscience du mouvement qui l'emportait vers un nouvel ordre politique et social; il lui faisait comprendre la nécessité de se préparer à cette évolution. L'auteur n'était ni un

[1] *OEuvres et correspondance inédites de M. de Tocqueville*, t. II, p. 27 et 28.
[2] « Je suis fort étonné de ce qui m'arrive, mandait-il à un de ses amis le 15 février 1835, et tout étourdi des louanges qui bourdonnent à mes oreilles. Il y a une femme de la cour de Napoléon que l'Empereur s'imagina un jour de faire duchesse. Le soir, entrant dans un grand salon et s'entendant annoncer par son nouveau titre, elle oublia qu'il s'agissait d'elle, et se mit de côté pour laisser passer la dame dont on venait de prononcer le nom. Je t'assure qu'il m'arrive quelque chose d'analogue. Je me demande si c'est bien de moi qu'on parle. »
[3] M. de Tocqueville écrivait à M. de Kergorlay : « Quoique j'aie très rarement parlé de la France dans ce livre, je n'en ai pas écrit une page sans penser à elle et sans l'avoir, pour ainsi dire, sous les yeux... A mon avis, ce continuel retour que je faisais, sans le dire, vers la France, a été une des premières causes du succès du livre. »

partisan ni un adversaire de la démocratie. C'était un observateur indépendant, sans parti pris pour ou contre, frappé également de la force et du péril de cette démocratie, jugeant impossible de lui barrer le chemin et nécessaire de la guider, saluant son avènement sans s'abaisser devant elle. Ajoutons que le mystère de cet avenir l'attirait et l'effrayait à la fois ; de là cet accent d'angoisse qui perçait à travers la gravité d'ordinaire un peu froide de son style.

Dans les années qui suivirent, M. de Tocqueville recueillit les profits de sa célébrité. En 1838, il fut nommé membre de l'Académie des sciences morales ; en 1841, après la publication de la seconde partie de son livre, l'Académie française lui ouvrit ses portes. Candidat à la députation dès 1837, il fut élu en 1839. Il arrivait à la Chambre avec le désir évident d'y rester en dehors et au-dessus des partis. « Tous les partis existants me répugnent », disait-il [1]. Bien que fils d'un préfet de la Restauration et ayant vu avec regret la révolution de 1830, il ne frayait pas politiquement avec les légitimistes ; il s'était rallié tristement, mais sans hésiter, à la monarchie nouvelle, plus préoccupé de certains principes et de certaines libertés que de la forme du gouvernement. Très libéral, l'esprit plus ouvert que la masse des conservateurs sur les besoins et les droits de la démocratie, il se piquait cependant d'être un « libéral d'une espèce nouvelle », se défendait de ressembler « à la plupart des démocrates de nos jours » et déclarait que « personne n'avait une haine plus profonde que lui pour l'esprit révolutionnaire [2] ». D'autre part, pour rien au monde il n'eût voulu être qualifié de ministériel ; lors de sa première candidature, M. Molé, président du conseil à cette époque, ayant fait mine de le recommander, il avait repoussé cet appui, comme si sa dignité personnelle en eût dû être atteinte ; le ministre, piqué, répondit par une leçon à l'adresse de cette indépendance si chatouilleuse : « Serez-vous plus libre d'enga-

---

[1] Lettre du 1er novembre 1841.
[2] Lettres du 24 juillet et du 5 octobre 1836.

gements, lui demanda-t-il, si vous arrivez par les légitimistes, les républicains, ou une nuance quelconque de la gauche, que par le juste milieu? Il faut choisir : l'isolement n'est pas l'indépendance, et l'on dépend plus ou moins de ceux qui vous ont élu [1]. » L'événement devait justifier cet avertissement : au bout de peu de temps, M. de Tocqueville n'était plus guère qu'un membre de la gauche, un lieutenant de l'armée de M. Odilon Barrot, s'y sentant mal à l'aise, valant mieux et ayant des pensées plus hautes que les hommes auxquels il était mêlé, cherchant parfois à s'en distinguer, mais ne croyant pas pouvoir s'en séparer. Il se trouvait faire tout autre chose que ce qu'il avait rêvé.

Ce ne fut pas sa seule déception. L'importance de son rôle parlementaire était loin d'être en rapport avec l'éclat de ses débuts de publiciste ; à la Chambre, il demeurait au second rang, considéré, mais sans grande action. Sa parole élégante, élevée, nourrie, avait quelque chose d'un peu tendu, laborieux et terne. Il manquait de mouvement et de chaleur. Ce n'est pourtant pas que, chez lui, l'âme fût froide : personne n'avait la sensibilité plus affinée, la pensée plus fervente ; mais la flamme qui brûlait au fond de son être le consumait sans jaillir au dehors, ou du moins n'était visible que de près. Devant un auditoire nombreux et banal, une sorte de méfiance de lui-même et des autres l'empêchait de se donner pleine carrière. Les moyens physiques de l'orateur lui faisaient d'ailleurs défaut ; sa voix faible ne portait pas ; toute sa personne était d'une grande distinction, mais un peu grêle ; une émotion l'épuisait. Il souffrit d'autant plus de cet insuccès relatif, qu'il avait eu des visées plus hautes. N'ayant encore que vingt-deux ans, il écrivait à l'un de ses confidents, au sujet de certains déboires de sa carrière de magistrat : « Il y a chez moi un besoin de primer qui tourmentera cruellement ma vie. » Son âme était un mélange délicat et fort compliqué d'ambition et de désintéressement, d'orgueil et de

[1] Lettre de M. de Tocqueville à M. Molé, du 12 septembre 1837, et réponse de M. Molé, du 14 septembre.

modestie, de fierté et de timidité, de hardiesse et d'anxiété [1]. Sa mauvaise santé ne contribuait pas peu à cet état d'âme. A vingt-quatre ans, il écrivait déjà : « Je suis effrayé de la place que mes maux physiques tiennent dans mon imagination, du dégoût qu'ils me donnent souvent pour toute espèce d'avenir. » Dix ans plus tard, en 1839, il gémissait encore sur « ce malaise perpétuel du corps et de l'esprit ». En 1842, il écrivait : « La santé est le boulet que je traine après moi. »

Tout ce qui vient d'être dit de M. de Tocqueville, de ses origines et de ses visées, de ses qualités et de ses faiblesses, explique qu'il fût plus préparé qu'un autre à s'apercevoir, à souffrir, à s'irriter des misères trop réelles de la politique à laquelle il se mêlait, et particulièrement de ce qu'il pouvait y avoir d'un peu court, étroit, abaissé, dans les idées et la conduite de la classe alors dominante. D'ailleurs, sa sensibilité, si éveillée pour ce qui le touchait personnellement, l'était peut-être plus encore pour ce qui intéressait ses convictions et son patriotisme. Nul ne témoigna un souci plus sincère et plus douloureux de la chose publique. Les défauts de l'état politique et social l'attristaient et le troublaient à l'égal d'un chagrin de famille. A la différence de tant d'hommes d'État qui, dans la distraction des affaires et des luttes quotidiennes, oublient les

[1] « Je suis habituellement sombre et troublé, écrivait M. de Tocqueville à l'un de ses intimes, le 25 octobre 1842. J'attribue ce fatigant et stérile état de l'âme tantôt à une cause, tantôt à une autre. Mais je crois qu'au fond il ne tient qu'à une seule, qui est profonde et permanente, le mécontentement de moi-même. Tu sais qu'il y a deux espèces d'orgueils très distincts, ou plutôt le même orgueil a deux physionomies, une triste et une gaie. Il y a un orgueil qui se repait avec délices des avantages dont il jouit ou croit jouir. Cela s'appelle, je pense, de la présomption. Puisque Dieu voulait m'envoyer le vice de l'orgueil à forte dose, il aurait bien dû au moins m'envoyer celui qui appartient à cette première espèce. Mais l'orgueil que je possède est d'une nature toute contraire. Il est toujours inquiet et mécontent, non pas envieux pourtant, mais mélancolique et noir. Il me montre à chaque instant les facultés qui me manquent et me désespère à l'idée de leur absence. Le fait est que si j'ai quelques qualités, elles ne sont pas du nombre de celles qui peuvent satisfaire pleinement dans la carrière que je suis... » Deux ans plus tard, le 3 avril 1844, il écrivait encore : « J'ai toujours trop de cette irritabilité maladive qui me porte à souffrir impatiemment les obstacles qui embarrassent toujours le chemin de chaque homme dans ce monde. » Tout jeune, dans une lettre du 22 avril 1832, il avouait déjà un fond de spleen.

dangers profonds et lointains, on eût dit que ses regards étaient constamment fixés sur ces dangers; il était assombri par cette contemplation et comme obsédé par la pensée de la décadence. Ainsi, au quatrième et au cinquième siècle, certains Romains avaient-ils, plus que d'autres de leurs contemporains, l'impression poignante de la ruine du passé et des menaces de l'avenir. A la fin de sa vie, M. de Tocqueville disait de la « grande et profonde tristesse » qui était au fond de son âme : « C'est la tristesse que me donne la vue de mon temps et de mon pays. »

Aussi, parcourez la correspondance de M. de Tocqueville, depuis le jour où il est entré à la Chambre. Ce n'est qu'un gémissement et un cri d'angoisse. Il déplore « la mobile petitesse, le désordre perpétuel et sans grandeur du monde politique », la « platitude générale qui va partout croissant »; il se dit « las du petit pot-au-feu démocratique et bourgeois »; il gémit de vivre au milieu de « ce labyrinthe de misérables et vilaines passions », de « cette fourmilière d'intérêts microscopiques qui s'agitent en tous sens, qu'on ne peut classer et qui n'aboutissent pas à de grandes opinions communes ». Le « côté de l'humanité » que lui « découvre la politique » lui paraît « triste »; il trouve « que rien n'y est ni parfaitement pur, ni parfaitement désintéressé, que rien n'y est véritablement généreux, que rien n'y sent l'élan libre du cœur,... que rien n'y est jeune, en un mot, même les plus jeunes ». Il regrette le temps où, comme sous la Restauration, « les sentiments étaient plus hauts, les idées, la société plus grandes »; où « il était possible de se proposer un but, et surtout un but haut placé », tandis que désormais « la vie publique manque d'objet ». Il voudrait voir s'élever « le vent des véritables passions politiques, des passions grandes, désintéressées, fécondes, qui sont l'âme des seuls partis qu'il comprenne ». Il ne peut s'empêcher de « porter envie » à La Moricière qui se bat en Afrique. « Les petites passions molles et improductives que je vois fourmiller autour de moi, écrit-il, me pousseraient dans l'armée si j'étais plus jeune, ou chez les Trappistes si j'étais plus dévot; mais, n'étant ni l'un ni l'autre, je me résigne et j'attends pour voir s'il n'apparaîtra pas enfin, sur l'horizon politique, quelque chose, en homme ou en événement, de plus grand que ce que nous voyons [1]. »

C'est de ces sentiments que M. de Tocqueville s'inspirait dans les dissertations de morale politique qu'il portait à la tribune. On a dès lors le secret de ce qu'elles pouvaient avoir d'excessif. Néanmoins, si la note en était trop continuellement inquiète et attristée, si surtout le ministère y était peu justement rendu responsable de ce qui était le vice et le malheur du temps, par moments la clairvoyance de l'orateur avait quelque chose de vraiment prophétique. Tel, entre plusieurs, ce discours du 18 janvier 1842, où, après avoir dépeint le mal des esprits et avoir montré comment chacun « ne considérait la vie politique que comme une chose qui lui était étrangère, dont le soin ne le regardait point, concentré qu'il était dans la contemplation de son intérêt individuel et personnel », M. de Tocqueville s'écriait : « Savez-vous, messieurs, ce que cela veut dire? Cela veut dire qu'il y a, en France, quelque chose en péril, quelque chose, — que MM. les ministres me permettent de le dire, — qui est plus grand que le ministère, qui est plus grand que la Chambre elle-même, c'est le système représentatif. Oui, messieurs, il faut que quelqu'un le dise enfin, et que le pays qui nous écoute l'entende, oui, parmi nous, en ce moment, le système représentatif est en péril. La nation, qui en voit les inconvénients, n'en sent pas suffisamment les avantages... Ce qui est en péril encore, messieurs, c'est la liberté! Sans doute, quand nous avons l'entier usage, et quelquefois, je le confesse, l'abus de la liberté, il peut paraître puéril de dire que la liberté est en péril. Il est vrai que ces périls ne sont pas immédiats. Mais à moi, messieurs, qui suis le serviteur dévoué de mon pays, mais qui ne serai jamais son valet, qu'il me soit permis de lui dire que c'est en agissant de

---

[1] Lettres d'octobre 1839, des 14 juillet et 9 août 1840, du 24 août et d'octobre 1842, du 5 septembre 1843.

cette manière que, dans tous les siècles, les peuples ont perdu leur liberté. Assurément je ne vois personne qui soit de taille à devenir notre maître; mais c'est en marchant dans cette voie que les nations se préparent un maître. Je ne sais où il est et de quel côté il doit venir; mais il viendra tôt ou tard, si nous suivons longtemps la même route. » L'événement ne devait malheureusement pas tarder à justifier ces sombres pronostics.

VII

Ainsi, à l'époque où la partie semblait gagnée pour la monarchie constitutionnelle, où les institutions parlementaires fonctionnaient enfin sans crise, les observateurs croyaient discerner, dans les mœurs publiques, et jusque dans l'âme de la nation, les symptômes d'une maladie qui mettait en péril l'avenir même de la liberté. Ceux qui, il y a vingt ou trente ans, s'étaient mis en route avec une si joyeuse et si superbe confiance, apparaissaient, maintenant qu'on pouvait les croire arrivés, tristes, inquiets de leur œuvre et doutant de leurs idées. Cette sorte de désillusion ne se manifestait pas seulement dans l'ordre politique. Même phénomène dans l'ordre littéraire. Des critiques, d'origines et d'âges divers, s'accordaient pour dénoncer, là aussi, ce qu'ils appelaient une « déroute » et un « avortement [1] ». Telles étaient la vivacité et l'amertume de quelques-unes de ces plaintes, qu'on se demande si ceux qui les laissaient échapper avaient gardé tout leur sang-froid, et s'ils ne cédaient pas à l'irritation d'une déception d'autant plus difficile à supporter que leur espérance avait été plus orgueilleuse. Ce n'est pas à dire que tout fût sans fondement dans ces plaintes. Il est dans la nature des choses que la littérature se ressente des désordres sociaux et politiques du pays. Ainsi avons-nous déjà eu occasion, au début de cette histoire,

[1] J'ai déjà cité ces plaintes. (Voir plus haut, livre I, ch. x, § ix.)

d'étudier quel effet avaient eu l'ébranlement et l'excitation de
1830 sur les idées et sur le talent des écrivains, effet si profond et si prolongé que nous avons dû en suivre les traces jusqu'à
la veille de 1848 [1]. S'étonnera-t-on maintenant d'apercevoir,
dans les lettres de la fin du règne, le contre-coup de cet autre
désordre, né, après plusieurs années d'un gouvernement régulier, non plus de l'excès du mouvement, mais plutôt de l'excès
du repos et du bien-être, je veux parler de cette fièvre de convoitise et de spéculation qui avait remplacé la fièvre révolutionnaire, de cette prédominance croissante des intérêts matériels
qui tendait à abaisser l'idéal national? Un critique entre tous
s'était alors donné pour tâche de noter ce contre-coup : c'était
M. Sainte-Beuve. Il avait même donné un nom au mal qui en
était résulté; il l'appelait la « littérature industrielle » et
s'appliquait à en définir les caractères. A l'entendre, chez
beaucoup d'auteurs « une cupidité égoïste » avait remplacé les
« idées morales et politiques » qui étaient, sous la Restauration, le mobile des écrivains et servaient comme « d'enseignes »
à leurs livres; le « champ des œuvres d'imagination » était
« envahi, exploité, par une bande nombreuse, presque organisée, avec cette seule devise inscrite au drapeau : *Vivre en
écrivant* »; et le critique ajoutait : « La moralité littéraire de la
presse en général a baissé d'un cran. Si l'on peignait au complet le détail de ces mœurs, on ne le croirait pas. M. de Balzac
a rassemblé dernièrement beaucoup de ces vilenies dans un
roman qui a pour titre : *Un grand homme de province*, mais en
les enveloppant de son fantastique ordinaire : comme dernier
trait qu'il a omis, toutes ces révélations curieuses ne l'ont pas
brouillé avec les gens en question, dès que leurs intérêts sont
redevenus communs [2]. »

Quel désordre avait donc en vue M. Sainte-Beuve en rédigeant ce réquisitoire si véhément? L'état de la littérature à la
fin de la monarchie de Juillet ne paraît pas, dans son aspect

---

[1] Voir le chapitre x du livre Ier, sur *la Révolution de 1830 et la littérature*.
[2] *De la littérature industrielle* (*Revue des Deux Mondes* du 1er septembre 1839).

général, justifier une note si sombre. Sans entrer dans des détails spéciaux qui ne seraient pas d'une histoire politique, ni rappeler ce que j'ai déjà dit des principaux écrivains du temps, ne suffit-il pas, pour avoir une impression fort différente de celle de M. Sainte-Beuve, de jeter un coup d'œil sommaire et d'ensemble sur ce que ces écrivains sont devenus de 1841 à 1848, ou même seulement de donner l'énumération des œuvres qu'ils ont alors publiées? Chateaubriand est toujours là comme un témoin, un souvenir vivant de la glorieuse jeunesse du siècle, lui-même, il est vrai, vieilli, chagrin, ne publiant qu'une *Vie de Rancé,* peu digne de lui, et gâtant ses Mémoires à force de les corriger. Dans la poésie, — à défaut de Lamartine absorbé par la politique, à défaut de Victor Hugo qui, devenu pair de France par la grâce du roi des Français, commence à jalouser le rôle parlementaire de Lamartine, et dont la muse lyrique s'est tue depuis *les Rayons et les Ombres* (1840), à défaut de Vigny qui s'enferme dans un silence ennuyé et dédaigneux, à défaut de Musset qui, tout jeune, semble déjà épuisé et ne publie plus guère que des proverbes en prose, — des poètes de second rang, Brizeux, Théophile Gautier, sont en plein épanouissement; Laprade commence à se faire connaître avec *Psyché* (1841) et ses *Odes et Poèmes* (1844). Au théâtre, l'échec des *Burgraves* (1843) marque la faillite définitive de ce drame romantique qui affichait naguère de si fastueuses prétentions; mais, au même moment, l'étonnant succès de la *Lucrèce* de Ponsard (1843) donne l'illusion que la tragédie classique va renaître, rajeunie, adaptée au temps nouveau, et, l'année suivante, le brillant début du tout jeune auteur de la *Ciguë,* Émile Augier, est pour la comédie une promesse qui, celle-là, ne sera pas trompée. Dans le roman, les délicats peuvent se délecter avec *Colomba* et *Carmen* de Mérimée (1840-1845), *la Mare au Diable* de George Sand (1846), *Mlle de la Seiglière* de Jules Sandeau (1844). Dans l'ordre des travaux historiques, — si M. Guizot, absorbé par les soins du gouvernement, n'a pu rien publier depuis son *Washington* (1840), si M. Michelet est devenu la proie d'une sorte de folie furieuse,

démagogique et antichrétienne, — M. Thiers emploie les loisirs
que lui laisse l'opposition à poursuivre sa grande *Histoire du
Consulat et de l'Empire*, M. Augustin Thierry publie l'un de ses
chefs-d'œuvre, les *Récits mérovingiens* (1840-1842), M. Mignet
écrit sa belle *Introduction aux négociations relatives à la succession
d'Espagne* (1842) et son livre sur *Antonio Perez et Philippe II*
(1845). Dans la critique littéraire, à la place de M. Villemain,
lui aussi pris par la politique, M. Sainte-Beuve est en pleine
activité de production, M. Saint-Marc-Girardin fait paraître
l'un de ses meilleurs ouvrages, le *Cours de littérature dramatique* (1843), M. Nisard commence son *Histoire de la littérature française* (1844). Dans la critique d'art, M. Vitet donne
ses exquises notices sur Lesueur (1843) et sur la cathédrale de
Noyon (1845). M. Cousin, toujours en mouvement, remanie
ses anciennes œuvres philosophiques, et en même temps, avec
son livre sur *Jacqueline Pascal* (1845), commence à exploiter
une veine nouvelle qu'il saura rendre singulièrement féconde.
M. de Rémusat publie sa savante étude sur *Abélard* (1845).
L'éloquence politique n'a jamais jeté un plus magnifique éclat :
MM. Guizot, Thiers, Berryer, de Lamartine sont à l'apogée de
leur talent ; M. de Montalembert va y atteindre ; et combien
en passons-nous sous silence, qui n'apparaissent alors qu'au
second rang, et qui, à d'autres époques moins riches, eussent
été au premier? Dans la chaire chrétienne, on entend tour à
tour le Père Lacordaire et le Père de Ravignan. Pour la
musique, il y a comme un temps d'arrêt : le théâtre de l'Opéra,
par exemple, ne revoit plus les brillantes années du commencement du règne, quand le *Guillaume Tell* de Rossini était encore
dans sa fraîcheur de nouveauté, que Meyerbeer faisait représenter *Robert le Diable* (1831) et les *Huguenots* (1836), qu'Halévy
donnait la *Juive* (1835) ; mais les arts du dessin sont en plein
épanouissement : pour ne citer que les noms les plus en vue,
c'est la belle époque d'Ingres, d'Horace Vernet, de Paul Dela-
roche, d'Ary Scheffer, de Delacroix, de Decamps, parmi les
peintres ; de David d'Angers, de Pradier, parmi les sculpteurs ;
d'Henriquel Dupont parmi les graveurs. En somme, lettres et

arts offrent un ensemble fort honorable. S'il n'y a là rien d'égal à la magnifique efflorescence littéraire et artistique de la Restauration, si l'on y cherche vainement trace des espérances immenses, indéfinies, auxquelles, avant 1830, s'abandonnaient tous les jeunes esprits, du moins on y trouve encore de beaux restes qui nous semblent aujourd'hui mériter plutôt notre envie que notre dédain. Et surtout on n'y rencontre aucun des caractères de cette « littérature industrielle » si vivement flétrie par le critique.

M. Sainte-Beuve n'était pas cependant homme à parler sans raison. Où donc était le mal dénoncé par lui? Qu'avait-il en vue? Il avait en vue un genre de publications qui venait d'être imaginé et qui fit alors tant de bruit, accapara tellement la curiosité générale que, pendant quelques années, il sembla n'y avoir plus d'autre littérature : c'était le roman-feuilleton. On se ferait aujourd'hui difficilement une idée du succès qu'il obtint tout de suite et conserva jusqu'en 1848. Ce succès extraordinaire, anormal, vraiment monstrueux, était le signe du temps et l'une des manifestations du mal social dont j'ai déjà noté d'autres symptômes. Il explique l'émotion de M. Sainte-Beuve [1]. Il explique aussi pourquoi l'écrivain politique doit s'arrêter à cet épisode passager de notre histoire littéraire, plus longuement que ne l'eussent certes demandé l'importance du genre et la valeur des œuvres.

Pour trouver l'origine du roman-feuilleton, il faut remonter à la révolution que M. Émile de Girardin accomplit dans la presse périodique, le jour où il en agrandit le format, en abaissa le prix, et où il transforma en spéculation financière ce qui avait été jusqu'alors œuvre de doctrine [2]. Le nouveau journal ne pouvait vivre avec la clientèle restreinte attachée autrefois à

---

[1] A en croire certaines gens, le secret de cette émotion de M. Sainte-Beuve n'était qu'une rivalité de boutique. Il aurait été, en cette circonstance, l'organe de la *Revue des Deux Mondes*, dépitée de la concurrence que lui faisaient les journaux depuis qu'ils publiaient des romans et prétendaient accaparer les auteurs en vogue. (A. Karr, *les Guêpes*, novembre 1844.) C'est possible. Mais pour n'être pas entièrement désintéressée, la plainte du critique doit-elle être jugée mal fondée?

[2] Voir plus haut, livre II, ch. xii, § v.

chaque feuille, en raison des idées politiques qu'elle représentait : il lui fallait attirer la foule de toute opinion ou même sans opinion, pénétrer là où l'on n'avait pas encore l'habitude de lire les journaux. Dans ce dessein, on développa la rédaction dite littéraire, qui devint bientôt plus importante, plus coûteuse, plus décisive pour le succès que la rédaction politique, et l'on imagina de donner en feuilleton d'abord de courtes nouvelles, puis, peu à peu, des romans plus longs. Nul moyen ne parut meilleur pour prendre en masse les abonnés, et certains *impresarii* firent ainsi, paraît-il, d'étonnants coups de filet. Grisés même par les premiers résultats de cette innovation, ils rêvèrent de publier sous cette forme tous les ouvrages piquant la curiosité ; le feuilleton devait remplacer le livre, et les libraires effrayés se lamentaient déjà d'être supplantés et ruinés. On se vantait de rendre ainsi un service aux lettres, en augmentant le nombre des lecteurs : l'effet fut au contraire d'abaisser, de pervertir toute une partie de la littérature d'imagination qui dut s'adapter à ce genre nouveau. Pour piquer la curiosité d'une foule banale, ne lisant que superficiellement, à la hâte et par petites coupures, les qualités délicates et distinguées n'étaient pas de mise ; mieux valaient l'habileté vulgaire, les couleurs voyantes, les grossières péripéties. L'art fit place au procédé. On s'aperçut même bientôt que l'immoralité était l'appât le plus efficace, et ce fut comme une enchère d'impudeur entre ceux qui se disputaient le public[1].

En tout cela ce qui dominait, c'était la question d'argent. Pour les entrepreneurs de cette presse nouvelle, — les Girardin, les Véron et leurs imitateurs, — le talent, la renommée et au besoin le scandale devenaient matière à spéculation. Ils se disputaient à prix d'or les auteurs à succès, et, après les avoir achetés, les exploitaient à grand fracas de réclames mercantiles d'où la dignité des lettres ne sortait pas indemne. Les

---

[1] M. Sainte-Beuve voyait là le fait caractéristique du roman-feuilleton, et il montrait avec dégoût cette « plaie ignoble et livide qui chaque matin s'étendait ». (*Revue des Deux Mondes* du 1ᵉʳ juillet 1843.)

plus audacieux tentaient même des accaparements que le code pénal n'avait pas songé à prévoir; ils prétendaient acheter d'un coup tout ce qu'il y avait d'écrivains sur le marché. Ainsi, le 1ᵉʳ décembre 1844, la *Presse,* doublant son format sans augmenter son prix, annonça avec une bruyante mise en scène qu'elle avait acquis le droit de publier les *Mémoires* de M. de Chateaubriand, les *Girondins* et les *Confidences* de M. de Lamartine, tous les autres ouvrages que composeraient ces deux écrivains, tout ce que feraient MM. Alexandre Dumas, Méry, Saintine, sans compter beaucoup d'œuvres de Balzac, Gozlan, Sandeau, Théophile Gautier. « Tout cela est triste et honteux pour les lettres », écrivait alors M. Sainte-Beuve [1]. M. Thiers, indigné, disait que « s'il n'était lié par des traités, il briserait sa plume de dégoût et de honte de voir la littérature tombée si bas [2] ». Ému du scandale produit, M. de Chateaubriand protesta contre un marché qui avait été conclu à son insu par les cessionnaires de ses Mémoires. D'autres difficultés surgirent dans l'exécution des traités. En somme, ce coup d'accaparement échoua, comme il arrive presque toujours aux spéculations de ce genre. Mais le seul fait qu'il eût été tenté ne montrait-il pas quelles mœurs menaçaient de s'introduire dans le monde littéraire?

D'ailleurs, pour quelques écrivains qui répugnaient à ces mœurs, d'autres s'y résignaient ou même s'y précipitaient avec une sorte d'emportement. Ils étaient les premiers à traiter leurs œuvres comme une marchandise, à battre monnaie avec leur renommée et leur talent. C'est encore M. Sainte-Beuve qui nous les dépeint n'ayant plus aucun souci de la postérité et de la gloire, ne songeant qu'au lucre présent, les uns passant des « marchés à tant la ligne » et usant alors de petites habiletés ou de pures supercheries typographiques pour faire beaucoup de « lignes » avec peu d'idées; d'autres s'engageant, à forfait et sous peine d'un énorme dédit, à fournir telle quantité

---

[1] *Chroniques parisiennes,* p. 290.
[2] *Ibid.*

de ces lignes dans un délai déterminé, condamnés par suite à une improvisation hâtive que leur cerveau épuisé ne pouvait toujours mener à terme. Et il rappelait comment, à ce métier, beaucoup d'entre eux se trouvaient « user en quatre ou cinq ans une réputation qui avait eu des airs de gloire, et avec elle un talent qui finissait presque par se confondre avec une certaine pétulance physique ». Au récit des prix fabuleux qu'on disait avoir été obtenus par tel auteur, les convoitises des autres étaient surexcitées, et chacun rêvait de millions. Chez Balzac, ce rêve tourna presque à la folie. Ce fut lui qui proposa un jour que l'État achetât, afin de les faire tomber dans le domaine public, les œuvres des « dix ou douze maréchaux de France littéraires », c'est-à-dire, pour parler son langage, de ceux « qui offraient à l'exploitation une certaine surface commerciale ». Il se mettait naturellement du nombre et paraissait s'évaluer pour sa part à deux millions [1].

Avec Alexandre Dumas, le mal prit une forme moins triste. On ne serait pas bien venu d'ailleurs à prendre, à l'égard de ce merveilleux amuseur, des airs de moraliste grondeur ou de pédagogue littéraire. Il fut vraiment le roi du roman-feuilleton. Les journaux se disputaient ses œuvres. L'une d'elles procurait au *Siècle* cinq mille abonnés, en moins de trois semaines. Pendant la publication des *Trois Mousquetaires*, la France entière était comme suspendue au récit des aventures de d'Artagnan et de ses compagnons. Toutefois, force est bien de constater que si ce genre fournissait emploi aux qualités étonnantes de verve, d'invention, de belle humeur, de fécondité, qui mettaient Dumas hors de pair, il développait aussi ses défauts naturels, le sans-façon de l'improvisation et surtout un mercantilisme besogneux par trop dépourvu de vergogne et de scrupules. Pour mettre la main sur un argent qu'à la vérité il laissait aussitôt couler entre ses doigts avec une insouciante générosité, il entreprenait des romans partout à la fois, souvent était réduit à les bâcler, et néanmoins s'engageait à en faire

---

[1] Lettre de M. de Balzac, publiée dans la *Presse* du 18 août 1839.

plus encore, par des marchés fantastiques qu'il ne s'inquiétait guère ensuite d'exécuter. En 1845, le *Constitutionnel* et la *Presse*, c'est-à-dire M. Véron et M. de Girardin, signaient avec lui un traité par lequel, moyennant un salaire annuel de 63,000 francs, le romancier leur réservait exclusivement, pendant cinq ans, sa production calculée à dix-huit volumes par an, soit quatre-vingt-dix volumes pour cinq ans; des annonces firent aussitôt part au public de cet important événement. Mais, quand il s'agit de donner ce qu'il avait promis, Dumas en usa avec ses cotraitants un peu à la façon de don Juan bernant M. Dimanche. Les deux journaux finirent par perdre patience et lui intentèrent un procès[1]. Rien ne caractérise mieux les nouvelles mœurs littéraires que la façon dont l'écrivain se défendit devant le tribunal. Il n'a nullement le sentiment qu'il se diminue, il croit au contraire étourdir les juges et éblouir le public en faisant le total fantastique des « lignes » qu'il est parvenu à écrire dans un court espace de temps, ou, pour employer le mot dont il se sert avec une sorte d'inconscience, de la « marchandise » qu'il a fournie. Il s'enorgueillit d'avoir mené de front, au jour le jour, cinq romans dans cinq journaux différents, raconte « qu'il avait toujours prêts trois chevaux et trois domestiques pour porter la copie », et met au défi les quarante académiciens de produire à eux tous, dans le même délai, un nombre de volumes égal à celui qu'il se flatte de conduire à terme : « Ils feraient banqueroute », s'écrie-t-il fièrement. Les juges, convaincus sans doute par un tel langage qu'il s'agissait d'une « marchandise » comme une autre, condamnèrent Alexandre Dumas à fournir aux deux journaux un volume dans les six semaines, et ensuite un volume de mois en mois, sous peine de cent francs de dommages et intérêts par jour de retard.

Vers la même époque, un autre procès d'un caractère tout différent et qui eut un grand retentissement, le procès Beauvallon, fit entrevoir sous un jour plus fâcheux encore certains dessous

---

[1] Janvier-février 1847.

du monde où l'on fabriquait et exploitait le roman-feuilleton. Cette fois, il ne s'agissait plus d'un incident de comédie, mais d'un drame ; il y avait eu mort d'homme. A la suite d'un souper de fort mauvais ton où s'étaient trouvés réunis des journalistes, des gens de lettres et des femmes de théâtre, M. de Beauvallon, rédacteur au *Globe,* avait provoqué et tué en duel M. Dujarrier, associé de M. de Girardin et directeur des feuilletons de la *Presse.* Plusieurs circonstances de cette affaire avaient paru suspectes : l'insignifiance de la cause apparente du duel, le parti pris du provocateur, sa supériorité notoire aux armes ; Beauvallon, disait-on, avait essayé à l'avance les pistolets. Poursuivi pour assassinat devant la cour d'assises de Rouen, il fut acquitté par le jury [1]. L'essai préalable des armes n'en fut pas moins judiciairement établi plus tard [2]. Durant ce procès, on vit défiler, à la barre des témoins, tout le personnel de la bohème de presse, pêle-mêle de gens d'affaires et de gens de lettres, d'aventuriers et de filles galantes [3], uniquement occupés à poser devant le public, affectant des airs régence, mais laissant surtout l'impression de mœurs fort vilaines, rendues plus vilaines encore par cette histoire de meurtre : répugnant mélange de tripotages, de débauches et de guets-apens. Au milieu de ce monde, on regrette de voir apparaître encore ce grand enfant d'Alexandre Dumas, tout entier au plaisir d'ébaubir le badaud qui était venu l'entendre déposer, donnant gravement des consultations sur les « affaires

---

[1] Mars 1846. L'affaire se trouva portée devant la cour d'assises de Rouen, parce que la chambre des mises en accusation de la cour de Paris avait d'abord rendu un arrêt de non-lieu qui fut réformé par la cour de cassation.

[2] En effet, de nouvelles preuves ayant été découvertes, l'un des témoins de Beauvallon, le pseudo-vicomte d'Ecquevilley, qui, devant la cour d'assises, avait affirmé sous serment que les pistolets n'avaient pas été essayés, fut poursuivi pour faux témoignage et condamné à dix ans de reclusion (août 1847). Au cours de ce dernier procès, Beauvallon demanda à être entendu comme témoin et confirma la dénégation d'Ecquevilley ; arrêté à l'audience, poursuivi également pour faux témoignage, il fut condamné à huit ans de reclusion (octobre 1847).

[3] Parmi ces dernières était la maîtresse de Dujarrier, Lola Montès, danseuse sifflée, mais déjà fameuse pour avoir cravaché un gendarme à Berlin. On la retrouvera peu après à Munich, jouant les Pompadour auprès du roi Louis, exaltée par la presse libérale pour avoir fait la guerre aux Jésuites, mais à la fin obligée de fuir devant les émeutes provoquées par son outrecuidance.

d'honneur », et distribuant avec solennité des brevets de
« gentilshommes » à des comparses indignes de lui [1].

Les feuilles de gauche firent grand bruit du procès Beauvallon, et, arguant de ce que les deux journaux mêlés à cette affaire, le *Globe* et la *Presse,* défendaient la politique ministérielle, elles prétendirent y montrer la corruption du gouvernement et de la classe sur laquelle il s'appuyait. La réponse eût été facile : bien des journaux opposants n'étaient pas plus intacts, et par exemple M. Véron, directeur du *Constitutionnel,* dévoué à M. Thiers, ne passait pas pour être plus timoré que M. de Girardin, qui, en ce moment, soutenait M. Guizot. En vérité, le mal n'était pas celui de telle ou telle opinion ; toutes en étaient atteintes. Cependant force est bien de reconnaître que les journaux conservateurs n'étaient pas ceux que la littérature industrielle avait le moins envahis. On les voyait accepter tel feuilleton qui leur paraissait une bonne amorce à clientèle, sans s'inquiéter si la thèse qui y était soutenue n'allait pas à l'encontre de leurs principes. Mme Sand, qui faisait alors des romans socialistes, a raconté elle-même plus tard comment elle trouvait asile, pour les plus osés de ces romans, dans la presse ministérielle, notamment dans l'*Époque,* qui se piquait de dépasser tous les autres en ardeur réactionnaire, et comment on affichait sur les murs, en gros caractères : « Lisez l'*Époque;* lisez le *Péché de M. Antoine.* » Le grave *Journal des Débats,* l'organe de la cour, du cabinet et de la partie sage, riche et cultivée de la bourgeoisie, n'avait pas plus de scrupules. Dès 1837, il publiait plusieurs parties des *Mémoires du diable,* par Frédéric Soulié, œuvre immense, étrange, par certains côtés puissante, mais fort malsaine, où l'auteur, violentant son propre talent qui naturellement eût été plutôt délicat, s'appliquait, pour forcer l'attention d'un public blasé, à renchérir sur tout ce que la littérature avait jusqu'alors risqué de monstruosités

---

[1] Ce fut en cette circonstance qu'interrogé par le président sur ses noms, âge et profession, il répondit : « Alexandre Dumas, marquis Davy de la Pailleterie, quarante-deux ans, je dirais auteur dramatique, si je n'étais dans la patrie de Corneille. » A quoi le président répliqua : « Il y a des degrés. »

morales[1]. Le scandale fut plus grand encore quand, quelques années après, en 1842 et 1843, ce même *Journal des Débats* publia les *Mystères de Paris*.

L'écrivain qui, par ce roman, allait enlever à Alexandre Dumas la royauté du feuilleton, Eugène Süe, était alors âgé de trente-huit ans. Fils d'un riche médecin, son enfance et sa jeunesse avaient été celles d'un mauvais sujet. Son père, qui ne savait que faire de lui, finit par l'embarquer sur un navire de l'État, avec le titre, obtenu on ne sait trop comment, de chirurgien de la marine. Rentré en France après trois ans de navigation, il se mit à écrire. Chez lui, ni forte culture, ni souci sérieux de l'art; une improvisation à la diable; mais, pour exploiter le fonds de souvenirs recueilli dans sa vie aventureuse, de l'imagination, de l'invention, le don du récit, du coloris, du drame, beaucoup d'entrain, de gaieté, de cette gaieté gouailleuse et insolente qui fleurit sur le pavé de Paris. Il débuta, de 1831 à 1833, par des romans maritimes qui eurent un certain succès et le firent appeler le « Cooper français ». Cette veine épuisée, il publia des romans mondains, aristocratiques, où il flattait les préventions et les dédains des légitimistes, mais qui étaient en même temps imprégnés de sensualisme et de pessimisme byronien. A cette époque, il posait pour l'homme de qualité, faisait peindre des armoiries sur ses voitures, fréquentait chez la duchesse de Rauzan, poussait jusqu'au ridi-

---

[1] M. Soulié a lui-même indiqué le caractère de son œuvre et les raisons qui la lui avaient fait écrire, dans une préface où nous lisons : « O jeunes gens, ne venez pas à Paris, si l'ambition d'une sainte gloire vous dévore. Quand vous aurez demandé au peuple une oreille attentive pour celui qui parle bien et honnêtement, vous le verrez suspendu aux récits grossiers d'un trivial écrivain, aux récits effrayants d'une gazette criminelle; vous verrez le public crier à votre muse : « Va-t'en ou amuse-moi. Il me faut des astringents et des moxas pour ranimer mes sensations éteintes. As-tu des incestes furibonds ou des adultères monstrueux, d'effrayantes bacchanales de crimes ou des passions impossibles à me raconter? Alors parle, je t'écouterai une heure, le temps durant lequel je sentirai ta plume âcre et envenimée courir sur ma sensibilité calleuse et gangrenée; sinon tais-toi; va mourir dans la misère et l'obscurité. » La misère et l'obscurité, vous n'en voudriez pas! Et alors, que ferez-vous, jeunes gens? Vous prendrez une plume, une feuille de papier, vous écrirez en tête : *Mémoires du diable*, et vous direz au siècle : « Ah! vous voulez de cruelles choses pour vous en réjouir; soit, monseigneur, voici un coin de votre histoire. »

cule la recherche et la vanité du dandysme. Avide et prodigue d'argent, s'entourant d'un luxe fou, assoiffé de plaisirs, vicieux jusqu'à la moelle, il exerçait par cela même sur certaines natures féminines un étrange attrait, et ne comptait plus, assurait-on, ses bonnes fortunes parmi ces mondaines dont l'une pouvait lui écrire : « Le même instinct de dépravation nous rassemble. » Quelques années de cette vie le conduisirent à la ruine, ruine matérielle et intellectuelle; son esprit et sa bourse paraissaient également vidés. « Je suis fini, disait-il à un de ses amis, je suis fini. Je ne trouve plus rien ; je ne trouverai plus rien [1]. »

Eugène Süe était, depuis quelque temps, dans cette détresse, quand un éditeur, plaçant sous ses yeux une publication anglaise illustrée, intitulée *les Mystères de Londres,* lui suggéra de chercher dans les bas-fonds de notre capitale le sujet d'un travail analogue. Heureux d'être mis sur la piste d'un filon nouveau, il commença, un peu à l'aventure et sans trop savoir où il irait, à écrire les *Mystères de Paris.* Les premiers chapitres, communiqués, aussitôt que faits, à quelques amis, furent jugés de nature à piquer fortement la curiosité du public, et il n'en fallut pas plus pour que le *Journal des Débats* s'empressât d'acquérir ce roman et de lui ouvrir son feuilleton. L'auteur ne crut pas devoir se gêner avec ceux qui se montraient d'accueil si facile. Au contraire, on eût dit qu'il prenait un plaisir de gamin à voir jusqu'où il pourrait mener les honnêtes abonnés de la feuille ministérielle. Il se mit à les promener par les ruelles infâmes, les arrêta dans les bouges, les assit aux tapis francs, en société de prostituées et de forçats, leur parla argot, ne leur procurant d'autre diversion à ces vilaines odeurs que l'âcre parfum des scènes lubriques. Le scandale menaçait-il d'être trop fort, il s'affublait du « petit manteau bleu » et affectait de ne pénétrer dans les mauvais lieux que pour remplir une mission humanitaire. Il n'avait pas pensé tout d'abord à ce déguisement; l'idée ne lui en était

---

[1] Sur ces débuts, voir la première partie des *Souvenirs* de M. Legouvé, p. 338 et suiv.

venue qu'au cours de la publication; seulement elle lui parut bonne, et ce fut avec le plus grand sérieux que le roué, naguère si infatué d'aristocratie, se mit à courtiser la misère, à pontifier en démocrate philanthrope et à faire, au nom du peuple souffrant, le procès des riches. Les socialistes saluèrent avec une émotion reconnaissante l'arrivée de cette recrue; Mme Sand et Béranger lui donnèrent l'accolade. Quant aux lecteurs et surtout aux lectrices du *Journal des Débats,* qu'en disaient-ils? Ailleurs, sans doute, la fréquentation d'une si mauvaise compagnie les eût effarouchés; mais ils y étaient introduits par leur journal, dont la vieille « respectabilité » faisait taire leurs scrupules. Leur palais s'habitua et prit goût à cette nourriture épicée et fermentée. Éprouvaient-ils, à certains moments, quelques nausées, la curiosité malsaine l'emportait. Du reste, pour être superficielle, grossière, peu fouillée et peu finie, l'œuvre n'en était pas moins fortement et habilement charpentée, pleine de mouvement et de vie, singulièrement empoignante.

En somme, dans le monde même qui eût dû leur être le plus sévère, le succès des *Mystères de Paris* fut immense. Et il se maintint pendant toute la publication, qui dura plus d'une année. Dans les salons et aussi dans les antichambres, c'était le sujet principal des conversations. Combien de femmes pour qui la grosse affaire, à leur réveil, était de savoir ce qu'allaient devenir la « Goualeuse » ou le « Chourineur »! Le numéro se louait jusqu'à dix sous, pour le temps de lire le feuilleton. Celui-ci manquait-il un jour, c'était un émoi général, et l'auteur devait écrire une lettre pour rassurer le public sur sa santé. Son masque de philanthrope faisait des dupes jusque dans le monde judiciaire, où des avocats généraux le citaient comme une autorité. On racontait qu'il avait reçu plus de onze cents lettres, écrites par des correspondants de tous genres, depuis des fonctionnaires qui lui soumettaient leurs idées jusqu'à des jeunes filles qui lui offraient leur cœur. Étrange aveuglement de cette bourgeoisie qui ne paraissait pas se douter que l'œuvre applaudie par elle la battait en brèche! L'exemple, d'ailleurs, était donné de haut. Un matin, M. Duchâtel entrait précipitamment dans le cabinet de ses attachés, avec un air qui semblait annoncer un gros événement politique : « Eh bien, dit-il, vous savez! la Louve est morte[1]! » La Louve était une des héroïnes des *Mystères de Paris*. Un autre ministre, le maréchal Soult, se mettait en colère quand le feuilleton manquait; Eugène Süe, ayant été mis en prison pour négligence obstinée dans son service de garde national, menaçait de ne pas donner de « copie » tant qu'il serait sous les verrous; le maréchal se hâta de lui faire ouvrir les portes.

Vainement quelques délicats protestaient-ils. M. Sainte-Beuve ne trouvait pas d'écho, lorsqu'il signalait, dans la *Revue suisse*, la honteuse sottise de cet engouement, et qu'il écrivait : « L'inspiration essentielle des *Mystères de Paris*, c'est un fond de crapule : l'odeur en circule partout, même quand l'auteur la masque dans de prétendus parfums. Et, chose honteuse, ce qui a fait le principal attrait, si étrange, de ce livre impur, ç'a été cette odeur même de crapule déguisée en parfums[2]. » Un député de l'opposition, M. Chapuys-Montlaville, s'indignait-il à la tribune[3] que « le journal, défenseur habituel du ministère, promenât, depuis un an, ses lecteurs dans les égouts de la vie parisienne », le *Journal des Débats* pouvait se borner à répondre, le lendemain, que « de telles attaques n'avaient rien de sérieux ». Vers le même temps, une commission de la Chambre des députés, visitant la prison de la Roquette avec le procureur général, M. Hébert, appela fortement son attention sur un chapitre récemment publié des *Mystères de Paris*, où l'honnêteté publique lui paraissait manifestement outragée. M. Hébert promit d'examiner la question; quelques jours après, il fit savoir qu'il avait consulté les membres du parquet, et que ceux-ci étaient d'avis de ne pas intenter de poursuites, parce que certainement on n'obtiendrait du jury aucune condamnation[4].

---

[1] E. Legouvé, *Soixante ans de souvenirs*, 1re partie, p. 337.
[2] *Chroniques parisiennes*, p. 169.
[3] Séance du 14 juin 1843.
[4] Ce fait fut rapporté à la tribune par M. Chapuys-Montlaville, quand, le

Tandis que les bourgeois s'amusaient de ce roman, les prolétaires ne le lisaient pas moins avidement dans les éditions à bon marché qui furent aussitôt répandues ; ils y trouvaient une jouissance singulièrement excitante et sortaient de cette lecture plus impatients de leurs misères, plus envieux du bonheur des autres, plus convaincus de la corruption égoïste des riches, plus irrités contre la société, mais non certes plus éclairés sur les remèdes à apporter à leurs maux. Ils croyaient naïvement avoir trouvé un vengeur et un sauveur dans l'homme de lettres qui, à bout de sujets, avait pris celui-là par hasard. Des ouvriers se réunissaient pour écrire à Eugène Süe une lettre où ils lui attribuaient une mission évangélique et le comparaient à Jésus-Christ. Parfois la popularité du romancier se manifestait par des signes étranges, témoin le jour où, rentrant chez lui, il trouva un pauvre diable pendu dans son antichambre, avec ce billet dans la main : « Je me tue par désespoir ; il m'a semblé que la mort me serait moins dure, si je mourais sous le toit de celui qui nous aime et nous défend[1]. »

Avec le succès, M. Eugène Süe avait retrouvé la fortune et repris sa vie de luxe fastueux et sensuel. Il n'était pas homme à interrompre l'exploitation d'une veine aussi fructueuse. A peine les *Mystères de Paris* furent-ils terminés qu'il se mit à écrire le *Juif errant*, œuvre conçue dans la même note, moins amusante, mais plus malsaine encore, et où l'auteur courtisait les passions irréligieuses en même temps que les convoitises antisociales. Entre les journaux, ce fut à qui obtiendrait ce nouveau roman. Le *Journal des Débats* fut battu, dans cette sorte d'enchères, par le *Constitutionnel*, qui offrit cent mille francs. Eugène Süe se trouvait là toujours en face d'un public bourgeois ; seulement c'était la bourgeoisie de M. Thiers, au lieu d'être celle de M. Guizot. Cette acquisition, si audacieusement enlevée à prix d'or, fut le début du docteur Véron

---

6 avril 1847, il développa une proposition tendant à exempter du timbre les journaux qui ne publiaient ni romans-feuilletons ni annonces. Cette proposition fut prise en considération, mais n'aboutit pas.

[1] E. LEGOUVÉ, *Soixante ans de souvenirs*, 1re partie, p. 378.

qui venait d'acheter le *Constitutionnel*, fort déchu de son ancienne prospérité et réduit à 3,000 abonnés; de ce coup, il le fit remonter à 13,000 et bientôt à 25,000. M. Ballanche écrivait à M. Ampère, le 26 novembre 1844 : « J'ai eu hier l'occasion de voir M. Paulin, éditeur; il m'a raconté les détails du succès scandaleusement européen du *Juif errant*. Toute la terre le dévore : il voyage plus rapidement que le choléra. Les éditions illustrées se multiplient sur tous les points du globe... Afin de vous donner une idée de la férocité de la contagion, je vous dirai que l'honnête Mme Tastu est aussi sous le charme de la reine Bacchanale. » M. Véron n'avait cherché à faire qu'une spéculation ; elle réussissait; il ne voyait donc pas qu'on pût y trouver à redire. Il a écrit à ce propos, dans ses Mémoires : « Le désir de redonner de la popularité au *Constitutionnel* par l'éclat d'un grand nom ne me rendit exigeant ni sur le sujet ni sur le but moral de l'ouvrage. J'apportai certainement, dans cette affaire, autant d'imprévoyance que de légèreté. Que ceux qui n'ont jamais commis de faute dans la vie me jettent la pierre! » Le scrupule, on le voit, est bien léger; en tout cas, il ne s'est présenté que tard à l'esprit du directeur du *Constitutionnel*. Sur le moment, celui-ci ne songea qu'à faire succéder au *Juif errant* un autre roman du même auteur, les *Sept Péchés capitaux*. Enfin, en 1847, il accueillit dans son journal les *Parents pauvres* de Balzac, œuvre bien autrement forte que les volumineuses improvisations d'Eugène Süe, mais encore plus délétère; on s'imaginait, dans ce temps-là, que la recherche de la laideur et de la turpitude morale ne pouvait descendre plus bas. Ce fut le dernier grand succès, j'allais dire le dernier grand scandale du roman-feuilleton.

En tout ceci, le plus difficile à comprendre est la complicité du public. On a vu, au lendemain de la révolution de 1830, le trouble de la nation avoir son contre-coup dans les œuvres des écrivains. A la fin de la monarchie de Juillet, c'est au milieu d'une nation rassise, rangée, calme, manquant peut-être des vertus héroïques, mais pratiquant les vertus communes, que surgit une littérature déréglée et, dans un certain sens, vraiment révolutionnaire. La société, en d'autres temps, par exemple aux siècles de chevalerie, a aimé les romans qui l'embellissaient, l'idéalisaient; voici maintenant qu'elle fait fête à des romans qui l'enlaidissent, et qu'elle s'amuse à se contempler sous un odieux travestissement. Si elle n'a pas tous les vices qu'on prétend lui imputer, on ne saurait nier qu'un tel goût ne soit le signe d'une imagination malade. Est-ce un des restes de la révolution de 1830 ? En tout cas, c'est bien le prodrome de celle de 1848. Ne devine-t-on pas, en effet, quelque analogie, quelque lien entre l'état d'esprit de la bourgeoisie, prenant plaisir à voir couvrir de boue une société qui au fond lui est chère et dont elle ne peut s'empêcher d'être solidaire, et l'état d'esprit de la garde nationale du 24 février 1848, protégeant l'émeute dont elle doit redouter le succès et aidant, sans le savoir, au renversement de la monarchie qu'au fond elle a intérêt à maintenir? Dans les deux circonstances, même genre d'aveuglement[1]. La lumière ne s'est faite qu'après coup sur les dangers du roman-feuilleton. En 1850, l'Assemblée législative a voté des mesures fiscales destinées à entraver ce genre de publications. Représailles un peu puériles et en tout cas tardives. En même temps, le 5 avril de cette année 1850, dans une élection particulièrement retentissante, le parti démagogique et socialiste remportait à Paris une victoire qui causait un effroi général, faisait baisser la Bourse de deux francs et déterminait les pouvoirs publics à modifier le suffrage universel : l'élu était l'auteur des *Mystères de Paris* et du *Juif errant;* c'était à ces romans, naguère tant applaudis par les lecteurs du *Journal des Débats* et du *Constitutionnel,* qu'il devait la popularité dont la manifestation causait, quelques années après, à ces mêmes lecteurs une telle épouvante.

---

[1] M. Saint-Marc-Girardin a écrit à ce propos : « Si la France a laissé faire le mal en 1848, cela a pu venir en partie de la démoralisation du goût public. Comme on avait approuvé l'orgie dans les romans, on s'est trouvé faible, pendant quelque temps, contre ceux qui voulaient faire une orgie dans la société. » (*Cours de littérature dramatique,* t. I, p. 374.)

CHAPITRE III

LE SOCIALISME.

1. Le mal des masses populaires. Les socialistes dérivés du saint-simonisme. Pierre Leroux. Sa vie, son système et son action. — II. Buchez. Son origine et sa doctrine. Prétention d'unir le catholicisme et la révolution. L'*Atelier*. Dissolution de l'école buchézienne. — III. Fourier. Le phalanstère et l'attraction passionnelle. La liberté amoureuse. Fantaisies cosmogoniques. Fourier à peu près inconnu avant 1830. Développement du fouriérisme lors de la dissolution de la secte saint-simonienne. Ce qu'il devient après la mort de Fourier. Son influence mauvaise. — IV. Buonarotti. Par lui le « babouvisme » pénètre, après 1830, dans les sociétés secrètes. Fermentation communiste à partir de 1840. — V. Cabet. Le *Voyage en Icarie*. Propagande icarienne. — VI. Louis Blanc. Son enfance et sa jeunesse. Ses débuts dans la presse républicaine. Sa brochure sur l'*Organisation du travail*. Critique du système. Succès de Louis Blanc auprès des ouvriers. — VII. Proudhon. Son origine. Son isolement farouche. Son état d'esprit en écrivant son premier Mémoire contre la propriété. « La propriété, c'est le vol! » Argumentation du Mémoire. L'effet produit. Second et troisième Mémoire. Proudhon et le gouvernement. Le *Système des contradictions économiques*. Impuissance de Proudhon à faire autre chose que démolir. Son action avant 1848. — VIII. Le socialisme devenu révolutionnaire. Attitude des radicaux et de la gauche en face du socialisme. Le gouvernement et les conservateurs savent-ils se défendre contre ce danger? Les économistes. Il eût fallu la religion pour redresser et pacifier les esprits du peuple. La bourgeoisie trop oublieuse de ses devoirs envers l'ouvrier. La société, jusqu'en 1848, ne croit pas au péril.

I

Pour connaître les parties faibles, les côtés dangereux de cette société en apparence si prospère et si régulière, suffit-il d'avoir indiqué certains défauts de la classe alors régnante? Non. Au-dessous de la bourgeoisie étaient des masses profondes qui, pour ne pas jouer de rôle dans le drame parlementaire, pour être en dehors du « pays légal », n'en avaient pas moins, à raison de leur seul nombre, une importance chaque jour accrue par le développement de l'industrie, par les progrès de l'instruction, par la diffusion de la presse. Les politiques étaient trop souvent tentés de ne pas s'inquiéter de ce qui se passait dans l'esprit de ceux qui ne votaient pas. Périlleuse négligence que l'historien, éclairé par les événements postérieurs, serait encore plus inexcusable d'imiter. Il lui faut donc quitter la scène brillante, mais restreinte, où semblait alors se concentrer toute la vie de la nation, s'éloigner du Parlement, des salons, de la Bourse, des cercles littéraires, pour descendre dans les ateliers, les cabarets, les carrefours, chercher ce qu'on y dit, ce qu'on y pense, ce qu'on y désire. Point n'est besoin d'un long examen pour reconnaître qu'à l'époque où nous sommes arrivés, cette foule populaire, au moins celle des grandes villes, était travaillée par un mal mystérieux, redoutable, qui, à l'insu des autres classes inattentives et distraites, la pénétrait de plus en plus profondément. Sous une forme différente et appropriée au milieu où il sévissait, ce mal n'était pas sans analogie avec celui-là même que je viens de signaler dans la bourgeoisie : c'était encore la même conception toute matérialiste de la vie substituée aux croyances idéalistes, la convoitise égoïste remplaçant la tradition chrétienne du sacrifice et de la résignation, la négation ou l'oubli de l'autre monde rendant plus âpre et plus impatiente la recherche de la jouissance ici-bas. Seulement cet état d'esprit, qui dans les classes élevées avait déjà beaucoup de conséquences fâcheuses, en avait de pires encore dans les parties souffrantes de la nation, dans celles qui étaient moins à même de se procurer le bien-être dont la soif s'allumait en elles. Ne se trouvaient-elles pas ainsi conduites naturellement à vouloir, à préparer la transformation, le bouleversement de l'état social? Tel était en effet le rêve fiévreux qui possédait alors l'imagination de la classe ouvrière. Pour cette nouvelle maladie, on venait d'imaginer un nom nouveau que, vers 1846, la bourgeoisie commençait à prononcer avec inquiétude, bien qu'il n'eût pas encore le retentissement

effrayant que les événements de 1848 devaient lui donner,
— le nom de *socialisme*.

Dans les dernières années de la monarchie de Juillet, le socialisme revêtait des formes variées, se partageait en écoles et en sectes diverses. C'est seulement en considérant séparément chacune d'elles, en esquissant l'une après l'autre les figures de leurs fondateurs, en résumant leurs doctrines, que l'on pourra se faire une idée de ce mouvement si complexe.

A l'entrée de cette galerie parfois fort étrange, nous rencontrons d'abord plusieurs inventeurs de systèmes qui relevaient plus ou moins directement du saint-simonisme. On se rappelle, en effet, que le saint-simonisme avait prétendu changer non seulement la religion, mais la société[1]. C'était lui qui, usant le premier d'une formule trop répétée depuis, avait dénoncé le régime actuel du travail comme « l'exploitation de l'homme par l'homme ». Il imputait les inégalités et les souffrances aux vices du mécanisme social, et attribuait au gouvernement le pouvoir de les faire disparaître par un remaniement de ce mécanisme. Dans ce dessein, il proposait de détruire ou de mutiler la famille et la propriété; donnait à l'État le droit de disposer des individus, de leurs idées, de leurs biens, de prononcer sur leurs aptitudes et leurs vocations, de répartir entre eux les instruments et les fruits du travail, ainsi que les revenus du capital, pour aboutir, non, il est vrai, à une égalité absolue, mais à une hiérarchie où chacun serait classé suivant sa capacité et rétribué selon ses œuvres. Et surtout il se montrait vraiment le devancier de toutes les écoles socialistes, en remplaçant le renoncement chrétien et l'attente des compensations futures par la recherche exclusive, impatiente, du bien-être immédiat. Non content d'avoir prêché cette société nouvelle, il avait tenté de l'organiser. Sans doute, la banqueroute ne s'était pas fait attendre, « banqueroute d'hommes et d'argent », comme écrivait un disciple désabusé.

---

[1] Voir, au tome I, le chapitre sur le Saint-Simonisme.

Mais, en se dissolvant et en se dispersant, la secte avait en quelque sorte répandu partout les germes des idées fausses dont elle était infestée ; de là, dans les années qui suivirent, une éclosion de faux prophètes dont beaucoup sortaient des rangs du saint-simonisme et qui, presque tous, s'inspiraient plus ou moins de ses doctrines.

Tel fut d'abord Pierre Leroux. Tout en lui, — son aspect robuste et massif, je ne sais quoi d'un peu grossier dans sa structure, et jusqu'à cette épaisse chevelure dont la caricature devait plus tard s'amuser, — trahissait une origine populaire. Né en 1797, élevé, en qualité de boursier, dans les collèges de l'État, il s'était fait admettre à l'École polytechnique. Mais la mort de son père, survenue à ce moment, et l'obligation où il fut de subvenir immédiatement aux besoins de sa mère et de ses trois frères et sœurs, ne lui permirent pas d'y entrer. Réduit à chercher un gagne-pain, il finit, après plusieurs mécomptes qui ne le disposèrent pas à l'indulgence pour l'organisation sociale, par se placer comme correcteur dans une imprimerie. En même temps, il continuait à étudier pour son compte, absorbant, avec une avidité un peu gloutonne et sans beaucoup les digérer, une immense quantité de connaissances historiques, scientifiques, philosophiques. En 1824, l'imprimerie où il travaillait s'étant trouvée à vendre, il la fit acheter par un de ses amis et s'en servit pour fonder, de concert avec son ancien camarade Dubois, le *Globe,* dont on sait la brillante carrière. Il écrivit dans ce recueil, tout en faisant le métier de prote. Après 1830, resté presque seul au *Globe,* tandis que les autres rédacteurs s'élevaient à des positions plus ou moins considérables dans l'administration ou dans la politique, il ressentit quelque amertume de cette sorte d'abandon, et en fut encore plus porté à condamner l'état social. Cette disposition d'esprit le jeta dans le saint-simonisme, dont il fut l'un des dignitaires ; le *Globe* devint l'organe de la secte. Mais, par certains côtés naïfs, honnêtes et un peu tristes de sa nature, il ne put s'accommoder de la direction voluptueuse donnée par Enfantin à son Église, et s'en sépara l'un des premiers. Il se fit alors prophète à son tour et tenta de fonder une doctrine nouvelle, celle des « humanitaires ». Le *Globe* étant mort entre ses mains, il continua, pendant toute la monarchie de Juillet, à exposer sa doctrine dans divers livres[1], dans la *Revue encyclopédique*, dans l'*Encyclopédie nouvelle*, à laquelle collaborait un autre ancien saint-simonien, Jean Reynaud, dans la *Revue indépendante* et dans la *Revue sociale*.

Cette doctrine formait tout un système de philosophie mélangé de panthéisme, de mysticisme et de sensualisme. On nous dispensera de l'exposer. L'œuvre serait d'ailleurs malaisée. Si l'esprit de Pierre Leroux ne manquait ni de puissance ni de profondeur, sa pensée était obscure et la forme plus obscure encore. A force de creuser les idées, il s'y enfouissait. Notons cependant sa théorie de la vie future, où l'on retrouve la répugnance accoutumée des socialistes à placer le paradis hors de la terre : il repousse le matérialisme, qui ne voit rien au delà du tombeau ; mais, s'il nous fait revivre après notre mort, ce n'est pas dans un autre monde, c'est dans l'humanité, par une suite indéfinie de métempsycoses ; le bonheur existera pour nous dans le perfectionnement constant de cette humanité.

Pierre Leroux n'était pas un pur spéculatif ; il ne philosophait que pour trouver la formule d'une société nouvelle. Des trois termes de la devise révolutionnaire, liberté, égalité, fraternité, c'est l'égalité qui est, suivant lui, le but auquel doit aboutir le mouvement social. « Nous sommes entre deux mondes, écrit-il, entre un monde d'inégalité qui finit et un monde d'égalité qui commence. » Il estime que, jusqu'à présent, l'égalité n'a existé que d'une façon illusoire ; le capital du bourgeois y fait obstacle, autant qu'autrefois le privilège du seigneur féodal. Et c'est, pour le philosophe subitement transformé en tribun, l'occasion de déclamations véhémentes contre le capital, contre la rente, contre l'exploitation des

---

[1] *De l'égalité* (1838). *Réfutation de l'éclectisme* (1839). *Malthus et les économistes. De l'humanité* (1840).

prolétaires par les propriétaires. Quant au remède, il croit le trouver dans une association toute particulière qu'il appelle la triade. L'homme, dit-il, est sensation, sentiment, connaissance. A cette division de l'être humain répond la division de la société humaine, qui se compose des savants ou hommes de la connaissance, des artistes ou hommes du sentiment, et des industriels ou hommes de la sensation. Supposez qu'un savant, un artiste et un industriel s'associent et opèrent de concert, leurs opérations s'accompliront dans les meilleures conditions possibles, parce qu'ils se compléteront les uns les autres. Telle est la triade dont Pierre Leroux fait l'élément primitif de la société, à ce point que, pour lui, l'individu isolé ne compte pas. On n'est quelqu'un ou quelque chose qu'à la condition d'être trois. Une réunion de triades forme un atelier; une réunion d'ateliers, une commune; une réunion de communes, un État. A travers les tergiversations et les obscurités de notre auteur, il apparaît bien que son État sera le seul possesseur du capital et le seul directeur du travail : c'est ainsi qu'après une grande dépense de philosophie il aboutit à la conclusion banale des plus vulgaires théories socialistes.

Pierre Leroux ne parvint pas à fonder une véritable secte ni à remuer les foules; toutefois il ne laissa pas que d'exercer une certaine influence sur le mouvement des idées, en groupant autour de lui des adhérents parmi lesquels étaient des esprits de valeur; de ce nombre fut Mme Sand[1], qui sous cette inspiration écrivit, de 1840 à 1848, plusieurs romans ouvertement socialistes[2]. Ce théoricien abstrait et confus avait, dans l'apostolat intime, quelque chose de convaincu, de chaleureux, parfois même de candide et de tendre, qui n'était pas

---

[1] Béranger, qui aimait Pierre Leroux, écrivait de lui, le 20 janvier 1840 : « Il faut que vous sachiez que notre métaphysicien s'est fait un entourage de femmes à la tête desquelles sont mesdames Sand et Marliani, et que c'est dans des salons dorés, à la clarté des lustres, qu'il expose ses principes religieux et ses bottes crottées. Tout cet entourage lui porte à la tête, et je trouve que sa philosophie s'en ressent beaucoup. »

[2] A cette époque, Proudhon écrivait : « George Sand est tout à fait entré dans nos idées. » (*Correspondance de Proudhon*, t. II, p. 160.)

sans action sur les intelligences et sur les cœurs ; ajoutez-y la sympathie provoquée par son courage au travail, par son désintéressement et par sa pauvreté stoïque. Il ne devait pas cependant réussir dans les assemblées parlementaires, où le jeta l'explosion socialiste de 1848 ; ses discours, aussi inintelligibles qu'interminables, lui valurent une sorte de renom ridicule, en même temps que le voisinage des Montagnards, au milieu desquels il siégeait et avec lesquels il paraissait se confondre, lui faisait perdre quelque chose de son caractère pacifique et philosophique. Il eut cette dernière disgrâce de mourir en 1871, pendant la Commune, et de recevoir de ceux qui s'étaient alors emparés de Paris le compromettant hommage d'obsèques solennelles.

II

Buchez, comme Pierre Leroux, sortait du saint-simonisme. Né en 1796, d'une famille pauvre, il s'était élevé, par son travail et son énergie, à une carrière libérale. D'opinions fort avancées, il fut, dans les premières années de la Restauration, avec Flottard et Bazard, l'un des fondateurs de la « Charbonnerie » française, se mêla à toutes les conspirations, et fut poursuivi pour participation au complot de Belfort. Sa nature droite se dégoûta bientôt de ces sanglantes violences, et, en 1826, il devint l'un des chefs de l'école saint-simonienne. N'y ayant pas trouvé satisfaction pour ses idées morales, il s'en éloigna peu avant 1830. Au cours des recherches philosophiques auxquelles il se livrait avec une honnête sincérité, une évolution graduelle s'était accomplie dans son âme : matérialiste quand il conspirait, théiste pendant sa phase saint-simonienne, il avait fini par se prendre d'admiration pour l'Évangile et le Christ, sans cesser cependant d'être révolutionnaire, et s'était formé tout un système sous cette double et contradictoire inspiration. Après les événements de Juillet, à l'heure de la grande propagande d'Enfantin et de ses disciples, il voulut opposer chaire à chaire, et ouvrit chez lui, rue de Chabannais, des conférences publiques qui lui attirèrent des disciples fervents. Cette prédication orale ne lui suffit pas : en 1831, il fonda un recueil périodique, *l'Européen,* dont l'existence fut assez précaire et intermittente, les abonnés peu nombreux, mais dont les articles furent remarqués[1]. Il entreprit en même temps, avec un de ses disciples, M. Roux-Lavergne, une *Histoire parlementaire de la Révolution,* dont les quarante volumes furent terminés en 1839 : compilation énorme où l'on trouve les débats des Chambres, les délibérations du club des Jacobins et de nombreuses reproductions de la presse révolutionnaire; en tête de presque tous les volumes sont des préfaces dans lesquelles le chef d'école expose ses doctrines religieuses, sociales et politiques. Enfin, en 1839, il publia trois gros volumes sous ce titre : *Essai d'un traité complet de philosophie, au point de vue du catholicisme et du progrès.* Buchez n'a rien de l'écrivain : sa pensée, déjà par elle-même assez obscure et confuse, est encore épaissie, embrouillée et alourdie par la forme dont il la revêt. L'étrange mélange qu'il fait d'aspirations mystiques et de réminiscences jacobines n'est pas de nature à rendre l'impression plus nette. Toutefois, si indigestes que soient ses écrits, ils contiennent des idées qui ont agi sur une partie de ses contemporains.

Venu de la révolution et attiré par le catholicisme, Buchez s'efforce de les unir. L'une et l'autre lui paraissent se résumer dans les mêmes principes : fraternité et égalité. Si l'égalité est le but auquel doit aboutir la société, tout doit venir de la fraternité. Cette fraternité n'est pas un instinct plus ou moins vague, c'est un devoir précis, fondé sur la révélation divine. Les rapports des hommes entre eux et l'organisation du pouvoir reposent sur cette double parole du Christ : *Aimez votre prochain comme vous-même,* et : *Que le premier parmi vous soit*

---

[1] *L'Européen,* interrompu à la fin de 1832, fut repris en 1835 et continué, sans grande régularité, jusqu'en 1838. Il se distribuait à 500 exemplaires, mais ne comptait guère que 100 abonnés.

votre serviteur. Ce n'est pas seulement dans la région des idées spéculatives, c'est aussi dans celle des faits historiques que Buchez prétend unir la révolution et le catholicisme. Depuis Clovis jusqu'à 1789, en passant par les croisades et la Ligue, il croit retrouver partout un effort de la France pour remplir sa mission divine, qui est de propager la fraternité dans le monde entier. La révolution surtout lui paraît avoir ce caractère ; tout en reprochant aux révolutionnaires d'avoir, par moments, sacrifié la fraternité populaire à l'individualisme bourgeois et d'avoir méconnu la vérité religieuse, il pousse plus loin que personne l'apologie des crimes de 1792 et de 1793. Il est vrai que la justification appliquée par lui à la Terreur s'étend à l'Inquisition, que la Saint-Barthélemy est louée par les mêmes raisons que les massacres de Septembre, et que la faction des Seize, sous la Ligue, est exaltée au même titre que le Comité de salut public. Dans ces divers événements, l'auteur voit l'application d'un principe qu'il affirme être commun au catholicisme et à la révolution, la « souveraineté du peuple ». C'est même par là que le catholicisme se distingue, à ses yeux, du protestantisme, fondé sur l'individualisme, sur la « souveraineté du moi ». « Cette souveraineté du peuple, dit-il, ne signifie autre chose que la souveraineté du but d'activité commune qui fait une nation. » L'individu peut se tromper sur son but d'activité ; l'universalité du peuple ne se trompera pas. Toutefois Buchez réserve au pouvoir le « principe initiateur », de sorte que la souveraineté du peuple, déjà confondue avec la souveraineté du but, finit par aboutir à la souveraineté de ceux qui ont conscience de ce but : tels ont été, par exemple, les jacobins pendant la Révolution. Quant à ceux qui se mettent en contradiction avec ce but, ou qui se montrent seulement incrédules, ils peuvent être traités en ennemis. « L'intérêt du but social justifie tout. » Pour le moment, cependant, Buchez ne songe pas à user de la force : c'est par la persuasion qu'il veut établir le règne de la fraternité. Son moyen pratique est l'association, mais l'association libre et volontaire. Il commence par s'adresser aux ouvriers et les engage à mettre en commun leurs outils, leur argent, leur travail, et à se constituer un capital inaliénable auquel ils ajouteront, chaque année, le sixième de leurs bénéfices; tous les salaires des associés seront égaux, calculés uniquement sur la durée du travail; le gérant, nommé par les ouvriers, ne doit être, suivant la parole du Christ, que le serviteur de tous; la fortune sociale fera face aux éventualités du chômage et de la maladie. Donc plus de misère, plus d'inégalité, plus de conflits entre le travail et le capital. Buchez se flatte que, par la contagion de l'exemple, ces associations s'étendront à l'industrie entière, puis à l'agriculture. Quand tous les individus accompliront ainsi le devoir de la fraternité, l'État s'organisera sur ce modèle; César, lui aussi, deviendra le serviteur de tous, et la France pourra enfin remplir sa mission dans le monde.

Tout cela formait un ensemble étrange et singulièrement mêlé. Est-il besoin d'en marquer les points faibles ou vicieux? Qui ne voit, par exemple, quelle large part de chimère il y avait dans ce rêve d'associations fraternelles et égalitaires, embrassant tous les travaux industriels et agricoles? Est-il rien de plus outrageant pour la conscience que cette apologie des crimes révolutionnaires? rien de plus contraire à la liberté que cette « souveraineté du but social »? Sur ces deux derniers points, Louis Blanc et les autres historiens ou théoriciens du néo-jacobinisme ne feront guère que copier l'auteur de l'*Histoire parlementaire*. Enfin, rien de plus faux que cette prétendue communauté de principes entre la révolution et l'Évangile. Pour l'établir, Buchez était obligé de se faire une religion à lui [1]; il ne se contentait pas sans doute d'une sorte de philosophie

---

[1] Buchez avait inspiré à un jeune artiste de ses élèves un dessin du *Christ prêchant la fraternité au monde*, dans lequel il prétendait résumer sa doctrine. Le Christ est porté sur un globe où est écrit le mot France; il foule aux pieds le serpent de l'égoïsme et tient à la main une banderole où on lit Fraternité. Deux anges, coiffés du bonnet phrygien, l'accompagnent, et sur leurs auréoles brillent les noms de Liberté, Égalité. La Liberté tire un glaive; l'Égalité porte un livre ouvert, avec ce texte : *Aimez votre prochain comme vous-même et Dieu par-dessus tout. Que le premier parmi vous soit votre serviteur.* Détail significatif : sur la gravure, œuvre d'un autre buchézien, on a effacé ces mots : *et Dieu par-dessus tout.* (*Vie du Révérend Père Besson*, par E. Cartier, t. I, ch. II.)

chrétienne, et professait un catholicisme positif fondé sur le dogme révélé ; mais ce catholicisme était singulièrement déformé et incomplet ; il y était beaucoup question de l'amour des hommes, peu de l'amour de Dieu, nullement de l'autorité de l'Église ou de la participation aux sacrements ; celui que l'on proposait à l'adoration était moins l'Homme-Dieu qu'une sorte de Christ social, personnel à la vérité, vivant, mais mal défini.

Néanmoins, cette doctrine toute spiritualiste, imprégnée de moralité et de charité chrétiennes, proclamant les devoirs du peuple avant de revendiquer ses droits, lui parlant de dévouement au lieu de jouissance, était bien supérieure à celle des autres écoles socialistes. Plusieurs de ses adeptes étaient des âmes généreuses et pures; tel catholique, qui se trouvait les approcher, revenait surpris, touché, édifié même de leurs sentiments [1]. Ils se recrutèrent, au début, dans la jeunesse bourgeoise, notamment parmi les artistes et les médecins. Mais cela ne suffisait pas à Buchez, qui désirait surtout gagner des ouvriers. Il y réussit et provoqua la fondation d'un certain nombre de petites associations coopératives. Enfin, en septembre 1840, sous la même inspiration, parut le premier numéro de l'*Atelier*, *organe des intérêts moraux et matériels des ouvriers;* ce recueil devait durer jusqu'en 1850.

L'*Atelier* se distinguait des autres publications démocratiques en ce qu'il était fondé, soutenu et rédigé exclusivement par de véritables ouvriers « vivant de leur travail personnel [2] » ; ce fut le premier journal où ces ouvriers traitèrent

---

[1] M. Ozanam raconte, dans une lettre écrite de Lyon, le 26 août 1839, au Père Lacordaire, qu'un catholique influent de cette ville, jusqu'alors légitimiste, avait été mis en rapport, durant un voyage à Paris, avec les amis de Buchez. « Il admira la pureté de leur religion, ajoute Ozanam, conçut un véritable enthousiasme pour leurs personnes, et, de retour ici, il propagea ses nouveaux sentiments, et voici qu'une douzaine de nos plus dévoués absolutistes sont abonnés au *National*. » (*Lettres d'Ozanam*, t. I, p. 303.)

[2] Le premier numéro de l'*Atelier* contenait la note suivante : « L'*Atelier* est fondé par des ouvriers, en nombre illimité, qui en font les frais. Pour être reçu fondateur, il faut vivre de son travail personnel, être présenté par deux des premiers fondateurs, qui se portent garants de la moralité de l'ouvrier convié à

eux-mêmes les questions qui les intéressaient. A ce point de vue, il mérite de fixer un moment l'attention de l'histoire. L'*Atelier* se disait socialiste, mais en protestant que son socialisme n'était hostile ni à la religion, ni à la nationalité, ni à la famille, ni même à la propriété, bien que sur ce dernier point il fût moins absolu ; il n'hésitait pas à combattre les fouriéristes, les communistes, les icariens, les socialistes autoritaires, et substituait à leurs orgueilleuses et périlleuses chimères la propagande plus modeste des associations coopératives selon la formule de Buchez. Politiquement, il faisait campagne avec l'extrême gauche, demandait le suffrage universel, attaquait la bourgeoisie et tous ceux qu'il appelait les privilégiés, faisait l'apologie de la Terreur, à commencer par le meurtre de Louis XVI ; toutefois, il avouait honnêtement les faiblesses et les vices du parti radical, détournait les ouvriers de tout désordre, de toute conspiration, de toute affiliation aux sociétés secrètes. L'un des caractères les plus remarquables de ce journal était le souci que les ouvriers rédacteurs avaient de la moralisation de leurs frères, la gravité émue avec laquelle ils leur prêchaient le devoir, la fraternité, le sacrifice ; ils dénonçaient, avec une pudeur indignée, tout ce qui, dans les journaux, dans les livres, au théâtre, pouvait corrompre le peuple. Cette morale dont ils étaient si préoccupés, ils ne lui reconnaissaient, comme leur maître, d'autre fondement que le christianisme, et, sans respect humain, malgré les étonnements, les sourires ou les réclamations d'une partie de leurs lecteurs, ils proclamaient « la nécessité de ranimer dans le peuple l'antique foi de ses pères ». « Si les laïques, et particulièrement les démocrates, disaient-ils encore, voulaient se donner la peine d'examiner sans prévention, d'étudier, de suivre le mouvement des idées, ils comprendraient bientôt la grandeur du dogme chrétien ; ils verraient la puissance qu'il peut donner même à des intelligences aussi peu cultivées que

---

notre œuvre. Les hommes de lettres ne sont admis que comme correspondants. Les fondateurs choisissent, chaque trimestre, ceux qui doivent faire partie du comité de rédaction. »

les nôtres ; ils verraient que là est la vérité invincible, et ils s'y attacheraient, parce qu'ils comprendraient qu'il n'y a d'unité possible que par un lien spirituel, que par la reconnaissance d'un principe commun, obligatoire pour tous. » Le dogme ne leur suffisait pas ; ils professaient qu'on ne pouvait se passer d'une Église, d'un « pouvoir spirituel indépendant », d'un « corps spécialement chargé de conserver le principe moral et de l'enseigner d'une manière uniforme ». Ce n'était pas sans doute que les idées régnantes dans l'Église catholique leur convinssent toutes. Ils reprochaient au clergé de ne s'être pas fait révolutionnaire. « Jusqu'à présent, déclaraient-ils, nous ne sommes ralliés qu'au principe de l'institution catholique ; mais aux personnes, nous ne nous y rallierons que lorsqu'elles nous sembleront dignes de la haute mission d'enseigner le christianisme. » En attendant, ils recommandaient aux démocrates d'éclairer le clergé, de le rassurer, de l'attirer, au lieu de le traiter en ennemi ou en suspect. La Révolution, disaient-ils, n'a qu'à « se proclamer chrétienne, à ne vouloir que ce que le christianisme commande » ; alors le clergé sera bien obligé de s'unir à elle.

Telles étaient les idées développées avec autant de sincérité que de persévérance par les rédacteurs de l'*Atelier*. Les ouvriers de ce petit groupe se distinguaient de la plupart de leurs camarades par leur tenue morale, intellectuelle et même extérieure. Un jour, celui d'entre eux qui représentait le journal eut à comparaître en justice : les témoignages contemporains portent trace de l'étonnement qu'on éprouva à entendre un ouvrier parler à ses juges avec tant de modération, de décence, de bon goût, de respect pour tout ce qui devait être respecté. L'*Atelier* ne fut pas sans action religieuse sur les ouvriers de Paris : il ne les ramena pas à la foi complète, qu'il ne possédait pas pour son compte ; mais il inspira à une partie d'entre eux une certaine sympathie pour le catholicisme, les habitua à le regarder comme un allié possible, et non plus comme un ennemi fatal. On put se rendre compte du changement produit, le jour où le peuple redevint une fois de plus le maître de Paris. Si ce même peuple, qui avait brisé la croix en 1830, lui a porté les armes en 1848; si les prêtres, outragés et menacés dans les rues après les journées de Juillet, y ont trouvé, après celles de Février, une pleine sécurité et même souvent des hommages, on le dut en partie à l'influence de Buchez et de ses disciples.

Toutefois, en dépit de ses côtés honorables et bienfaisants, l'école buchézienne n'était pas viable. Elle avait pu jeter une flamme, donner un élan, mais pour peu de temps. Elle portait en elle-même des germes de contradiction et de décomposition qui ne devaient pas tarder à se développer. La plupart des associations ouvrières fondées sous son inspiration, après avoir prospéré pendant les premiers mois ou les premières années de ferveur, succombèrent à des difficultés nées dans leur propre sein : la variété des besoins et des capacités y rendait intolérable l'égalité des salaires; on ne trouvait plus de directeurs qui consentissent à être, par désintéressement fraternel, les « serviteurs de tous »; enfin, l'impatience et l'imprévoyance des associés refusaient de laisser le sixième des bénéfices dans la caisse sociale. A cette faillite économique s'ajouta une faillite doctrinale. Les adhérents reconnurent à l'épreuve, ceux-ci plus tôt, ceux-là plus tard, l'impossibilité d'unir les principes opposés de la révolution et du catholicisme. Force était de choisir. Ils se divisèrent. Les uns, avec M. Corbon, s'enfoncèrent dans la révolution, en répudiant comme une illusion toutes les aspirations chrétiennes. Les autres, au contraire, se sentirent poussés à devenir pleinement catholiques, quelques-uns à se faire prêtres ou même moines : tel fut M. Roux-Lavergne, l'un des principaux collaborateurs du maître, qui devint chanoine de Rennes; tels furent surtout quatre jeunes hommes admirables, d'une âme singulièrement pure et généreuse, Réquédat, Piel, Besson, Olivaint; les trois premiers répondirent à l'appel de Lacordaire et moururent, à la fleur de l'âge, sous l'habit de Saint-Dominique[1]; le qua-

---

[1] *Vie du Révérend Père Besson*, par M. Cartier, et *Vie du Père Lacordaire*, par M. Foisset.

trième, attiré vers la Compagnie de Jésus, devait, après une sainte vie, succomber martyr de sa foi pendant la Commune [1]. Ce n'est certes pas un médiocre honneur pour une école que d'avoir séduit un moment de pareils hommes. Quant à l'honnête, mais inconséquent Buchez, ceux de ses disciples qui étaient devenus catholiques furent longtemps réduits à dire tristement de lui : « Il est pour nous le portier de l'Église, lui seul n'entre pas. » Il devait cependant être récompensé de sa droiture ; sur son lit de mort, il vit un prêtre et finit en chrétien [2].

III

Les écoles fort différentes de Pierre Leroux et de Buchez ne sont pas les seules qui soient nées du démembrement du saint-simonisme. On peut rattacher à la même origine, au moins dans une certaine mesure, une secte beaucoup plus importante, la secte fouriériste. Non sans doute que Fourier, qui avait exposé complètement son système dès 1808, ait emprunté ses doctrines à Saint-Simon, dont les premiers plans de réorganisation, encore bien incertains et vaporeux, datent de 1817 ; mais, comme on le verra tout à l'heure, ce que le fouriérisme devait recevoir du saint-simonisme, c'était l'élan de propagande et le personnel même de ses apôtres.

Né en 1772, à Besançon, d'une famille de commerçants modestes, Fourier paraît avoir eu la première impression du mal social à cinq ans, un jour où il fut puni pour avoir dit la vérité à un client que son père cherchait à abuser. Empêché, faute de naissance, d'entrer, comme il l'eût désiré, à l'école des officiers du génie, il fut réduit à embrasser la carrière commerciale, qui lui déplaisait. Il venait de s'établir épicier à

---

[1] *Pierre Olivaint*, par le Père Charles Clair.
[2] Buchez mourut à Rodez, en 1865, dans une chambre d'hôtel. Ce fut un de ses anciens collègues de l'Assemblée constituante qui, l'ayant su malade, vint le voir et l'amena à recevoir un prêtre.

Lyon, en 1793, quand, dans la révolte de la ville contre la Convention, son magasin fut pillé et lui-même obligé de faire le coup de feu contre les troupes républicaines. Arrêté après la prise de la ville, il n'échappa qu'avec peine à la mort et fut incorporé, comme simple soldat, dans un régiment de cavalerie. Il fit ainsi quelques campagnes, puis, rendu à son premier métier, il se trouva, en 1799, commis d'un négociant marseillais qui l'employa à des spéculations peu délicates. Toutes ces souffrances morales ou matérielles, venues soit des habitudes frauduleuses du commerce, soit de l'inégalité des classes, soit du désordre public, l'amenèrent à cette conclusion que la civilisation avait fait fausse route : ce n'était pas la nature humaine, c'était la société qu'il déclarait mauvaise. Peut-être, en d'autres temps, se fût-il contenté de gémir sur ce mal, sans se croire en état d'y remédier. Mais il avait été témoin de tant de changements pendant la Révolution ; tout était tellement déraciné, bouleversé ; il avait vu pousser à ce point la prétention de tout refaire à nouveau, qu'aucune transformation ne l'intimidait ni ne lui semblait impossible. Non cependant qu'il entendit avoir rien de commun avec les révolutionnaires : il les détestait et les dédaignait, il leur en voulait aussi bien pour les épreuves qu'il avait personnellement subies sous leur règne qu'à cause de leur esprit de négation et d'anarchie ; jamais il ne s'indignait plus vivement que quand on paraissait le confondre avec les agitateurs du parti républicain. Ce fut en 1803, par un article publié dans un recueil lyonnais, qu'il fit, pour la première fois, entrevoir quelques-unes de ses idées. En 1808, il les exposa d'ensemble, dans son livre sur la *Théorie des quatre mouvements*, et les compléta, en 1822 et 1829, par deux autres ouvrages sur l'*Association domestique et agricole* et sur le *Nouveau monde industriel*. Tout en édictant les lois et en traçant le plan de la société future, il vivait médiocrement des emplois subalternes qu'il tenait dans diverses maisons de commerce, à Lyon d'abord, à Paris ensuite.

Dans l'œuvre de Fourier, rien du vague de Saint-Simon. Jamais la chimère n'a été traitée avec une précision si mathématique. Comme le feront après lui presque tous les socialistes, il croit trouver dans l'association le remède aux maux résultant de la concurrence, du salariat et de la misère. Son association doit unir non seulement les capitaux, mais les ménages, les familles, et, pour cette raison, il l'appelle « association domestique ». Jusqu'à présent, le monde était sous le régime de l' « ordre morcelé », chaque famille ayant son ménage, chaque commerçant sa boutique, chaque industriel son atelier, chaque cultivateur son champ. A l' « ordre morcelé », Fourier propose de substituer l' « ordre combiné ». Soient trois cents familles ayant actuellement trois cents ménages différents ; il s'agit de les réunir en un seul ménage, en un seul atelier ; au lieu de trois cents champs, on aura un seul domaine exploité en commun. Le réformateur fait alors un tableau merveilleux des économies qui seraient ainsi réalisées. « On est ébahi, écrit-il, quand on évalue le bénéfice colossal qui résulterait de ces grandes associations. » Fourier, à la différence des communistes, respecte le capital et ne rêve pas l'égalité absolue ; il divise le revenu en trois parts : quatre douzièmes au capital, trois douzièmes au talent, cinq douzièmes au travail. Chacune de ces associations, composée de dix-huit cents membres, vivant sur un seul domaine d'une lieue carrée, logée dans un édifice commun magnifiquement installé, constitue un « phalanstère ». Le phalanstère se subdivise en « phalanges », puis en « séries », enfin en « groupes », chaque « groupe » se composant de sept ou neuf individus. Tous les rapprochements se font librement ; tous les dignitaires sont élus ; nulle coercition, nul régime autoritaire.

Mais comment faire que, dans une association si nombreuse, la vie commune soit agréable ou même seulement tolérable? Comment maintenir le bon ordre et l'harmonie dans cette caserne sans officiers et sans discipline, dans ce couvent sans supérieurs et sans règle? Comment obtenir que chaque associé accomplisse spontanément la part de travail nécessaire au profit commun? Pour y parvenir, Fourier, ne se contentant plus de refaire la société, entreprend de refaire l'ordre moral, de créer, pour ainsi dire, un homme nouveau. Telle est, en effet, la portée de cette thèse de l'« attraction passionnelle » par laquelle il prétend résoudre ou plutôt supprimer le redoutable problème de l'existence du mal sur la terre. L'homme doit avoir, dit-il, un moyen d'être heureux sur cette terre; autrement, Dieu ne serait ni bon ni sage. Le tout est de découvrir ce moyen : c'est ce que les « civilisés » n'ont pas encore su faire. Se fondant sur cette unité du plan divin qu'il appelle l'« économie de ressorts », le fondateur du phalanstère estime que la loi de l'attraction, découverte par Newton dans le monde physique, doit régir aussi le monde moral. Mais quelle attraction? Fourier, imbu des idées sensualistes du siècle dernier, ne voit dans l'homme que l'être sensible, entraîné à agir par les passions. L'attraction doit donc être passionnelle. Jusqu'alors on nous enseignait à contenir nos passions, et l'on nous avertissait que la raison nous était donnée pour cet usage. Erreur, dit notre étrange moraliste; c'est se faire une idée absurde de Dieu que de supposer qu'il a créé un homme composé de deux ressorts contradictoires. D'ailleurs, en fait, la raison est toujours la plus faible, même chez ceux qui ont charge de prêcher la vertu. Les passions seules viennent de Dieu. Le devoir et la morale, le mérite et le démérite sont une invention de l'homme dont il faut se débarrasser au plus vite. Chaque individu n'a qu'à suivre ses passions; il trouvera ainsi son plaisir, en même temps qu'il concourra au plan divin. Ne craignez pas qu'il en résulte quelque désordre; car il est posé en axiome fondamental que « les attractions sont proportionnelles aux destinées ». Si l'on a pu avoir jusqu'ici mauvaise opinion des passions sans frein, c'est qu'elles ne se mouvaient pas dans le milieu qui leur convenait. Elles trouveront ce milieu avec le phalanstère. Dangereuses dans une réunion restreinte, elles peuvent se développer sans heurt dans une association nombreuse; leur variété et leur mobilité permettent alors à chacune de se satisfaire, en même temps que la gradation infinie des nuances intermédiaires facilite tous les rapprochements, toutes les libres formations des « groupes » et des

« séries ». A ce propos, Fourier se livre à une analyse de ces passions, tantôt subtilement ingénieuse, tantôt absurdement arbitraire, les classant, les étiquetant, les numérotant et décrivant leur mécanisme [1].

Par l'effet d'une autre loi que le novateur se vante d'avoir également découverte, chacun, en cherchant à satisfaire sa passion, se trouvera accomplir l'œuvre utile au bien commun. Le travail ne sera plus imposé ni pénible; il se confondra avec la libre recherche du plaisir, et sera si attrayant qu'on verra s'y livrer ceux qui s'y dérobent aujourd'hui, les oisifs, les enfants, et même les « scissionnaires », nom courtoisement donné aux voleurs, aux vagabonds, aux mendiants de profession. Chaque passion devient dès lors une source d'activité bienfaisante. Fourier prend, par exemple, la gourmandise, qu'il regarde comme particulièrement féconde et qu'il déclare être la mère de toute industrie : il prétend que, pour satisfaire sa passion, le gourmand trouvera plaisir à faire la cuisine, plus encore à cultiver le sol. Psychologie discutable, soit dit en passant : on peut aimer à manger des fruits ou des légumes délicats, sans être porté à se donner la peine de les apprêter et surtout de les faire pousser. Y aura-t-il des goûts pour toutes les occupations et dans la proportion convenable? Fourier répond imperturbablement par son théorème des « attractions proportionnelles aux destinées ». L'homme doit trouver, dans sa nature même, quelque chose qui l'attire vers tout ce qu'il est appelé à faire; autrement, la logique divine serait en défaut. Cette loi s'appliquera même pour les travaux immondes : se fondant sur le goût de malpropreté qu'il a remarqué chez beaucoup d'enfants, l'organisateur du phalanstère se flatte de leur

---

[1] Fourier attache une importance capitale aux passions qu'il appelle *mécanisantes* : la *cabaliste*, ou esprit de rivalité et d'intrigue; la *papillonne*, ou besoin de changement, et la *composite*, ou désir d'unir les passions des sens à celles de l'âme. Ces trois passions ont mission de régler le mécanisme des neuf autres passions *sensuelles* ou *affectueuses* et d'établir entre elles ce rythme et cet équilibre qu'on nomme la sagesse. Pour les esprits qui s'intéressent aux choses philosophiques, cette partie du système de Fourier est assez curieuse; mais nous ne pourrions y pénétrer plus avant sans sortir du cadre de cette histoire politique.

faire accomplir par plaisir les besognes les plus répugnantes, et il les fait opérer, vêtus de gaze aux tendres couleurs et couronnés de roses; c'est la théorie des « petites hordes », qui obtint, à son apparition, un certain succès de rire.

Les « petites hordes » sont surtout absurdes. Voici qui devient odieux. En lâchant la bride à toutes les passions, Fourier ne fait pas d'exception pour l'amour, ou plutôt pour la volupté charnelle. Il n'interdit pas, sans doute, le mariage permanent à ceux qui ont le goût du « familisme », mais il ne l'approuve ni ne l'encourage. La famille lui paraît être le plus imparfait des groupes, par cette raison, entre autres, qu'on ne peut changer de père et d'enfants, tandis qu'on peut changer d'amants, d'amis ou d'associés. Il préfère donc de beaucoup la liberté amoureuse, la promiscuité des sexes, qui sera le régime ordinaire du phalanstère. Il aime à s'étendre sur ce sujet. Tout est prévu, classé, dénommé avec un sang-froid d'impudeur, une sorte d'inconscience lubrique dont j'aurais quelque embarras à apporter ici des spécimens. Ne vous inquiétez pas de ce que deviendront les petits enfants : Fourier n'a jamais vu en eux que des objets malpropres et incommodes, et il les laisse sous la surveillance des bonnes, dans les « séristères ». D'ailleurs, il compte sur la stérilité, qui est la conséquence ordinaire de la débauche, et voit même là un frein bienfaisant au développement excessif de la population. Quant au bonheur des individus, le cynique réformateur déclare, d'un ton pénétré, que les plaisirs d'une Laïs, d'une Ninon ou d'un duc de Richelieu ne peuvent en donner l'idée, et il évoque les souvenirs du Parc-aux-Cerfs, auquel il s'étonne qu'on ait trouvé à redire.

Fourier estime qu'il suffira d'une « épreuve locale » de son système pour que l'attrait entraîne le reste des hommes et pour qu'au bout de deux ou trois ans toutes les populations du globe se soient organisées d'elles-mêmes en six cent mille phalanstères. Alors plus de patrie; le novateur goûte aussi peu le patriotisme que le familisme. Les phalanstères se rapprocheront librement pour constituer des centres provinciaux, des royaumes, des empires, puis une métropole universelle qui sera construite sur le Bosphore. Les titres de souveraineté s'échelonneront, depuis l'*unarque,* qui commande à une phalange, jusqu'à l'*omniarque,* qui est l'empereur du globe, en passant par le *duarque,* qui commande à quatre phalanges, le *triarque* à douze, le *tétrarque* à quarante-huit. Commander est du reste un mot impropre ; tous les dignitaires sont élus, et chaque membre du phalanstère n'est tenu d'obéir qu'à ses propres passions. Quand cette organisation fonctionnera partout, le monde sera arrivé à l'état d'*harmonie.* Les cinq mille ans qui se sont écoulés depuis le commencement de la terre et pendant lesquels l'humanité a passé successivement par les phases édénique, sauvage, patriarcale, barbare et civilisée, ont été une période de malheurs et d'épreuves ; vient ensuite une période de prospérité qui durera soixante-dix mille ans, et à laquelle succédera une dernière période de calamités, longue de cinq mille ans.

Fourier ne ressent pas plus d'embarras à disposer du monde physique que du monde moral et social. Il nous annonce gravement qu'au jour où l'harmonie régnera par la vertu du phalanstère et de l'attraction passionnelle, la nature se mettra à l'unisson des progrès de l'humanité. La terre, qui n'a produit jusqu'à présent que deux créations, sur dix-huit qu'elle doit successivement opérer, redeviendra féconde : cette planète est en effet un être qui a deux âmes, deux sexes, et qui procrée par la conjonction de son fluide boréal et austral. Alors la mer se dessalera et deviendra une boisson agréable, pareille à la limonade. Les orangers fleuriront en Laponie, et les tropiques jouiront d'un climat tempéré. Des « antibaleines » traîneront nos vaisseaux, et des « antilions » nous transporteront avec une telle rapidité que, partis de Calais le matin, nous déjeunerons à Paris, dînerons à Lyon et souperons à Marseille. Mercure, ayant appris l'alphabet et les conjugaisons, établira une espèce de télégraphe pour nous transmettre, en vingt ou trente heures, des nouvelles de nos antipodes. Six lunes jeunes et brillantes remplaceront la lune, morte de fièvre putride, qui nous jette aujourd'hui quelques rayons décolorés.

L'homme aura sept pieds, vivra cent quarante-quatre ans, dont cent vingt ans d'exercice actif en amour. Le genre humain sera porté au grand complet de trois milliards, et il y aura habituellement sur le globe trente-sept millions de poètes égaux à Homère, trente-sept millions de géomètres égaux à Newton, et ainsi de tous les talents.

Contraste étrange! A le regarder par certains côtés, Fourier paraît un esprit d'une réelle puissance, bien supérieur, en tout cas, aux autres faiseurs de systèmes sociaux [1]; cependant, à chaque page de ses œuvres, on est choqué par quelque absurdité, par quelque extravagance qui semble d'un fou. Il était personnellement d'une probité délicate, désintéressé, simple, naïf, menait une vie tranquille, sans désordre ou tout au moins sans scandale [2]; cependant nulle doctrine n'est plus immorale que la sienne; jamais glorification et organisation plus éhontée de la débauche ne sont sorties d'un cerveau humain. Qu'est-ce que ces nombreuses marques de folie et cette large tache d'impureté, sinon le châtiment ordinaire de l'orgueil humain quand il prétend refaire l'œuvre de Dieu?

Lorsqu'ils parurent, — en 1808, 1822 et 1829, — les livres de Fourier n'eurent aucun retentissement. Les journaux ne firent même pas au novateur l'honneur de le réfuter. Ce fut à peine si, plusieurs années après sa première publication, il put compter deux disciples, d'abord M. Muiron, chef de division à la préfecture de Besançon, ensuite M. Victor Considérant, élève distingué de l'École polytechnique. Triste de cet insuccès, il était réduit à vivre humblement et même pauvrement [3]. Il n'eût pu publier ses livres en 1822 et en 1829, si

---

[1] Certains de ses contemporains, même en dehors de ses disciples, exagéraient même singulièrement cette puissance; Béranger écrivait, le 25 mars 1837 : « Fourier est bien certainement un génie prodigieux, quoique incomplet. »

[2] Fourier n'avait rien cependant d'un ascète. D'après certains renseignements, il aurait même eu un certain goût du vin et des habitudes peu chastes; peut-être est-ce pour cela qu'il faisait, dans le phalanstère, la part si large à la gourmandise et à la liberté amoureuse. (Cf. un article publié par M. Auguste DUCOIN, dans le *Correspondant* du 25 janvier 1851, sous ce titre : *Particularités inconnues sur quelques personnages des dix-huitième et dix-neuvième siècles.*)

[3] « Que de fois, écrivait plus tard Heine, j'ai vu Fourier, dans sa redingote

M. Muiron et quelques autres amis n'en avaient fait les frais. Mais sa foi n'était pas ébranlée. Il suivait son idée, insensible et comme étranger à tout le reste. Convaincu qu'un seul essai suffirait à convertir le monde, il annonça qu'il attendrait, tous les jours, à midi, l'homme riche qui voudrait lui confier un million afin de faire les frais du premier phalanstère. Pendant dix ans, il ne manqua pas un seul jour de rentrer chez lui, à l'heure indiquée, pour recevoir ce visiteur attendu qui ne vint jamais.

La révolution de Juillet ne changea d'abord rien à la situation de Fourier. Le silence et l'ombre, dont il semblait [ne pouvoir sortir, contrastaient avec le bruit et l'éclat qui se faisaient autour des saint-simoniens. Il assistait à la parade de ces derniers, en spectateur ironique, dédaigneux et probablement aussi un peu jaloux. « On ne conçoit pas, écrivait-il à M. Muiron, comment ces histrions sacerdotaux peuvent se former une si nombreuse clientèle. » Et encore : « Vous voulez que j'imite leur ton, leurs capucinades sentimentales. C'est le ton des charlatans. Jamais je ne pourrai donner dans cette jonglerie. » Ce fut cependant de ce côté que vint le coup de vent qui, après plus de vingt ans d'attente, enfla pour la première fois ses voiles. Lors du démembrement de l'école saint-simonienne, deux de ses membres importants, M. J. Lechevalier et M. A. Transon, rebutés par les doctrines d'Enfantin, mais non désabusés des chimères, passèrent au fouriérisme et lui apportèrent une ardeur de propagande que personne n'avait encore déployée à son service. M. Lechevalier commença des leçons publiques, tandis que M. Transon publiait, dans la *Revue encyclopédique* de Pierre Leroux et de Jean Reynaud, un résumé de la thèse phalanstérienne. Encouragés par ces accessions, les fouriéristes de la veille se mirent aussi en mouvement. Le

---

grise et râpée, marcher rapidement le long des piliers du Palais-Royal, les deux poches de son habit pesamment chargées, de façon que de l'une s'avançait le goulot d'une bouteille et de l'autre un long pain ! Un de mes amis, qui me le montra la première fois, me fit remarquer l'indigence de cet homme, réduit à chercher lui-même sa boisson chez le marchand de vin et son pain chez le boulanger. » (*Lutèce*, p. 377.)

maître lui-même fit des conférences à Paris; Considérant ouvrit un cours à Metz; de nombreuses publications furent lancées dans le public. Jamais tant de bruit ne s'était fait autour de cette doctrine. Quelques mois après, en 1832, l'école se sentit assez fortement constituée pour se donner un organe périodique qui s'appela *le Phalanstère* ou *la Réforme industrielle*. Bientôt même, grâce au concours de M. Baudet-Dulary, député, un essai de colonisation phalanstérienne fut tenté à Condé-sur-Hesgres, près de Rambouillet; il échoua complètement. Quoique les adeptes expliquassent cet échec par l'insuffisance des moyens, l'effet en fut fâcheux, et le crédit du fouriérisme s'en trouva singulièrement ébranlé. D'ailleurs, la lumière projetée sur les livres du chef de la secte avait pour résultat de mettre en relief les immoralités et les extravagances qui y pullulaient : les premières soulevaient un cri de réprobation, les secondes un éclat de rire, plus redoutable encore. Vainement les phalanstériens s'emportaient-ils contre ceux qui se scandalisaient ou s'égayaient, vainement accablaient-ils les journaux de leurs explications justificatives : le mouvement des adhésions s'arrêta; plusieurs fidèles même s'éloignèrent, entre autres MM. Lechevalier et Transon; ce dernier, d'une âme ardente, généreuse, compatissante aux malheureux, devait trouver bientôt après, dans le catholicisme, la vérité qu'il avait longtemps cherchée avec droiture auprès des faux prophètes. Force fut, en 1834, d'interrompre la publication de la *Réforme industrielle*.

Fourier, toutefois, tenait bon : ne fléchissant ni sous le sarcasme, ni sous l'indignation, il anathématisait ce monde imbécile et aveugle, exprimait son mépris pour ces « petits Français » incapables de comprendre la vérité, flétrissait ses adversaires qu'il classait sous vingt-huit catégories, et continuait à demander imperturbablement le million dont il avait besoin pour fonder son premier phalanstère. Traité toujours par ses disciples de « révélateur », de « démiourgos du monde sociétaire », d' « architecte du bonheur sur la terre », il morigénait ceux d'entre eux qui, par peur du rire ou du scandale, voulaient faire quelques sacrifices au sens commun ou au sens moral. « Je ne ferai pas de basses concessions », leur disait-il. Faut-il croire que la constance du maître rendit du cœur aux disciples? Toujours est-il qu'en 1836 il se produisit comme une reprise de la propagande fouriériste. La *Réforme industrielle* reparut sous le titre de la *Phalange;* c'était Considérant qui la dirigeait. Fourier ne put lui donner que quelques articles. Il mourut, le 9 octobre 1837, à l'âge de soixante-cinq ans, entouré de ses adeptes qui firent graver sur sa tombe ses deux maximes : *Les attractions sont proportionnelles aux destinées. — La série distribue les harmonies.*

Cette mort ne mit pas fin au fouriérisme, qui, débarrassé de son bizarre fondateur, prit au contraire plus de développement et s'organisa en une sorte de corporation sous la direction de Considérant. Ce dernier, qui avait beaucoup plus de talent d'exposition que Fourier, alla, de ville en ville, faire des prédications de « phanérogamie » et d'« harmonie passionnelle ». Des hommes, dont quelques-uns ne manquaient pas de valeur, MM. Cantagrel, Vidal, Toussenel, Laverdant, etc., concouraient à cet apostolat. Grâce à la munificence d'un Anglais, la *Phalange* put paraître trois fois par semaine; bientôt même, l'école eut son journal quotidien, la *Démocratie pacifique.* Sans abandonner l'ensemble de la doctrine du maître, ses disciples en laissaient prudemment dans l'ombre les parties les plus choquantes, pour s'attacher surtout à la thèse économique; ils ne parlaient plus, du reste, d'une transformation rapide et universelle, mais seulement d'un travail d'amélioration successive. Fidèles, en cela, à l'esprit du fondateur de l'école, ils prirent, surtout au début, grand soin de ne pas se confondre avec le parti révolutionnaire, et se piquèrent d'être des « pacifiques », comme le disait le titre même de leur journal. Aussi étaient-ils mal vus des démocrates militants, qui leur reprochaient de « louvoyer dans les eaux du monde officiel ». Sur beaucoup de questions courantes, ils parlaient comme les conservateurs. La vérité est qu'ils ne se rattachaient à aucun parti. Ils affichaient un grand dédain de la

« comédie parlementaire » et se vantaient « d'avoir tué la politique ». Pour eux, il n'y avait qu'une question, la question sociale : « L'organisation du travail, disaient-ils, la grande idée soulevée au commencement du siècle par Fourier, emporte dans son tourbillon non seulement ceux qui l'acceptent, mais encore ceux qui s'efforcent de lutter contre elle. » Avec le temps, toutefois, ils tendirent à se rapprocher de l'extrême gauche, sans se confondre avec elle, et, vers la fin de la monarchie de Juillet, on les retrouvait presque toujours faisant campagne contre M. Guizot.

En somme, après être resté pendant de longues années absolument ignoré et impuissant, le fouriérisme finissait par prendre une place relativement importante dans le mouvement intellectuel de ce temps. Ses thèses étaient sans doute trop abstraites et trop compliquées pour être comprises et goûtées des masses; la plupart de ses adeptes étaient des bourgeois, des esprits d'une certaine culture; quelques-uns, d'anciens élèves de l'École polytechnique. Mais si ceux-là étaient peu nombreux qui acceptaient et professaient toute la doctrine, on en retrouvait comme un reflet dans beaucoup d'esprits dévoyés. Il n'était pas jusqu'à la littérature sur laquelle elle ne fît sentir son action. Déjà l'on a eu occasion de signaler le concours donné au socialisme par certains romanciers; concours très efficace, car le roman pénétrait là où l'on se fût ennuyé d'un livre abstrait; il arrivait à la raison par l'imagination, ce qui est, chez beaucoup, le chemin le plus facile et le plus prompt; il donnait aux chimères une apparence de vie. Parmi ces romanciers socialistes, nul ne fut plus lu et n'exerça plus d'action qu'Eugène Süe. L'homme et son œuvre nous sont déjà connus [1]. Pour le moment, je veux seulement noter que l'un de ses grands romans-feuilletons de cette époque, les *Sept Péchés capitaux*, publié dans le *Constitutionnel*, était la détestable mise en scène des pires théories de Fourier sur la légitimité des passions. Politiquement, le fourié-

---

[1] Voir plus haut, p. 73 et suiv.

risme a exercé aussi une certaine influence, et cette influence a été mauvaise. Bien que non populaire, il a contribué à développer dans le peuple cette idée fausse et dangereuse que toute souffrance et tout mal viennent de l'organisation défectueuse de la société, et qu'ils disparaîtraient avec un simple changement de cette organisation. En outre, si peu intelligibles que les subtilités de l'attraction passionnelle fussent pour des natures grossières, celles-ci n'étaient que trop disposées à en retenir ces assertions simples, que le devoir n'existe pas, que toute passion est légitime et que la vie se résume dans la recherche du plaisir. En tout cela, le fouriérisme faisait œuvre de décomposition sociale et morale, frayait la voie aux révolutionnaires, dont il prétendait se distinguer, et assumait sa part de responsabilité dans leurs méfaits.

IV

En étudiant le fouriérisme, le saint-simonisme et les autres écoles prétendues pacifiques qui en dérivaient, nous avons retrouvé l'une des origines du socialisme révolutionnaire. Cette origine n'est pas la seule. Il en est une autre qui, pour être moins apparente, peut cependant être reconnue : pour cela, il faut remonter jusqu'à Gracchus Babeuf, qui prêchait hautement, sous le Directoire, l'abolition de la propriété et le partage de toutes les terres, de toutes les richesses. Cette filiation a échappé à la plupart des contemporains; mais aujourd'hui l'on a la preuve que, des « égaux » de 1796 aux socialistes de la fin de la monarchie de Juillet, la tradition s'est continuée sans interruption. Un homme s'est trouvé, en effet, pour la recevoir des mains de Babeuf, la garder avec une sorte de piété sauvage et la transmettre aux générations nouvelles : c'est Buonarotti.

Né à Pise, en 1761, d'une famille qui prétendait descendre

de Michel-Ange, Philippe Buonarotti s'était jeté avec passion dans la révolution française. Il prit part à la conspiration des « Égaux », fut condamné avec Babeuf et jeté en prison pendant que ce dernier était exécuté. Sous la Restauration, on le retrouve à Bruxelles et à Genève, fort engagé dans la Charbonnerie, servant de lien entre les ventes françaises et les ventes italiennes. Il était resté fidèle à la sinistre mémoire de son premier chef, et publia, en 1828, une *Histoire de la conspiration de Babeuf*, à laquelle il joignit un exposé des doctrines communistes de ce personnage. Rentré à Paris après 1830, il fit paraître une nouvelle édition de son livre. Presque ignoré de la bourgeoisie régnante, pauvre, vivant de quelques leçons de musique, recueilli, vers la fin de sa vie, par le marquis Voyer d'Argenson, qui, avec Charles Teste, frère du futur et trop fameux ministre, fut son plus dévoué partisan, il tenait, dans le parti révolutionnaire, le rôle d'une sorte de patriarche du fanatisme démagogique, souvent consulté et exerçant son action non seulement en France, mais à l'étranger; la « jeune Italie » et Mazzini relevaient de lui. A sa mort, survenue en 1837, M. Trélat publia une notice enthousiaste : « La vie de Buonarotti, disait-il, s'est prolongée soixante-dix-sept ans, sans qu'on y ait découvert aucune tache [1]. » Un peu plus tard, au cours de son *Histoire de dix ans*, M. Louis Blanc faisait un éloge non moins ému de l'ancien complice de Babeuf, le comparait « aux sages de l'ancienne Grèce » et proclamait que ses opinions étaient « d'origine céleste »; puis il le montrait, « du fond de son obscurité, gouvernant de généreux esprits, faisant mouvoir des ressorts cachés, entretenant avec la démocratie du dehors des relations assidues, et tenant les rênes de la propagande, qu'il fallût soit accélérer le mouvement, soit le ralentir [2] ». Les honneurs rendus par les initiés à la mémoire du vieux conspirateur communiste se sont prolongés jusqu'à nos jours; en 1869, M. Ranc a donné une nouvelle édition de l'*Histoire de la conspiration de Babeuf*;

---

[1] Cette brochure, imprimée à Épinal, parut en juin 1838.
[2] *Histoire de dix ans*, t. IV, p. 183, 184.

dans sa préface, il insiste sur l'influence considérable de Buonarotti : « C'est grâce aux babouvistes, dit-il, que, pendant le premier Empire et la Restauration, la tradition révolutionnaire n'a pas été un seul instant interrompue, et que, dès les premiers jours de 1830, le parti républicain s'est trouvé reconstitué[1]. »

Buonarotti usa naturellement de son autorité sur le parti démocratique, pour y propager ses idées communistes. Son livre, à peu près le seul de ce genre qui existât dans les premières années de la monarchie de Juillet, se lisait dans les ateliers, et les ouvriers s'y infectaient de « babouvisme ». C'est évidemment sous son influence que, peu après 1830, les idées socialistes ont pénétré dans les sociétés secrètes et y ont pris, d'année en année, une place plus large. On les a vues apparaître, dès la fin de 1833, chez les sectionnaires des *Droits de l'homme*, qui pourtant étaient surtout des agitateurs politiques et des doctrinaires républicains[2]. Elles furent plus visibles encore dans la société des *Familles* et dans celle des *Saisons*, sous l'inspiration de Blanqui et de Barbès[3] ; le journal *l'Homme libre*, qui fut, en 1838, l'organe clandestin de la seconde de ces associations, était absolument babouviste. En même temps, des journaux révolutionnaires, comme le *Bon Sens*, rédigé par MM. Cauchois-Lemaire, Rodde et Louis Blanc, ouvraient une porte plus ou moins large aux élucubrations antisociales. Certaines petites feuilles, l'*Égalité* et l'*Intelligence*, ne renfermaient pas autre chose.

Ce fut surtout après l'émeute avortée du 12 mai, vers la fin de 1839 et en 1840, que se produisit, dans les bas-fonds révolutionnaires, une sorte de fermentation communiste. Les sectes

---

[1] *Gracchus Babeuf et la conjuration des Égaux*, par BUONAROTTI, préface par RANC, 1869. — Dans cette préface, M. Ranc présente la conjuration de Babeuf comme le dernier effort tenté par les républicains pour enrayer la contre-révolution ; il admire le plan du comité insurrectionnel de 1796 et les mesures qu'il avait préparées pour « désarmer la bourgeoisie ».

[2] Voy. notamment, en octobre 1833, la « Déclaration » de la Société des droits de l'homme. (Cf. plus haut, t. II, ch. x, § 1.)

[3] Cf. plus haut, t. III, ch. I, § v, et ch. v, § v.

se multiplièrent : *égalitaires, communistes, révolutionnaires, fraternitaires, communitaires, communautistes, unitaires*, etc. Comme on redoutait que cette variété ne nuisît à la puissance de l'action, un certain nombre de meneurs se réunirent à Londres, en novembre 1839, pour arrêter un programme commun[1]. On avait choisi une ville étrangère, par crainte de la police parisienne. Un rapport fut rédigé « sur les moyens à prendre pour mettre la France dans une voie révolutionnaire, le lendemain d'une insurrection victorieuse ». Le premier acte devait être la constitution d'un triumvirat dictatorial nommé, non par la majorité du peuple, « qui pourrait se tromper », mais par les « auteurs de l'insurrection ». Ce triumvirat décrétera, entre autres mesures, la suspension de l'exportation des grains, le maximum sur les denrées alimentaires et le droit de tout homme à l'existence. Le gouvernement « se fera, au profit de la nation, premier manufacturier, directeur suprême de toutes les industries » ; il aura des magasins pour vendre ses produits et créera des ateliers nationaux. Les enfants, à partir de cinq ans, seront enlevés à leurs parents et livrés au gouvernement, pour que celui-ci « leur inculque les bons principes ». Tout auteur d'un livre ou d'un article de journal tendant à rétablir l'ancien ordre de choses sera condamné comme contre-révolutionnaire. Quant aux dépenses publiques, on y fera face par les moyens suivants : émission de papier-monnaie ; séquestration des biens appartenant aux familles des individus qui ont participé aux actes gouvernementaux depuis 1793 ; capitalisation de l'impôt dans certains cas ; abolition de l'hérédité des fortunes en ligne collatérale ; attribution à l'État de la quotité disponible dans les héritages en ligne directe. Ce rapport, dont je ne fais connaître qu'incomplètement les odieuses extravagances, fut imprimé à Londres et distribué aux délégués, qui s'ajournèrent au mois de septembre 1840 pour prendre une décision. Ils se retrouvèrent

---

[1] Les renseignements qui suivent sont empruntés au curieux livre de M. Maxime DU CAMP sur l'*Attentat Fieschi,* p. 276 et suiv.

en effet réunis à cette date et, après délibération, adoptèrent à l'unanimité les conclusions du rapport.

Tout en s'organisant ainsi dans l'ombre, les communistes s'enhardissaient à faire des manifestations publiques ; tel fut, le 1ᵉʳ juillet 1840, le banquet de Belleville, dont il a été parlé [1]. Des publications de toutes sortes [2], de petits journaux, peu connus du monde bourgeois, mais ayant accès dans les ateliers, notamment la *Fraternité,* fondée en 1845, répandaient leurs doctrines et surtout leurs haines dans les centres industriels. De nombreux ouvriers s'improvisaient apôtres du communisme auprès de leurs camarades. « Je connais personnellement à Lyon et dans la banlieue, écrivait Proudhon en 1844, plus de deux cents de ces apôtres qui tous font la mission en travaillant... Tout cela, vous pouvez m'en croire, aboutira à quelque chose, et le mouvement n'est pas près de se ralentir ; il y a progrès, et progrès effrayant au contraire. [3] » Ces prédicateurs trouvaient facilement des auditeurs. « La propagande du communisme, observait alors Henri Heine, possède un langage que chaque peuple comprend : les éléments de cette langue universelle sont aussi simples que la faim, l'envie, la mort. Cela s'apprend facilement [4]. » Par moments, les passions ainsi surchauffées dans les bas-fonds sociaux faisaient explosion au dehors. Tel avait été, à la fin de 1841, l'attentat de Quénisset, œuvre de la secte des *Égalitaires* [5]. Plusieurs années après, un procès criminel révélait l'existence d'une autre secte, fondée en juillet 1846, celle des *Communistes matérialistes :* ceux-ci, ouvriers de leur état, avaient décidé de détruire le gouvernement et la société, non par l'insurrection ouverte, mais en se servant des moyens nouveaux fournis par la physique et la chimie ; pour se procurer l'argent nécessaire,

---

[1] Voir plus haut, t. IV, ch. II, § IX.
[2] Tels furent par exemple le *Code de la communauté,* par M. Desamy, les écrits divers de M. J.-J. May, rédacteur de l'*Humanitaire,* de M. Pillot, ancien collaborateur de l'abbé Châtel, de M. Constant, prêtre apostat, etc.
[3] *Correspondance de Proudhon,* t. II, p. 136.
[4] *Lutèce,* p. 211.
[5] Voir plus haut, t. V, ch. I, § II et III.

ils étaient convenus de recourir au vol, estimant que le vol commis en vue de l'affranchissement de l'humanité était licite. Ce fut à l'occasion d'un de ces vols qu'ils furent poursuivis et condamnés [1]. Quelques rares observateurs jetaient les yeux, de temps à autre, sur ce travail souterrain et en étaient épouvantés : de ce nombre était Henri Heine, qui revenait souvent sur ce sujet, dans ses lettres à la *Gazette d'Augsbourg*. Il ne se lassait pas de signaler « cet antagoniste de l'ordre existant, qui garde son terrible incognito et qui réside, comme un prétendant nécessiteux, dans les sous-sols de la société officielle » ; puis il ajoutait : « Communisme est le nom secret de cet adversaire formidable qui oppose le règne des prolétaires, dans toutes ses conséquences, au règne actuel de la bourgeoisie. Ce sera un épouvantable duel. Comment se terminera-t-il? C'est ce que savent les dieux et déesses dont la main pétrit l'avenir. Pour notre part, nous savons seulement que le communisme, bien qu'il soit peu discuté à présent et qu'il traine son existence souffreteuse dans des mansardes cachées, sur sa couche de paille misérable, est pourtant le sombre héros à qui il est réservé un rôle énorme, quoique passager, dans la tragédie moderne, et qui n'attend que la réplique pour entrer en scène [2]. »

V

L'agitation communiste dont nous venons de parler était à peu près anonyme. Les publications, assez nombreuses à partir de 1839, dans lesquelles des écrivains déclassés ou même de simples ouvriers traçaient le plan d'une société idéale où tout serait partagé sous la surveillance de l'État, demeuraient ignorées en dehors d'un petit cercle ; elles témoignaient de la fermentation des esprits plutôt qu'elles n'exerçaient elles-mêmes une action étendue. Il est un livre cependant qui, sans

[1] Juillet 1847.
[2] *Lutèce*, p. 258. Cf. aussi p. 209, 211, 366, 367.

être plus éloquent ni plus original que les autres, s'est trouvé avoir trop de retentissement, et a contribué trop efficacement à populariser le communisme, pour qu'on ne fasse pas à l'œuvre et à son auteur une place à part : nous voulons parler du *Voyage en Icarie*, publié en 1840 par M. Cabet.

A cette date, Étienne Cabet était âgé de cinquante-deux ans; figure ronde et béate, expression vulgaire avec affectation de sensibilité philanthropique; faux bonhomme, rusé, égoïste, et qui, avant de prendre, par calcul, ce masque paterne, avait été l'un des violents du parti révolutionnaire. Fils d'un tonnelier de Dijon, il fit ses études comme boursier, puis, devenu avocat, il joua, sous la Restauration, un rôle actif dans les sociétés secrètes. Ce lui fut un titre suffisant, en août 1830, pour que M. Dupont de l'Eure l'envoyât d'emblée procureur général à Bastia; mais l'exagération de ses opinions le fit révoquer par le ministère Périer; il en garda une amère rancune au gouvernement de Juillet. Nommé député par les électeurs de la Côte-d'Or, il siégea à l'extrême gauche, fonda le journal *le Populaire* et publia divers pamphlets contre la monarchie. Ses excès de plume lui attirèrent plusieurs poursuites et, en 1834, une condamnation à deux ans de prison. Il se réfugia alors en Angleterre, où il resta jusqu'en 1839. Ce fut là, en lisant Thomas Morus et en causant avec Owen, qu'il résolut de se faire socialiste, communiste même, et qu'il composa son *Voyage en Icarie*. Il en avait terminé le manuscrit dès le commencement de 1838; mais, rendu prudent par ses premières mésaventures judiciaires, il consulta ses amis, entre autres Lamennais, pour savoir si un tel livre ne l'exposerait pas à des poursuites. Il en retarda la publication jusqu'en janvier 1840, et encore, à cette époque, le fit-il paraître d'abord sans bruit et sous le pseudonyme de Dufruit. Ce ne fut qu'aux éditions suivantes qu'il osa le signer de son nom.

Le *Voyage en Icarie* est une sorte de roman, ce qui permet à l'auteur d'en prendre à son aise avec les réalités et lui rend faciles les affirmations les plus arbitraires. Voici la fable : Un jeune Anglais, lord Carisdall, se rend, en décembre 1835, dans l'Icarie, où la société est organisée selon les idées de Cabet, et où, par suite, tout le monde est aussi heureux que vertueux. Les honneurs de ce pays sont faits au voyageur par un jeune homme dont le grand-père, un ancien duc, avait été le compagnon du charretier Icar, fondateur de l'Icarie ; le père de ce même jeune homme, autrefois magistrat éminent, est serrurier de son état, et sa sœur, après avoir reçu la plus brillante éducation, exerce la profession de couturière. N'est-ce pas un coup de maître, pour gagner le cœur des ouvriers, que de débuter ainsi en ramenant à leur niveau et en mêlant à leurs rangs les aristocrates de la naissance et de l'éducation? En Icarie, les biens sont communs ; l'État possède tout le capital social et en répartit les revenus entre les membres de la société, non plus même suivant la capacité, comme le voulaient les saint-simoniens, mais suivant les besoins de chacun ; il loge, habille, nourrit tous les citoyens ; la table est même fort recherchée, ce qui ne devait pas être la moins efficace des séductions à l'adresse des affamés[1]. Chacun travaille, mais, comme dans le phalanstère, le travail est attrayant et, grâce à des machines merveilleuses, ne dure que cinq ou six heures par jour. N'objectez pas que l'absence d'intérêt personnel produira, comme toujours, la paresse. L'auteur affirme que nul ne se refusera à travailler, du moment où l'oisiveté sera, en Icarie, aussi infâme qu'ailleurs le vol. Tout est réglé par l'autorité, le lever, le coucher, le travail, les repas, le silence, les conversations, les chants, les récréations. Personne qui ne reçoive sa tâche, aussi bien le savant et l'artiste que les manœuvres. On ne peut écrire de livres nouveaux qu'avec la permission ou plutôt sur la commande du gouvernement ; quant à ceux des livres anciens que le pouvoir juge dangereux,

---

[1] « Tu vois donc, mon pauvre ami, écrit un Icarien, que le gouvernement fait ici bien autre chose que notre monarchie ; tandis que la royauté fait tant de bruit pour un bon roi qui voulait que chaque paysan pût mettre la *poule au pot le dimanche*, la république donne ici, sans rien dire, à tous et tous les jours, tout ce qui ne se voit ailleurs que sur la table des aristocrates et des rois. »

ils sont brûlés. Ni juges, ni avocats, ni gendarmes, dans cette société d'où, parait-il, les mauvaises passions de l'homme ont été extirpées en même temps que la propriété. Si, par impossible, un crime était commis, l'auteur en serait enfermé dans une maison de santé, car ce ne pourrait être qu'un fou. Il semblerait que ce communisme dût aboutir à la promiscuité des sexes; Cabet conserve cependant la famille, et nous affirme même qu'en Icarie elle sera garantie contre toute impureté, contre toute faiblesse. Cette sorte d'inconséquence venait-elle d'un scrupule de pudeur? N'était-elle pas plutôt un calcul de prudence? En effet, à ceux de ses disciples qui, plus logiques, concluaient à la communauté des femmes, le maître se bornait à répondre qu'ils s'exposeraient ainsi à être poursuivis comme les saint-simoniens, et que c'était déjà bien assez de s'attaquer à la propriété, sans se mettre, au même moment, sur les bras les défenseurs de la famille. Il semblait donc arrêté surtout par une considération d'opportunité.

Cabet se défend de vouloir imposer son régime par la violence. En attendant que les peuples séduits aient fait du monde une vaste Icarie, il veut bien indiquer les mesures transitoires par lesquelles on peut s'acheminer vers cette transformation : suppression de l'armée; prélèvement de cinq cents millions sur le budget pour entretenir des ateliers nationaux et payer le logement des pauvres; fixation par l'État du salaire des ouvriers et du prix des objets de consommation, impôt progressif sur la richesse et le superflu.

Le système icarien ne tient aucun compte des conditions de la nature humaine ni des plus simples exigences du bon sens; il n'est du reste pas plus agréable pour une imagination délicate que satisfaisant pour une raison droite; mais la nullité, la platitude, l'absurdité, le ridicule même ne sont pas des motifs d'insuccès auprès du vulgaire. Dans l'œuvre de Cabet, tout était combiné, avec une certaine adresse subalterne, pour caresser et séduire la convoitise, l'amour-propre, la jalousie des pauvres gens. Cette vision de vie facile et plantureuse, présentée comme une réalité vivante, touchait ceux qui peinaient, mieux que n'eussent pu le faire les raisonnements les plus rigoureux ou les plus ingénieuses inventions. Ajoutez un certain ton de sensibilité dont la naïveté populaire était facilement dupe. Aussi le succès fut-il considérable. Le législateur de l'Icarie devint, dans une partie du monde ouvrier, l'objet d'une sorte de dévotion attendrie ; traité de *père* par ses adeptes, il recevait des députations d'hommes et de femmes venant lui apporter d'immenses bouquets. Ce rôle d'idole plaisait à son égoïsme et à son orgueil. Ignorant tout ce qui n'était pas lui, il souriait avec une bienveillance dédaigneuse, quand quelqu'un lui parlait d'autre chose que de ses ouvrages. On ne saurait d'ailleurs lui refuser une certaine habileté d'organisation et de propagande. D'une fécondité égale à sa médiocrité, il multipliait les brochures, toutes roulant sur les doctrines icariennes, promettant le même bonheur et la même égalité; c'était généralement un dialogue où son partisan, maître Pierre, confondait maître Jacques, son adversaire, le tout avec accompagnement de lettres dans lesquelles des correspondants inconnus ou supposés témoignaient de leur admiration et de leur vénération pour le réformateur. Il avait trouvé moyen de se créer une armée de courtiers fanatiques qui s'en allaient placer ses brochures dans les ateliers de Paris et de province, au profit de ses idées et de sa bourse. Ainsi se formèrent des centres « icariens » à Lyon, à Toulouse, à Marseille, à Limoges, à Mulhouse, à Saint-Quentin et dans d'autres villes industrielles. Si bien qu'au lendemain de la révolution de 1848, Cabet est apparu comme une des puissances avec lesquelles le gouvernement provisoire était obligé de compter. Quelle plus saisissante preuve de son crédit que la douloureuse odyssée de ces centaines d'ouvriers et d'ouvrières qui sont partis alors, sur la foi de sa parole, pour les solitudes du Texas, afin d'y chercher cette Icarie dont le mirage avait séduit et allumé leurs grossières imaginations ! Qui peut même affirmer que ces malheureux seront désabusés, quand, après le plus lamentable des avortements, ils reviendront décimés, déguenillés et décharnés ?

VI

Ce fut en 1840, quelques mois après la publication du *Voyage en Icarie*, que Louis Blanc fit paraître sa brochure sur l'*Organisation du travail* : il n'avait pas encore trente ans. Il était né en 1811, à Madrid, où son père remplissait les fonctions d'inspecteur des finances du roi Joseph; sa mère était une Pozzo di Borgo, d'une distinction rare et d'une vive piété; son grand-père maternel, royaliste ardent, avait été guillotiné pendant la Terreur. La chute de Napoléon priva le père de Louis Blanc de sa place et laissa sa famille dans la gêne. Toutefois, en souvenir de l'aïeul, Louis XVIII accorda une pension à l'ancien fonctionnaire impérial et des bourses de collège à ses deux fils. Ceux-ci, ayant terminé leurs études et perdu leur mère, étaient en route pour chercher fortune à Paris, quand éclata la révolution de 1830 [1]. Cet événement les priva de la pension faite à leur père : ce n'était plus seulement la gêne, c'était la misère, d'autant que, sous ce coup, M. Blanc, déjà malade et assombri, vit sa raison s'égarer. Voilà donc Louis, à dix-neuf ans, cherchant péniblement un gagne-pain, en compagnie de son frère cadet. Tour à tour copiste, clerc d'avoué, répétiteur, frappant à des portes qui ne s'ouvraient pas toujours, non seulement il était entravé dans son ambition, mais n'avait pas chaque soir de quoi manger : dénuement que le contraste lui faisait ressentir plus encore, quand, invité par un parent riche, et dissimulant sa pauvreté, il se retrouvait, pour quelques heures, dans ce monde élégant où le sort l'avait fait naître [2]. Que d'amertumes s'amassèrent alors dans cette

---

[1] Voir, sur ces premières années de M. Louis Blanc, le brillant discours prononcé par M. Pailleron, lors de sa réception à l'Académie française. Le spirituel académicien remplaçait M. Charles Blanc.

[2] On a raconté comment, à bout de ressources, Louis Blanc s'était décidé à réclamer l'appui du général Pozzo di Borgo, parent de sa mère. L'accueil fut plein de politesse. Le général interrogea le jeune homme sur son avenir, promit son

âme, énergique sans doute, tenace, mais orgueilleuse, haineuse, jalouse! Que de serments d'Annibal contre la société à laquelle le jeune homme s'en prenait de ses privations et de ses humiliations! Lui-même a dit plus tard, en 1848, dans une de ses conférences du Luxembourg : « Si je n'ai pas été ouvrier comme Albert et comme vous, j'ai subi de votre existence tout ce qu'elle peut contenir de plus amer. Moi aussi, j'ai été pauvre, j'ai vécu à la sueur de mon front; dès mes premiers pas dans le monde, j'ai porté le fardeau d'un ordre social inique, et c'est alors que, devant Dieu, devant ma conscience, j'ai pris l'engagement, si je cessais un jour d'être malheureux, de ne jamais oublier ce qui a fait le malheur d'un si grand nombre de mes frères. »

Aux souffrances de la pauvreté s'ajoutait, pour le jeune Louis Blanc, la mortification, peut-être plus douloureuse encore, de sa petite taille; il avait un aspect si enfantin que, même plus tard, tous ceux qui le voyaient pour la première fois lui donnaient douze ou treize ans [1] et le traitaient en conséquence, les hommes ne le prenant pas au sérieux et les femmes riant de ses velléités galantes. En quête d'une place, il fut conduit, un matin, par M. Flaugergues, chez le duc Decazes, grand référendaire de la Chambre des pairs; celui-ci

appui, puis, quand il estima que l'entretien s'était suffisamment prolongé, il sonna et donna à demi-voix un ordre à son valet de chambre. Celui-ci, au bout de peu d'instants, rentra, tenant à la main une bourse convenablement garnie. Louis Blanc, déjà assez mal à l'aise de sa démarche, fut fort irrité du procédé, repoussa la bourse avec colère et quitta brusquement le général. Cette version est du moins celle qui circulait dans le monde démocratique. (STERN, *Histoire de la révolution de 1848*, t. II, p. 42, 43.)

[1] Henri Heine écrivait, le 6 novembre 1840 : « M. Louis Blanc est un homme encore jeune, de trente ans tout au plus, quoique, d'après son extérieur, il semble un petit garçon de treize ans. En effet, sa taille on ne peut plus minime, sa petite figure fraîche et imberbe, ainsi que sa voix claire et fluette qui paraît n'être pas encore formée, lui donnent l'air d'un gentil petit garçon échappé à peine de la troisième classe d'un collège, et portant encore l'habit de sa première communion. » (*Lutèce*, p. 138.) A la même époque, M. Nettement, se trouvant chez M. Laffitte, à une réunion de journalistes de l'opposition, et voyant un jeune garçon à côté du maître de la maison, s'étonnait que celui-ci eût gardé auprès de lui son petit-fils, pour lui faire prendre une leçon de politique. Ce jeune garçon était M. Louis Blanc, déjà important dans la presse républicaine. (*Histoire de la littérature pendant la monarchie de Juillet*, t. II, p. 475.)

était assis sur son lit, lisant un journal. M. Flaugergues, après les formalités d'usage, recommanda son protégé au duc, qui, se tournant vers Louis Blanc, le frappa légèrement sur la joue : « Eh bien, dit-il, nous verrons ce qu'on peut faire pour ce petit garçon. » « Je sortis et ne le revis plus », racontait, longtemps après, Louis Blanc encore tout mortifié de cette scène ; et il ajoutait, en savourant sa vengeance : « Étrange moquerie du destin ! Le 1er mars 1848, il était donné à ce petit garçon de coucher dans le lit où il avait vu le duc assis, plusieurs années auparavant, et que le duc venait de quitter[1]. »

Bientôt, cependant, l'horizon s'éclaircit devant Louis Blanc. Il trouva une place de précepteur chez un fabricant d'Arras, et fit ses débuts de journaliste dans la feuille radicale de cette ville. Revenu à Paris en 1834, il collabora au *Bon Sens,* au *National,* au *Monde,* se fit remarquer par Carrel, se lia avec Godefroy Cavaignac, et acquit assez d'importance pour devenir, le 1er janvier 1837, — il n'avait alors que vingt-cinq ans, — rédacteur en chef du *Bon Sens;* puis, ce journal ayant disparu en 1838, il fonda et dirigea la *Revue du progrès,* dans laquelle écrivirent Félix Pyat, Étienne Arago, E. Duclerc, Dupont l'avocat, Godefroy Cavaignac, Dornès, Mazzini, etc... Aussi Henri Heine pouvait-il dire de lui, en 1840, qu'il était « une des notabilités du parti républicain », et il ajoutait : « Je lui crois un grand avenir, et il jouera un rôle, ne fût-ce qu'un rôle éphémère ; il est fait pour être le grand homme des petits, qui sont à même d'en porter un pareil avec facilité sur leurs épaules[2]. » Son talent était déjà ce qu'on l'a connu depuis, plus d'un rhéteur que d'un homme politique. La phrase était bien faite, soignée, d'allure noble et solennelle, non sans élégance, ni même parfois sans une certaine éloquence sentimentale qui rappelait le dernier siècle, mais un peu monotone, manquant de relief, d'imprévu et de jeunesse. Il tenait beaucoup de Rousseau pour la forme et le fond. Fort occupé et fort soigneux de son succès, attentif à flatter le peuple et à se

---

[1] *Histoire de la révolution de 1848,* par M. Louis Blanc, t. I, ch. viii.
[2] *Lutèce,* p. 140.

faire en même temps, auprès des délicats, le renom d'un lettré, habile surtout à se ménager des appuis dans les journaux démocratiques de toute nuance, il savait, au besoin, se faire modeste et doucereux, tout en demeurant au fond très dédaigneux et très personnel [1].

En entrant dans la presse, Louis Blanc s'était engagé dans le parti républicain extrême, se posant en radical, en jacobin, nullement libéral et faisant ses dévotions à Robespierre. Mais, bien qu'il parût alors principalement préoccupé de poursuivre une révolution politique, il se distinguait de la plupart des hommes à côté desquels il écrivait, par un accent et un tour d'idées socialistes. Avec le temps, ce caractère devint de plus en plus marqué, et fut tout à fait dominant dans les articles de la *Revue du progrès*. Il n'était pas jusqu'à l'*Histoire de dix ans*, parue en 1840, où ne se trahît le parti pris de changer la société : sans doute, ce pamphlet historique était avant tout une machine de guerre contre la monarchie de Juillet; mais derrière cette monarchie l'écrivain poursuivait, avec une singulière âpreté de haine et de dénigrement, la bourgeoisie, envisagée comme la personnification des idées économiques régnantes, de la concurrence, du laisser-faire, du crédit individuel, de la féodalité financière, de l' « individualisme », de toutes ces « doctrines sans entrailles » qui ne songent qu' « à augmenter la masse des biens, sans tenir compte de leur répartition », qui « éloignent l'intervention de tout pouvoir tutélaire dans l'industrie », qui « protègent le fort et laissent l'existence du faible à la merci du hasard [2] ».

Ce fut surtout par sa brochure sur l'*Organisation du travail*, publiée en septembre 1840 [3], que Louis Blanc prit rang parmi

---

[1] C'est encore Henri Heine qui écrivait, en 1840 : « Ce tribun imberbe donne cependant à sa réputation de grand patriote, à sa popularité, les mêmes petits soins que ses rivaux donnent à leurs moustaches; il la soigne on ne peut plus, il la frotte, la tond, la frise, la dresse et la redresse, et il courtise le moindre bambin de journaliste qui peut faire insérer dans une feuille quelques lignes de réclame en sa faveur. » (*Lutèce*, p. 141.)

[2] *Passim* dans l'introduction de l'*Histoire de dix ans*.

[3] On a souvent imprimé que cette brochure avait été publiée en 1839. C'est une erreur. La première ébauche du travail parut sous forme d'article, dans la

les théoriciens du socialisme. L'auteur débutait par poser vivement cette question : « Le pauvre est-il un membre ou un ennemi de la société? Qu'on réponde. Il trouve, tout autour de lui, le sol occupé. Peut-il semer la terre pour son propre compte? Non, parce que le droit de premier occupant est devenu droit de propriété. Peut-il cueillir les fruits que la main de Dieu fait mûrir sur le passage des hommes? Non, parce que, de même que le sol, les fruits ont été appropriés. » Louis Blanc poursuivait ses interrogations ; il montrait le pauvre ne pouvant pas même tendre la main ou s'endormir sur le pavé des rues, parce qu'il y a des lois contre la mendicité ou le vagabondage ; puis il ajoutait : « Que fera donc ce malheureux? Il vous dira : « — J'ai des bras, j'ai une intelli-
« gence... Tenez, prenez tout cela, et en échange, donnez-moi
« un peu de pain. » C'est ce que font et disent aujourd'hui les prolétaires. Mais, ici même, vous pouvez répondre au pauvre :
« — Je n'ai pas de travail à vous donner. » Que voulez-vous qu'il fasse alors? Vous voyez bien qu'il ne lui reste plus que deux partis à prendre : se tuer ou vous tuer. » L'auteur concluait que l'État devait « assurer du travail au pauvre » ; non que cette conclusion lui parût satisfaire pleinement aux exigences de la « justice » ; il faudrait davantage pour établir véritablement « le règne de la fraternité » ; mais du moins, ce travail une fois assuré, « la révolte ne serait plus rendue nécessaire ». Ce résultat, si modeste qu'il fût, Louis Blanc constatait qu'il n'était pas atteint. Pourquoi? A cause de la concurrence ; là est, selon lui, tout le mal, le vice capital de l'organisation sociale. La liberté du travail n'est qu'un mensonge : elle aboutit à une guerre sauvage, non seulement entre le capital et le travail, mais entre le travail et le travail, entre le capital et le capital ; elle amène, par suite, la baisse continue des salaires, l'écrasement des faibles, l'asservissement des pauvres et la constitution d'une féodalité industrielle. Suivait

livraison d'août 1840 de la *Revue du progrès*. Ce furent les grèves survenues au commencement de septembre qui donnèrent à Louis Blanc l'idée de transformer cet article de revue en une brochure de propagande.

un tableau tragique des misères du prolétariat ouvrier, des vices et des crimes qui en sont la conséquence, de la famille dissoute, de l'enfance atrophiée et pervertie, etc. Que tout fût imaginaire dans ce tableau, nul ne pourrait l'affirmer; mais l'auteur exagérait violemment le désordre, envenimait et exaspérait perfidement les souffrances; et puis, n'était-il pas arbitraire d'imputer à la seule concurrence un mal qui avait beaucoup d'autres causes économiques et surtout morales?

Où Louis Blanc cherchait-il le remède? Tout d'abord, resté factieux en devenant utopiste, il combattait ceux qui, comme les fouriéristes et les saint-simoniens, se bornaient à rêver le changement de la société sans vouloir bouleverser le gouvernement. Pour lui, si la révolution sociale est le but final, la révolution politique est le moyen nécessaire. L'émancipation du prolétariat lui paraît d'ailleurs une œuvre trop compliquée pour s'accomplir par des efforts individuels. Il y faut appliquer « la toute-puissance de l'État ». Donc les prolétaires doivent commencer par s'emparer du pouvoir. « Prenez-le pour instrument, leur dit-il, sous peine de le rencontrer comme obstacle. » Cet État, dont Louis Blanc ne craint pas de développer sans mesure l'autorité et l'intervention, sera « le régulateur suprême de la production »; à lui de prévenir les crises qui naissent de la libre concurrence. Comment, d'après quels principes, sur quelles données? L'auteur néglige de l'indiquer. L'État doit être en outre le « banquier des pauvres » et leur « fournir les instruments de travail ». Sur ce point, Louis Blanc veut bien préciser son système. Le gouvernement fera un grand emprunt dont le produit servira à créer des « ateliers sociaux » affectés aux diverses branches de l'industrie. Les statuts de ces ateliers, rédigés par les pouvoirs publics, auront force de loi. Les salaires y seront égaux, par cette raison qu'ils doivent être réglés non d'après la capacité ou les œuvres, mais d'après les besoins. Il paraît que le vieux mobile de l'intérêt personnel sera heureusement remplacé, chez l'ouvrier émancipé, par le sentiment de l'honneur collectif, et par une disposition, présumée permanente, à la fraternité et au dévouement. La hiérarchie des fonctions, dans l'intérieur de chaque atelier, sera constituée par le gouvernement, la première année ; par l'élection, les années suivantes. Les hommes ainsi appelés à remplir l'office des patrons, des ingénieurs, des chefs d'usines et de comptoirs, ceux qui devront apporter la science, l'expérience, la direction, l'esprit d'initiative ou de prévoyance, si essentiels au succès de l'entreprise industrielle, n'auront pas un salaire plus considérable que le moindre ouvrier ; ils n'auront non plus aucune responsabilité. Quant aux capitalistes, ils sont autorisés, invités même à apporter leur argent ; on leur servira un intérêt garanti par l'État, qui prend ainsi à sa charge tous les risques de la gestion ; mais ils ne toucheront rien des bénéfices. Ces bénéfices seront divisés en trois parts : l'une, répartie également entre tous les membres de l'atelier ; l'autre, destinée à l'entretien des vieillards, des malades, et à l'allègement des crises industrielles ; la troisième, consacrée à fournir des instruments de travail à ceux qui voudraient faire partie de l'association, de telle sorte que celle-ci pourra s'étendre indéfiniment, même au delà des possibilités de la consommation. Chaque membre aura le droit de disposer de son salaire, mais l'auteur compte bien que l'association des travaux conduira à « l'association des besoins et des plaisirs », c'est-à-dire au communisme complet, qui est en effet le dernier mot du système. Il compte aussi que les ateliers nationaux feront une concurrence mortelle à l'industrie privée, ainsi réduite, avant peu, à capituler aux mains de l'État ; au besoin, on s'arrangerait pour qu'il en fût ainsi : c'est ce que Louis Blanc appelle « se servir de la concurrence pour tuer la concurrence ». Révolution complète qu'il nous affirme devoir s'accomplir facilement, rapidement et pacifiquement. Ce ne sera du reste qu'une transition, et il nous laisse entrevoir, dans les brumes de l'horizon, un règne plus complet de la « fraternité ».

Cette périlleuse et absurde chimère ne supporte pas un moment l'examen. Un tel régime, en admettant qu'il y eût moyen de l'établir, serait la ruine de notre industrie, qui ne pourrait soutenir la concurrence avec l'industrie étrangère, et ne garderait même plus un seul entrepreneur capable, un seul ouvrier laborieux ; il serait la ruine de l'État, devenu le banquier de toutes ces entreprises condamnées à la faillite ; il serait la ruine de la liberté, qui n'aurait plus aucune place en face de cet État omnipotent, omnifaisant et omnipayant ; il serait enfin la ruine de la dignité humaine, disparaissant sous le niveau et dans la confusion de ce communisme égalitaire. Rien d'original dans ces erreurs économiques et morales ; on pourrait indiquer celle qui est empruntée au saint-simonisme, celle qui vient de Fourier, celle qui a été ramassée dans les écrits de Cabet ou de Buonarotti. Encore Louis Blanc a-t-il, par rapport à ses devanciers, notamment à Saint-Simon et à Fourier, l'infériorité de ne pas nous offrir un système complet, ayant une réponse telle quelle à toutes les questions de l'âme humaine. Il ne voit dans la société que le travail industriel, dans le travail industriel que le problème de la concurrence, et, pour guérir les abus de cette concurrence, il n'a pas d'autre remède que de la supprimer. Ce n'est donc plus l'œuvre complexe et longuement méditée d'un esprit philosophique, mais l'improvisation d'un journaliste qui, cherchant un moyen d'agitation et de popularité, a rassemblé à la hâte quelques idées fausses, prises de-ci et de-là. Il n'y a de nouveau et appartenant vraiment à Louis Blanc que la forme éloquente donnée à ces idées, et le ferment redoutable de passion révolutionnaire qui y est introduit.

Le succès fut considérable, plus considérable que celui de toutes les autres publications socialistes. Plusieurs éditions se succédèrent. Ces mots : « organisation du travail », qui n'étaient pas d'ailleurs de l'invention de Louis Blanc et que M. Arago avait déjà portés à la tribune de la Chambre, le 16 mai 1840[1], devinrent la formule des revendications du prolétariat. La faiblesse scientifique du système facilitait sa diffusion ; ce remède si sommaire, dont quelques pages suffi-

---

[1] Voir plus haut, t. IV, ch. II, § IX.

saient à donner la recette, cette vue si restreinte et si superficielle de tant de graves problèmes étaient, beaucoup plus que la complication touffue de Fourier ou la profondeur abstraite de Pierre Leroux, à la portée des lecteurs populaires. Seule l'imagination sensible de « papa Cabet » pouvait leur plaire autant; encore Louis Blanc, parce qu'il tendait à la constitution d'une secte moins étroite, moins délimitée que celle de l'Icarie, trouvait-il un public plus étendu. Le beau langage du rhéteur, loin d'éveiller la méfiance des ouvriers, semblait les flatter d'autant plus qu'il était moins conforme à leur tour habituel d'esprit et à leur façon de s'exprimer. Et surtout, avec quelle âpre jouissance les mécontents et les malheureux se répétaient ces déclamations passionnées, où ils trouvaient à la fois la vengeance et l'exaspération de leurs souffrances! Nul écrivain ne contribua davantage à rendre la démocratie laborieuse impatiente de son sort, à lui souffler la haine de la société personnifiée dans la bourgeoisie; nul surtout ne travailla plus efficacement à lui faire croire qu'un changement de législation et de gouvernement pouvait faire disparaître tous ses maux, et qu'il lui suffirait de mettre la main sur le pouvoir pour effectuer ce changement, de rendre quelques décrets pour en recueillir aussitôt l'immense bénéfice. Pendant un temps, Louis Blanc n'a eu qu'à jouir de la popularité ainsi conquise, et c'est grâce à celle-ci qu'il a pu s'imposer, le 24 février 1848, comme membre du gouvernement provisoire. Mais, par un châtiment mérité, il s'est vu aussitôt sommé d'apporter au prolétariat la réalisation de l'immense et trompeuse espérance par laquelle il avait avivé ses convoitises. On sait à quelle lamentable banqueroute le parlement ouvrier du Luxembourg a promptement abouti, et comment, pour faire diversion aux embarras et aux humiliations de cette banqueroute, l'auteur de l'*Organisation du travail* s'est jeté et perdu dans les émeutes démagogiques.

VII

Il est un homme qu'on ne peut omettre dans la galerie des socialistes de ce temps, et qu'il serait cependant malaisé de rattacher à quelqu'une des écoles déjà étudiées ; c'est Proudhon. Pour connaître son œuvre, il faut, avant tout, le connaître lui-même : il s'agit ici bien plus de l'analyse d'un tempérament que de celle d'un système, de l'histoire d'une passion que de celle d'une doctrine. Né à Besançon, en 1809, d'un ouvrier et d'une fille de campagne servante pour les gros ouvrages, employé, dans son enfance, à garder les vaches ou à faire le métier de garçon de cave, Pierre-Joseph Proudhon avait obtenu, par l'entremise de quelques personnes charitables, d'être admis au collège en qualité d'externe non payant. Ce fut donc encore un boursier, comme Pierre Leroux, comme Cabet, comme Louis Blanc. Écolier ardent et opiniâtre au travail, mais sans cesse entravé et humilié par sa misère, venant au collège en sabots et sans chapeau, puni maintes fois pour avoir « oublié » des livres qu'il n'avait pas le moyen d'acheter, ne trouvant pas de quoi dîner chez ses parents, au retour d'une distribution de prix où il avait remporté les premières couronnes, il se montrait déjà sombre, farouche, irritable[1]. Un jour que, suivant son instinct d'âpre curiosité, il avait, dans la bibliothèque de la ville, demandé à la fois un grand nombre d'ouvrages, le bibliothécaire, savant fort obligeant qui devait être un de ses protecteurs, s'approcha de lui et lui demanda en souriant : « Mais, mon petit ami, qu'est-ce que vous voulez faire de tous ces livres? » L'enfant leva la tête, toisa l'interrogateur et, pour toute réponse, lui jeta brus-

---

[1] Il écrivait lui-même, peu après, à l'Académie de Besançon : « Je poursuivis mes humanités, à travers les misères de ma famille et tous les dégoûts dont peut être abreuvé un jeune homme sensible et *du plus irritable amour-propre.* » (*Correspondance de P.-J. Proudhon*, t. I, p. 26.)

quement un : « Qu'est-ce que cela vous fait¹? » L'obligation de gagner sa vie ne lui permit pas de terminer complètement ses études. Successivement correcteur, typographe, prote, il acquit, en 1836, une petite imprimerie dans laquelle il fit de mauvaises affaires. En 1838, il brigua et obtint de l'Académie de Besançon la *pension Suard;* cette pension de 1,500 francs était accordée, pour trois ans, au jeune homme sans fortune qui montrait d'heureuses dispositions dans les lettres, les sciences, le droit ou la médecine.

C'était, pour ce fils d'ouvrier, une occasion de s'ouvrir une carrière bourgeoise, d'autant mieux que l'honnête Académie paraissait prendre au sérieux et exercer avec sollicitude le patronage qu'elle avait assumé à son égard. Elle lui avait désigné, à Paris, pour correspondant et protecteur, un de ses membres qui faisait aussi partie de l'Académie française, M. Droz. Proudhon, bien que peu porté à la reconnaissance, a dû plusieurs fois rendre témoignage des bontés qu'avait eues pour lui ce moraliste aimable et bienveillant ². D'autres personnages considérables, M. Jouffroy, M. Cuvier, lui faisaient également favorable accueil. Mais, chagrin, défiant, misanthrope, il repoussait ces avances et restait dans son coin ³. Était-ce modestie? C'était plutôt orgueil du plébéien qui a peur de ne pas faire assez bonne figure dans un salon ⁴. Le rôle de protégé lui paraissait humiliant. Et puis n'attendez pas de lui la patience de suivre la filière, de prendre la queue des candidats; mieux valait, à son avis, tenter, à un moment donné, de sortir des rangs et de brusquer la renommée.

---

¹ *P.-J. Proudhon,* par M. SAINTE-BEUVE.
² *Correspondance de P.-J. Proudhon,* t. I, p. 73, 218.
³ *Ibid.,* p. 84, 188, 256.
⁴ Il écrivait, quelques années auparavant : « J'éprouve encore cette sotte honte d'un berger que l'on veut faire entrer dans un salon. Je crains, comme des bêtes effrayantes, les visages que je n'ai jamais vus; je recule toujours à voir les gens même qui peuvent m'être utiles et me vouloir du bien; je n'ai de présence d'esprit et d'aplomb que lorsque je me vois seul et que c'est ma plume qui parle. Mérite fort commun, mais que voulez-vous? je sais que je ne brille ni par les dehors, ni par l'élocution; j'aime mieux n'être vu ni connu de personne. » (*Ibid.,* t. I, p. 10.)

Enfin, sans avoir encore toutes les opinions qu'il affichera bientôt, il se proclamait déjà républicain, égalitaire, il avait répudié toutes les croyances chrétiennes de son enfance et surtout possédait, au moins en germe, toutes les haines, toutes les amertumes qui feront plus tard explosion dans ses divers écrits. En recevant sa pension, il s'était fait le serment de ne pas abandonner ses frères du prolétariat, de ne pas se laisser attirer dans la hiérarchie sociale, mais, bien au contraire, de demeurer hors de cette hiérarchie pour la combattre [1]. « Je pourrais, écrivait-il le 17 décembre 1838, choisir d'autres voies de me pousser et de me faufiler; je ne le veux pas. Je refuse d'aller aux soirées de M. Droz, de voir M. Nodier, M. Baguet, M. Jouffroy, etc., et je n'y mettrai pas le pied... Ma nomination par l'Académie n'a pas effacé mes souvenirs, et ce que j'ai haï, je le haïrai toujours. Je ne suis pas ici pour devenir un savant, un littérateur homme du monde; j'ai des projets tout différents. De la célébrité, j'en acquerrai, j'espère; mais ce sera aux frais de ma tranquillité et de l'amour des gens. » Et, l'année suivante, le 15 octobre 1839, il ajoutait : « Je n'attends rien de personne; je rentrerai dans ma boutique, l'année prochaine, armé, contre la civilisation, jusqu'aux dents, et je vais commencer, dès maintenant, une guerre qui ne finira qu'avec ma vie [2]. » Le bon M. Droz ne comprenait pas grand'chose à la manière d'être d'un si incommode pupille, et ne savait comment l'apprivoiser.

Si Proudhon se refuse à prendre rang dans la vieille société, ce n'est pas pour s'enrôler dans quelqu'un des partis révolutionnaires. Dès le premier jour, il se vante de « n'appartenir à aucune opinion [3] », et il gardera cette attitude jusqu'au bout. Il se dit républicain, mais proclame son mépris et son aversion pour toutes les coteries qui prennent cette étiquette; leur conduite lui paraît « stupide », leur programme absurde [4].

---

[1] *Correspondance*, t. I, p. 59, 60.
[2] *Ibid.*, p. 76 et 154.
[3] *Ibid.*, p. 142.
[4] « La conduite du parti républicain, écrit Proudhon, le 15 novembre 1840, a

Il sera bientôt en état de guerre continuelle, implacable, avec les hommes du *National,* et ne se sentira jamais plus heureux que quand, par quelque « attaque effroyable », il les aura fait « pleurer et grincer des dents [1] » ; il traite fort mal ceux qu'il appelle les « séides de Robespierre » et les « dévots à Marat [2] ». Il n'est pas davantage disposé à s'affilier à l'une des sectes socialistes. « Je ne suis, écrit-il le 29 mai 1840, ni saint-simonien, ni fouriériste, ni babouviste, ni d'aucune entreprise ou congrégation réformiste. » Un autre jour, après avoir parlé de tous les prédicateurs d'évangiles nouveaux : « Je n'ai pas envie, ajoute-t-il, d'augmenter le nombre de ces fous [3]. » Individualiste à outrance, il ne pardonne pas aux communistes de détruire la personnalité et la dignité humaines [4]. Et surtout, il se révolte contre les impuretés de la réhabilitation de la chair, de l'amour libre et autres divagations érotiques [5]. S'il est donc

---

été, comme toujours, stupide depuis deux ou trois mois. » Ou bien encore : « Les radicaux sont annihilés par leur ineptie et leur incapacité. » (*Correspondance,* t. I, p. 254, 313.) Il n'a pas assez de sarcasmes pour le « dada réformiste » ou pour les velléités belliqueuses de la gauche.

[1] *Ibid.,* t. I, p. 333 ; t. II, p. 6.

[2] *Ibid.,* p. 13, et *Confessions d'un révolutionnaire,* § I. — Pas un homme important de l'extrême gauche qu'il ne déteste. « Je souscrirais volontiers pour une couronne civique, écrivait-il, à celui qui nous délivrerait de Lamennais, de Cormenin et d'A. Marrast. » (*Correspondance,* t. I, p. 255.) Lamennais surtout lui est antipathique. « Quoi qu'on dise de cet homme, écrit-il, je répondrai toujours que je n'aime pas les apostats. Il pouvait changer d'opinion, mais il ne devait jamais faire la guerre à ses confrères dans le sacerdoce ni au christianisme. » (*Ibid.,* t. I, p. 333.) Et plus tard : « Le plus grand bonheur qui pourrait arriver au peuple français, ce serait que cent députés de l'opposition fussent jetés à la Seine, avec une meule au cou ; ils valent cent fois moins que les conservateurs, car ils ont, de plus que ceux-ci, l'hypocrisie. » (*Ibid.,* t. II, p. 277.) Des journalistes de gauche, il ne pense pas plus de bien : « Ils ne comprendront jamais de moi autre chose, dit-il, sinon que je les hais et les méprise. »

[3] Proudhon écrira, un jour, de Fourier, que son système est « le dernier rêve de la crapule en délire » ; de Pierre Leroux, dont cependant il avait paru un moment se rapprocher, que « la sottise le dispute à la méchanceté dans ses élucubrations » ; de Louis Blanc, qu'il est « le plus ignorant, le plus vain, le plus vide, le plus impudent, le plus nauséabond des rhéteurs ». Cabet ne sera pas mieux traité.

[4] Dans la théorie communiste, les hommes lui paraissent « attachés comme des huîtres, côte à côte, sans activité ni sentiment, sur le rocher de la fraternité ».

[5] Quand il lui faudra discuter cette partie de la doctrine socialiste, il se plaindra d'être « obligé de remuer ce fumier », et il s'écriera : « Loin de moi, communistes ! Votre présence m'est une puanteur, et votre vue me dégoûte. »

révolutionnaire et socialiste, c'est à sa manière, qui n'est celle de personne autre ; il n'éprouve le besoin de se ranger sous aucun drapeau, et la conspiration qu'il se dispose à poursuivre est, comme il le dit lui-même, une « conspiration solitaire [1] ».

Proudhon ne voulut pas se dévoiler tout d'un coup. En 1839, il publia un *Discours sur la célébration du dimanche,* sujet mis au concours par l'Académie de Besançon. Un peu d'attention suffit sans doute pour y découvrir en germe presque toutes les idées du socialisme égalitaire qui seront développées dans ses ouvrages ultérieurs ; mais il tâchait de les couvrir du nom de Moïse, et les entourait d'amplifications inoffensives ou même presque édifiantes. La menace existait, seulement elle était dissimulée ; et s'adressant au lecteur qu'il supposait intrigué par le mystère, l'auteur s'écriait : « Infortuné, comment me comprendriez-vous si vous ne me devinez pas ? » Le public ne chercha ni à comprendre ni à deviner. Le *Discours* passa inaperçu, et personne ne s'arrêta à déchiffrer l'énigme qu'il pouvait contenir. L'Académie de Besançon seule s'en occupa ; bien qu'un peu effarouchée, elle accorda une médaille à son pensionnaire, et se borna à faire quelques réserves par l'organe de son rapporteur, l'abbé Doney, qui devait être plus tard évêque de Montauban.

Proudhon fut étonné et quelque peu mortifié de n'avoir pas fait scandale [2] ; il en conclut à la nécessité de frapper plus fort, et se mit à rédiger son *Mémoire sur la propriété.* Dans quel état d'esprit ? On en peut juger par sa correspondance : « Je suis épuisé, découragé, consterné, écrivait-il le 12 fé-

---

[1] Plus il va, plus il semble trouver une sorte d'âpre jouissance à se voir seul en guerre contre tous : « J'aurai raison contre tout le monde, écrit-il, ou je succomberai à la peine... Le nombre des adversaires vous épouvante ; il m'anime, au contraire. Car je crois que, dans la carrière antireligieuse, antipropriétaire, antimonarchique, où je suis entré, s'il y avait une seule opinion avec laquelle je ne fusse pas en désaccord, je ne serais plus d'accord avec moi-même. » (*Correspondance,* t. II, p. 241.)

[2] Il s'était attendu, en effet, à produire une vive émotion : « Quand on saura dans le public, écrivait-il le 1ᵉʳ juin 1839, que je suis l'auteur de ce Discours, ce sera un beau tapage. Je puis dire que je viens de passer le Rubicon. » (*Ibid.,* t. I, p. 129.)

vrier 1840. J'ai été pauvre l'année dernière, je suis, celle-ci, indigent[1]..... Je suis comme un lion ; si un homme avait le malheur de me nuire, je le plaindrais de tomber sous ma main... Mon travail sur la propriété est commencé... L'ironie et la colère s'y feront trop sentir. C'est un mal irrémédiable. Quand le lion a faim, il rugit... Malheur à la propriété ! malédiction !... Il est vrai que, sur certains passages de mes lettres, on doit trembler pour ma tête. Hé ! Dieu de mon âme, c'est que je m'apprête à faire trembler les autres... Il faut que je tue, dans un duel à outrance, l'inégalité et la propriété. Ou je m'aveugle, ou elle ne se relèvera jamais du coup qui lui sera bientôt porté[2]. » Le dernier trait est naïf ; il trahit cet orgueil qui était le fond de l'âme de Proudhon et peut-être l'explication de beaucoup de ses actes. L'auteur était persuadé, en effet, que son livre serait « l'événement le plus remarquable de 1840 ». Un autre jour, il écrivait : « Je fais un ouvrage diabolique qui m'effraye moi-même » ; et il terminait ainsi sa lettre : « Priez Dieu pour moi. » Le plus souvent, ce qui dominait en lui, c'était une sorte de joie sauvage, à la pensée de la consternation qu'il allait jeter dans les esprits : « Mon ouvrage est fini, et j'avoue que j'en suis content. Je ne puis y penser sans un frémissement de terreur. Quand je songe à l'effet qu'il produirait infailliblement, publié par un Arago, j'éprouve les mêmes palpitations qu'un Fieschi, à la veille de faire partir une machine infernale[3]. »

Le Mémoire parut en juin 1840 : c'était un volume de deux cent cinquante pages. Dès les premières lignes, à cette

---

[1] Ces embarras pécuniaires venaient surtout de l'imprimerie dont Proudhon ne pouvait ni se débarrasser ni tirer profit. Tel était son dénuement que, voulant aller voir un de ses amis à Besançon, il fit à pied la route de Paris à cette ville. Il priait ses correspondants de ne lui écrire que par occasion, parce qu'il n'avait pas le moyen de payer les ports de lettre.

[2] Cette idée revenait sous toutes les formes, dans sa correspondance : « Je ne connais rien dans la science, écrivait-il encore, dont la découverte ait jamais produit un effet pareil à celui que la lecture de mon ouvrage est capable de produire. Je ne dis pas : qu'il soit compris ; je dis seulement : qu'il soit lu, et c'en est fait de la vieille société. »

[3] *Correspondance*, t. I, p. 166, 182, 183, 189, 191, 212, 213, 216.

question : « Qu'est-ce que la propriété? » Proudhon répondait :
« La propriété, c'est le vol. » Le défi, la recherche du scandale
étaient manifestes : sorte de rubrique de charlatan, pour faire
retourner les passants auxquels l'auteur en voulait de n'avoir
pas été émus par les hardiesses plus enveloppées du *Discours
sur le dimanche*. « Il fallait, a-t-il dit plus tard pour expliquer
sa conduite, étonner l'ennemi par l'audace des propositions...
Un parti ne se fût point prêté à cette tactique ; elle exigeait une
individualité résolue, excentrique même, une âme trempée
pour la protestation et la négation. Orgueil ou vertige, je crus
que mon tour était venu [1]. » Toute sa vie, il devait, comme un
nouveau cynique, se plaire à stupéfier le badaud, plus encore, à
l'épouvanter. Lui représentait-on que ce n'était pas le moyen
de gagner les gens, et que l'on prenait plus de mouches avec
une cuillerée de miel qu'avec cent tonneaux de vinaigre? « Il ne
s'agit pas de prendre des mouches, répondait-il : il s'agit de les
tuer [2]. » Parfois, il semblait tirer vanité de sa violence. « La
propriété, c'est le vol! écrivait-il, il ne se dit pas, en mille ans,
un mot comme celui-là. Je n'ai d'autre bien sur la terre que
cette définition de la propriété, mais je la tiens plus précieuse
que les millions de Rothschild. » Infatuation d'autant plus
étrange qu'en réalité la formule n'était pas de lui, et qu'il
l'avait empruntée à Brissot de Warville [3]. A d'autres moments,
il s'excusait presque d'avoir crié si fort. « Cela sert avec les
sots, disait-il ; les sages aperçoivent le motif et pardonnent à
l'auteur [4]. » Et il ajoutait plus tard, en 1849, dans le *Représentant du peuple*, toujours à propos de la même phrase : « Cela
se dit une fois ; cela ne se répète pas. Laissons cette machine
de guerre, bonne pour l'insurrection, mais qui ne peut plus
servir aujourd'hui qu'à contrister les pauvres gens. »

Après cet exorde tapageur, l'auteur du Mémoire tâche de

---

[1] *Confession d'un révolutionnaire.*

[2] *Correspondance*, t. I, p. 251.

[3] Brissot avait écrit, en effet, dans ses *Recherches philosophiques sur le droit de propriété et le vol* : « La propriété exclusive est un vol dans la nature. Le voleur, dans l'état naturel, c'est le riche. »

[4] *Correspondance*, t. I, p. 308.

détruire les divers fondements sur lesquels les philosophes, les économistes ou les jurisconsultes font reposer la propriété; il la déclare une idée contradictoire, une institution malfaisante, et surtout lui reproche d'être en opposition avec la « justice ». Pour lui, la « justice » est l'égalité, l'égalité absolue, l'égalité des conditions, des fortunes, des salaires. C'est à tort que le saint-simonisme et le fouriérisme ont dit : « A chacun selon sa capacité. » Toute part réclamée au nom du talent n'est qu'une « rapine exercée sur le produit du travail ». L'auteur regarde d'ailleurs le talent comme une difformité qui tendra à disparaître avec l'égalité des conditions, et il nous offre la perspective terne et morne d'une société où toutes les intelligences seront nivelées comme les salaires. Il supprime la concurrence : la valeur de chaque objet ne varie plus selon l'offre et la demande; elle est tarifée d'après un criterium absolu et immuable, qui est la durée du travail nécessaire pour le produire; aucun compte n'est tenu du talent dépensé, ni de la difficulté vaincue; c'est l'Académie des sciences qui sera chargée de faire cette tarification. Tout cela ressemble fort aux rêveries des communistes; et cependant Proudhon se défend d'aboutir à la communauté, qu'il répudie au nom de la liberté et de la dignité humaines. Ajoutons qu'entre temps l'auteur conclut de la négation de la propriété à celle de l'autorité et se proclame « an-archiste ». Quant à Dieu, l'heure de sa condamnation n'a pas encore sonné; bien au contraire, le Mémoire se termine par une sorte de prière adressée au « Dieu de liberté et d'égalité ».

« Démolir », Proudhon s'y entend, et le mot même lui est familier. Mais, cela fait, il ne semble guère s'inquiéter de reconstruire. A peine, dans les dernières pages de son Mémoire, esquisse-t-il vaguement une théorie de la « possession » par laquelle il se flatte de remplacer la propriété, sans tomber dans la communauté. Cette possession paraît être la propriété individuelle, moins ce que l'auteur appelle l' « usure », c'est-à-dire moins la rente, le fermage; elle ne dure qu'à condition d'être effective; elle est transmissible par succession, sous cette réserve que nul ne doit cumuler deux héritages. Avec cette possession individuelle, aliénable, transmissible, que deviendra l'égalité absolue des conditions présentée par l'auteur comme la conséquence et même comme la raison de l'abolition de la propriété? S'il y a conflit entre les deux principes, quel pouvoir prononcera dans une société où l'on a proclamé l' « anarchie »? Nous pourrions multiplier à l'infini ces questions. Proudhon n'a essayé de répondre à aucune. En réalité, après avoir accumulé les plus audacieuses négations, il n'apporte pas une seule affirmation sérieuse. Lui-même avait le sentiment de son impuissance et cherchait à s'en excuser. Raillant fort dédaigneusement la présomption des faiseurs de système, fouriéristes ou autres, il disait, à la fin de son Mémoire : « Quant à la science de la société, je déclare que je n'en connais rien de plus que le principe (il entendait par là le principe d'égalité absolue), et je ne sache pas que personne aujourd'hui puisse se flatter d'avoir pénétré plus avant. » Mais il n'admettait pas qu'on l'engageât à suspendre la démolition, jusqu'au jour où il serait en mesure de tracer le plan du nouvel édifice : « J'ai prouvé le droit du pauvre, disait-il ; j'ai montré l'usurpation du riche ; je demande justice ; l'exécution de l'arrêt ne me regarde pas. Si, pour prolonger de quelques années une jouissance illégitime, on alléguait qu'il ne suffit pas de démontrer l'égalité, qu'il faut encore l'organiser, qu'il faut l'établir sans déchirements, je serais en droit de répondre : « Le soin de l'opprimé passe avant les « embarras des ministres... ; le mal connu doit être condamné « et détruit... ; on ne temporise pas avec la restitution. »

La rapide analyse qui vient d'être faite de cet écrit ne saurait donner l'idée de sa forme : tout un appareil de métaphysique, d'économie politique, de jurisprudence, d'algèbre même, et en même temps toutes les brusqueries, les familiarités, les amertumes, les invectives, les personnalités de la polémique la plus emportée. L'auteur lui-même définissait ainsi ce qu'il appelait « le genre *Mémoire* » : « Moitié science, moitié pamphlet, noble, gai, triste ou sublime... La science pure est trop sèche; les journaux trop par fragments; les longs traités trop pédants. C'est Beaumarchais, c'est Pascal qui sont mes maîtres[1]. » Dans le double personnage que cherchait ainsi à jouer Proudhon, le pamphlétaire était bien supérieur au savant. Celui-ci se montrait lourd, obscur, ennuyeux, pénible à suivre; celui-là, bien que dépourvu de grâce, de souplesse et de variété, bien que manquant souvent le but par excès de tension et de véhémence, était cependant alerte, rapide, vigoureux; il avait le tour vif et brusque, un entrain endiablé, une langue ferme, saine, précise; il excellait surtout dans le corps à corps, plus puissant à assommer un homme qu'à discuter une idée. Et quand, par hasard, il avait la chance de n'être plus dans le faux, quand il s'attaquait aux sottises ou aux vilenies de quelque socialiste rival, il avait des saillies de bon sens, et même des révoltes d'honnêteté, d'une saisissante vigueur. Malgré ces bons côtés, l'ensemble était sans agrément, indigeste et peu lisible. Aussi le public n'en connaissait-il réellement que quelques pages ou, pour mieux dire, quelques phrases. Ce qui faisait le plus défaut à Proudhon, c'était le cœur : pas d'autre émotion que celle de la colère. Quand il voulait être pathétique, imiter Jean-Jacques ou Lamennais, il tombait dans la mauvaise rhétorique. Il se piquait pourtant de ne pas faire œuvre de littérature, de n'être pas « gent de lettres [2] ». Vaine prétention! Quoique fort différent de Louis Blanc, il était aussi un rhéteur, ou, si l'on aime mieux, un sophiste, ce qui n'est qu'une autre variété de la même espèce.

Le *Mémoire sur la propriété* ne fit pas tout d'abord le bruit que son auteur en attendait. Inconnu, vivant dans l'ombre et l'isolement, Proudhon eût eu besoin, plus que tout autre, d'être signalé au public par la presse; il n'avait rien fait pour

---

[1] *Correspondance*, t. I, p. 333, 334.
[2] « Je n'ai pas le loisir de travailler mon style, je suis trop pauvre et trop mal dans mes affaires, pour m'amuser à être gent de lettres. » — « Je me soucie de style et de littérature comme de cela. Quand je parle au public, je tâche que mon expression soit bien nette, bien carrée, bien mordante : je n'ai pas d'autre poétique. » (*Ibid.*, t. I, p. 182; t. II, p. 242.)

se ménager son concours. Sauf la *Revue du progrès* de Louis Blanc, pas un journal ne parla de son livre. Au bout de quelques mois, cependant, les cinq cents exemplaires de la première édition se trouvaient placés, et il était question d'en faire une nouvelle. A l'Académie de Besançon, le Mémoire causa d'autant plus d'émotion qu'il avait été dédié à cette compagnie, avec une lettre-préface quelque peu ironique; certains académiciens ne demandaient pas moins que la déchéance du pensionnaire; après de longues délibérations, pendant lesquelles ce dernier se montra tour à tour humble et menaçant, l'Académie, toujours bonne personne, écarta les mesures de rigueur. Ce ne fut pas le seul corps savant dont Proudhon eut alors à se louer. Il avait fait hommage de son livre à l'Académie des sciences morales; M. Blanqui, l'économiste, se chargea du rapport : tout en réfutant les doctrines émises, il traita l'auteur en homme de science et, par là même, le couvrit aux yeux du ministre de la justice, qui était, en ce moment, sollicité de déférer aux tribunaux l'ennemi de la propriété.

Cette indulgence, loin de désarmer Proudhon, l'enhardissait. « Je n'ai pas commencé pour reculer », écrivait-il [1]. Aussi le voit-on faire paraître, coup sur coup, en avril 1841 et en janvier 1842, deux nouveaux Mémoires, le premier de forme relativement modérée, le second plus violent que jamais [2]. Il y revient sur les mêmes thèses, sans addition ni atténuation. Tout en visant surtout la propriété, il maltraite avec rudesse, chemin faisant, Lamennais, Considérant et le *National*. Le dernier de ces pamphlets lui valut une poursuite devant la cour d'assises de Besançon, ce qui ne laissa pas que de lui faire, un moment, assez peur; mais il s'en tira avec la finesse d'un paysan franc-comtois : à l'audience, il débita, d'un ton bonhomme et tranquille, une exposition si volontairement obscure de sa doctrine, que les braves jurés, n'y com-

---

[1] *Correspondance*, t. I, p. 324.
[2] Le premier était intitulé : *Lettre à M. Blanqui*; le second : *Avertissement aux propriétaires, ou Lettre à M. Considérant, rédacteur de la* Phalange, *sur une défense de la propriété*.

prenant rien, se persuadèrent avoir devant eux un savant, non un conspirateur, et qu'ils l'acquittèrent. Le seul résultat du procès fut de mettre l'auteur un peu mieux en vue, ce qui lui était d'autant plus utile que les journaux, même ceux d'extrême gauche, continuaient à faire le silence autour de ses œuvres. « Je vais mon chemin sans leur secours, disait-il, ce qui prouve quelque chose. » Il ajoutait, un autre jour : « Inconnu à la presse et aux confréries littéraires et politiques, je perce peu à peu; mes brochures se vendent, et mon libraire ne paraît point mécontent[1]. » Toutefois, le résultat était encore peu brillant. Proudhon écrivait, en effet, toujours à la même époque : « Je puis dire, en toute vérité, que je n'ai pas un partisan, au moins déclaré; le peuple ne peut suivre de si longues et si abstraites inductions. » « Du côté du peuple, lit-on dans une autre lettre, je suis vu avec plus de défiance que de sympathie; les petits journaux d'ateliers me montrent assez de mauvais vouloir; les communistes me regardent comme une espèce d'aristocrate. » Et un peu plus tard : « Je n'ai encore personne. Personne! Je suis délaissé. J'espère que dans un an le public se décidera; mais combien les écrivains sont lâches et égoïstes[2]! »

Proudhon commençait-il à se fatiguer et à s'inquiéter de cet isolement? En 1842 et 1843, nous le voyons solliciter un petit emploi à la mairie de Besançon; en même temps, il envoyait ses écrits à M. Duchâtel, ministre de l'intérieur, et lui expliquait longuement « comment on pourrait tourner, au profit du pouvoir, les théories les plus radicales »; « peut-être, écrivait-il à un de ses amis, ne seras-tu pas étonné si je te dis que, dans deux ans, je serai tout entier, avec armes et bagages, dans le gouvernement[3]. » Quelques personnes en ont conclu qu'il y avait eu alors, chez ce révolté, une sorte de détente,

---

[1] Il écrivait encore : « J'ai la chance de réunir tout le monde contre mes publications, ce qui produit une conspiration de silence à mon égard. Mes publications ont l'air d'être clandestines, et cependant elles s'insinuent partout et déjà portent leur fruit. »
[2] *Correspondance*, t. I, p. 332, 338, 339, 350, et t. II, p. 18.
[3] *Ibid.*, t. II, p. 6, 10.

une velléité de désarmement : pure illusion. Sans doute, il n'attachait que peu d'importance aux formes politiques, et si la monarchie eût consenti à être l'instrument de ses idées, il n'aurait eu aucun scrupule à s'allier avec elle ; mais il ne pouvait sérieusement espérer son concours. Ce qu'il cherchait donc, en 1842 et 1843, c'était seulement une sorte d'abri d'où il pût continuer, avec plus de sécurité et sans risque d'un nouveau procès, sa guerre contre la société. Il rêvait, comme il le disait lui-même, « l'avantage d'être à la fois le réformiste le plus avancé de l'époque et le protégé du pouvoir [1] ». C'est que, malgré son tempérament batailleur et son audace de plume, il n'avait nullement le goût du martyre : il en avait même le mépris [2]. De plus, au bénéfice d'être ainsi le protégé du gouvernement, il comptait joindre le plaisir de le tromper ; or, rien ne l'amusait tant que de duper ceux qui se fiaient à lui. Voyez avec quel rire sournois il raconte, à cette même époque, le tour qu'il est en train de jouer à un magistrat qui, voulant faire un livre de droit criminel pour se pousser à la députation, l'a choisi comme secrétaire et collaborateur ! Il nous dépeint ce magistrat comme un « brave homme », « honnête », de courte vue, « voltairien », « libéral », mais « propriétaire comme un diable », « se piquant d'aristocratie », traitant les radicaux et les socialistes de « charlatans » et d'« escrocs », et « ne voulant rien dire qui pût compromettre sa toge et contrarier ses opinions ». Le perfide secrétaire profite de la confiance qu'on lui témoigne pour glisser, dans le travail qui lui est commandé, ses propres thèses plus ou moins dissimulées, se réservant, une fois le livre paru, loué, récom-

---

[1] *Correspondance*, t. II, p. 70. — Peu auparavant, il expliquait ainsi sa démarche auprès de M. Duchâtel : « Le pouvoir est encore plus bête que méchant, et j'ai résolu d'avoir désormais quelque homme puissant parmi mes défenseurs. » (*Ibid.*, t. I, p. 314.)

[2] « Il y a un homme que je déteste à l'égal du bourreau, disait-il, c'est le martyr. » Il blâmait Lamennais aimant mieux aller en prison que demander sa grâce. « Galilée, à genoux devant le tribunal de l'Inquisition, écrivait-il, et reniant l'hérésie du mouvement de la terre pour recouvrer sa liberté, me parait cent fois plus grand que Lamennais... Je respecte les mannequins, je salue les épouvantails. Je suis en monarchie, je crierai : Vive le Roi ! plutôt que de me faire tuer. »

pensé peut-être, de mettre en lumière ces passages et de sommer l'auteur nominal d'en accepter les conséquences. Comme il se gaudit par avance de ce scandale « d'un juge de Paris convaincu d'être antipropriétaire et égalitaire » ! Comme il se promet de le pousser à bout sans pitié ! « Ou mon homme criera : Vive l'égalité ! A bas la propriété ! dit-il, ou je le change en bourrique [1]. » Le livre n'ayant pas été publié, cet honnête complot avorta ; mais il révélait bien l'instinct de ruse subalterne qu'avait gardé ce fils de paysan. C'était évidemment un tour du même genre que Proudhon méditait de jouer au gouvernement, dans le cas où celui-ci eût accepté ses avances [2]. Au fond, les sentiments de l'ennemi de la propriété étaient toujours les mêmes ; ils se trahissent à chaque page de sa correspondance : « Je déguise ma colère par prudence pure et nécessité, écrit-il le 3 avril 1842 ;... mais, oh ! millions de tonnerres de diable, je vous jure que tout ce qui est différé n'est pas perdu. » Et peu après : « Je suis plus convaincu que jamais qu'il n'y a pas place pour moi dans le monde, et je me regarde comme en état d'insurrection perpétuelle contre l'ordre de choses [3]. » Non qu'il rêve d'un coup de force, d'une émeute ; il les répudie même [4] ; mais il poursuit sans relâche ce qu'il appelle « l'inversion de la société [5] ».

Jusqu'à présent ce n'est toujours qu'une œuvre de démolisseur que nous avons vu faire à Proudhon. S'y est-il donc renfermé jusqu'en 1848 ? Il sentait cependant qu'on avait le droit de lui demander son plan de reconstruction. Le livre sur la *Création de l'ordre dans l'humanité*, en 1843, fut un premier effort pour répondre à cette attente, effort très ambitieux et très malheureux ; ce livre, présenté comme une révélation

---

[1] *Correspondance*, t. I, p. 297, 305, 311, 312, 313, 319, 320, 330, 331.
[2] Quelqu'un, en tout cas, l'avait deviné : c'était le maire de Besançon, qui expliquait ainsi pourquoi il ne voulait pas donner à Proudhon la place qu'il demandait dans les bureaux de la mairie : « Je crains qu'il ne fasse de nous, comme des académiciens, des *niais* ou des *instruments*. » (*Ibid.*, t. II, p. 80.)
[3] *Ibid.*, t. II, p. 28 et 93.
[4] *Ibid.*, p. 199, 200.
[5] *Ibid.*, p. 259.

prodigieuse, fut peu lu, encore moins compris, et l'auteur lui-même dut avouer, après coup, qu'il « était au-dessous du médiocre[1] ». Il tenta un nouvel effort, en 1846, en publiant le *Système des contradictions économiques, ou Philosophie de la misère*. Cet ouvrage en deux volumes, avec cette épigraphe orgueilleuse : *Destruam et œdificabo*, fit un peu plus de bruit que le précédent, ne fût-ce qu'à cause des injures qui y étaient dites à la Providence ; c'est là qu'après une page de blasphèmes sans précédents peut-être dans notre littérature, Proudhon s'écriait : « Dieu, c'est sottise et lâcheté; Dieu, c'est hypocrisie et mensonge; Dieu, c'est tyrannie et misère; Dieu, c'est le mal! » Sous couleur d'appliquer la dialectique hégélienne dont les mystères venaient de lui être révélés[2], il ne faisait qu'opposer, entre-choquer, ruiner toutes les idées, soutenant le pour et le contre, tantôt montrant, dans l'économie politique, une routine condamnée par les faits, la consécration de la misère et du vol, tantôt faisant des chimères et des immoralités socialistes la critique la plus vengeresse, semblant d'ailleurs éprouver une sorte de joie maligne à démolir chacune des thèses par l'autre. Les rares lecteurs qui avaient le courage de le suivre dans ces enchevêtrements d' « antinomies » sortaient de là tout étourdis d'avoir été ainsi balancés, tournés et retournés ; ils ne savaient plus que penser soit d'eux-mêmes, soit de l'auteur, et se demandaient si celui-ci ne s'était pas livré à un pur jeu d'ergotage. Selon la phraséologie allemande par laquelle il obscurcissait encore sa pensée, Proudhon venait de poser la « thèse » et l' « antithèse ». Restait à en déduire la « synthèse », où se trouverait la vérité tant attendue. Mais on eût cherché vainement cette synthèse dans le livre ; elle était renvoyée à un ouvrage ultérieur, que l'auteur se bornait à annoncer sous ce titre : *Solution du problème social*. C'est

---

[1] *Confession d'un révolutionnaire*, § XI.
[2] Il avait été initié par M. Grün, sorte de missionnaire hégélien venu à Paris, en 1844, pour se mettre en rapport avec les socialistes. Dans le récit qu'il a écrit de son voyage, M. Grün parle avec un grand dédain de Cabet, de Considérant, de Louis Blanc; il réserve toute son admiration pour Proudhon.

qu'il ne possédait pas cette solution; comme il le disait lui-même, il la « cherchait ».

Cette recherche durait encore, quand éclata la révolution de 1848; Proudhon en fut tout d'abord « abasourdi » — c'est son propre mot — et même quelque peu désappointé. Dans le rôle nouveau que cet événement lui faisait, se montra-t-il plus apte à formuler un système qui ne fût pas une pure négation? Non : il aboutit seulement à ces théories du « crédit gratuit » et de la « banque du peuple », dont M. Bastiat et M. Thiers firent une si prompte justice. Exaspéré de son insuccès, Proudhon se jeta alors plus avant que jamais dans les violences démagogiques, jouant, avec une sorte de vertige et de frénésie, ce qu'il appelait « son infernale partie », jouissant de l'influence malfaisante qu'il avait enfin acquise sur le peuple révolutionnaire, et s'enorgueillissant peut-être plus encore d'être devenu l'épouvantail de la bourgeoisie.

Mais revenons au Proudhon d'avant 1848, le seul qui doive nous occuper ici. Il est maintenant manifeste que le sophiste pamphlétaire s'était lancé sans savoir où il allait; que, du premier jour au dernier, il avait marché à l'aventure, brisant tout sur son passage, sans autre inspiration, comme il l'avouait lui-même, que son « immense colère », beaucoup plus excentrique que vraiment original, nullement créateur. On comprend dès lors qu'il n'ait pas groupé de parti autour de lui. A peine, vers la fin de la monarchie de Juillet, voyait-il quelques amis nouveaux, MM. Darimon, Langlois, Chaudey, Mathey, Massol, remplacer les anciens qui s'étaient éloignés. En réalité, il demeurait toujours un isolé, en guerre avec toutes les factions, avec toutes les sectes. Il écrivait, le 26 mars 1847 : « La répulsion que j'inspire est générale, depuis les communistes, républicains et radicaux, jusqu'aux conservateurs et aux jésuites, les jésuites de l'Université y compris. » Dans la masse ouvrière elle-même, bien qu'il commençât à être plus connu, il était loin d'avoir alors le renom et la popularité de Louis Blanc ou de Cabet. Un rapport de police disait de lui, en 1846 : « Ses doctrines sont très dangereuses; il y a, au bout, des coups de fusil; heureusement ce n'est pas lu. » Très peu de gens, en effet, lisaient d'un bout à l'autre les écrits de Proudhon. Seulement, de leurs profondeurs obscures jaillissaient, comme éclairées d'une lueur sinistre, certaines phrases qui frappaient tous les yeux. On eût compté les ateliers où avaient pénétré les *Mémoires sur la propriété* et le *Système des contradictions économiques;* mais il n'était pas un recoin des faubourgs où n'eussent été entendus les cris : La propriété, c'est le vol! et : Dieu, c'est le mal! Ainsi isolées de tout développement, ces formules n'apportaient pas aux ouvriers une doctrine économique ou philosophique; elles leur faisaient l'effet d'une sorte de tocsin, d'appel à la révolte, au pillage des riches, au massacre des prêtres. Ceux mêmes qui n'en concluaient pas à la violence immédiate y désapprenaient ce qui pouvait leur rester encore des vieux respects. « Je n'ai pas la bosse de la vénération, écrivait un jour Proudhon, et si je forme un vœu, c'est de l'écraser sur le front de tous les mortels [1]. » Il n'y réussit que trop bien. D'autres avaient déjà enseigné au peuple à détester la société et à nier la Providence; Proudhon lui apprit à leur montrer le poing et à leur cracher au visage.

VIII

La revue de l'armée socialiste est enfin terminée. Nous connaissons maintenant tous les sophistes qui, dans les dernières années de la monarchie de Juillet, travaillaient à pervertir l'esprit du peuple et à exciter ses passions; nous savons d'où ils venaient et où ils allaient. Rarement un tel effort avait été fait pour renverser la société. Sans doute, il y avait eu de tout temps des utopistes rêvant je ne sais quel remède aux maux qui résultent de l'inégale distribution des richesses. Mais ces rêveurs n'étaient pas des perturbateurs; ces fantaisies n'avaient

---

[1] *Correspondance*, t. II, p. 239.

rien d'agressif. Le saint-simonisme lui-même, bien qu'il ait servi en quelque sorte de transition entre la chimère inoffensive des Salente d'autrefois et la réalité destructive du socialisme contemporain, bien qu'il contînt en germe presque toutes les erreurs et les convoitises des sectes plus récentes, était demeuré cependant un mouvement pacifique, étranger aux partis politiques. Tel fut aussi le caractère des fouriéristes à leurs débuts et de quelques autres des théoriciens dont il vient d'être parlé. Mais à partir de 1840, notamment avec Louis Blanc, avec Proudhon, avec la plupart des communistes, nous sommes en présence d'un phénomène tout nouveau. On dirait que la barrière qui avait séparé jusqu'alors le monde des réformes sociales de celui des agitations politiques s'est abaissée. Le rêveur passe tribun ; la secte se transforme en faction ; la thèse d'école tend à devenir un mot d'ordre d'insurrection ; l'utopie fait alliance avec les passions démagogiques, poursuit, par la violence révolutionnaire, la réalisation immédiate de ses plans, et trouve, dans l'immense prolétariat industriel né, à cette époque même, de la transformation économique, des souffrances pour entretenir, aviver les appétits et les haines, des demi-instructions pour se prendre aux sophismes, des forces pour mettre en œuvre les desseins de renversement. Il y a là une menace d'une particulière gravité. Qu'on ne se rassure pas en relevant les divergences de doctrine qui existent entre ces diverses écoles ; incapables de s'entendre pour une affirmation commune, elles s'accordent dans une négation ; elles s'attaquent aux mêmes institutions, et surtout remuent les mêmes colères, exaspèrent les mêmes douleurs, allument les mêmes convoitises. Leur action destructive a plus d'unité que leurs théories.

En même temps que les socialistes devenaient révolutionnaires, les radicaux, par une évolution correspondante, se rapprochaient du socialisme, dont le concours leur paraissait utile pour leur œuvre d'opposition subversive. Dès 1840, l'exemple de ce rapprochement avait été donné, non sans éclat, par M. Arago, réclamant à la tribune une « nouvelle organisation du travail ». Plusieurs, sans doute, dans le parti républicain, répugnaient à suivre cet exemple. Au *National,* on soutenait volontiers qu'avant de parler de révolution sociale il fallait d'abord faire la révolution politique. Mais à côté et un peu au delà du *National,* la *Réforme,* fondée en 1843, sous les auspices de M. Ledru-Rollin, était loin d'avoir les mêmes répugnances. Parmi les membres de son comité elle comptait M. Louis Blanc, acceptait de ses mains un programme entièrement conforme aux idées de cet écrivain, et lançait, en 1845, dans les ateliers de Paris, une pétition rédigée sous la même inspiration. Il est d'ailleurs à remarquer que certains radicaux qui reculaient ou hésitaient devant les conclusions doctrinales du socialisme s'associaient, par calcul de tactique ou par entraînement déclamatoire, à ses excitations et à ses provocations. Tel était le cas de Lamennais. Interrogé en 1838 par Cabet, il avait répondu n'avoir pas encore d'idées arrêtées sur ce que devrait être l' « organisation du travail [1] », et plus tard, en 1847, dans une lettre adressée au *National,* tout en applaudissant aux « tentatives » des écoles communistes, il déclarait « ne pas approuver les moyens qu'elles proposaient », notamment la façon dont elles supprimaient la propriété individuelle. Mais cela ne l'empêchait pas de maudire avec elles la société actuelle et de la déclarer sataniquement organisée par les riches contre les pauvres. Sa rhétorique, si étrangement mélangée de colère et de pitié, se plaisait à peindre la misère et la servitude du prolétaire; il avait déjà commencé dans les *Paroles d'un croyant;* il continua dans une série de pamphlets de plus en plus véhéments : « Peuple, peuple, s'écriait-il, réveille-toi enfin! Esclaves, levez-vous, rompez vos fers... Voudriez-vous qu'un jour, meurtris par les fers que vous leur aurez légués, vos enfants disent : « Nos pères ont été plus « lâches que les esclaves romains; parmi eux, il ne s'est pas « rencontré un Spartacus [2]! » Par une inconséquence singulière,

---

[1] « Questions immenses, disait-il, et qui pour moi sont loin d'être résolues. »
[2] C'est à chaque page qu'on trouve, dans les écrits de Lamennais, ces exclamations incendiaires. Voyez, par exemple, ce fragment d'une brochure intitulée *le*

l'auteur se défendait de vouloir la violence, et s'interrompait par moments pour prêcher la justice à ceux dont il venait d'irriter longuement les convoitises et les ressentiments. Naturellement, ses excitations enflammées étaient mieux entendues que ses conseils de sagesse. « J'ai vu des ouvriers, écrivait Proudhon, qui, après la lecture du dernier ouvrage de Lamennais, demandaient des fusils et voulaient marcher à l'instant[1]. »

Si du radicalisme nous remontons aux régions plus tempérées de l'opposition dynastique, nous n'y trouvons plus d'accointances avec le socialisme. Quand la gauche était obligée de s'expliquer, elle répudiait les faux prophètes; mais elle s'en occupait peu. N'attendez pas de sa part une réprobation continue, une lutte active : ses efforts sont tendus d'un autre côté, contre le gouvernement. Les socialistes profitaient même parfois de sa tendance accoutumée à prendre sous sa protection tous les révoltés, même ceux qui lui étaient au fond les plus antipathiques. Et puis c'était aussi chez elle un parti pris de nier le péril social, par crainte que les intérêts effrayés ne se rejetassent du côté des conservateurs. Ajoutons enfin que, par le tour donné dans les dernières années à ses polémiques, par ses déclamations contre la corruption de la classe régnante, par sa façon de présenter l'organisation politique comme l'exploitation du pays par une sorte d'oligarchie bourgeoise, elle fournissait inconsciemment des armes aux socialistes.

Le gouvernement et les conservateurs voyaient-ils mieux le

Pays et le gouvernement : « O peuple, dis-moi, qu'es-tu? Ce que tu es! si j'ouvre la Charte, j'y lis une solennelle déclaration de ta souveraineté : cela fut écrit après ta victoire. Si je regarde les faits, je vois qu'il n'est point, qu'il ne fut jamais de servitude égale à la tienne... Paria dans l'ordre politique, tu n'es, en dehors de cet ordre, qu'une machine à travail. Aux champs, tes maîtres te disent : « La« boure, moissonne pour nous. » Tu sais ce qu'on te dit ailleurs, tu sais ce qui te revient de tes fatigues, de tes veilles, de tes sueurs. Refoulé de toutes parts dans l'indigence et l'ignorance, décimé par les maladies qu'engendrent le froid, la faim, l'air infect des bouges où tu te retires après le labeur des jours et d'une partie de la nuit, réclames-tu quelque soulagement, on te sabre, on te fusille, ou, comme le bœuf à l'abattoir, tu tombes sous le gourdin des assommeurs payés et patentés. »

[1] *Correspondance de Proudhon,* t. I, p. 169.

danger et savaient-ils le combattre? Il ne s'agissait pas uniquement de réprimer les désordres matériels, d'intenter quelques procès de presse, de dissoudre quelques associations, de prendre quelques précautions de police. La politique qui eût borné là sa tâche eût été singulièrement courte et étroite. Il fallait faire plus que punir la manifestation extérieure du mal, il fallait guérir le mal lui-même.

Il y avait tout d'abord, au fond du socialisme, des idées fausses : s'occupait-on de les redresser? Il semblait que cette tâche incombât particulièrement aux économistes, école nouvelle, d'origine plus ou moins britannique, active, remuante, déjà importante et aspirant à l'être plus encore. A elle de faire justice des chimères et des sophismes, au nom du bon sens, des lois naturelles, des faits nécessaires. Or si l'on ouvre le *Dictionnaire d'économie politique* au mot « Socialisme », et si l'on consulte la bibliographie des ouvrages publiés *pour* et *contre*, pendant la monarchie de Juillet, on trouvera une longue liste d'ouvrages *pour*, et à peu près rien *contre;* il a fallu l'explosion de 1848 pour que les économistes s'aperçussent qu'il y avait une société à défendre. A peine doit-on faire exception pour M. Louis Reybaud, qui publia, de 1840 à 1843, deux volumes intitulés : *Études sur les réformateurs modernes* [1]; encore l'auteur avait-il moins pour objet de redresser les idées populaires que d'intéresser la curiosité bourgeoise, en la mettant au courant d'un mouvement qu'elle ignorait. M. Reybaud était le premier à reconnaître qu'on n'avait pas réfuté les socialistes. « La société, disait-il, ne leur a répondu que par l'indifférence. Pour les réduire au silence, il eût fallu peu d'efforts. La société n'a pas daigné prendre cette peine; elle était trop haut, eux trop bas... A quoi bon se charger d'une justice qui se faisait toute seule?... Le socialisme avoué est fini ou bien près de finir [2]. » Les économistes ne firent donc à peu près rien, à cette époque du moins, pour

---

[1] Quelques-unes de ces études avaient paru dans la *Revue des Deux Mondes*, de 1835 à 1840.
[2] *Revue des Deux Mondes*, 1er mars 1843.

contre-balancer, dans l'esprit du peuple, tant de détestables enseignements. D'ailleurs, si même ils s'en fussent occupés, auraient-ils eu, avec leurs allures un peu froides et sèches, avec leur thèse, parfois impitoyable, du laisser faire et du laisser passer, ce qui convenait, sinon pour mettre en lumière des erreurs de doctrine, du moins pour aller au cœur des misérables, pour satisfaire des aspirations fondées sur le besoin, pour désarmer des passions alimentées par la souffrance?

A vrai dire, ce qu'il eût fallu, c'était moins de réfuter tel ou tel sophisme, que de remédier à la déviation morale et intellectuelle qui avait permis à ces sophismes de trouver crédit dans tant d'esprits. Le gouvernement pensait probablement avoir commencé cette œuvre, en s'attaquant à l'ignorance et en développant l'instruction primaire. Il semble bien, en effet, qu'en pareille matière le concours des maîtres d'école puisse être fort utile, à une condition cependant, c'est que ces derniers ne deviennent pas, par une sorte de trahison, les complices de l'ennemi. Il faut croire que, malgré ses honnêtes efforts, le gouvernement de Juillet ne s'était pas suffisamment prémuni contre cette trahison, car il devait suffire, au lendemain de la révolution de Février, d'une criminelle incitation du pouvoir, devenu momentanément révolutionnaire, pour transformer une bonne partie des instituteurs publics en apôtres officiels du socialisme. L'école ne suffisait donc pas, et elle pouvait même devenir un danger de plus. Avec elle et au-dessus d'elle, il fallait le concours de l'Église. Le socialisme était avant tout la contradiction des idées chrétiennes qui avaient été, depuis tant de siècles, le fondement de la vie morale et sociale. Un de ses docteurs le définissait : un effort « pour matérialiser et immédiatiser le paradis spirituel des chrétiens », et un autre résumait ainsi l'état d'esprit de ses adeptes : « Ils ne croient pas et ils veulent jouir. » Aussi, dans le peuple, les progrès du socialisme allaient de front avec ceux de l'impiété, et d'une impiété si radicale que Proudhon lui-même, malgré la joie sauvage qu'il en ressentait, ne laissait pas que d'en être épouvanté [1]. Le remède ne pouvait être que dans le retour à la religion : seule, elle pouvait vraiment redresser les esprits et pacifier les cœurs des prolétaires ; seule, elle pouvait donner à ces derniers les explications et les espérances qui leur rendaient la vie intelligible et supportable. Parmi les hommes du gouvernement, il en était plusieurs qui paraissaient comprendre cette vérité, et nul, par exemple, ne l'avait exprimée plus éloquemment que M. Guizot [2]. C'était évidemment pour s'y conformer que le législateur avait maintenu l'enseignement du catéchisme dans l'instruction primaire. Toutefois, le christianisme, malgré le terrain regagné depuis 1830, occupait encore une trop faible place dans les idées et dans la vie de la classe dirigeante, pour qu'on pût attendre de celle-ci une sorte d'apostolat religieux : son exemple agissait le plus souvent en sens contraire. Et puis, par une malheureuse coïncidence, le gouvernement se trouvait, depuis 1841, à propos de la liberté d'enseignement, en lutte avec les influences catholiques ; au lieu d'encourager leur action bienfaisante, il était amené à prendre des précautions contre leurs prétendus empiétements, aussi préoccupé de marchander au clergé et aux congrégations leur part dans l'éducation de quelques enfants, qu'il eût dû l'être de leur confier l'éducation de cet autre grand enfant qu'on appelle le peuple. Aucune autre doctrine, aucune autre force morale n'occupait ni ne pouvait occuper, dans la bourgeoisie, la place que le christianisme y avait malheureusement perdue. Ce n'était pas la moindre cause de faiblesse de cette bourgeoisie en face du socialisme. Henri Heine lui-même, tout incrédule qu'il était, en avait le sentiment plus ou moins net : il insistait sur « l'avantage incalculable qui ressortait, pour le communisme, de la circonstance que l'ennemi qu'il combattait ne possédait, malgré toute sa puissance, aucun appui moral en lui-même ». Et il ajoutait : « La société

---

[1] *Correspondance de Proudhon*, t. II, p. 134 à 137, et p. 169.
[2] V. notamment les articles publiés par M. Guizot, dans la *Revue française* de février, juillet et octobre 1838.

actuelle ne se défend que par une plate nécessité, sans confiance en son droit, même sans estime pour elle-même, absolument comme cette ancienne société dont l'échafaudage vermoulu s'écroula lorsque vint le fils du charpentier [1]. »

Au fond du socialisme, il n'y avait pas seulement une perversion des esprits et des cœurs, il y avait aussi, ne l'oublions pas, une souffrance, souffrance réelle et profonde. Vainement le progrès économique avait-il augmenté d'une façon générale le bien-être du peuple : vainement celui-ci était-il mieux logé, mieux vêtu, mieux nourri, mieux soigné dans ses maladies; en même temps, par une de ces lois mystérieuses qui déroutent et humilient la raison humaine, le premier résultat de ce développement industriel dont notre siècle s'enorgueillissait, semblait être l'apparition d'un mal nouveau, d'une forme spéciale de paupérisme qu'on appelait précisément le paupérisme industriel : misère matérielle et morale, parfois plus hideuse que tout ce qu'on avait vu à des époques réputées moins prospères, et surtout rendue plus insupportable par le voisinage et le contraste de la richesse que ces misérables contribuaient à créer. Pour avoir raison du socialisme, il n'eût donc pas suffi de prouver qu'il avait tort; il fallait supprimer ou soulager les souffrances qui étaient après tout sa principale raison d'être. Il serait fort injuste de dire, comme on l'a fait parfois, que la monarchie de Juillet ne s'est pas occupée des ouvriers. Sans mise en scène tapageuse, elle a fait beaucoup pour eux : développement des caisses d'épargne, des conseils de prud'hommes, de l'assistance publique, des brevets d'invention, des écoles, projets sur les caisses de retraite et sur les monts-de-piété, etc., etc.; et certes mieux vaut un gouvernement qui s'applique à résoudre modestement la question sociale sans la poser, que celui qui la pose bruyamment sans la résoudre. Toutefois, si peu de cas qu'on fasse du charlatanisme, n'est-on pas tenté de regretter que le gouvernement d'alors n'ait pas fait un peu

---

[1] Lettre du 25 juin 1843 (*Lutèce*, p. 380).

plus montre de l'intérêt qu'il portait aux travailleurs? Ceux-ci, en le voyant presque toujours absorbé, au moins en apparence, par des questions qui ne les touchaient aucunement, étaient plus disposés à écouter le sophiste qui affectait au contraire d'être exclusivement occupé de leur cause. D'ailleurs, il faut bien l'avouer, une partie de la bourgeoisie oubliait trop ses devoirs envers l'ouvrier. Je l'ai déjà dit, cette bourgeoisie, malgré ses qualités réelles, manquait un peu d'élévation d'esprit et de chaleur de cœur; elle ne savait pas assez regarder en haut et aimer en bas. Et puis, dans ses rangs, combien d'individus, étourdis et comme grisés par l'étonnant progrès économique qui naissait de leurs efforts et dont ils tiraient d'immenses bénéfices, en proie à une sorte de fièvre de gain, de spéculation et de jouissance, irritaient le prolétariat par leur égoïste indifférence, en même temps que leurs exemples lui enseignaient toutes les convoitises matérialistes! De là, le cri de révolte et d'envie qui semblait parfois répondre, d'en bas, au culte du veau d'or qui régnait en haut. Là encore, n'est-ce pas la religion qui eût pu apporter le vrai remède au mal social, en rapprenant à cette société bourgeoise la leçon trop oubliée du renoncement pour soi et de la charité envers les autres? Dès 1837, Ozanam, considérant d'un côté le camp des pauvres, de l'autre le camp des riches, « dans l'un l'égoïsme qui veut tout retenir, dans l'autre l'égoïsme qui voudrait s'emparer de tout », demandait « qu'au nom de la charité, les chrétiens s'interposassent entre les deux camps, qu'ils allassent, transfuges bienfaisants, de l'un à l'autre, obtenant des riches beaucoup d'aumônes, des pauvres beaucoup de résignation »; qu'ils se fissent « médiateurs » entre « un paupérisme furieux et désespéré » et « une aristocratie financière dont les entrailles s'étaient endurcies »; et alors, dans le rêve généreux de sa jeunesse, il voyait « cette charité paralysant, étouffant l'égoïsme des deux partis, diminuant chaque jour les antipathies; les deux camps se levant, jetant leurs armes de colère et marchant à la rencontre l'un de l'autre, non pour se combattre, mais pour se confondre, s'embrasser et ne plus faire qu'une bergerie sous un seul pasteur, *unum ovile, unus pastor*[1] ». Mais, hélas! bien petit était le nombre de ceux qui pensaient et surtout agissaient comme Ozanam!

En somme, force est de reconnaître que la société se défendait mal contre ses adversaires. Heureux encore quand elle ne se faisait pas leur alliée, en prêtant la publicité de ses journaux et l'autorité de ses applaudissements à des écrits qui, comme les romans d'Eugène Süe, étaient l'une des plus redoutables machines de guerre du socialisme. A vrai dire, dans la bourgeoisie, on ne croyait pas au danger. Le travail, parce qu'il se faisait sous terre, échappait aux regards distraits. Le suffrage restreint avait cette conséquence qu'il ne laissait de place à aucune manifestation électorale ou parlementaire des idées qui fermentaient dans les masses ouvrières. « Tout le monde, a écrit depuis un homme mêlé à la politique de ce temps, M. Saint-Marc Girardin, se laissait prendre aux apparences décevantes du gouvernement représentatif, apparences d'autant plus décevantes que, comme elles ont leurs agitations de tribune et leurs troubles d'assemblée, l'inquiétude que causent ces troubles et ces agitations fait croire qu'il n'y a pas à craindre de dangers plus grands et plus sérieux... Les fossés qu'il fallait chaque jour éviter sur la route nous cachaient, chose étrange, le précipice qui nous attendait... La vie animée du gouvernement représentatif nous distrayait et nous trompait. Nous nous occupions de nos malaises, et nous négligions notre maladie. » De temps à autre, cependant, le désordre, d'ordinaire caché, se faisait jour au dehors; il se produisait comme des crevasses qui laissaient entrevoir la flamme du volcan et par lesquelles s'échappait même quelque jet de lave incandescente; ainsi fut-il, par exemple, à la fin de 1841, lors des révélations qu'avait amenées l'instruction de l'attentat de Quénisset contre le duc d'Aumale. Le monde politique prêtait un moment l'oreille; il poussait un cri de terreur; le *Journal des Débats* déclarait que la question n'était plus de savoir comment serait

---

[1] Lettres du 9 mars 1837 et du 12 juillet 1840.

résolu tel problème parlementaire, mais bien « s'il y aurait ou non un ordre social ». Seulement, l'alarme ne durait pas : au bout de quelques jours, on ne songeait plus qu'il pût y avoir un autre danger que les manœuvres de M. Thiers ou les déclamations de M. Odilon Barrot. Le préfet de police, dont c'était la mission particulière de regarder à ce qui se passait dans les bas-fonds sociaux, signalait parfois au ministre de l'intérieur l'activité croissante de la propagande socialiste. « Là est la véritable plaie de l'époque, disait-il en terminant l'un de ses rapports, et l'on doit reconnaître que, chaque année, elle fait de nouveaux progrès. Un pareil état de choses me paraît de nature à éveiller la haute sollicitude du gouvernement[1]. » Le ministre probablement n'eût pas demandé mieux que de prendre en considération cet avertissement ; mais, au même moment, il en était détourné par quelque incident de presse ou de tribune, par quelque préoccupation électorale. On devait arriver ainsi jusqu'à la chute de la monarchie, sans avoir jamais sérieusement pensé au danger du socialisme. Rien, du reste, ne donne mieux l'idée de cette étonnante sécurité, de cette inattention obstinée, de ce prodigieux aveuglement, que la stupeur épouvantée de la bourgeoisie, quand, le 24 février 1848, le socialisme, surgissant tout armé des barricades, vint exiger sa place, à l'Hôtel de ville, parmi les maîtres de la France.

[1] Rapport du 19 janvier 1847, publié par la *Revue rétrospective*.

CHAPITRE IV

M. GUIZOT ET LORD ABERDEEN.

I. L'entente cordiale en Espagne. Réaction favorable à l'influence française. La candidature du comte de Trapani à la main d'Isabelle se heurte à de graves difficultés. La candidature du prince de Cobourg n'est pas abandonnée. M. Bresson, inquiet, interroge son gouvernement. Le duc de Montpensier est proposé pour l'Infante. Déclarations faites à ce sujet dans l'entrevue d'Eu, en septembre 1845. On continue à s'agiter en faveur de Cobourg. Le cabinet français instruit M. Bresson et avertit le cabinet de Londres qu'il reprendrait sa liberté si le mariage Cobourg devenait imminent. Intrigue nouée entre la reine Christine et Bulwer, au printemps de 1846, pour conclure ce mariage à l'insu de la France. Lord Aberdeen la fait échouer en la révélant à notre ambassadeur. Le ministre anglais fait au duc de Sotomayor une réponse qui semble inspirée par un sentiment différent. Impression que ces incidents laissent au gouvernement français. — II. L'Orient après 1840. L'Égypte. La question du Liban. Efforts peu efficaces de la diplomatie française. — III. La Grèce. Fâcheux débuts du nouveau royaume. M. Guizot propose à l'Angleterre de substituer, en Grèce, l'accord à l'antagonisme. L'entente cordiale à Athènes. Colettis au pouvoir. Opposition que lui fait la diplomatie anglaise. Succès de Colettis. La légation de France le soutient et l'emporte sur la légation britannique. Inconvénients de ce retour à l'ancien antagonisme. — IV. L'entente cordiale se maintient surtout par l'amitié personnelle de M. Guizot et de lord Aberdeen. Leur correspondance. Première démission du cabinet tory. Émoi causé en France à la pensée que Palmerston va reprendre la direction du *Foreign office*. M. Thiers, au contraire, qui a partie liée avec lui, s'en réjouit. Le ministère whig ne peut se former à cause des objections faites contre Palmerston. Voyage de ce dernier en France. Chute définitive du ministère Peel et rentrée de Palmerston.

I

Les affaires étrangères n'avaient pas tenu, dans les grands débats politiques de la session de 1846, la même place que les années précédentes. Il n'en faut pas conclure que le gouvernement français n'avait plus de problème extérieur à résoudre ou du moins à surveiller. Au dehors comme au dedans, les ministres n'ont jamais de telles vacances. A défaut des accidents imprévus et extraordinaires qui avaient naguère mis en question la paix du monde et l'existence du cabinet, restaient les difficultés permanentes que notre diplomatie ne pouvait perdre de vue, alors même qu'aucun fait public n'attirait sur elles l'attention de la foule. En 1846, les plus graves de ces difficultés avaient pour siège l'Espagne et l'Orient, où, depuis si longtemps, se heurtaient les influences rivales de la France et de l'Angleterre.

Des affaires d'Espagne, qui depuis la mort de Ferdinand VII avaient causé tant d'embarras à notre gouvernement, il a été déjà question plusieurs fois[1]. Il convient d'en reprendre le récit au moment où nous l'avions interrompu, c'est-à-dire dans la seconde moitié de 1843, alors que le cabinet de Londres, éclairé par la chute d'Espartero, consentait enfin à s'entendre avec celui de Paris et à substituer, dans la Péninsule, l'action commune au vieil antagonisme; c'était, on le sait, la première manifestation de « l'entente cordiale ». Cette nouvelle politique ne parut pas tout d'abord avoir des effets défavorables à la France. Au contraire, notre influence reprit peu à peu, à Madrid, le terrain qu'elle avait perdu pendant la régence d'Espartero. A travers mille intrigues de cour ou de parlement, dans lesquelles tous les partis mêlaient — comme cela ne se voyait qu'en Espagne — les procédés de révolution et ceux d'ancien régime, le pouvoir ministériel passa successivement des radicaux avancés, clients de l'Angleterre, à des radicaux de plus en plus modérés, et finit par arriver, en mai 1844, aux mains du général Narvaez et des autres chefs de l'ancien parti français. Dès le mois de février précédent, la reine mère Christine, qui, pendant son exil, vivait à Paris, dans l'intimité des Tuileries, avait été solennellement rappelée et avait repris, sous le nom de sa fille, l'exercice du pouvoir royal. Les élections, faites à la fin de 1844, donnèrent une majorité conservatrice, et le premier acte de

[1] Voir plus haut, livre II, ch. xiv, § v; livre III, ch. ii, §§ iv et vi; ch. iii, § iii, et ch. vi, § i; livre V, §§ vii, viii et ix.

la Chambre nouvelle fut de réformer la constitution dans un sens monarchique. La réaction était donc complète. Le gouvernement français ne pouvait la voir avec déplaisir, et il était disposé à la seconder. Toutefois il était bien résolu à ne pas retomber dans l'ornière de l'ancienne rivalité. M. Guizot avait proclamé cette volonté à la tribune de la Chambre des députés, dès le 21 janvier 1844, et surtout il s'appliqua à en bien pénétrer l'ambassadeur de France à Madrid, qui, depuis novembre 1843, se trouvait être le comte Bresson, jusqu'alors accrédité près la cour de Berlin. Ce n'était pas, en effet, entre les ministres dirigeants à Paris et à Londres que l'entente cordiale avait le plus de peine à s'établir ; c'était au loin, entre les agents diplomatiques des deux puissances. Les ministres, voyant par position les choses de haut et d'ensemble, pouvaient prendre leur parti de tel sacrifice local qu'ils savaient être compensé par les avantages généraux du système. Les agents, placés au milieu d'un théâtre circonscrit, étaient portés à y borner leur vue ; autour d'eux, tout — hommes et choses, traditions du passé et tentations de l'heure présente — les poussait à l'antagonisme. Pour y échapper, il leur fallait remonter la pente naturelle de leur fonction. M. Guizot connaissait notre nouvel ambassadeur à Madrid pour un esprit ardent, prompt à la lutte, mais aussi fort capable de comprendre une grande politique et de s'y dévouer ; il le pressa de « n'épouser aucune querelle, aucune coterie, aucun nom propre », de prêcher à tous, particulièrement à nos amis, la concorde, la modération, et le détourna d'opposer un parti français à un parti anglais[1]. Pour ce qui dépendait de lui, loin d'appuyer sur les échecs infligés en Espagne à l'influence britannique, il cherchait à les atténuer : ainsi retarda-t-il la rentrée de la reine Christine, jusqu'à ce que le cabinet de Londres en eût reconnu la nécessité.

---

[1] J'ai eu sous les yeux la correspondance officielle et confidentielle du ministre et de l'ambassadeur, correspondance fort importante, dont j'aurai souvent occasion de me servir. M. Guizot, d'ailleurs, en a cité de nombreux extraits dans ses *Mémoires*.

En dépit de ces ménagements, le tour pris par les événements au delà des Pyrénées était désagréable au gouvernement anglais, d'autant que lord Palmerston ne manquait pas d'y montrer le fruit de la politique suivie par ses successeurs. Lord Aberdeen en était parfois un peu triste, mais il n'en persistait pas moins à répudier « cette politique d'antagonisme qui, disait-il, avait beaucoup nui à l'Espagne, sans beaucoup servir à l'Angleterre », et il proclamait que « seule, la coopération des deux puissances occidentales pouvait assurer la prospérité de la Péninsule ». Tel fut le sens des instructions que, lui aussi, il envoya à son représentant près la cour de Madrid. Celui-ci avait été changé en même temps que l'ambassadeur de France; malheureusement, en cette circonstance, on n'avait fait qu'à demi les choses : si M. Aston avait été rappelé pour avoir été trop engagé dans l'ancienne rivalité, il avait été remplacé par sir Henri Bulwer, homme d'esprit, naguère premier secrétaire de l'ambassade anglaise à Paris, mais, au fond, de la clientèle de lord Palmerston et, comme tel, mal préparé à se faire l'instrument d'une politique d'union. Aussi les rapports furent-ils tout de suite assez tendus entre le nouveau ministre d'Angleterre et le comte Bresson, qui, de son côté, n'était d'humeur à permettre ni qu'on lui manquât dans les petites choses, ni qu'on l'entravât dans les grandes.

Les mauvais procédés de l'agent anglais n'ébranlèrent pas la volonté conciliante de M. Guizot; il n'en prêcha pas moins la patience à son ambassadeur. « Soyez, lui écrivait-il, toujours bien avec Bulwer et pour lui; rendez-lui de bons offices. Ne fermez point l'œil sur ses petites menées, et tenez-moi toujours au courant; mais qu'il n'en paraisse rien dans vos rapports avec lui, dans votre langage sur lui. Vous avez vu le bon, le très beau langage de lord Aberdeen. C'est là l'essentiel. Prenez cela pour le symptôme assuré et le vrai diapason des intentions et des rapports des deux gouvernements. Que Bulwer, comblé de vos bons procédés, de vos bons offices, ne puisse, s'il fait des fautes et subit des échecs, s'en prendre qu'à lui-même. L'entente cordiale n'est pas, je le sais, un fait de facile exécution sur tous les points et tous les jours. C'est pourtant le fait essentiel à la situation générale, et je m'en rapporte à vous pour le maintenir au-dessus des difficultés locales qui pèsent sur vous [1]. »

Dès l'établissement de l'entente cordiale en Espagne, M. Guizot avait déclaré que « la plus grave des questions auxquelles elle devait s'appliquer était sans contredit celle du mariage futur de la reine Isabelle [2] ». On se rappelle quelle était sur ce point notre politique nettement proclamée : nous consentions à l'exclusion des princes français, mais nous exigions un Bourbon, et, par cette raison, nous avions absolument repoussé la candidature du prince de Cobourg [3]. On n'a pas oublié non plus comment, dans l'entrevue d'Eu, le gouvernement anglais, sans adhérer formellement et en principe à notre prétention, avait paru s'engager en fait à la soutenir, ou tout au moins à ne pas la contrarier [4]. Notre candidat était alors le comte de Trapani, second frère du roi de Naples, et également frère de la reine Christine. Ce n'était pas que notre cabinet eût aucune préférence absolue pour ce prince. S'il l'avait désigné, c'est qu'à ce moment, il lui paraissait le seul Bourbon possible. Les neveux de Ferdinand VII, — le duc de Cadix et le duc de Séville, — se trouvaient écartés à cause de la haine passionnée que leur mère doña Carlotta témoignait à sa sœur la reine Christine. La mort de Carlotta, en janvier 1844, ayant paru atténuer cet obstacle, M. Guizot se hâta de déclarer que « la combinaison napolitaine n'était pas pour nous une combinaison exclusive », et que, par exemple, nous ne ferions pas d'objection au duc de Cadix. Cette ouverture n'eut alors aucune suite ; ce prince n'était pas *persona grata* auprès d'Isabelle et de sa mère. Celle-ci disait à Narvaez, au mois de mars 1844, en arrivant en Espagne : « Je suis décidée pour mon frère Trapani. »

---

[1] Lettre du 17 février 1844.
[2] Dépêche déjà citée du 10 août 1843.
[3] Plus haut, t. V, ch. III, § VIII.
[4] *Ibid.*, § IX.

Il ne fallut pas longtemps, cependant, pour s'apercevoir que cette dernière candidature se heurtait à de grosses difficultés. La principale n'était pas l'opposition de M. de Metternich, qui poursuivait « son idée » d'un mariage d'Isabelle avec le fils de don Carlos [1], et qui redoutait, au point de vue de sa politique italienne, de voir « Naples entrer dans l'orbite de la France [2] » ; ce n'étaient pas non plus l'inertie maladroite et les hésitations soupçonneuses du roi des Deux-Siciles, qui craignait d'être la dupe de Louis-Philippe, et qui s'imaginait que ce prince n'avait pas renoncé sincèrement à prendre la main d'Isabelle pour un de ses fils. Le véritable obstacle était en Espagne. Au fond, personne n'y voulait de Trapani : les radicaux, parce que c'était notre candidat ; les modérés, parce qu'ils désiraient un « grand mariage » qui affermît leur monarchie constitutionnelle et lui assurât « un point d'appui au dehors » ; ce point d'appui, ils l'eussent trouvé dans le mariage français, qu'en dépit de nos refus ils tentaient toujours de remettre sur le tapis ; ils ne le trouvaient pas dans un prince d'un État secondaire, à peine âgé de seize ans, non encore sorti du collège de Jésuites où il portait la soutane, et ayant d'autant moins de prestige aux yeux des Espagnols que ceux-ci avaient gardé, du temps où ils dominaient dans l'Italie méridionale, l'habitude de mépriser les Napolitains. La reine Christine, tout en feignant, par déférence pour le gouvernement français, de poursuivre le mariage Trapani, le faisait sans désir sérieux de réussir, au contraire avec l'arrière-pensée de retarder toute conclusion et avec l'espoir de nous arracher, un jour ou l'autre, un prince français. M. Bresson sentait son habileté et son énergie impuissantes à vaincre ces résistances. Chaque fois qu'il croyait toucher au but, survenait un incident qui l'en éloignait.

Pendant ce temps, la candidature du prince de Cobourg, bien que rentrée dans l'ombre, n'était pas abandonnée : elle

---

[1] Plus haut, t. V, ch. III, § VIII.
[2] Lettre du prince de Metternich au comte Apponyi, 15 juin 1845. (*Mémoires de Metternich*, t. VII, p. 95.)

paraissait même trouver faveur, en Espagne, chez certains membres du parti modéré, offusqués du cercle étroit dans lequel nous prétendions les renfermer. L'un d'eux, le duc de Sotomayor, ministre à Londres, disait très haut : « Si le roi Louis-Philippe ne nous donne pas un de ses fils, nous prendrons de la main des Anglais un Cobourg, parce qu'il nous faut à tout prix l'appui d'une grande puissance [1]. » Bien plus, on pouvait se demander si ce sentiment n'était pas celui de la reine Christine. Un jour, M. Bresson lui racontait plaisamment qu'à une insinuation de l'envoyé anglais sur le mariage Cobourg il avait répondu : « Quand lord Ponsonby, il y a treize ans, a essayé de pousser au trône de Belgique le duc de Leuchtenberg, j'ai fait élire en quarante-huit heures le duc de Nemours ; je puis assurer qu'il ne m'en faut ici que vingt-quatre pour faire proclamer le duc d'Aumale. » Loin d'être choquée de cette assurance, la Reine mère répliqua sur le même ton : « Il ne vous faudrait pas tant de temps, et si je savais que ce fût le moyen d'arriver à mon but, moi aussi je pousserais le Cobourg [2]. » Ce « mariage anglais » dont elle nous menaçait en riant, elle y pensait à part elle beaucoup plus sérieusement : c'était la ressource qu'elle se réservait au cas où le mariage français deviendrait décidément impossible. Dès la fin de 1843, étant encore à Paris et recevant sir Henri Bulwer qui allait prendre possession de son poste à Madrid, elle lui avait témoigné tout le prix qu'elle attachait au bon vouloir de l'Angleterre, et lui avait fait connaître son intention de soutenir le prince de Cobourg, si, comme elle le craignait, elle ne pouvait obtenir un des fils de Louis-Philippe [3]. Une fois revenue en Espagne, l'astucieuse princesse, en qui l'on croyait voir parfois une nouvelle Catherine de Médicis, continua à tenir le même langage en causant avec certains adversaires de l'influence française, et ses propos

---

[1] Lettre du comte Bresson à M. Guizot, du 28 septembre 1844.
[2] Lettres de M. Bresson à M. Guizot, 8 janvier et 31 mars 1844.
[3] M. Guizot dit avoir su depuis ce fait avec certitude. (*Mémoires*, t. VIII, p. 220.)

revinrent plus d'une fois aux oreilles de notre ambassadeur.

Tout cela n'était pas fait pour donner à M. Bresson grand espoir dans le succès du candidat napolitain; avec son esprit vif et un peu impatient, il se voyait déjà acculé à cette alternative : ou consentir au mariage français, ou laisser faire le mariage Cobourg. Il ne craignait pas les difficultés, à la condition de connaître nettement son but. Il se décida donc, en septembre 1844, à demander hardiment à M. Guizot ce qu'il comptait faire au cas où la question serait ainsi circonscrite. « Je vous en prie, lui écrivait-il, répondez-moi aussi nettement que je vais vous dire ma façon de penser. Je regarde un prince français comme une glorieuse et déplorable extrémité, un prince allemand comme le coup le plus pénétrant, le plus sensible à l'honneur de la France et à l'orgueil, à l'existence peut-être de notre dynastie. Entre un prince français et un prince allemand, réduit, adossé à ces termes, je n'hésiterais pas un moment : je ferais choisir un prince français. Ici, cher ministre, mes antécédents me donnent le droit de soumettre respectueusement au Roi et à vous quelques observations personnelles. En 1831, quand la question s'est posée, en Belgique, entre le duc de Leuchtenberg et le duc de Nemours, je me suis trouvé dans une position identique. Je ne rappellerai pas à Sa Majesté cette conversation que je suis venu chercher à toute bride de Bruxelles... J'ai pris sur moi une immense responsabilité : j'ai fait élire M. le duc de Nemours, et je n'hésite pas à reconnaître que je l'ai fait sans l'assentiment du Roi et de son ministre[1]. C'était très grave pour ma carrière, pour ma réputation même; j'ai touché à ma ruine... Mon cher ministre, je ne pourrais repasser par ce chemin, ni courir de pareils risques; je ne serais plus, aux yeux de tous, qu'un brûlot de duperie ou de tromperie... Expliquons-nous donc secrètement entre nous, mais sans détour. Sur quoi puis-je compter?... Si la combinaison napolitaine échoue, si, après avoir tenté, je l'atteste sur l'honneur, tous les efforts pour la faire triompher,

---

[1] Sur les faits auxquels fait allusion M. Bresson, voir la seconde édition de mon tome I, livre I, ch. v, § 1.

je me trouve forcément amené, pour épargner à notre roi et à notre pays une blessure profonde, à faire proclamer un prince français pour époux de la Reine, accepterez-vous ce choix et en assurerez-vous à tout prix l'accomplissement? »

Cette interrogation si précise ne blessa pas M. Guizot; bien au contraire, elle lui plut, et il témoigna en termes généraux à son ambassadeur une confiance qui était un encouragement. Toutefois il évita de répondre directement à la question posée. Placé en face de l'hypothèse imaginée par M. Bresson, il eût senti et agi comme lui, et il était bien aise de le voir dans ces dispositions; mais, ne croyant pas cette extrémité aussi fatale ni surtout aussi proche, il ne voulait rien faire qui pût porter un agent résolu, prompt, ardent, à précipiter les événements. Comme il l'a dit, « certaines choses sont si difficiles à faire à propos et dans la juste mesure, qu'il ne faut jamais les dire aux autres, et à peine à soi-même, tant qu'on n'est pas absolument appelé à les faire » . Pour le moment, quand les modérés gouvernaient à Madrid et lord Aberdeen à Londres, notre ministre se croyait garanti, sinon contre les embarras, les entraves, les délais, du moins contre toute surprise déloyale; il voulait donc, de son côté, épuiser toutes les chances de résoudre la question sans porter atteinte à l'entente cordiale.

La demande de M. Bresson ne fut pourtant pas entièrement sans résultat. Le gouvernement français, préoccupé des répugnances qu'on lui signalait en Espagne contre le mariage napolitain, donna à entendre qu'il ne répugnerait pas à le fortifier par une union du plus jeune fils du Roi, le duc de Montpensier, avec la sœur cadette de la reine Isabelle, l'infante doña Luisa Fernanda. Ce fut le 26 novembre 1844 que M. Guizot parla pour la première fois de ce projet à M. Bresson; il l'avisa en même temps que ce second mariage ne pourrait avoir lieu que « quand la Reine serait mariée et aurait un enfant », c'est-à-dire quand l'Infante ne serait plus l'héritière présomptive de la couronne. Par cette réserve faite spontanément, avant toute communication du cabinet anglais, notre gouvernement marquait que ce second mariage n'était pas pour lui un moyen détourné de revenir sur ses déclarations antérieures et de mettre un fils de France sur le trône d'Espagne. Ne donnait-il pas du reste, à cette même époque, une autre preuve de sa loyauté en mariant à une princesse napolitaine le duc d'Aumale, dont, à Madrid, on avait tant désiré faire l'époux d'Isabelle[1]? L'ouverture relative au duc de Montpensier fut reçue avec joie par la cour espagnole. Ce n'était pas tout ce que cette cour eût voulu; mais elle se félicitait de ce demi-résultat. Narvaez, qui était encore à la tête du ministère, entra dans le nouveau projet avec son impétuosité accoutumée, non sans essayer, il est vrai, d'obtenir plus encore : « Pourquoi, disait-il à M. Bresson, ne pas nous donner le prince pour la Reine ? » Au moins aurait-il désiré conclure sur-le-champ un compromis secret pour le mariage de l'Infante : M. Bresson eut quelque peine à se dérober à ses instances et à ajourner tout engagement formel. Quant à la reine Christine, aussitôt que son ministre lui parla de la proposition du gouvernement français : « Pour l'amour de Dieu, s'écria-t-elle, ne laisse pas échapper ce prince ! »

Le gouvernement britannique fut quelque temps sans connaître cette éventualité d'un mariage du duc de Montpensier avec l'Infante. Quand il en fut informé, dans l'été de 1845, il ne cacha pas son déplaisir et son inquiétude[2]. Aussi, lors de la seconde visite de la reine Victoria à Eu, au mois de septembre de la même année, Louis-Philippe et M. Guizot jugèrent-ils à propos d'aller au-devant des soupçons qu'ils devinaient, et de prendre l'initiative d'explications rassurantes. Ce qui fut dit, il importe d'autant plus de le savoir avec précision, que les Anglais devaient reprocher plus tard à notre gouvernement d'avoir manqué aux engagements pris en cette circonstance. Le Roi commença par déclarer à la Reine et à son ministre que le duc de Montpensier n'épouserait l'Infante que lorsque Isabelle serait mariée et aurait un enfant; après ces assurances qui ne lui coûtaient pas, car elles étaient la répétition des

---

[1] Ce mariage fut célébré le 25 novembre 1844.
[2] BULWER, *The life of Palmerston*, t. III, p. 183.

instructions spontanément données à M. Bresson dès novembre 1844, il ajouta : « Mais il faut un peu de réciprocité dans cette affaire, et, si je vous donne vos sécurités, il est juste qu'en retour vous me donniez les miennes. Or les miennes sont que vous ferez ce que vous pourrez pour tâcher que ce soit parmi les descendants de Philippe V que la Reine choisisse son époux, et que la candidature du prince Léopold de Saxe-Cobourg soit écartée. — Soit, répondit lord Aberdeen, nous pensons comme vous que le mieux serait que la Reine prît son époux parmi les descendants de Philippe V. Nous ne pouvons pas nous mettre en avant sur cette question, mais nous vous laisserons faire; nous nous bornerons à vous suivre et, dans tous les cas, à ne rien faire contre vous. Quant à la candidature du prince Léopold de Saxe-Cobourg, vous pouvez être tranquille sur ce point : je réponds qu'elle ne sera ni avouée ni appuyée par l'Angleterre, et qu'elle ne vous gênera pas[1]. » Tout ceci fut dit non pas une fois, mais plusieurs fois, pendant le court séjour de la reine Victoria à Eu, et le langage tenu par M. Guizot fut absolument conforme à celui du Roi. Ainsi rien de plus net : les assurances données par le gouvernement français au sujet du mariage du duc de Montpensier étaient formelles, mais conditionnelles; du jour où le cabinet anglais manquerait à ce que nous attendions de lui et que son langage nous faisait espérer, nous reprendrions notre liberté. De notre part, une telle attitude n'était pas nouvelle; notre gouvernement avait souvent insisté — notamment lors de la première entrevue d'Eu — sur le caractère synallagmatique des engagements qu'il prenait[2].

[1] Rapprochez ce langage de celui qu'avait tenu lord Aberdeen lors de la première visite à Eu. (Voir plus haut, t. V, p. 197 à 199.)

[2] J'ai suivi principalement le récit que Louis-Philippe a donné lui-même de ces conversations, un an plus tard, dans une lettre adressée le 14 septembre 1846 à la reine des Belges et publiée après la révolution de Février dans la *Revue rétrospective*. Les circonstances dans lesquelles a été écrit ce récit permettent de le considérer comme exact. C'était au moment où, accusé de déloyauté par les Anglais, le Roi cherchait à se justifier. La lettre était en réalité destinée à la reine Victoria. Il est évident que, surtout pour ce qui regardait cette entrevue d'Eu, où la Reine avait été présente, la première préoccupation

L'Espagne à peu près satisfaite et l'Angleterre rassurée, le cabinet français ne pouvait-il pas enfin se croire près du but? Non; dans les derniers mois de 1845 et au commencement de 1846, il lui revint que les Cobourg se donnaient plus de mouvement que jamais : plusieurs d'entre eux, dont le prince Léopold, l'aspirant à la main d'Isabelle, s'étaient réunis à la cour de Lisbonne qui leur servait en quelque sorte de base d'opération; il était même question d'un voyage de Léopold en Espagne; on ajoutait que le roi des Belges, et, ce qui était plus grave encore, que le prince Albert et la reine Victoria s'intéressaient au succès de ces démarches [1] : c'était du moins ce qu'un diplomate portugais, revenant d'un voyage à Cobourg et à Londres, assurait à sir Henri Bulwer [2]. Ce dernier n'avait pas besoin d'être poussé dans ce sens. Dès l'origine, il avait jugé « monstrueuse » notre prétention d'imposer un Bourbon comme mari de la Reine, et avait regretté que son

---

du Roi dut être d'éviter des inexactitudes de fait dont le seul résultat eût été d'ôter tout crédit à son apologie. — Le témoignage de M. Guizot (*Mémoires*, t. VIII, p. 226, 227) est absolument conforme à celui du Roi. — Rien, dans les documents de source anglaise, qui puisse sérieusement infirmer ce double témoignage. On y trouve seulement l'indice que lord Aberdeen, tout en nous donnant les assurances rapportées plus haut, renouvela la réserve, faite par lui, dès le début, du droit appartenant à l'Espagne de choisir en toute indépendance l'époux de sa reine. Encore le ministre anglais paraît-il, d'après son propre témoignage, avoir été surtout préoccupé de ne rien dire qui pût troubler un accord dont il était fort heureux. — Les *Mémoires* récemment publiés d'Ernest II, duc de Saxe-Cobourg-Gotha, renferment, sur le sujet qui nous occupe, quelques renseignements utiles. On y voit que ce prince, chef de la maison de Cobourg, cousin germain du candidat à la main d'Isabelle et frère du mari de la reine Victoria, ayant ainsi toutes les raisons et tous les moyens de s'informer, se plaignait avec amertume que, dans leur désir d'être agréables à Louis-Philippe, le royal ménage anglais et lord Aberdeen se fussent trop engagés, à Eu, en faveur du mariage Bourbon, et eussent sacrifié le mariage Cobourg; il ajoutait que le gouvernement britannique était ainsi « beaucoup plus lié qu'il ne voulait se l'avouer », et qu'il avait perdu toute liberté de mouvement. On trouve aussi, dans ces *Mémoires*, une lettre que le prince Albert écrivit, le 26 mai 1846, au duc Ernest, et dans laquelle il reconnaissait que le gouvernement anglais « s'était engagé envers la France, dans le cas où le Roi tiendrait sa parole de ne mettre en avant aucun de ses fils, à employer toute son influence pour amener un mariage Bourbon ». (*Aus meinem Leben und aus meiner Zeit*, von ERNST II, herzog von Sachsen-Coburg-Gotha. Berlin, 1887, 1ᵉʳ vol., p. 160 et 167.)

[1] Déjà, à l'origine de la candidature du prince de Cobourg, nous avions entrevu l'action du prince Albert. (V. plus haut, t. V, p. 181 et 182.)

[2] BULWER, *The life of Palmerston*, t. III, p. 189.

gouvernement ne la combattit pas ouvertement ; aussi tâchait-il d'y faire obstacle sous main, appuyait, dans ses conversations, sur l'impopularité du comte de Trapani, aidait aux ajournements, s'appliquait, comme le disait alors M. Guizot, « à jeter du trouble dans les esprits, à entr'ouvrir pêle-mêle toutes les portes, à ménager toutes les chances », notamment celle du mariage Cobourg ; en réalité, il avait fait de ce mariage son but secret ; il se disait que s'il parvenait à l'accomplir, on ne lui saurait pas mauvais gré à Windsor d'avoir méconnu les instructions du *Foreign office* [1]. N'y avait-il pas, d'ailleurs, dans ces instructions, à côté des recommandations de marcher d'accord avec la France, la réserve du droit que l'Espagne avait de choisir librement l'époux de la Reine ? Bulwer affectait de ne voir que cette réserve, et son jeu était de susciter, à Madrid, une résistance, en apparence spontanée, aux vues de la France, se flattant qu'en raison de ses déclarations le gouvernement britannique se considérerait comme tenu de respecter et de faire respecter cette manifestation de l'indépendance espagnole. Lord Aberdeen, qui eût réprouvé sans aucun doute une telle interprétation de ses instructions, était, tout le premier, trompé par son agent, et il nous affirmait, de la meilleure foi du monde, que celui-ci « ne faisait rien pour favoriser le mariage Cobourg [2] ». Lui-même, d'ailleurs, gêné par ce qu'il savait des préférences secrètes de sa cour, n'était pas toujours aussi net et aussi ferme qu'on l'eût désiré. A M. Guizot, qui lui demandait de « ne laisser au prince de Cobourg aucune possibilité de se présenter sous les couleurs de l'Angleterre », et qui insistait pour qu'il « frappât ainsi d'impuissance tous les barbouillages subalternes de Madrid [3] », il fit d'abord une réponse un peu embarrassée ; il protesta qu'il « voulait, comme nous, un prince de Bourbon sur le trône d'Espagne », qu'il « le pensait et le disait », mais qu'il n'avait « aucune action directe

---

[1] Voy. ce que sir Henri Bulwer dit lui-même de ses sentiments et de ses desseins, *The life of Palmerston*, t. III, p. 188 à 190.

[2] Lettre de M. de Sainte-Aulaire à M. Guizot, du 21 mai 1846.

[3] Lettre de M. Guizot à M. de Jarnac, du 7 novembre 1845.

sur les princes de Cobourg », et que « la Reine restait libre
d'en choisir un s'il lui plaisait ». Néanmoins, pressé par nous
et aussi par sa conscience, il se décida à parler nettement au
prince Albert. Eut-il quelque difficulté à le convaincre? En
tout cas, au sortir de cet entretien, il dit à notre représentant,
M. de Jarnac : « Tout est maintenant réglé comme vous le
souhaitez; vous pouvez désormais tenir pour certain qu'il n'y
a, à Windsor, aucune prétention, aucune vue sur la main de
la reine d'Espagne pour le prince Léopold, et que notre
cour, comme notre cabinet, déconseillera toute pensée semblable... Je puis vous répondre, sur ma parole de *gentleman,* que vous n'avez rien à craindre de ce côté [1]. » Et il ajoutait, un peu plus tard : « Après ce qui s'est passé entre le
prince Albert et moi, il est impossible qu'il entre dans une
intrigue; il n'oserait plus me regarder en face [2]. » La bonne foi
de lord Aberdeen est hors de toute contestation; on ne saurait
douter non plus de celle du prince Albert; cependant l'intrigue
Cobourg allait toujours son train, et M. Guizot se croyait fondé
à écrire, le 10 décembre 1845, au comte Bresson : « Plus j'y
regarde, plus je demeure convaincu qu'il y a, en Espagne et
autour de l'Espagne, un travail actif et incessant pour amener
le mariage d'un prince de Cobourg soit avec la Reine, soit avec
l'Infante. Le gouvernement anglais ne travaille pas positivement à ce mariage, mais il ne travaille pas non plus efficacement à l'empêcher; il ne dit pas à toute combinaison qui ferait
arriver un prince de Cobourg au trône d'Espagne, un *non*
péremptoire, comme nous le disons, nous, pour un prince
français. »

Dans cette situation, notre gouvernement jugea nécessaires
deux démarches, l'une à Madrid, l'autre à Londres : la première pour bien armer son représentant en Espagne, la seconde

---

[1] Lettres diverses de M. de Jarnac à M. Guizot, au commencement de novembre 1845.

[2] Lettre de M. de Sainte-Aulaire à M. Guizot, du 5 mars 1846. — Ce propos a été d'ailleurs rappelé, en termes presque identiques, par lord Aberdeen lui-même, dans la lettre qu'il a écrite à M. Guizot le 14 septembre 1846.

pour bien avertir le cabinet anglais. J'ai dit tout à l'heure qu'interrogé par M. Bresson, en septembre 1844, sur certaines hypothèses extrêmes, M. Guizot avait alors évité de répondre [1]; à la fin de 1845, il crut le moment venu de s'expliquer sans ambages : « Nous ne pouvons, écrivit-il le 10 décembre à notre ambassadeur, jouer un rôle de dupes. Nous continuerons à suivre loyalement notre politique, c'est-à-dire à écarter toute combinaison qui pourrait rallumer le conflit entre la France et l'Angleterre à propos de l'Espagne. Mais si nous nous apercevions que, de l'autre côté, on n'est pas aussi net et aussi décidé que nous; si, par exemple, soit par l'inertie du gouvernement anglais, soit par le fait de ses amis en Espagne et autour de l'Espagne, un mariage se préparait, pour la Reine ou pour l'Infante, qui mît en péril notre principe, — les descendants de Philippe V, — et si cette combinaison avait, auprès du gouvernement espagnol, des chances de succès, aussitôt nous nous mettrions en avant sans réserve, et nous demanderions simplement et hautement la préférence pour M. le duc de Montpensier. » Toutefois, le ministre recommandait à M. Bresson, dont il redoutait toujours un peu l'ardeur, « de ne faire usage de cette arme qu'en cas de nécessité ». « Maintenez notre politique jusqu'au bout, lui disait-il, aussi longtemps qu'on ne nous la rendra pas impossible. »

Si le gouvernement français ne voulait pas « être dupe », il tenait aussi à ne tromper personne; de là, sa seconde démarche. M. Guizot rédigea, le 27 février 1846, un *memorandum* destiné à faire bien connaître à Londres les résolutions qu'il pourrait être amené à prendre. Il y rappelait d'abord les difficultés que rencontrait le mariage Bourbon, la « neutralité froide » et l' « inertie » du cabinet britannique, le travail fait pour le mariage Cobourg; puis il déclarait que « si le mariage soit de la Reine, soit de l'Infante, avec le prince Léopold ou avec tout autre prince étranger aux descendants de Philippe V, devenait probable et imminent, nous serions affranchis de tout enga-

---

[1] Voir plus haut, p. 160.

gement et libres d'agir immédiatement pour parer le coup, en demandant la main soit de la Reine, soit de l'Infante pour M. le duc de Montpensier »; il souhaitait de « ne pas en venir à cette extrémité », mais ne voyait « qu'un moyen de la prévenir », c'était que « le cabinet anglais s'unît à nous pour remettre à flot l'un des descendants de Philippe V ». « Nous nous faisons un devoir de loyauté, disait-il en terminant, de prévenir le cabinet anglais que, sans cela, nous pourrions nous trouver obligés d'agir comme je viens de l'indiquer. » Communiqué aussitôt à lord Aberdeen, cet important document ne provoqua de sa part aucune contradiction ni observation.

Notre position était ainsi nettement prise, mais le danger n'était pas supprimé. Bien au contraire, il allait devenir plus menaçant que jamais. En avril 1846, trois personnages qui pouvaient, à des degrés divers, parler au nom de la reine Christine, — d'abord son secrétaire privé, M. Donoso Cortès, ensuite l'ancien garde du corps devenu son mari sous le nom de duc de Rianzarès, enfin M. Isturiz qui venait de remplacer le général Narvaez à la tête du ministère espagnol, — s'abouchèrent mystérieusement, l'un après l'autre, avec sir Henri Bulwer; ils lui annoncèrent que la Reine mère, lasse de la prépotence française, était disposée à marier sa fille au prince de Cobourg, seulement qu'elle désirait savoir si, en s'exposant ainsi aux ressentiments de la France, elle pourrait compter sur l'appui de l'Angleterre. Une telle démarche devrait étonner de la part de Christine, naguère si étroitement liée, en apparence, à notre politique. Mais ce n'était pas la première fois qu'on la voyait pencher vers les Cobourg, soit par dépit de n'avoir pas obtenu un prince français, soit dans l'espoir de nous l'arracher; avec cette princesse, on ne savait jamais ce qui était réalité ou feinte. D'après les aveux faits plus tard par M. Isturiz lui-même au comte Bresson[1], l'intrigue avait été mise en train par le banquier Salamanca; ce manieur d'argent, riche, peu scrupuleux, fort engagé dans le parti

---

[1] Lettre inédite du comte Bresson à M. Guizot, du 21 novembre 1846.

radical et anglais, avait trouvé moyen de gagner le duc de Rianzarès et, par lui, était arrivé jusqu'à la reine Christine.

Sir Henri Bulwer n'avait nulle envie de décourager les ouvertures qui lui étaient faites et que, sous main, il avait probablement contribué à provoquer. Mais, officiellement, que pouvait-il y répondre? Lui-même nous a exposé en ces termes son embarras : « Le gouvernement britannique ne reconnaissait pas la prétention de la France d'imposer un mari à la Reine : cela impliquait qu'il soutiendrait l'Espagne si elle faisait un choix indépendant; toutefois, cela ne le disait pas clairement, et je savais que lord Aberdeen n'aurait pas aimé me le voir dire. D'autre part, donner à entendre au gouvernement de Madrid qu'il n'avait qu'à se soumettre, m'exposait également à un blâme. L'affaire était encore compliquée par le fait que le choix de la reine Christine se portait sur le prince de Cobourg : si un tel choix était chose indifférente aux yeux du peuple et du cabinet anglais, il ne l'était pas pour la famille royale d'Angleterre [1]. » Bulwer ne nous dit pas bien explicitement comment il se tira de ces difficultés; mais l'un de ses interlocuteurs, M. Isturiz, a été moins discret, et voici, d'après son témoignage, la réponse que lui fit le ministre d'Angleterre [2] : « Il faut que cette affaire ait l'air d'être entièrement espagnole. La reine Victoria la verra avec la plus grande joie; mais vous n'ignorez pas que, chez nous, les désirs de la Reine ne font pas loi pour le cabinet. Lord Aberdeen ne voudra pas, par l'adoption ostensible de ce candidat, compromettre ses rapports avec la France, s'exposer peut-être à une rupture; nous devons donc paraître le moins possible; mais aussitôt que vous vous serez mis d'accord avec la maison de Cobourg, faites venir le prince Léopold le plus secrètement et le plus promptement que vous pourrez; mariez-le avec la Reine, et, le fait accompli, chacun se résignera [3]. » On ne sau-

---

[1] BULWER, *The life of Palmerston*, t. III, p. 188.
[2] Lettre inédite, déjà citée, de M. Bresson à M. Guizot, du 21 novembre 1846.
[3] Un tel langage concorde parfaitement avec ce qu'on sait des sentiments de

rait d'ailleurs garder aucun doute sur le caractère encourageant
de la réponse du ministre d'Angleterre, quand on voit que
la Reine mère se décida aussitôt à écrire une lettre au duc
régnant de Saxe-Cobourg[1], alors en visite à la cour de Lisbonne, et que Bulwer se chargea de faire parvenir cette
lettre, en ayant soin de se cacher de la diplomatie française
et même des ministres espagnols, autres que M. Isturiz.
Comme l'écrivait, quelques semaines plus tard, le prince
Albert, jamais la reine Christine ne se fût hasardée à faire
une pareille démarche, si le représentant de l'Angleterre ne
s'y fût associé[2].

Dans sa lettre[3], la Reine mère ne cachait pas qu'elle
s'adressait en réalité à la reine Victoria, et que le duc
de Saxe-Cobourg n'était qu'un intermédiaire. Elle exposait
d'abord comment les difficultés d'un mariage Bourbon la
ramenaient au prince Léopold, « auquel, disait-elle, le roi des
Belges sait que j'ai toujours pensé ». Elle ajoutait : « J'ai
entendu dire que S. M. la reine d'Angleterre est animée,
comme moi-même, de sentiments d'amitié sincère envers la
France, et qu'ainsi Sa Majesté a été prête à approuver et même
à appuyer une combinaison qui, sans être fatale aux intérêts
anglais, était de préférence auprès (*sic*) de S. M. le roi des

---

Bulwer. Lui-même, d'ailleurs, reconnait avoir dit que le roi des Français ne
pourrait s'opposer d'une façon persistante à un mariage aussi raisonnable, si les
Cobourg et la Reine s'y décidaient avec l'approbation des Cortès. « L'obstination
d'une partie, ajoutait-il, ferait céder l'obstination de l'autre. » (*The life of
Palmerston*, t. III, p. 190.)

[1] Ce prince était Ernest II, qui avait succédé, en 1844, à son père Ernest Ier.
Voir, sur la famille de Cobourg, plus haut, t. V, p. 181, note 1.

[2] Lettre du prince Albert au duc de Saxe-Cobourg, en date du 26 mai 1846.
(*Aus meinem Leben und aus meiner Zeit*, von ERNST II, herzog von Sachsen-
Coburg-Gotha, 1er vol., p. 167.) — On voit maintenant ce qu'il faut penser des
historiens anglais qui, comme sir Théodore Martin, le biographe officiel du prince
Albert, nous montrent, en cette circonstance, sir Henri Bulwer ne sortant pas de
la réserve ordonnée par ses instructions, et se bornant à faire la commission qui
lui était demandée, « sans se mêler de la lettre de la reine Christine, autrement
que pour la transmettre ».

[3] Longtemps les historiens ont connu l'existence et le sens général de la lettre
de la reine Christine, sans en avoir le texte. Ce texte vient d'être publié en français
dans les Mémoires du duc de Saxe-Cobourg. (*Aus meinem Leben*, etc., t. I, p. 163.)

Français; mais j'ai toujours entendu dire aussi que S. M. la reine d'Angleterre soutenait, comme moi-même, l'indépendance de l'Espagne dans cette affaire espagnole avant tout, et je désirerais savoir, avec une franchise égale à celle qu'on doit trouver dans cette lettre, si, dans le cas où ma fille choisirait le prince Léopold de Saxe-Cobourg, ce choix serait agréable à sa famille, et si la reine d'Angleterre soutiendrait alors, comme on m'a assuré qu'elle l'a soutenu jusqu'ici, le principe d'indépendance dont j'ai parlé, et nous aiderait ensuite à mitiger d'injustes ressentiments, s'il y en avait, ce que je ne puis croire. Dans la position actuelle de cette affaire, je trouve que cette démarche est mieux faite comme demande particulière entre les deux cours et les deux familles qu'entre deux cabinets, ce qui livrerait peut-être prématurément cette question au public. » Aussitôt la lettre parvenue à Lisbonne, dans les premiers jours de mai 1846, le duc de Saxe-Cobourg s'empressa d'en accuser réception : tout en assurant la reine Christine de « sa profonde gratitude », il se borna à adhérer d'une façon générale à ses vœux. Si désireux en effet qu'il fût de ce mariage, il n'osait s'avancer davantage sans l'aveu des véritables chefs politiques de sa maison, — son oncle le roi des Belges et son frère le prince Albert, — auxquels il envoya aussitôt la lettre de la Reine [1].

Sir Henri Bulwer, qui avait agi en se cachant de son ministre, n'avait pu, une fois la chose faite, la lui laisser plus longtemps ignorer. Il s'attendait bien que lord Aberdeen serait vivement contrarié, mais il croyait — lui-même l'a raconté plus tard — que cette contrariété se manifesterait seulement par une dépêche confidentielle rétablissant aux yeux du cabinet de Madrid la neutralité de la politique anglaise, vaine protestation qui n'empêcherait pas l'affaire, une fois lancée, de suivre son cours souterrain à l'insu du gouvernement français. C'était compter sans la loyauté du secrétaire d'État. Celui-ci, d'autant plus embarrassé et irrité qu'il

---

[1] *Aus meinem Leben,* etc., t. I, p. 164 et suiv.

venait de se porter fort auprès de nous de la correction d'attitude de Bulwer, résolut d'arrêter net cette intrigue et d'en dégager sa responsabilité : dans ce dessein, il fit part lui-même à notre ambassadeur à Londres de tout ce qu'il venait d'apprendre, qualifia de « condamnable » la conduite de son agent, déclara en être « très mécontent », et se dit « prêt à faire ce qu'à Paris on jugerait convenable pour constater qu'il n'y était pour rien [1] ».

A cette communication, grands furent l'émoi et la surprise du gouvernement français, qui, malgré ses méfiances, ne s'était jamais douté du risque qu'il avait couru. Il se garda d'ébruiter l'incident, qui demeura, sur le moment, absolument ignoré du public [2]; mais, dans le secret des conversations diplomatiques, il ne dissimula pas la vivacité de ses impressions. Autant il savait gré à lord Aberdeen de sa conduite, autant il se montra blessé de celle de la cour de Madrid et de sir Henri Bulwer. Louis-Philippe ne ménagea pas la reine Christine, en dépit de l'aplomb avec lequel elle « nia avoir fait aucune ouverture à la maison de Cobourg [3] ». M. Bresson secoua rudement les ministres espagnols et les effraya sur les conséquences d'une rupture avec la France. Quant à Bulwer, ayant reçu de son ministre une remontrance sévère, il offrit sa démission, qui du reste ne fut pas acceptée. Tous ces conspirateurs, ainsi surpris, au milieu de leurs machinations ténébreuses, par le rayon de lumière qu'avait soudainement projeté de Londres l'honnête main de lord Aberdeen, embarrassés et meurtris des débris de la mine éclatée sous leurs pieds pendant qu'ils la creusaient, faisaient vraiment assez piteuse figure. Le moins penaud n'était pas le chef de la légation britannique, qui se trouvait avoir livré ses complices espagnols aux ressentiments du cabinet de Paris, et qui avait fait ainsi, disait-il,

---

[1] Lettre de M. de Sainte-Aulaire à M. Guizot, du 21 mai 1846.

[2] L'opposition française se doutait si peu de ce qui s'était passé, que M. Thiers, traitant à la tribune, le 28 mai 1846, des affaires de la Péninsule, reprochait à la reine Christine de chercher à imposer le comte de Trapani à l'Espagne, qui n'en voulait pas.

[3] Lettre de M. Bresson à M. Guizot, du 25 mai 1846.

« plutôt le métier d'un espion français que celui d'un ministre d'Angleterre [1] ».

La démarche de lord Aberdeen brouillait absolument le jeu des Cobourg. Ce qu'eût été, sans cela, la réponse du prince Albert à la communication que son frère lui avait faite de la lettre de la reine Christine, on ne saurait le dire : mais écrite après que tout était divulgué au gouvernement français, cette réponse fut nécessairement défavorable. Le prince Albert, toutefois, ne put cacher combien un refus lui coûtait. Dans une lettre datée du 26 mai 1846, il exposait d'abord à son frère comment le gouvernement anglais, tout en s'engageant à appuyer le mariage Bourbon, avait réservé l'indépendance de l'Espagne, et comment il en résultait que, si celle-ci voulait résolument un autre mariage, l'Angleterre devrait y consentir. On était, à l'entendre, sur le point d'en venir là, quand Bulwer avait tout dérangé. « Sa conduite, ajoutait-il, nous donne l'apparence d'un manque de parole, d'une intrigue, d'une perfidie, et fournit à la France une juste raison de plainte. Nous nous sommes donc vus forcés de nous laver les mains de ce qui était fait et de prouver que nous y étions tout à fait étrangers. Il est naturel qu'on ne nous croie pas. » Ce n'était pas que le prince Albert renonçât absolument à voir son parent sur le trône d'Espagne ; non, cette idée lui tenait toujours à cœur ; seulement, convaincu qu'elle n'était désormais réalisable qu'avec l'assentiment de la France, il se bornait à laisser voir qu'il ne désespérait pas d'obtenir cet assentiment, le jour où la résistance de l'Espagne aurait rendu décidément impossibles tous les candidats de la maison de Bourbon [2].

Lord Aberdeen ne pouvait ignorer ces sentiments du prince Albert. Eut-il l'intention, sinon de les servir, du moins de les ménager, quand, au lendemain même du jour où il venait de nous donner une preuve si manifeste de son loyal désir

---

[1] Bulwer, *The life of Palmerston*, t. III, p. 192.
[2] Lettre du prince Albert au duc de Saxe-Cobourg, en date du 26 mai 1846. (*Aus meinem Leben und aus meiner Zeit*, von Ernst II, herzog von Sachsen-Coburg-Gotha, vol. I, p. 167.)

d'accord, il adressa, le 22 juin 1846, au duc de Sotomayor, ministre d'Espagne à Londres, une dépêche qui semblait écrite sous une inspiration toute différente et qui devait plus tard fournir un argument à lord Palmerston? Voici à quel propos cette dépêche fut rédigée. Sous le coup de la révélation qui lui avait été faite, le gouvernement français avait traité assez rudement le cabinet de Madrid. Celui-ci, voyant ou feignant de voir dans notre langage une menace à son indépendance, saisit ce prétexte pour demander au cabinet de Londres, d'abord si l'Espagne encourrait le déplaisir de l'Angleterre au cas où elle jugerait nécessaire de choisir le mari de la Reine en dehors des Bourbons, ensuite si, dans cette hypothèse, l'Angleterre verrait avec indifférence la France attenter à la liberté de l'Espagne. A la façon dont la question était posée, on devine la main de M. Bulwer. Il fallait quelque complaisance pour se prêter à ce rôle de donneur de consultation. Lord Aberdeen eut cette complaisance. Dans sa réponse, adressée au duc de Sotomayor, il commença par rappeler, d'une part, qu'il n'avait reconnu à aucune puissance le droit d'imposer à la Reine comme mari « un membre de quelque famille que ce soit »; d'autre part, que le choix d'un Bourbon lui avait paru raisonnable et désirable. Il ajouta qu'au cas où l'Espagne se croirait obligée de donner à la Reine un autre mari, l'Angleterre n'en éprouverait aucun déplaisir; il se refusait à admettre qu'à raison de ce fait la France portât atteinte à l'indépendance de l'Espagne; mais, si elle le faisait, le gouvernement de Madrid pourrait compter sur la sympathie de l'Angleterre et de l'Europe entière [1]. Lord Aberdeen se repentait-il donc d'avoir gêné les partisans du mariage Cobourg, et voulait-il leur rendre le terrain qu'il leur avait fait perdre? Je ne le pense pas. Dans les deux cas, il croyait conformer sa conduite à ses déclarations antérieures. En effet, comme j'ai eu plusieurs fois occasion de le noter, en même temps qu'il avait promis de seconder en fait ou tout au moins

[1] *Parliamentary Papers.*

de ne pas contrarier le mariage Bourbon, il avait réservé en droit l'indépendance de l'Espagne. M. Guizot n'eût pas eu de peine à lui montrer dès lors comment, en certains cas, pouvaient sortir de cette double déclaration des démarches contradictoires. Mais il avait été si heureux d'obtenir la promesse de fait, qu'il n'avait pas voulu regarder de trop près à la réserve de droit; de part et d'autre, chaque fois qu'on s'était entretenu de ce sujet délicat, on avait mieux aimé laisser un peu d'équivoque que de risquer un désaccord en s'expliquant plus nettement. C'était en exécution de la promesse de fait que lord Aberdeen avait déjoué, en mai, l'intrigue de Bulwer; ce fut par application de la réserve de droit qu'il écrivit, en juin, la dépêche au duc de Sotomayor. Le premier acte était beaucoup plus important que le second, celui-ci n'étant qu'une consultation purement théorique, tandis que celui-là avait des conséquences effectives et immédiates; il n'en résultait pas moins, dans la politique anglaise, une sorte d'ambiguïté qui n'était pas faite pour nous rassurer.

Si j'ai raconté avec quelque détail le coup tenté et manqué, au printemps de 1846, pour enlever à notre insu le mariage de la Reine avec le prince de Cobourg, c'est que cet incident devait avoir une influence décisive sur le dénouement de l'affaire des « mariages espagnols ». L'état d'esprit où il laissa le gouvernement français a été pour beaucoup dans la résolution que celui-ci a prise quelques mois plus tard. Non seulement M. Bresson, mais aussi M. Guizot sortirent de là plus disposés encore au soupçon, plus faciles à s'alarmer, plus convaincus que, pour n'être pas joués par leurs concurrents, ils devraient probablement les devancer par une prompte initiative. Édifiés sur ce dont on était capable à Madrid, aussi bien à la cour qu'à la légation anglaise, ils savaient bien que le dépit de la manœuvre déjouée et la mortification des reproches subis n'avaient corrigé personne ; au contraire, plus les meneurs portaient actuellement la tête basse, plus ils devaient être impatients de prendre leur revanche. Et puis, bien que notre cabinet ne connût pas la lettre écrite par le prince Albert à son frère, divers symptômes avaient pu lui faire soupçonner quelque arrière-pensée chez la reine Victoria et chez son époux. Au milieu de tant de raisons de s'inquiéter, une seule garantie lui restait, garantie dont, en dépit de la réponse à M. de Sotomayor, il venait d'éprouver l'efficacité : c'était la droiture personnelle de lord Aberdeen, son sincère désir de maintenir l'entente cordiale.

II

En Orient, comme en Espagne, il existait une rivalité traditionnelle entre la France et l'Angleterre. La guerre avait même failli en sortir : on se rappelle la crise de 1840, à laquelle avait mis fin la convention des détroits, signée le 13 juillet 1841 [1]. Depuis lors, que s'était-il passé dans ces régions? Sur la question d'Égypte, si bruyante de 1833 à 1841, le silence s'était fait. Sans doute le cabinet britannique regardait toujours de ce côté avec une attention ombrageuse; quand le Czar, pendant son voyage à Londres, en 1844, causa des affaires d'Orient avec sir Robert Peel, celui-ci ne sortit des généralités vagues que pour déclarer sa volonté de « ne pas laisser s'établir, sur le Nil, un gouvernement trop fort, qui pût fermer la route du commerce et refuser le passage à la malle des Indes [2] ». Mais l'Angleterre croyait être garantie contre tout péril de ce genre, depuis que Méhémet-Ali avait été forcé d'abandonner ses conquêtes en Asie. Le cabinet de Paris n'avait pas non plus de raison de remettre cette question sur le tapis. Il était trop heureux de voir que l'autorité du pacha, réduite à l'Égypte, gagnait en solidité ce qu'elle avait perdu en étendue [3], et de constater,

---

[1] Voir au tome IV.
[2] Ce propos a été rapporté par le baron de Stockmar, qui le tenait de sir Robert Peel lui-même.
[3] Méhémet-Ali disait lui-même, en 1846, à M. de Bourqueney, ambassadeur

contrairement à toutes les prédictions des journaux, que la France gardait son crédit à Alexandrie, que ses conseils y étaient réclamés et écoutés, que son commerce y était en progrès, que ses religieux, chaque jour plus nombreux, y répandaient sa langue et son influence. M. Guizot pouvait dire à la tribune, le 21 janvier 1843 : « Nos rapports avec l'Égypte sont les meilleurs qui aient jamais été. »

La France n'était pas sortie partout en Orient aussi indemne de la crise de 1840. Sur un autre point, en effet, cette crise avait contribué à faire naître une question difficile, douloureuse, qui devait longtemps embarrasser et attrister notre diplomatie : c'est ce qu'on a appelé la question du Liban. Quelques explications rétrospectives sont nécessaires pour la faire comprendre. On sait que la partie de la Syrie nommée la Montagne est habitée par deux races distinctes, rivales, ennemies : l'une, la plus nombreuse, les Maronites, chrétiens aborigènes redevenus catholiques pendant les croisades, depuis lors amis et clients de la France; l'autre, les Druses, ni chrétiens ni musulmans, moins nombreux, mais plus belliqueux et plus sauvages, que, depuis quelque temps, l'Angleterre paraissait chercher à s'attacher. Par un privilège traditionnel dont notre nation, protectrice séculaire des chrétiens d'Orient, surveillait le maintien, la Montagne avait joui, jusqu'à la prise de possession de la Syrie par Méhémet-Ali, d'une sorte d'autonomie; petite république patriarcale et militaire, féodale et élective, elle avait à sa tête un chef unique, sujet sans doute de la Porte, lui payant tribut, mais chrétien et choisi, depuis plus de cent ans, dans la puissante famille des Chéabs. La conquête égyptienne porta une grave atteinte à cette organisation. Sans révoquer l'émir Beschir, chef chrétien de la Montagne, le pacha supprima les libertés de cette région et y établit, avec une extrême rigueur, son autorité directe. De là des mécontente-

---

de France à Constantinople : « Les Anglais se disent aujourd'hui mes amis; le fait est qu'en me débarrassant de ces sales affaires de Syrie, ils m'ont rendu service. » (*La Grèce du roi Othon. Correspondance de M. Thouvenel avec sa famille et ses amis*; p. 72.)

ments que les agents anglais s'empressèrent d'exploiter. Le gouvernement français, au contraire, en appuyant Méhémet-Ali, semblait lui avoir sacrifié ses anciens protégés. Sur ce point, comme sur plusieurs autres, notre engouement pour le pacha nous faisait perdre de vue nos traditions et nos intérêts. Lors des mesures d'exécution prises contre Méhémet-Ali, après le traité du 15 juillet 1840, l'émir Beschir passa aux Anglais, aussitôt qu'il pressentit leur victoire, sans cependant se sauver ainsi lui-même. En effet, la Porte, à peine rentrée en possession de la Syrie, profita des circonstances pour abolir les privilèges de la Montagne et substituer un pacha ottoman au chef chrétien. L'arbitraire et l'anarchie, telles furent aussitôt les conséquences de l'administration turque. Dès 1841, les Maronites, indignement maltraités, poussèrent un cri de détresse et implorèrent le secours de l'Europe.

La France ne pouvait refuser de prêter l'oreille à cette plainte, sans déserter son vieux rôle, sans répudier un patronage dont le maintien importait grandement à son honneur et à son influence. Toutefois, dès qu'elle voulut agir, elle se sentit gênée et affaiblie par l'attitude même qu'elle venait de prendre dans le conflit du sultan et du pacha. Après avoir laissé son client, Méhémet-Ali, supprimer les privilèges des Maronites, avait-elle le même titre qu'autrefois pour réclamer en leur nom? Pouvait-elle se flatter de retrouver son ancien crédit auprès du divan, qui lui gardait rancune de sa politique égyptienne et qui se flattait de pouvoir au besoin lui opposer les puissances signataires du traité du 15 juillet 1840? Et puis, du moment où les Turcs mettaient en discussion notre droit de protection sur les chrétiens d'Orient, n'étaient-ils pas quelque peu fondés à faire observer que la situation respective de la France, de l'Europe et de l'Empire ottoman avait bien changé depuis l'époque où ce droit s'était établi? Sous l'ancien régime, nous étions les alliés du sultan, ne lui suscitant aucun embarras, ne lui inspirant aucune inquiétude; depuis un demi-siècle, au contraire, la Porte, non sans en garder ressentiment, nous avait vus successivement faire l'expédition d'Égypte, délivrer la Grèce, conquérir l'Algérie, émanciper à demi Tunis et soutenir Méhémet-Ali. Autrefois, nous étions le seul État chrétien en rapports intimes avec la cour de Constantinople; maintenant, les autres puissances, notamment l'Angleterre et la Russie, y avaient des intérêts considérables et y exerçaient une influence généralement rivale de la nôtre. Comme l'a écrit M. Guizot, nous avions cessé d'être aussi nécessaires à la Porte et nous lui étions devenus suspects.

Vers la fin de 1841, comprenant que, dans une telle situation, ses représentations isolées n'auraient pas grande chance d'être écoutées par la Turquie, le cabinet de Paris proposa aux grandes puissances d'agir de concert. L'Autriche se montra bien disposée, quoique un peu molle. L'Angleterre, où l'on ne faisait pas encore profession de l'entente cordiale, fut plus hésitante, partagée entre son habitude de protéger les Druses et l'indignation que les traitements infligés aux Maronites ne pouvaient manquer d'inspirer à l'esprit droit de lord Aberdeen. Quant à la Russie, nous ne pouvions compter sur son concours que si, en nous le refusant, elle s'exposait à se trouver isolée. Notre gouvernement s'aperçut vite qu'avec une Europe aussi peu unie, on ne parviendrait pas à imposer à la Porte la restauration intégrale des anciens privilèges du Liban et le rétablissement du chef chrétien unique. Faute de mieux et tout en déclarant ne pas voir là une satisfaction définitive, il se rallia à un expédient transactionnel imaginé par M. de Metternich et appuyé par le cabinet britannique. Il s'agissait d'obtenir de la Porte qu'elle dédoublât l'administration du Liban; les Druses devaient avoir à leur tête un magistrat de leur race; de même pour les Maronites. Le gouvernement ottoman, après avoir essayé d'éluder cette demande, finit par déclarer, d'assez mauvaise grâce, le 7 décembre 1842, qu'il se conformerait au vœu des puissances.

La mesure, qui n'eût jamais pu être bien efficace, ne fut même pas sérieusement et sincèrement exécutée. Les pachas turcs conservèrent la réalité du pouvoir et s'appliquèrent à prolonger un état d'anarchie qui leur paraissait servir la

prépotence ottomane, en affaiblissant les deux races rivales.
Les choses en vinrent à ce point que, dans les premiers mois de
1845, une véritable guerre civile éclata entre les Maronites et
les Druses; ces derniers, appuyés plus ou moins ouvertement
par les Turcs, eurent généralement le dessus et se livrèrent
aux plus atroces excès.

Le gouvernement français n'avait pas attendu ces lamentables événements, pour se convaincre que la réforme nominale obtenue en 1842 n'avait remédié à rien. Éclairé par l'expérience, pressé par les orateurs qui, dans les deux Chambres, se faisaient les avocats des Maronites, notamment par M. de Montalembert, M. Guizot s'était bientôt décidé à modifier sa première attitude et à réclamer le retour à l'ancien état de choses, le rétablissement d'une administration unique et chrétienne. S'en étant ouvert aux autres puissances, il trouva assez bon accueil auprès de M. de Metternich. Mais, même après l'établissement de l'entente cordiale, il ne parvint pas à amener à cette idée le cabinet de Londres. Lord Aberdeen se disait très sincèrement désolé de l'anarchie du Liban, prêt à s'associer à nous pour y mettre un terme; seulement, il contestait l'efficacité du moyen que nous proposions. Incapable personnellement d'encourager ou d'excuser les Druses, il était trop souvent mal éclairé sur leur conduite, par ses agents en Syrie; ceux-ci, obstinés dans les vieilles rivalités, ne voyaient, dans ces féroces montagnards, que des protégés de l'Angleterre à soutenir quand même contre les protégés de la France; le consul britannique à Beyrouth put même être accusé d'avoir été l'instigateur ou tout au moins le complice de ceux qui, en 1845, prirent les armes contre les Maronites. Dans ces conditions, notre demande d'une administration unique n'avait pas chance de réussir à Constantinople. Aussi, tout en la maintenant, notre gouvernement ne négligea-t-il pas de présenter des réclamations moins radicales, pour lesquelles il fut appuyé par l'Autriche et même, dans une certaine mesure, par l'Angleterre. Ces efforts ne furent pas absolument infructueux. En 1845 et dans les années qui suivirent, diverses réformes, plus sérieusement accomplies que celle de 1842, apportèrent des améliorations réelles, bien qu'encore incomplètes, à la situation des Maronites. La diplomatie du gouvernement de Juillet ne put obtenir davantage.

III

Les difficultés qui entravaient notre diplomatie dans la question du Liban devaient lui faire chercher, sur cette vaste scène de l'Orient, un autre point où elle pût agir plus efficacement. Y avait-il chance de le trouver dans le jeune royaume de Grèce? On sait comment, à la fin de la Restauration, la France, l'Angleterre et la Russie étaient intervenues dans la création de cet État; elles avaient ainsi acquis le droit et contracté l'obligation de surveiller et de seconder ses débuts. Ceux-ci n'avaient pas été heureux. Plusieurs siècles de servitude, suivis de plusieurs années d'insurrection, ne sont pas une bonne école pour les mœurs publiques. Aussitôt les Turcs chassés, le pays avait été en proie à une anarchie sanglante et ruineuse. Pour y remédier, les trois puissances protectrices cherchèrent un roi; elles eurent de la peine à le trouver; Léopold, le futur souverain de la Belgique, un moment choisi en 1830, se déroba. Force fut de se rabattre, en 1832, sur un prince encore mineur, Othon, second fils du roi de Bavière. La France, l'Angleterre et la Russie lui accordèrent, comme dot, la garantie collective d'un emprunt de soixante millions. Les Bavarois qui, dans les premières années, administrèrent sous le nom du jeune roi, le firent avec une main d'une lourdeur toute germanique, irritant l'amour-propre national, sans satisfaire les intérêts ni même maintenir l'ordre matériel et la paix intérieure. En 1837, quand Othon commença à gouverner lui-même avec le concours de ministres indigènes, les choses n'en marchèrent pas mieux; esprit honnête, mais court, obstiné et hésitant, tenant à son pouvoir absolu sans en rien faire, le Roi n'était ni aimé de ses sujets, ni considéré par les diplomates étrangers. Le désordre financier était extrême, au grand déplaisir des États garants de l'emprunt. Pour comble de malheur, les dissensions intestines — la plus dangereuse peut-être des maladies dont souffrait la Grèce — étaient encore aggravées par la rivalité des trois puissances tutrices. Si celles-ci, à l'origine, avaient agi en commun pour faire reconnaître l'indépendance hellénique, ce n'était pas qu'il y eût entre elles, sur cette question, un réel accord de vues; c'était au contraire par méfiance réciproque, pour se surveiller et se contenir mutuellement; chacune avait craint que l'autre ne voulût exploiter ce mouvement à son profit exclusif. Le nouvel État créé, cette méfiance persista. Les factions grecques l'exploitèrent, et bientôt elles se distinguèrent en parti français, parti russe, parti anglais; chaque chef de légation, devenu patron d'un parti, épousait ses prétentions, s'associait à ses cabales et mettait son amour-propre à le faire triompher sur les autres.

Jusqu'en 1841, la prépondérance à Athènes avait été surtout disputée entre la Russie et l'Angleterre. La France avait été trop occupée chez elle, ou, quand elle avait eu le loisir de songer à un rôle en Orient, sa pensée s'était dirigée de préférence vers l'Égypte. Ce fut seulement après le déboire éprouvé de ce côté que M. Guizot manifesta, par une dépêche adressée le 11 mars 1841 aux autres cabinets, le dessein de « reporter sur la Grèce une attention » qui, ajoutait-il, avait été jusque-là « distraite par des questions plus urgentes[1] ». Et pour commencer, il envoya en mission extraordinaire et temporaire à Athènes M. Piscatory, homme de ressources et de résolution, esprit élevé et ardent, ayant une situation politique importante en France et jouissant en Grèce d'une grande popularité personnelle pour avoir jadis, dans la guerre de

---

[1] Cette dépêche est citée intégralement dans les Pièces justificatives des *Mémoires de M. Guizot*. C'est à ces Mémoires, et aussi à l'ouvrage de M. d'Haussonville sur l'*Histoire de la politique extérieure de 1830 à 1848*, que sont empruntés les documents qui seront cités dans la suite de cet exposé, sans indication de source spéciale.

l'Indépendance, fait le coup de feu à côté des plus vaillants palikares. Son arrivée amena naturellement les Grecs à reporter leurs regards vers la France. Aussi bien savaient-ils que là étaient leurs amis les plus sincères ; à Londres, on ne s'était résigné que d'assez mauvaise grâce à la création d'un État qui démembrait l'Empire ottoman ; à Saint-Pétersbourg, si l'on voulait bien d'une Grèce vassale du Czar, on jalousait une Grèce trop forte et trop indépendante ; à Paris seulement, on avait applaudi sans arrière-pensée à la résurrection d'un peuple ayant un passé si glorieux, et on lui souhaitait sincèrement de grandes destinées. Le dessein de M. Guizot n'était pas de rentrer, à Athènes, dans la vieille politique d'antagonisme, dont au même moment il essayait de sortir à Madrid. Partant de cette double idée que notre premier, notre unique intérêt en Grèce était la durée et la prospérité du nouvel État, ensuite que l'un des principaux obstacles à cette durée et à cette prospérité était le conflit d'influence entre les puissances protectrices, il désirait y substituer le concert. Dès la fin de 1841, il s'en expliqua très nettement avec lord Aberdeen. « Il est bien nécessaire, écrivait-il, que nous fassions cesser, sur les lieux mêmes, ces jalousies aveugles, ces rivalités puériles, ces luttes sur les petites choses, tout ce tracas d'en bas qui dénature et paralyse la bonne politique d'en haut [1]. » Le secrétaire d'État britannique accueillit bien ces ouvertures et envoya des instructions dans le même sens à sir Edmond Lyons. Celui-ci, qui, depuis 1832, représentait l'Angleterre à Athènes, était un ancien capitaine de vaisseau, homme du monde aimable, gai, naturel, mais diplomate impérieux, soupçonneux, cassant, grossissant sans mesure tous les incidents secondaires, prêt à partir en guerre pour les moindres difficultés, tout imbu de l'esprit de lord Palmerston qui le tenait en grande faveur ; nul n'avait été plus passionnément engagé dans toutes les querelles d'influence en Grèce. Un tel agent pouvait-il devenir l'instrument d'une politique d'entente ? En

---

[1] Lettre à M. de Sainte-Aulaire, en date du 8 octobre 1841.

tout cas, pour l'y contraindre, il eût fallu porter à ces affaires une attention plus soutenue et plus énergique que ne le faisait à cette époque lord Aberdeen. M. Guizot lui-même, absorbé par d'autres questions, ne donna pas, pour le moment, grande suite à l'initiative qu'il avait prise en 1841. L'année 1842 et le commencement de 1843 s'écoulèrent donc sans que l'état des choses à Athènes fût sérieusement modifié.

Ce fut vers le milieu de 1843, à l'époque où l'entente cordiale tendait à devenir la règle générale des rapports entre l'Angleterre et la France, que la question grecque fut remise sur le tapis et prit assez d'importance pour que M. Guizot l'appelât, quelques mois plus tard, à la tribune, « la grande affaire de l'Orient ». Dès juin 1843, M. Piscatory fut renvoyé à Athènes, non plus en mission temporaire, mais avec la qualité de ministre de France. Il lui était recommandé « de beaucoup faire et même sacrifier, pour maintenir le concert avec ses collègues », spécialement avec sir Edmond Lyons. « C'est, ajoutait M. Guizot, le seul moyen d'action efficace..... Je ne sais pas jusqu'où nous mènerons ce concert; mais il faut le mener aussi loin que nous le pourrons ; par le concert et pendant sa durée, nous nous fortifierons pour le moment où il nous manquera. » En même temps, notre ministre saisissait l'occasion d'un débat à la Chambre des pairs, le 21 juillet 1843, pour proclamer solennellement la politique d'entente qu'il prétendait inaugurer en Grèce. A peine arrivé à Athènes, M. Piscatory s'appliqua loyalement à exécuter ses instructions. « Je me fais petit, écrivait-il à M. Guizot ; j'ai même un peu brusqué mes amis. Je fais ici un métier bien contraire à ma nature; je me contrarie sur tout, et je fais d'énormes sacrifices à mes collègues, qui n'en font aucun..... Ne croyez pas que je sois las du mauvais quart d'heure qu'en toutes choses il faut savoir passer; j'enrage souvent, mais je sais vouloir, et je voudrai jusqu'au bout. »

Des événements allaient s'accomplir qui rendaient le concert des puissances plus nécessaire encore à la Grèce. Le 15 septembre 1843, un soulèvement populaire arracha au roi Othon la promesse d'une constitution libérale et la convocation d'une assemblée nationale chargée de la rédiger. A la différence du cabinet de Londres, celui de Paris n'avait pas désiré cette révolution : le système parlementaire lui paraissait d'une application bien difficile avec une nation si divisée et si inexpérimentée, une royauté si neuve et si impopulaire; à son avis, il eût mieux valu s'en tenir à des réformes administratives. Mais, le fait accompli, il se montra tout disposé à s'unir à l'Angleterre pour seconder la mise en train du nouveau régime. De Londres et de Paris, on envoya donc les mêmes instructions. Tandis que M. Guizot écrivait à M. Piscatory : « Persistez à subordonner les intérêts de rivalité à l'intérêt d'entente, la petite politique à la grande », lord Aberdeen mandait à sir Edmond Lyons : « Je vois avec regret que vous avez une tendance à maintenir l'ancienne distinction des partis... Gardez-vous bien de mettre en avant Maurocordato, ou tout autre, comme le représentant de la politique et des vues anglaises. Je suis sûr que le ministre de France recevra les mêmes instructions quant à Colettis et à ceux qui se prétendraient les soutiens des intérêts français... Ce serait une grande pitié, quand les gouvernements sont entièrement d'accord, que quelque jalousie locale ou les prétentions personnelles de nos amis vinssent aggraver nos difficultés. » Ces recommandations ne furent pas sans effet. M. Piscatory marcha résolument dans la voie qui lui était prescrite, étonnant parfois nos amis du parti français, mais finissant par obtenir du plus grand nombre qu'ils suivissent nos conseils d'union. Sir Edmond Lyons lui-même, frappé d'un tel exemple et pressé par son chef, avait meilleure attitude que dans le passé. L'union si patente de la France et de l'Angleterre, jointe à l'abstention de la Russie, qui boudait la constitution, amena à Athènes, sinon la paix, du moins une sorte de suspension d'armes entre les partis; elle permit de passer sans accident le périlleux défilé de la réunion de l'assemblée nationale et de la confection de la constitution. Heureux résultat que M. Guizot célébrait à la tribune de la Chambre des députés, le 21 janvier 1844, et dont, avec raison, il faisait honneur à l'entente cordiale.

Le gouvernement français eut bientôt occasion de prouver la loyauté avec laquelle il était résolu à pratiquer cette entente. Le premier cabinet formé à Athènes, en avril 1844, après le vote de la constitution, eut à sa tête le chef du parti anglais, Maurocordato; M. Piscatory le soutint ouvertement. Pour le coup, sir Edmond Lyons parut comprendre la vertu de l'entente cordiale; il n'avait pas assez d'éloges pour M. Piscatory. Quant à lord Aberdeen, il était tout heureux; à ceux qui, autour de lui et jusque dans le sein du cabinet, doutaient des avantages de sa politique et objectaient que son premier effet avait été, en Espagne, le triomphe de l'influence française, il montrait, en Grèce, le parti anglais au pouvoir. « Voilà, leur disait-il, à quoi sert l'entente [1]! »

Cette lune de miel ne devait malheureusement pas durer. Maurocordato s'appuyait sur une base trop étroite. Le parti anglais, composé d'hommes relativement éclairés et ouverts aux idées européennes, n'était guère qu'un état-major sans soldats. La masse de la nation allait bien plus volontiers soit au parti religieux patronné par la Russie, soit surtout au parti populaire, guerrier et patriote, qui se recommandait de la France. Si le cabinet avait avec lui les habits, il avait contre lui les fustanelles, de beaucoup les plus nombreuses. On s'en aperçut aux élections générales auxquelles il fallut procéder en juillet 1844. Elles furent un désastre pour Maurocordato, qui dut céder la place à un ministère réunissant Colettis, le chef du parti français, et Metaxa, le chef du parti russe. Cette association n'impliquait pas un partage égal d'influence; la prépondérance appartenait à Colettis.

Notre diplomatie n'avait rien fait, ni pour renverser Maurocordato, à qui elle avait toujours prêté appui, ni pour pousser en avant Colettis, qu'elle avait au contraire tâché de contenir; tout était arrivé par le mouvement naturel de l'opinion en Grèce. L'événement accompli, M. Guizot n'eut qu'une préoccupation, atténuer le déplaisir et la mortification qu'en

---

[1] Lettres de M. de Sainte-Aulaire à M. Guizot, du 2 et du 3 mai 1844.

devait ressentir l'Angleterre. Il faisait écrire à notre chargé d'affaires à Londres : « Ne laissez pas croire que nous acceptions le moins du monde comme un succès nôtre, c'est-à-dire français, la chute de Maurocordato [1]. » Tout en reconnaissant la nécessité d'aider Colettis, il voulait qu'on ménageât le plus possible les hommes du parti anglais et qu'on ne fournît aucun grief au cabinet de Londres. « Je crains, écrivait-il à M. Piscatory, que nous ne retombions dans ce qui a, si longtemps et sous tant de formes diverses, perdu les affaires grecques, la division et la lutte des partis intérieurs et des influences extérieures. Donnez, Colettis et vous, un démenti à ce passé. Je vous y aiderai de tout mon pouvoir. » Et encore : « Dites-vous souvent que, quelque intérêt que nous ayons à Athènes, ce n'est pas là que sont les plus grandes affaires de la France. » En même temps, il s'adressait directement à lord Aberdeen, et tâchait par de loyales explications, par des assurances répétées, de dissiper ses préventions et de calmer ses inquiétudes.

C'était au tour de l'Angleterre de se conduire comme nous l'avions fait pendant que ses clients étaient au pouvoir, de sacrifier ses préférences de personne et de parti à la nécessité supérieure de l'entente. Sir Edmond Lyons prit aussitôt une attitude absolument contraire : tout entier à son dépit, il ne se donna même pas la peine de le voiler, se brouilla ouvertement avec M. Piscatory, et commença une guerre acharnée contre Colettis. Chez lord Aberdeen lui-même, il semblait que la droiture habituelle d'esprit fût un peu altérée par le désappointement que lui avait causé la chute de Maurocordato. M. Guizot s'en rendait compte, et, dès le premier jour, il écrivait à M. Piscatory : « Quand on attaquait lord Aberdeen sur l'entente cordiale, quand on lui demandait quelle part de succès il y avait, la Grèce était sa réponse, sa réponse non seulement à ses adversaires, mais aussi à ceux de ses collègues qui hésitaient quelquefois dans sa politique... Il a perdu cette réponse.

[1] Lettre de M. Désages à M. de Jarnac, en date du 27 septembre 1844. (*Documents inédits.*)

Il est aujourd'hui, en Grèce, dans la même situation qu'en Espagne; à Athènes, comme à Madrid, il expie les fautes, il paye les dettes de lord Palmerston et de ses agents. C'est un lourd fardeau; il en a de l'inquiétude et de l'humeur. » Nos protestations, bien que non absolument inefficaces, ne suffirent pas à dissiper cette humeur. Lord Aberdeen ne pouvait se défaire de cette idée que la présence de Colettis au ministère était un danger, et que M. Piscatory n'avait pas été étranger au renversement de Maurocordato. C'était, du reste, la conviction générale en Angleterre. Un député whig, M. Cochrane, ayant dit, en pleine Chambre des communes, que la conduite de M. Piscatory avait été « honteuse et dégradante », sir Robert Peel se bornait à répondre : « Quant à la conduite de M. Piscatory, la Chambre m'excusera si je n'en dis rien ; je ne pense pas qu'il soit dans les convenances que j'exprime publiquement mon opinion sur un agent étranger. » Tout ce que M. Guizot put obtenir de lord Aberdeen fut la recommandation faite à sir Edmond Lyons, qui n'en tint pas compte, de se montrer poli avec M. Piscatory, « de ne prendre part à aucune menée contre M. Colettis, et de ne tenter aucun effort pour faire prévaloir l'influence anglaise [1] ».

L'espoir de lord Aberdeen était que Colettis échouerait comme Maurocordato. Le problème ne paraissait-il pas insoluble? Dans un pays où n'existait même pas la notion d'un état social régulier [2], il fallait fonder un gouvernement, créer une administration, et même faire fonctionner le régime parlementaire. Un événement, survenu au milieu de 1845, rendit la situation plus difficile encore : Metaxa s'étant brouillé avec Colettis, celui-ci resta seul maître du pouvoir, ayant contre lui la coalition des deux partis russe et anglais, sans autre point d'appui que son propre parti, nombreux à la vérité, mais ignorant et

---

[1] Instructions du 11 novembre 1844.
[2] M. Thouvenel, alors secrétaire d'ambassade à Athènes, écrivait le 20 décembre 1845 : « Rien ici n'est solide, si ce n'est un instinct de désordre, de rapine, historiquement très explicable, mais fort embarrassant pour former un État. » (*La Grèce du roi Othon, correspondance de M. Thouvenel avec sa famille et ses amis*, p. 8.)

turbulent. Et lui-même, qu'était-il? Un ancien conspirateur, un ancien chef de palikares. Oui, mais depuis la guerre de l'Indépendance il avait séjourné, pendant plus de sept années, à Paris, comme ministre de Grèce; là, au spectacle des choses d'Occident, dans le commerce intime d'hommes tels que M. Guizot et le duc de Broglie, cet esprit naturellement sagace et supérieur s'était initié à la civilisation, jusque-là tout à fait ignorée de lui; sans dépouiller entièrement son premier tempérament, ni faire disparaître toute sa barbarie d'origine, en en conservant ce qui le maintenait en communion avec ses compatriotes, il avait peu à peu acquis plusieurs des qualités de l'homme d'État. Aussi, une fois au pouvoir, étonna-t-il tout le monde par son sens du gouvernement, son esprit de mesure, son sang-froid, son aplomb, son adresse, sa fécondité de ressources. Il domina ses adversaires et, ce qui était peut-être plus malaisé, contint ses partisans. Non sans doute qu'il eût du premier coup transformé en sujets soumis, en citoyens corrects, des hommes dont plusieurs semblaient plutôt préparés au métier de brigands; trop souvent il ne pouvait les satisfaire qu'aux dépens de l'impartialité et de la régularité administratives. Finances, justice, armée, police, rien n'était encore bien organisé; certaines notions de moralité demeuraient fort obscurcies. C'était le legs du passé, la conséquence d'habitudes anciennes qu'on ne pouvait corriger en quelques mois. « On n'a jamais fait du pain blanc avec de la farine noire », disait philosophiquement Colettis. Et cependant, malgré tout, il y avait un réel progrès : le jeune royaume jouissait d'une tranquillité relative, d'un commencement de prospérité qu'il n'avait pas connus jusqu'alors et qui, pour le moment, paraissaient lui suffire. Le premier ministre se montrait l'homme d'une transition nécessaire entre l'anarchie barbare où la Grèce n'eût pu demeurer plus longtemps sans périr, et le gouvernement régulier, moderne, occidental, pour lequel elle n'était pas mûre.

Ce succès réel gagna à Colettis la sympathie de tous les témoins impartiaux, même des envoyés des cours allemandes qui avaient d'abord partagé les méfiances de la légation anglaise [1]. Mais il exaspéra sir Edmond Lyons, qui n'en devint que plus obstiné et plus acharné dans son hostilité. « C'est un fou furieux », écrivait-on d'Athènes, le 20 décembre 1845 [2]. Notre légation ne pouvait laisser sans défense Colettis ainsi attaqué; force était de venir à son secours. M. Piscatory n'était pas homme à déserter une telle tâche. A son tempérament ardent, vaillant, énergique, la lutte coûtait moins qu'une attitude de réserve et d'observation. Nul n'était plus homme d'action et de commandement. Il prit donc sans hésitation, et même probablement avec quelque plaisir, le rôle auquel l'obligeaient les provocations de sir Edmond Lyons. Il se fit ouvertement le patron du ministre que la légation anglaise prétendait renverser, le chef du parti qui se disait « français », ne s'effarouchant pas de ce que ce parti avait encore d'un peu sauvage, tâchant seulement de le discipliner. « Nous nous sommes placés au milieu des palikares, écrivait l'un des jeunes membres de la légation française, M. Thouvenel; nos amis ne nous font pas toujours honneur, mais ils sont les plus forts [3]. » Il fut en effet bientôt visible, comme le disait encore M. Thouvenel, que « M. Lyons était battu à plate couture par M. Piscatory [4] ». Le parti anglais ne comptait plus que douze voix à la Chambre. Jamais notre influence n'avait été aussi prépondérante à Athènes : c'était manifestement le ministre de France qui gouvernait la Grèce.

Y avait-il lieu de se féliciter sans réserve d'un pareil résultat? Ne fallait-il pas reconnaître, au contraire, qu'une telle situation était anormale, et qu'elle pouvait avoir de fâcheuses conséquences pour la Grèce comme pour la France? La Grèce n'avait

---

[1] Voir notamment un Mémoire rédigé en avril 1846 par l'envoyé d'Autriche, le comte Prokesh. (HAUSSONVILLE, *Histoire de la politique extérieure du gouvernement français, 1830-1848*, p. 107.)

[2] *La Grèce du roi Othon, correspondance de M. Thouvenel*, p. 11.

[3] *Ibid.* — M. Thouvenel ajoutait, quelques jours plus tard : « Nous sommes ici, il ne faut pas nous le dissimuler, les amis de la canaille; mais cette canaille, après tout, est la masse du pays, et c'est là que, pour être forts, nous avons dû poser notre camp. » (*Ibid.*, p. 13.)

[4] *Ibid.*, p. 113.

chance de s'affermir et de se développer, de surmonter ses difficultés intérieures et extérieures, qu'avec l'appui de toutes les puissances protectrices, et elle était certainement trop faible pour supporter, sans en beaucoup souffrir, la rivalité diplomatique dont elle était l'objet et le théâtre. D'ailleurs, si la maladresse de sir Edmond Lyons et l'habileté de M. Piscatory donnaient momentanément le dessous au parti anglais, l'Angleterre avait en Orient une situation trop forte pour qu'il fût indifférent à un petit État d'encourir son hostilité ou seulement sa bouderie. Quant à la France, hors la satisfaction d'amour-propre de primer sur une scène bien étroite et d'infliger un échec mérité à qui lui cherchait une méchante querelle, de quel grand intérêt politique était pour elle cette lointaine victoire? Quel profit trouvait-elle à dominer la Grèce, quel honneur à paraître solidaire et responsable d'un gouvernement après tout fort imparfait? Pouvait-elle se flatter de jouer un grand rôle dans le Levant, au moyen de cet État encore mal assis auquel on devait souhaiter, avant tout, une prudente immobilité, et dont les ambitions n'eussent pu d'ailleurs se satisfaire qu'au préjudice de notre politique traditionnelle sur le Bosphore? Tout cela, sans doute, n'était pas une raison de se désintéresser absolument de ce qui se passait en Grèce; mais c'était une raison de ne s'y engager qu'avec mesure. Sur place, dans la chaleur de la lutte, cette mesure était difficile à garder, surtout pour M. Piscatory. Il ne savait pas faire petitement et n'était pas l'homme des rôles effacés ou médiocres. C'était affaire à ceux qui l'employaient de lui choisir des postes à sa taille. M. Thouvenel écrivait finement, d'Athènes, le 20 décembre 1845 : « Ici, comme à Madrid, il est à désirer qu'on tienne le jeu, mais sans y trop mettre ; le gain ne vaut pas les émotions de la partie. » Puis il ajoutait tout bas, en parlant de son chef de légation : « Je crois qu'il a trop mis au jeu [1]. »

A Paris, on savait gré sans doute à M. Piscatory et à Colet-

---

[1] *La Grèce du roi Othon,* correspondance de M. Thouvenel, p. 9 et 11.

tis de leur habileté et de leur succès : on ne songeait ni à les
désavouer, ni à leur conseiller une capitulation. Mais on ne se
voyait pas sans chagrin entraîné dans une politique si différente de celle qu'on avait rêvée et qu'un moment on avait cru
tenir. M. Désages écrivait à M. Thouvenel, le 20 mai 1846 :
« Oui, c'est un grand mal que nous ayons à prendre si complètement, si ouvertement à notre compte la défense et la
protection du cabinet d'Athènes. C'est mauvais pour la Grèce
et pour nous, car la pression contre ce cabinet s'accroît indu-
bitablement de l'influence déclarée, patente, que nous donne
sur lui le besoin qu'il a de notre appui. A cela, je ne vois,
pour le présent du moins, aucun remède. Le seul palliatif est
dans la continuation de notre bonne entente avec les légations
et les cours allemandes[1]. » Quant à M. Guizot, il avait trop
vivement désiré l'accord, il était trop pénétré de ses avantages
supérieurs, pour ne pas regretter le conflit, même quand il y
avait l'avantage. Il ne se lassait pas de faire appel à lord Aberdeen pour rétablir cet accord. Il profitait de la seconde
entrevue d'Eu, en septembre 1845, pour dire au ministre
anglais « tout ce qu'il pensait » de la conduite de sir Edmond
Lyons. Peu auparavant, M. de Metternich, pressé par nous,
avait aussi « fait une charge à fond » sur le secrétaire d'État.
Tout cela à peu près sans aucun résultat. « Je crois, écrivait
M. Guizot en novembre 1845, lord Aberdeen bien près d'être
convaincu que Lyons juge mal les affaires de Grèce et conduit mal celles de l'Angleterre en Grèce; mais, mais, mais...
je m'attends à la prolongation de cette grosse difficulté. » Si
désireux qu'il fût de mettre fin au désaccord, notre ministre
en prenait virilement son parti, du moment où la politique
britannique le rendait inévitable. « Il faut vivre avec ce mal-là,
écrivait-il à M. Piscatory ; nous ne sommes pas en train d'en
mourir. Je regrette le fait, mais je m'y résigne. » C'est qu'au
fond, là comme en Espagne, il se sentait garanti contre de
trop fâcheuses conséquences, par la présence de lord Aberdeen

---

[1] *La Grèce du roi Othon, correspondance de M. Thouvenel*, p. 73.

au *Foreign office*. S'il désespérait d'obtenir qu'il réprimât son agent, il savait n'avoir à craindre de sa part aucune démarche offensive qui pût faire dégénérer la querelle des deux légations en un conflit des deux gouvernements. L'entente cordiale, pour n'avoir pas produit dans les affaires de Grèce ce qu'on en attendait, n'y était donc pas absolument inefficace : elle localisait le dissentiment et l'empêchait d'avoir un contre-coup sur un plus vaste théâtre.

IV

On le voit, sur quelques-uns des points où l'on tâchait de l'appliquer, l'entente cordiale n'allait pas sans difficultés. Nouvelle preuve de cette vérité souvent constatée que, pour être quelquefois raisonnable et utile, l'alliance anglaise est rarement commode et agréable, surtout quand elle se trouve être, comme sous la monarchie de Juillet, l'alliance nécessaire. Toutefois, là même où cette entente était d'une exécution pénible et imparfaite, il ne semblait pas que, du côté de la France, on pût se plaindre des résultats obtenus. En Grèce comme en Espagne, si le cabinet de Londres ne nous donnait pas le concours que nous eussions désiré, du moins il nous laissait à peu près le champ libre, et, dans ces deux pays où naguère l'influence anglaise dominait, l'influence française avait maintenant le dessus. N'était-ce pas à croire que M. de Metternich devinait juste quand, tout au début de l'entente cordiale, le 12 octobre 1843, il avait fait cette sorte de prophétie : « Dans une rencontre avec Louis-Philippe et M. Guizot, lord Aberdeen tirera toujours la courte paille[1]. » Cette impression persista à Vienne, et, au commencement de 1846, l'ambassadeur d'Autriche à Londres mandait à son gouvernement que « lord Aberdeen était complètement dominé par

---

[1] J'ai déjà eu occasion de citer ce propos. (*Mémoires de Metternich*, t. VI, p. 690.)

l'ascendant de M. Guizot[1] ». C'était naturellement sous ce jour qu'en Angleterre l'opposition whig s'appliquait à présenter les choses. Le journal de lord Palmerston, le *Morning Chronicle*, disait en janvier 1845 : « M. Guizot a tellement fasciné lord Aberdeen qu'il n'est rien que celui-ci puisse lui refuser. M. Guizot a abaissé notre influence en Espagne, en Grèce, en Belgique ; il s'est moqué de nous au Maroc, nous a insultés à Taïti, abandonnés au Texas, a usurpé nos droits au Brésil... Tout serait préférable au compérage entre M. Guizot et lord Aberdeen, compérage dans lequel ce dernier joue son rôle sempiternel d'aimable dupe et sacrifie à la paix à tout prix les plus chers intérêts et la véritable dignité de son pays. » Plus tard, après la chute du ministère tory, un homme d'État whig, plus modéré que lord Palmerston, lord Clarendon, s'expliquant dans l'intimité sur le reproche fait ainsi à lord Aberdeen, le déclarait fondé ; il attribuait à son « laisser faire » le « succès des intrigues de Louis-Philippe ». « Les agents anglais, ajoutait-il, n'importe où ils étaient, avaient été rendus dépendants des agents français, au point qu'ils n'osaient se plaindre d'aucun mauvais procédé de ces derniers, sachant que ce serait s'exposer à une réprimande et courir le risque d'être humiliés dans l'exercice public de leur fonction[2]. »

Ce qui est en tout cas certain, c'est que l'entente cordiale se maintenait principalement par les rapports personnels d'amitié, d'estime, de confiance, établis depuis la première entrevue d'Eu, en 1843, entre M. Guizot et lord Aberdeen. Ils avaient pris peu à peu l'habitude de s'écrire directement dans les circonstances délicates, cherchant ainsi à donner à leurs communications le caractère d'un tête-à-tête. Il suffit de se rappeler quelles étaient les qualités de M. Guizot, l'autorité et la hauteur de son esprit, pour être assuré qu'un pareil tête-à-tête ne devait pas tourner à son

---

[1] Lettre du comte de Flahault à M. Guizot, du 6 février 1846. (*Documents inédits.*)
[2] *The Greville Memoirs, second part,* vol. III, p. 16.

désavantage. Jusqu'où allait cette loyale et confiante intimité, on en peut juger par ce que nous connaissons de la correspondance des deux ministres. Un jour, par exemple, M. Guizot, apprenant que lord Aberdeen était un peu troublé par les rapports de quelqu'un de ses diplomates, d'un Bulwer ou d'un Lyons, lui écrivait : « Ce que nous avons, je crois, de mieux à faire l'un et l'autre, c'est de mettre en quarantaine sévère tous les rapports, bruits, plaintes, commérages, qui peuvent nous revenir sur les menées secrètes ou les querelles de ménage de nos agents ; pour deux raisons : la première, c'est que la plupart de ces commérages sont faux ; la seconde, c'est que, même quand ils ont quelque chose de vrai, ils méritent rarement qu'on y fasse attention. L'expérience m'a convaincu, à mon grand regret, mais enfin elle m'a convaincu que nous ne pouvions encore prétendre à trouver ou à faire soudainement passer dans nos agents la même harmonie, la même sérénité de sentiments et de conduite qui existe entre vous et moi. Il y a, chez nos agents dispersés dans le monde, de grands restes de cette vieille rivalité inintelligente, de cette jalousie aveugle et tracassière qui a longtemps dominé la politique de nos deux pays. Les petites passions personnelles viennent s'y joindre et aggravent le mal. Il faut lutter, lutter sans cesse et partout contre ce mal, mais en sachant bien qu'il y a là quelque chose d'inévitable et à quoi, dans une certaine mesure, nous devons nous résigner. Nous nous troublerions tristement l'esprit, nous nous consumerions en vains efforts, si nous prétendions prévenir ou réparer toutes les atteintes, tous les mécomptes que peut recevoir çà et là notre bonne entente. Si ces atteintes sont graves, si elles compromettent réellement notre politique et notre situation réciproque, portons-y sur-le-champ remède, d'abord en nous disant tout, absolument tout, pour parvenir à nous mettre d'accord, vous et moi, ensuite en imposant nettement à nos agents notre commune volonté. Mais, sauf de telles occasions, laissons passer, sans nous en inquiéter, bien des difficultés, des tracasseries, des humeurs, des mésintelligences locales qui deviendraient importantes si nous leur permettions de monter jusqu'à nous, et qui mourront dans les lieux mêmes où elles sont nées, si nous les condamnons à n'en pas sortir [1]. »

Pour pratiquer cette amitié avec M. Guizot, lord Aberdeen ne devait pas seulement fermer l'oreille à ses subordonnés, il devait aussi faire entendre raison à ses collègues, et non aux moindres d'entre eux. Déjà plus d'une fois j'ai eu l'occasion de noter la tendance de l'illustre chef du cabinet britannique, sir Robert Peel, à prendre ombrage de ce qui se faisait ou se disait chez nous. Dans l'automne de 1845, sous l'empire de ces méfiances, heureusement passagères, il parut se produire un désaccord entre lui et le chef du *Foreign office;* celui-ci tint bon et offrit sa démission; Peel n'insista pas; seulement, comme il demeurait persuadé qu'en dépit des intentions pacifiques de Louis-Philippe et de son ministre, la guerre ne pourrait être longtemps évitée, il commença à s'occuper de la défense des côtes méridionales, signalées, depuis plusieurs années, par le duc de Wellington, comme le point faible de l'Angleterre [2]. Vers le même temps, M. Guizot, toujours attentif à ne laisser naître aucun soupçon chez lord Aberdeen, s'expliqua à cœur ouvert avec lui, au sujet des projets belliqueux qu'on prêtait à la France. « Je n'ai nul droit, lui écrivait-il le 2 octobre 1845, de m'étonner des suppositions et des appréhensions qu'excitent chez vous ce qu'on appelle nos préparatifs et nos armements maritimes, car j'en suis également assailli. Il n'est bruit, en France, que des armements et des préparatifs de l'Angleterre. » Puis, après avoir montré, avec force faits et chiffres, que, « considérés dans leur ensemble », les travaux effectués en France « ne pouvaient avoir qu'une influence et des résultats pacifiques », il ajoutait : « Je suis convaincu qu'il en est de même chez vous, et je le dirai dans l'occasion. Dites-le également pour nous. Repoussons, démentons nettement, de part et d'autre, les mensonges

---

[1] Lettre du 3 décembre 1844, citée par M. Guizot dans son étude sur Robert Peel.
[2] *The life of lord John Russell*, par Spencer WALPOLE, vol. II, p. 13.

intéressés de l'esprit de parti et les erreurs puériles de la badauderie. La politique que nous pratiquons n'a rien qui ne puisse être dit tout haut. Plus nous la montrerons à découvert, plus elle sera, dans nos deux pays, forte et rassurante, et plus aussi nous nous sentirons à l'aise et sûrs de notre fait en la pratiquant[1]. »

Curieux et noble spectacle, bien rare dans l'histoire politique, que celui de l'amitié de ces deux hommes d'État, devenue, entre des peuples que divisaient tant de préventions anciennes ou récentes, en face de questions difficiles, au milieu même de crises périlleuses, la garantie de la paix du monde. Seulement on voit tout de suite en quoi cette garantie était fragile et précaire. Qu'en resterait-il, si l'un des deux amis venait à quitter le pouvoir? Or, vers le milieu de 1845, le cabinet tory, qui gouvernait depuis 1841 et qui avait accompli à l'intérieur de grandes choses, donnait des signes d'affaiblissement. Quelques-uns de ses membres hésitaient à suivre plus loin leur chef dans ses réformes économiques. Ces difficultés devinrent telles que, le 6 décembre de cette même année 1845, sir Robert Peel dut porter à la Reine sa démission et celle de ses collègues. Lord John Russell fut chargé de former une autre administration. « Je suis bien triste! écrivit aussitôt M. Guizot à lord Aberdeen. Nous faisions de la si honnête et si grande politique! Et nous la faisions si amicalement! Qu'y a-t-il de plus rare, dans la vie publique, qu'un peu de sincérité et de vraie amitié? C'était très bon pour nos deux pays, et très doux pour nous-mêmes. Je ne puis, je ne veux pas croire que ce soit réellement fini[2]. » La nouvelle causa d'autant plus d'émoi en France, qu'on annonçait la rentrée de lord Palmerston au *Foreign office*. D'après le témoignage d'un Anglais, alors de passage à Paris et fort mêlé à la haute société politique des deux côtés du détroit, M. Reeve[3], le roi Louis-Philippe mani-

---

[1] *Lettres de M. Guizot à sa famille et à ses amis*, p. 230 à 236.
[2] 13 décembre 1845. (*Ibid.*, p. 237.)
[3] M. Reeve rendit compte de ses impressions à M. Greville, dans deux lettres en date des 20 et 22 décembre 1845. (*The Greville Memoirs, second part*, t. II, p. 345 à 347.)

festait contre Palmerston une « répugnance invincible » , et parlait de lui comme de « l'ennemi de sa maison » ; M. Guizot, plus réservé, déclarait « qu'il serait exactement pour Palmerston ce qu'il avait été pour Aberdeen », mais il ajoutait : « Vous ne vous faites pas l'idée de l'effet produit par ce nom-là sur ce pays et sur mon parti. Je sors d'un dîner avec la grosse banque : tous étaient dans la consternation ; on est venu vers moi, me prendre la main en me disant : « Mais, monsieur le ministre, « que ferez-vous de cet homme-là? Dans six mois, nous serons « en lutte ouverte avec l'Angleterre. Il vous fera des difficultés « partout, en Espagne, en Orient, à Taïti. C'est terrible. » M. de Rothschild disait au même M. Reeve : « Lord Palmerston est un ami de notre maison ; il dîne chez nous à Francfort ; mais il a l'inconvénient de faire baisser les fonds de toute l'Europe, sans nous avertir. »

Il était cependant, en France, un homme qui, loin de s'effrayer de la rentrée de lord Palmerston, s'en réjouissait : chose étonnante, c'était celui qu'on eût pu croire le moins disposé à oublier le traité du 15 juillet 1840, celui qui, ministre, avait paru vouloir la guerre pour se venger de ce traité, celui qui, dans les années suivantes, avait reproché à son successeur d'avoir, à l'égard des offenses du gouvernement britannique, la mémoire trop courte et le pardon trop facile : on a nommé M. Thiers. Depuis quelques années, à la vue de l'intimité établie entre M. Guizot et lord Aberdeen, l'idée lui était venue que son intérêt serait de lier partie avec lord Palmerston. Il s'était persuadé que le meilleur moyen de revenir lui-même au pouvoir était que l'opposition anglaise y revînt d'abord ; dans ce cas, se disait-il, Louis-Philippe, par crainte de compromettre la bonne intelligence avec l'Angleterre, se déciderait à abandonner les amis des tories et à les remplacer par les amis des whigs. Dès la fin de 1844, au lendemain de l'affaire Pritchard, au moment où Palmerston poussait le plus ouvertement à l'hostilité contre la France, M. Thiers lui faisait des avances que l'adversaire de lord Aberdeen accueillait bien, ne trouvant, à son point de vue, qu'avantage à aider l'ennemi de M. Guizot[1]. On vit alors le *Constitutionnel* et le *Morning Chronicle,* jusque-là si ardents à invectiver leurs patrons respectifs, échanger des coquetteries dont le *Journal des Débats* faisait ressortir l'étrange et suspecte nouveauté. Peu après, le 28 janvier 1845, M. Greville notait sur son journal : « Le plus curieux incident de la politique française est la *flirtation* commencée entre Thiers et Palmerston. Le fait est de notoriété à Paris, et l'on s'en amuse... Quelques lettres courtoises ont été échangées entre ces hommes d'État, autrefois rivaux[2]. » Sous l'empire de ces sentiments, l'ancien ministre du 1er mars entreprit, au mois d'octobre 1845, une courte excursion en Angleterre. Il y fut reçu avec un empressement curieux; on goûta fort son esprit et sa belle humeur, bien qu'il parût parfois un peu superficiel[3]. Soucieux de corriger les impressions produites outre-Manche par sa conduite en 1840 et par le langage qu'il avait tenu depuis cette époque, il protesta que son retour au pouvoir, loin d'altérer les relations des deux pays, les améliorerait; il ajouta que si, naguère, ces relations avaient failli plusieurs fois être compromises, la faute en était aux maladresses de M. Guizot[4] : occasion, pour lui, de s'exprimer sur son rival avec une amertume qui ne parut pas toujours de bon goût à ses interlocuteurs[5]. Il eut soin de voir les hommes de

---

[1] M. Léon Faucher écrivait à M. Duvergier de Hauranne, le 30 novembre 1844 : « Vous savez que les nuages se dissipent entre M. Thiers et les whigs. J'y ai, pour ma part, un peu travaillé, et je crois qu'il faut se féliciter, mais tout bas, de voir arriver le succès. » (L. FAUCHER, *Biographie et Correspondance,* t. I, p. 159.)

[2] L'éditeur du *Journal de M. Greville,* M. Reeve, confirme ce rapprochement avec ses renseignements personnels, et il ajoute : « C'était le résultat de leur commune haine contre M. Guizot. » (*The Greville Memoirs, second part,* vol. II, p. 267.)

[3] Lord Clarendon écrivait à Panizzi, le 12 octobre 1845 : « Thiers passe littéralement comme un éclair; s'il veut apprendre quelque chose sur ce pays-ci, il ne doit pas venir ici pour une seule semaine, bien que cette façon d'agir soit en harmonie avec son système habituel. Vous rappelez-vous son fameux billet à Ellice, alors secrétaire de la trésorerie : « Mon cher Ellice, je veux connaître à « fond le système financier de l'Angleterre : quand pourrez-vous me donner cinq « minutes? » (*The Life of sir Anthony Panizzi,* par Louis FAGAN.)

[4] *Journal inédit de M. de Viel-Castel.*

[5] On lit dans le Journal de Greville : « Aberdeen trouva M. Thiers très agréable, mais pas si bien (*fair*) pour Guizot que Guizot pour lui. Guizot parlait toujours en bons termes de lui, tandis que Thiers parlait très mal de Guizot. »

tous les partis; néanmoins ce fut particulièrement avec les whigs qu'il s'attacha à nouer des liens étroits, d'autant que plus d'un indice lui faisait alors pressentir leur prochaine rentrée au ministère. Quelques jours après, M. de Barante écrivait : « M. Thiers revient de Londres avec toute l'amitié de lord Palmerston ; il a aussi son entente cordiale [1]. »

On comprend dès lors pourquoi, deux mois plus tard, M. Thiers accueillit avec tant de satisfaction la nouvelle de la dissolution du cabinet Peel. Sa seule crainte était que « ses amis » de Londres ne fussent trop timides. De Paris, il les excitait. « Enfin, écrivait-il le 16 décembre 1845 à l'un de leurs confidents, vous voilà prêts à manger les tories ; je fais des vœux pour qu'il en soit ainsi... Cependant j'ai peur que vos amis manquent de résolution. S'ils laissent passer cette occasion de prendre le pouvoir, je ne sais quand ils pourront le reprendre... Dussent-ils échouer au parlement, à leur place, je le tenterais, sauf à porter la question devant les électeurs... M. Guizot est au désespoir de la chute des tories [2]. » En même temps, sur son propre terrain, M. Thiers s'apprêtait, sans perdre un instant, à profiter de ce qui lui paraissait un coup de fortune : il expliquait aux meneurs de la gauche et du centre gauche comment l'avènement des whigs devait avoir son contre-coup en France et forcer le Roi à se séparer de M. Guizot; la disgrâce de ce dernier lui paraissait même assez proche pour qu'il réglât d'avance avec M. O. Barrot, par une sorte de traité signé, la façon dont ils partageraient le pouvoir et l'usage qu'ils en feraient [3].

Tandis que M. Thiers s'agitait ainsi à Paris, les événements, à Londres, trompaient ses espérances. Dans ses efforts pour former un ministère, lord John Russell rencontrait beaucoup

---

En effet, Thiers s'exprime sur Guizot avec le plus grand mépris, dit qu'il est grand à la tribune, mais qu'il n'est ni un homme d'État, ni un homme d'affaires. » (*The Greville Memoirs, second part,* vol. II, p. 298.)

[1] Lettre du 29 octobre 1845. (*Documents inédits.*)
[2] Lettre à M. Panizzi. (*The Life of sir Anthony Panizzi,* par L. FAGAN.)
[3] *Notes inédites de M. Duvergier de Hauranne.* — J'ai déjà eu occasion de mentionner ce traité. (Cf. plus haut, ch. I, § 1.)

de difficultés, et, fait curieux, la principale venait de l'inquiétude causée, en Angleterre même, par la rentrée de lord Palmerston au *Foreign office;* on craignait que les bons rapports avec le cabinet de Paris n'en fussent gravement altérés. Cette objection, indiquée avec réserve par la Reine, fut formulée d'une façon plus absolue par lord Grey, qui refusa d'entrer dans le nouveau cabinet si l'on ne mettait pas le ministre suspect d'hostilité contre la France à un autre poste, par exemple au département des colonies. Palmerston, blessé, répondit ne pouvoir accepter que les affaires étrangères. Lord John Russell eût été disposé à lui donner raison [1], mais il ne crut pas pouvoir se passer de lord Grey. Force lui fut donc, le 20 décembre 1845, de résigner le mandat que lui avait confié la Reine. Celle-ci se retourna alors vers sir Robert Peel, qui consentit à retirer sa démission [2]. A ce revirement imprévu, le désappointement de M. Thiers fut grand [3]. M. Guizot, au contraire, se hâta d'écrire à lord Aberdeen : « Je suis aussi joyeux que j'étais triste. Je ne veux pas me refuser le plaisir de vous le dire..... Nous continuerons ce que nous faisons avec un degré de plus de satisfaction et d'amitié, si je ne me trompe. Votre lettre m'a été au cœur, où vous n'avez nul besoin d'aller, car vous y êtes bien établi [4]. »

Mais pour combien de temps le ministère tory reprenait-il le pouvoir? Rien n'indiquait que la maladie dont il souffrait,

---

[1] Lord John Russell écrivait en effet à lord Minto : « Je défendrai Palmerston, qui est si injustement accusé de désirer la guerre, et qui s'est conduit toujours si galamment et si bien. » Ne se rappelait-il donc pas combien il avait été mécontent, après la signature du traité du 15 juillet 1840, des procédés de Palmerston envers la France? Ce que j'ai indiqué (V. plus haut, t. IV, p. 292 à 296) de l'opposition, du reste fort impuissante, faite alors par Russell à Palmerston, se trouve confirmé et complété dans la Vie, récemment publiée, du premier de ces hommes d'État. (*The Life of lord J. Russell,* par Spencer WALPOLE, t. I, p. 347 à 363.)

[2] Sur cette crise, voyez *The Greville Memoirs, second part,* vol. II, p. 322, 330, 331; et *The Life of lord J. Russell,* t. I, p. 416.

[3] Un ami de M. Thiers, M. Léon Faucher, écrivait à une de ses amies d'Angleterre : « Le retour de sir Robert Peel a raffermi M. Guizot. Il ne peut plus être renversé que par les élections. » (Léon FAUCHER, *Biographie et Correspondance,* t. I, p. 171.)

[4] *Lettres de M. Guizot à sa famille et à ses amis,* p. 239.

fût guérie. Une nouvelle crise paraissait même si inévitable et
si proche, que lord Palmerston, qui la pressentait, voulut se
prémunir contre le risque d'être, dans ce cas, de nouveau
jugé un ministre impossible. Le meilleur moyen lui parut être
de se faire donner, par la France elle-même, une sorte d'*exequatur*. En avril 1846, on le vit arriver à Paris, l'air aimable,
le sourire aux lèvres, la main tendue, déclarant très haut
« qu'il était autant que personne ami de la paix, de la France,
partisan de l'entente cordiale et bien décidé à la continuer s'il
revenait au pouvoir ». C'était le pendant du voyage fait, quelques mois auparavant, par M. Thiers, à Londres. On fut
agréablement surpris de trouver ce « terrible homme » si
adouci, et l'amour-propre national fut flatté d'une démarche
qui avait une apparence d'amende honorable. Invité et festoyé
dans plusieurs salons politiques, présenté aux Tuileries, Palmerston fut bien reçu en tous lieux, avec une politesse réservée
par le Roi et M. Guizot, avec beaucoup d'empressement par
l'opposition, notamment par M. Thiers, qui, huit heures durant, lui fit parcourir et lui démontra les fortifications de Paris.
Cet empressement des adversaires du cabinet, joint à la curiosité des badauds, parut faire au visiteur un succès dont la
dignité nationale ne laissait pas que de souffrir un peu. Le
public finit par sentir ce défaut de mesure et par se demander
pourquoi l'on faisait fête à un tel homme. Mais avant que
cette réaction eût eu le temps de se dessiner, Palmerston
était déjà rembarqué, emportant sans doute l'idée, comme
l'écrivait alors M. Guizot à lord Aberdeen [1], « que les Français
étaient bien légers, bien prompts à passer d'une impression à
l'autre, et qu'il n'y avait pas grand inconvénient à leur donner
des moments d'humeur, puisqu'il était si aisé de les en faire
revenir ». Vainement notre ministre affirmait-il que, « sous
ces impressions mobiles et superficielles, le fond des choses
subsistait », et ajoutait-il « que si ce voyage changeait, en
Angleterre, la situation du voyageur, ce serait un effet très

[1] Lettre du 28 avril 1846.

exagéré et fondé sur l'apparence plutôt que sur la réalité des choses » ; on conclut, outre-Manche, de tout ce qui venait de se passer, que nous ne tenions plus rigueur à l'auteur du traité du 15 juillet 1840, et que désormais on pouvait sans scrupule lui laisser prendre place dans un ministère.

Deux mois à peine s'étaient écoulés depuis ce voyage que, le 25 juin 1846, le ministère tory, mis en minorité à la Chambre des communes, donnait de nouveau une démission, cette fois définitive. Lord John Russell ne rencontra plus aucune objection à la rentrée de lord Palmerston au *Foreign office,* et son cabinet fut promptement constitué. En France, les journaux de M. Thiers saluèrent avec une joie triomphante une révolution ministérielle dont ils faisaient prévoir le contre-coup de ce côté-ci de la Manche. M. Guizot fut réduit à écrire tristement ses regrets au *dear* lord Aberdeen et à sir Robert Peel. Ce dernier avait pu, sous le coup de certains accidents, témoigner parfois de quelque impatience ombrageuse à l'égard du gouvernement français; mais, au fond, son grand et droit esprit avait compris et accepté la politique de bon accord pratiquée à côté de lui par lord Aberdeen. On le vit bien dans la lettre par laquelle il répondit aux condoléances du ministre français. « Grâce à une confiance réciproque, lui écrivait-il, grâce à une égale foi dans l'accord de nos vues et la pureté de nos intentions, grâce aussi (je puis le dire sans arrogance depuis que j'ai reçu votre affectueuse lettre) à une estime mutuelle et à des égards personnels, nous avons réussi à élever l'esprit et le ton de nos deux nations; nous les avons accoutumées à porter leurs regards au-dessus de misérables jalousies et de rivalités obstinées... Sans cette confiance et cette estime mutuelles, combien de pitoyables difficultés auraient grossi, au point de devenir de redoutables querelles nationales! » Hélas! de tout autres sentiments allaient inspirer désormais la politique anglaise. L'entente cordiale était finie.

CHAPITRE V

LES MARIAGES ESPAGNOLS.

(Juillet-octobre 1846.)

I. Dispositions hostiles de Palmerston, particulièrement en Espagne. M. Guizot donne comme instructions à M. Bresson de marier le duc de Cadix à la Reine et le duc de Montpensier à l'Infante. M. Bresson croit pouvoir promettre à la reine Christine la simultanéité des deux mariages. Mécontentement de Louis-Philippe qui veut désavouer son ambassadeur. — II. Palmerston nous communique ses instructions du 19 juillet, où il nomme Cobourg en première ligne parmi les candidats à la main d'Isabelle. A Paris, on voit dans ce langage l'abandon de la politique d'entente. M. Guizot ne consent pas encore la simultanéité, mais il détourne le Roi de désavouer M. Bresson. Ses avertissements au gouvernement anglais. — III. Lettres confidentielles que Palmerston adresse à Bulwer pour compléter ses instructions. Ce qu'il nous cache et ce qu'il nous montre. Il est dès lors manifeste que Palmerston a rompu l'entente et que la France est libérée de ses engagements. — IV. La reine Christine, inquiète de l'appui donné par le ministre anglais aux progressistes, nous revient; seulement elle exige la simultanéité. Le Roi se résigne à laisser faire M. Bresson. Répugnances de la reine Isabelle pour le duc de Cadix. L'accord sur les deux mariages est enfin conclu à Madrid. — V. Irritation de Palmerston. Il est appuyé par lord John Russell. Lord Aberdeen donne tort à M. Guizot. La reine Victoria est très blessée. Lettre justificative de Louis-Philippe et réponse de la reine d'Angleterre. L'opinion anglaise prend parti pour Palmerston. — VI. Attitude de l'opposition française. M. Thiers la décide à attaquer les mariages. — VII. Palmerston veut empêcher l'accomplissement du mariage du duc de Montpensier. Efforts de Bulwer et de son ministre pour soulever une opposition en Espagne et intimider le cabinet de Madrid. Tous ces efforts échouent. — VIII. Palmerston cherche à effrayer et à faire reculer le gouvernement français. Celui-ci ne se laisse pas troubler et ne modifie rien à ses résolutions. — IX. Palmerston demande aux autres puissances de protester avec l'Angleterre. M. Guizot s'occupe de contrecarrer cette démarche. M. de Metternich refuse de rien faire. La Prusse et la Russie l'imitent. Célébration des deux mariages.

I

La rentrée de lord Palmerston au *Foreign office*, en juillet 1846, était un fait gros de conséquences [1]. Il y arrivait avec des

[1] Les documents diplomatiques qui seront cités dans le cours de ce chapitre et

desseins et un état d'esprit qui ne ressemblaient en rien à ceux de son prédécesseur. Dans ses propos des premiers jours, alors même que, pour dissiper les méfiances dont il se sentait l'objet, il déclarait vouloir continuer l'entente cordiale, il ne pouvait cacher son peu de foi dans cette entente. « Ces gens-là, disait-il à lord Aberdeen en parlant des Français, sont essentiellement envahisseurs, agressifs, provocants ; en toute affaire, ils veulent se faire une bonne part aux dépens des autres ; comment bien vivre avec eux à de telles conditions [1] ? » Ayant reproché, depuis cinq ans, au ministère tory d'avoir été « dupe » de Louis-Philippe et de M. Guizot, d'avoir laissé partout « subordonner » la politique britannique à la politique française, il entendait que son avènement renversât les rôles. Sur chaque théâtre, il lui semblait que l'Angleterre avait une revanche à prendre. Dans sa pensée, le souci permanent, dominant de la diplomatie britannique devait être de faire partout échec à notre ambition, de déjouer partout nos perfidies C'était particulièrement dans ce qui regardait l'Espagne que le nouveau secrétaire d'État apportait ces dispositions méfiantes, jalouses et batailleuses. Lord Aberdeen s'en était aperçu, pendant les entretiens qu'il avait eus avec lui pour le mettre au courant de l'état des affaires, et, bien qu'avec discrétion, il avait laissé voir à notre ambassadeur quelque chose de son impression [2]. Certes, il y avait là, étant donné l'état de la Péninsule, de quoi inquiéter le Roi et M. Guizot. On était au lendemain de l'intrigue manquée de Christine et de Bulwer pour enlever secrètement le mariage de la Reine avec le prince de Cobourg [3] :

---

du chapitre suivant, sans indication de source spéciale, sont tirés des recueils de pièces distribués par les gouvernements français, anglais et espagnol, à leurs parlements respectifs, des *Mémoires de M. Guizot*, de la *Revue rétrospective*, enfin de nombreux *Documents inédits* dont de bienveillantes communications m'ont permis de prendre connaissance, notamment des correspondances du comte Bresson, ambassadeur à Madrid, du comte de Flahault, ambassadeur à Vienne, et du marquis de Dalmatie, ministre à Berlin.

[1] Lettre de M. de Sainte-Aulaire à M. Guizot, du 7 juin 1846.
[2] Lettre du même au même, du 2 juillet 1846.
[3] Sur la situation de l'Espagne avant l'avènement de lord Palmerston, voir plus haut le § i du chapitre précédent.

si le chef de la légation britannique avait tant osé sous l'administration de lord Aberdeen, que ne pouvait-on pas attendre de lui avec un ministre dont le seul avènement devait lui paraître une invitation à ne plus rien ménager? Le gouvernement français n'était-il pas fondé à craindre quelque méchante surprise, comme eût été un mariage Cobourg machiné à la façon du traité du 15 juillet 1840?

Sans perdre un jour, dès le 5 juillet 1846, M. Guizot avertit son ambassadeur à Madrid de l'hostilité probable du nouveau secrétaire d'État. « Je m'y attends, lui écrivait-il, et je me conduirai en conséquence. Ce ne sera pas moi qui livrerai l'Espagne à lord Palmerston. » Il fallait avant tout détourner d'une nouvelle collusion avec les Anglais la reine Christine, dont un passé très récent ne nous donnait que trop raison de nous méfier. M. Guizot vit tout de suite l'argument que lui fournissait la présence au *Foreign office* de l'ancien protecteur d'Espartero. « Vous en tirerez à coup sûr grand parti, mandait-il à M. Bresson, pour agir sur la reine Christine et sur son mari. Ils auront beau faire, ils n'auront jamais dans lord Palmerston qu'un ennemi, car il ne sera jamais que le patron du parti progressiste, c'est-à-dire de leurs ennemis. » De plus, pour s'alléger en vue de la campagne à faire, notre gouvernement n'hésita pas à jeter par-dessus bord la candidature Trapani, décidément trop impopulaire en Espagne, et il se rabattit sur l'un des deux fils de l'infant François de Paule, le duc de Cadix, auquel, depuis quelque temps, la reine Christine paraissait avoir, de plus ou moins bonne grâce, « entr'ouvert la porte ». Le frère de ce prince, Enrique, duc de Séville, se trouvait hors de cause; il s'était fait ouvertement l'homme des radicaux, et le scandale de certaines de ses démarches l'avait fait exiler d'Espagne. « Le duc de Cadix pour la Reine et le duc de Montpensier pour l'Infante », c'est ainsi que M. Guizot résumait son programme. « Poussez décidément au duc de Cadix, écrivait-il encore à son ambassadeur, et placez le duc de Montpensier à côté de lui. »

A Madrid, la situation du comte Bresson était difficile. La

reine Christine paraissait plus mobile, plus insaisissable, plus mystérieuse, plus inquiétante que jamais. Le lendemain du jour où l'on pouvait croire qu'elle ne voyait pas de trop mauvais œil le duc de Cadix, elle semblait revenir à Trapani ; puis, au même moment, avec les amis de l'Angleterre, elle affectait de regretter Cobourg. Ses confidents, Rianzarès et Isturiz, faisaient même des ouvertures plus ou moins expresses au sujet de ce dernier prince, comme si, encouragés par le changement du ministère britannique, ils voulaient renouer l'intrigue que lord Aberdeen avait fait échouer trois mois auparavant [1]. Quant à notre nouveau candidat, le duc de Cadix, il n'avait, ni par son origine, ni par sa personne, un prestige qui pût nous aider. La jeune reine Isabelle ne cachait pas le peu de goût qu'il lui inspirait. Nos adversaires tenaient sur ce prince des propos fort méprisants, ne reculant même pas, pour le déclarer un candidat inadmissible, devant les assertions physiologiques les plus étranges [2]. Ajoutez, dans la presse anglaise et chez ceux qui lui faisaient écho à Madrid, une recrudescence d'invectives injurieuses contre Louis-Philippe, qui, disait-on, prétendait dicter ses volontés à l'Espagne [3]. La seule bonne carte de notre jeu était que le nom du duc de Montpensier se trouvât accolé à celui du duc de Cadix. Le premier rehaussait le second. M. Guizot le comprenait bien, quand, tout en recommandant à son ambassadeur de « pousser au duc de Cadix », il ajoutait : « Placez le duc de Montpensier à côté de lui. » Toutefois le sens de ces mots ne devait pas être forcé : si le ministre entendait par là que, dans les pourparlers, on réunît les deux projets de mariage et que l'un aidât à faire passer l'autre, il ne revenait pas sur l'engagement pris envers l'Angle-

---

[1] Ce fait ressort des dépêches et des lettres de Bulwer à lord Palmerston. (*Parliamentary Papers*, et *The Life of lord John Russell*, par Spencer WALPOLE, t. II, p. 3.) Il est aussi affirmé dans une lettre écrite, en novembre 1846, par M. Panizzi M. Thiers, sous l'inspiration et d'après les renseignements de lord Palmerston. (*The Life of sir Anthony Panizzi*, par Louis FAGAN.)

[2] Lettre inédite du comte Bresson à M. Guizot, du 12 juillet 1846.

[3] Louis-Philippe écrivait à ce propos au roi des Belges : « Je suis tellement froissé de ce débordement d'injustice et d'absurdité, que je préfère ne plus rien dire et n'opposer que le dédain à ces crédulités volontaires. »

terre d'attendre, pour célébrer le mariage de l'Infante, que la Reine ait eu un enfant.

M. Bresson vit ou feignit de voir dans la lettre du ministre plus que celui-ci n'avait voulu y mettre. Préoccupé surtout des obstacles qu'il rencontrait à Madrid et de la lutte qu'il devait soutenir contre sir Henri Bulwer, estimant que les intrigues récemment dévoilées de ce dernier et les menaces résultant de l'avènement de lord Palmerston suffisaient à nous délier vis-à-vis de l'Angleterre, convaincu d'autre part qu'on n'obtiendrait jamais de la reine Christine l'abandon réel de Cobourg et l'acceptation sincère de Cadix si l'on ne lui faisait quelque concession sur le mariage Montpensier, il crut pouvoir lui annoncer cette concession. Il lui dit donc, le 11 juillet, en lui demandant le « secret », que « le Roi, tenant compte des embarras de la Reine et voulant lui donner un nouveau témoignage de sa sollicitude et de son amitié, était disposé à consentir que, dans toute combinaison Bourbon, M. le duc de Montpensier prît place à côté du mariage de la Reine, c'est-à-dire que les deux mariages, si l'un devait faciliter l'autre, se célébrassent ou fussent du moins déclarés simultanément ». La reine Christine accueillit « avec joie » cette communication. En en rendant compte aussitôt à son ministre, M. Bresson reconnaissait que « cette grande, importante, indispensable concession n'était pas aussi formellement exprimée » dans la lettre de M. Guizot, en date du 5 juillet; mais il invoquait les « commentaires et développements » que lui avaient envoyés en même temps M. Désages, directeur au ministère des affaires étrangères, et le jeune duc de Glucksberg, premier secrétaire à l'ambassade de Madrid, alors à Paris [1]. De plus, pour prémunir le ministre contre la tentation d'un désaveu, l'ambassadeur le félicitait chaleureusement de la décision qu'il lui attribuait :

---

[1] Le duc de Glucksberg, qui devait être plus tard duc Decazes, avait écrit à M. Bresson, le 5 juillet : « Pour sa part, M. Guizot ne faiblira pas sur le Cobourg. Il n'est pas sans inquiétude sur le mécontentement qu'on pourra éprouver en Angleterre, en nous voyant faire immédiatement le mariage Montpensier; mais, se considérant comme dégagé vis-à-vis d'elle, il est résolu à le braver. »

« Grâces vous soient rendues, lui écrivait-il. J'en suis certain, en sondant votre cœur, vous y trouvez le contentement d'avoir pris cette résolution!... Dégagé, affranchi, vous l'êtes mille fois par les procédés des agents anglais. Je ne prétends pas diminuer vos regrets de la retraite de lord Aberdeen ; mais permettez-moi de vous faire remarquer qu'il n'a jamais empêché le mal, qu'il s'est borné à vous en avertir quand il était fait[1]. »

Tel était bien le comte Bresson, homme de décision et d'initiative, ne craignant pas les responsabilités, mais d'une hardiesse prompte qui risquait parfois d'être un peu compromettante. Sa démarche déplut au gouvernement français ; celui-ci croyait sans doute aux mauvais desseins de lord Palmerston, mais, jusqu'à ce que ces desseins se fussent manifestés, il voulait demeurer fidèle à l'accord. Le Roi surtout protesta avec une vivacité et une émotion dont nous avons une preuve absolument irrécusable : ce sont les lettres mêmes qu'il écrivit alors à M. Guizot, retenu au Val Richer par les soins de son élection ; rien ne montre mieux avec quelle loyauté scrupuleuse et presque timide Louis-Philippe voulait tenir la parole donnée à l'Angleterre. Ces lettres tout intimes n'eussent peut-être jamais vu le jour, si les émeutiers de février 1848 ne s'en étaient emparés en saccageant les Tuileries et l'hôtel du ministère des affaires étrangères, et si elles n'avaient été, par suite, publiées dans la *Revue rétrospective*. Ce n'est pas la seule fois où cette publication s'est trouvée servir la réputation du prince dont on s'imaginait dévoiler les ténébreuses et perfides machinations[2].

---

[1] Lettre de M. Bresson à M. Guizot, du 12 juillet 1846.

[2] Louis-Philippe, parlant, à la fin de 1849, du mal que lui avait fait le « mensonge imprimé », disait « qu'il y avait en revanche un livre auquel il devait un beau cierge, c'était la *Revue rétrospective* ». (*Abdication du roi Louis-Philippe racontée par lui-même et recueillie par M. Édouard Lemoine*, p. 69.) — Lord Clarendon, qui avait été collègue de lord Palmerston et l'un des plus animés contre notre politique espagnole, vint voir Louis-Philippe à Claremont après la publication de la *Revue rétrospective*, et lui tint ce langage : « Sire, vous voyez devant vous un de ceux qui éprouvent le besoin de vous faire amende honorable. Je n'ai jamais cessé d'admirer votre politique, mais, hier encore, vous n'étiez à mes yeux que le plus habile des rois ; aujourd'hui, je reconnais sincèrement que vous n'avez jamais cessé d'être en même temps le plus habile et le plus loyal. » Cet incident est rapporté par M. Croker, dans un article écrit pour une revue

La première de ces lettres est du 20 juillet : le Roi venait d'apprendre que son ambassadeur avait consenti en son nom « la simultanéité des deux mariages » : il ne pouvait comprendre comment avait pu être faite une démarche aussi « diamétralement contraire à sa volonté », et il ajoutait : « Un désaveu formel est indispensable. Comment le faire est la seule question à examiner; mais je n'ai jamais trompé personne, et je ne commencerai pas aujourd'hui à laisser tromper qui que ce soit sous mon nom. » La chose lui tenait tellement à cœur qu'il y revint dans une nouvelle lettre, le soir du même jour : « Le duc de Montpensier concourt *très vivement* à tout ce que je vous ai écrit ce matin. Il faut effacer, annuler formellement tout ce que Bresson a dit en sus de ce que j'avais autorisé. Il faut que les reines sachent qu'il était interdit à Bresson de dire ce qu'il a dit, et que la simultanéité est inadmissible. Il nous a fait là une rude campagne; il est nécessaire qu'elle soit *biffée*, et le plus tôt possible. Je ne resterai pas sous le coup d'avoir fait contracter en mon nom un engagement que je ne peux ni ne veux tenir, et que j'avais formellement interdit. Voyez comment vous pouvez arranger ce désaveu. J'attends votre réponse avec impatience. »

Entre un ambassadeur qui s'était avancé trop vite et un souverain qui voulait reculer avec une sorte d'emportement, M. Guizot était dans un grand embarras. Il n'approuvait pas entièrement ce qui avait été fait, mais il craignait qu'un brusque désaveu ne ruinât notre cause à Madrid [1]. Il s'efforça donc, tout en contenant M. Bresson, d'apaiser Louis-Philippe. « J'avais déjà écrit à Bresson, mandait-il au Roi le 22 juillet; je lui ai récrit. Je lui ai envoyé les propres paroles du Roi. Il fera la retraite nécessaire. Certainement il est allé trop loin et fort au delà de

---

anglaise, d'après les renseignements mêmes du Roi. Cet article fut traduit et reproduit dans la *Revue britannique* d'octobre 1850.

[1] M. Guizot se rendait bien compte de l'effet qu'un désaveu produirait sur M. Bresson. Celui-ci, en effet, à la première nouvelle qui lui en arriva, écrivit à M. Guizot, le 26 juillet : « Ce serait tout renverser, tout livrer à nos adversaires, et je ne me chargerais pas de suivre une négociation aussi délicate dans de pareilles conditions. »

mes instructions ; mais je ne crois pas qu'il soit allé aussi loin que le Roi le suppose. Il n'a jamais pu entendre ni dire que le mariage de Mgr le duc de Montpensier serait conclu, célébré, ou même définitivement arrêté, en même temps que celui de la Reine. » Ces explications ne satisfirent pas le Roi. Dans une lettre en date du 24 juillet, il insista plus que jamais pour un désaveu immédiat, formel, qui « fût remis par écrit » à la reine Christine, et il pressa son ministère de le rédiger.

Les choses en étaient là, quand une démarche de lord Palmerston lui-même vint donner raison aux soupçons de M. Bresson et fournir de quoi lever les scrupules de Louis-Philippe.

II

Dès le premier jour, M. Guizot avait pressé lord Palmerston de dire s'il voulait ou non continuer, dans la Péninsule, la politique de concert pratiquée par son prédécesseur. N'ayant pu obtenir de lui que des réponses vagues, dilatoires, équivoques, et voulant le mettre au pied du mur, il adressa à Londres, le 20 juillet, une dépêche qui proposait nettement une action commune en faveur des deux fils de François de Paule. Il n'indiquait entre eux aucune préférence et laissait aux Espagnols le soin de choisir. A la vérité, il comptait que, réduite à prendre l'un ou l'autre, la reine Christine prendrait le duc de Cadix ; car, si elle avait peu de goût pour lui, elle détestait bien plus son frère, le duc de Séville, à cause de ses liens avec le parti radical ; mais, pour cette même raison, lord Palmerston voyait de bon œil ce dernier prince, et le ministre français avait pensé que sa proposition serait mieux accueillie au *Foreign office*, si les deux frères y étaient mis sur le même pied.

Le jour où la dépêche de M. Guizot partait de Paris, lord Palmerston communiquait à notre chargé d'affaires à Londres les instructions qu'il venait d'adresser à sir Henri Bulwer. Elles avaient été expédiées la veille, c'est-à-dire le 19 juillet. Cette communication n'avait donc pas pour but de demander notre avis, ni de chercher avec nous un terrain d'accord. Tout, d'ailleurs, forme et fond, semblait y marquer l'intention de mettre fin à l'entente et d'inaugurer une politique séparée. Loin de rappeler le concert jusque-là établi entre les deux gouvernements, on n'y prononçait même pas le nom de la France. Deux questions y étaient traitées : le mariage de la Reine et l'état intérieur de l'Espagne. Sur le premier point, lord Palmerston paraissait ignorer absolument notre désir de voir choisir un Bourbon et l'engagement pris par lord Aberdeen de seconder ou tout au moins de ne pas contrarier ce désir; par contre, il insistait sur ce que « le choix d'un mari pour la Reine était une question dans laquelle les gouvernements des autres pays n'avaient aucun titre à intervenir »; puis, énumérant les candidats qui avaient chance d'être agréés, il nommait en première ligne Léopold de Saxe-Cobourg, et ensuite les deux fils de François de Paule; il ajoutait qu'il les trouvait tous les trois également convenables et ne faisait d'objection à aucun d'eux. Sur le second point, les instructions n'étaient qu'un long et passionné réquisitoire contre le gouvernement des *moderados;* s'appropriant tous les griefs des progressistes, Palmerston accusait ce gouvernement d'être « violent », « arbitraire », « tyrannique », et il recommandait à son agent de ne pas laisser ignorer cette façon de voir du cabinet britannique.

L'effet de cette communication fut grand à Paris. M. Guizot y vit tout de suite, — et personne ne s'en étonnera, — la confirmation des soupçons que lui avait fait concevoir l'avènement de lord Palmerston : il fut particulièrement frappé de la façon dont ce dernier parlait du prince de Cobourg; il en conclut que le *veto* opposé par lord Aberdeen aux menées de Bulwer était levé, et que la tentative interrompue deux mois auparavant allait être reprise. « J'en suis plus fâché que surpris, — écrivit M. Guizot au Roi, le 24 juillet, en lui faisant part de cette nouvelle; — j'ai toujours cru que lord Palmerston rentrerait bientôt dans sa vieille ornière. » Et Louis-Philippe lui répondait aussitôt : « La lecture des pièces que j'ai reçues de vous me laisse sous l'empire des plus pénibles impressions, non pas que je m'attendisse à mieux de lord Palmerston, mais parce que j'espérais qu'il ne se serait pas mis si promptement à découvert. » Il ajoutait le lendemain : « Lord Cowley est venu hier au soir, et j'ai eu avec lui une conversation très longue et très vive sur les instructions communiquées par lord Palmerston. Il a généreusement essayé de les défendre, en disant que tout cela n'était que pour maintenir ses dires précédents, *that these instructions would not be acted upon!... certainly not... que Bulwer s'en garderait bien!...* Je lui ai demandé la permission de n'en rien croire, et lui ai dit que les conséquences de ceci m'alarmaient au plus haut degré. »

Du moment où le gouvernement français voyait, dans les instructions de lord Palmerston, une dénonciation du pacte d'entente, il était fondé à se considérer comme libéré de ses engagements : dès lors plus aucune raison de désavouer M. Bresson ni de refuser les concessions exigées par la reine Christine. M. Guizot, cependant, ne parut pas tout de suite résolu à aller jusqu'au bout de son droit ; on eût dit que, par esprit de paix, par fidélité quand même à l'entente brisée, il hésitât à rendre coup pour coup. Bien que moins opposé à la « simultanéité » des deux mariages, il ne l'accorda pas expressément. Le 24 juillet, aussitôt après avoir reçu la communication de lord Palmerston, il écrivit à M. Bresson : « Le Cobourg n'est pas si abandonné qu'on veut le dire. ...La reine Christine et M. Isturiz poursuivent-ils l'intrigue Cobourg sous le voile de leur retour apparent au duc de Cadix ? Si cela est, raison de plus pour nous de poursuivre Cadix et Montpensier. Vous pouvez, je pense, lier toujours ces deux noms, sans engagement formel de simultanéité dans la conclusion définitive. » Le Roi n'alla même pas jusque-là et se refusa d'abord à user, dans une mesure quelconque, de la liberté que lord Palmerston lui rendait : « Tout ceci, mandait-il, le 25 juillet, à son ministre, doit nous presser encore plus de faire parvenir à la reine Christine le désaveu de la simultanéité. Plus nous avons de mauvaise foi à craindre, plus il importe que les cartes que nous avons en main soient nettes, et qu'on ne puisse pas nous accuser d'avoir deux langages. » Et il ajoutait en *post-scriptum* : « Je vous conjure de ne pas accoler, dans vos lettres à Bresson, *Cadix et Montpensier;* cette accolade sent trop la simultanéité. »

Cette fois, M. Guizot trouva que son souverain, par un scrupule exagéré envers l'Angleterre, risquait de perdre la partie en Espagne. « Je suis tout à fait d'avis, lui écrivit-il le 25 juillet, que le Roi ne doit point s'engager à la simultanéité des deux mariages... Mais je prie en même temps le Roi de réfléchir combien la situation est, en ce moment, délicate, tendue, critique. Il va se faire évidemment un grand effort pour le Cobourg; notre parade contre ce coup, c'est *Cadix et Montpensier*. N'affaiblissons pas trop cette parade, au moment même où nous avons besoin de nous en servir. » Le même jour, M. Guizot revint sur ce sujet et le traita plus fortement encore : « Voilà, écrivait-il au Roi, le Cobourg avoué, accepté par l'Angleterre. Il ne viendra plus de Londres, contre sa candidature, aucune objection, aucune réserve. Si l'Espagne en veut, l'Angleterre est prête. La reine Christine est-elle du complot? Pas tout à fait peut-être ; probablement un peu. En tout cas, il nous importe infiniment de ne lui fournir aucun prétexte pour y entrer. Nous désirons le duc de Cadix pour la Reine, et nous offrons Mgr le duc de Montpensier pour l'Infante. Cadix ne sera, à coup sûr, accepté qu'avec Montpensier pour pendant. Dans cette corrélation inévitable des deux mariages, que doit, que peut vouloir le Roi? Deux choses, ce me semble : l'une, que le mariage de la reine Isabelle avec un Bourbon, avec le duc de Cadix, soit bien assuré, bien conclu; l'autre, que toute liberté reste au Roi d'examiner à fond la situation de l'Infante, de bien discuter les conditions et articles de son mariage avec Mgr le duc de Montpensier, avant de le conclure... Pour cela, que faut-il? Que Bresson, dès que la question se posera clairement, dès qu'il se verra pressé par le Cobourg, aille droit à la reine Christine et au cabinet espagnol, déclare notre opposition au Cobourg, en fasse entrevoir les conséquences possibles, et demande que la main de la reine Isabelle soit donnée au duc de Cadix, en déclarant en même temps que le désir du Roi est d'obtenir la main de l'Infante pour Mgr le duc de Montpensier, et que, dès que le premier mariage sera conclu, il est prêt à discuter et arrêter, selon les instructions qu'il aura reçues du Roi, les articles du second. » Après avoir fait observer que la reine Christine aurait ainsi, en ce qui concernait le second mariage, « une certitude morale suffisante pour qu'elle pût se décider immédiatement au premier », M. Guizot continua en ces termes : « Si, au contraire, Bresson allait aujourd'hui, avant le moment de la crise, sans être pressé par la nécessité, uniquement pour retirer des paroles qu'il a dites sans qu'il en reste cependant aucune trace textuelle bien précise, s'il allait, dis-je, déclarer à la reine Christine qu'elle doit faire le mariage Cadix sans compter sur le mariage Montpensier, je craindrais infiniment que la reine Christine ne se saisît de cet incident pour se rejeter dans le mariage Cobourg... Je n'ai pas besoin d'appeler l'attention du Roi sur les conséquences d'une telle solution... Nous nous trouverions aussitôt placés, et vis-à-vis de l'Espagne, et vis-à-vis de l'Angleterre, dans une situation qui altérerait profondément nos relations ; altération sur laquelle je me sentirais peut être obligé moi-même d'insister plus qu'il ne conviendrait au Roi. » M. Guizot terminait en disant que si le Roi ne partageait pas son avis, il se rendrait aussitôt à Paris et convoquerait le conseil des ministres. Ces fortes raisons et les graves avertissements de la fin ne pouvaient pas ne pas faire impression sur Louis-Philippe. Il en fut ébranlé, et, sans consentir encore à rien qui s'écartât des accords conclus à Eu, il n'insista plus autant pour un désaveu formel de son ambassadeur.

En même temps que M. Guizot s'occupait ainsi, entre le Roi et M. Bresson, à régler la conduite nouvelle que nous imposait, à Madrid, l'attitude de lord Palmerston, il avait soin de faire connaître, à Londres, l'interprétation que le gouvernement français donnait aux instructions anglaises du 19 juillet et les graves conséquences qu'il pourrait être amené à en tirer. Ce fut l'objet d'une dépêche adressée à M. de Jarnac, le 30 juillet. Il y exposait d'abord comment, dans la question du mariage, l'accord avait été conclu avec lord Aberdeen, sinon sur tous les principes, du moins en fait sur la conduite à suivre. « Il a été dit et entendu, ajoutait-il, que les deux gouvernements s'emploieraient à Madrid pour que le choix de la Reine se portât sur l'un des descendants de Philippe V. Lorsque quelque autre candidat, en particulier le prince de Cobourg, a été mis en avant, lord Aberdeen a travaillé, loyalement travaillé à l'écarter. » Dès lors « l'approbation égale, donnée par lord Palmerston à trois candidats parmi lesquels le prince de Cobourg était placé le premier, était une profonde altération, un abandon complet du langage et de l'attitude de son prédécesseur... Quand le Roi a exclu lui-même ses fils de toute prétention à la main de la reine d'Espagne, il a dû compter, il a compté en effet, et il a eu le droit de compter sur une certaine mesure de réciprocité. S'il en était autrement, je ne dis pas que le Roi changerait sa politique; mais, à coup sûr, il recouvrerait toute sa liberté. Il n'aurait plus à tenir compte que des intérêts de la France et de l'honneur de sa couronne. » Plus loin, après avoir rappelé qu'il avait témoigné naguère de son désir de continuer l'entente en proposant l'action commune en faveur des fils de François de Paule, notre ministre terminait ainsi : « Mais il peut y avoir pour la France, en Espagne, une politique isolée; et si l'initiative de la politique isolée était prise à Londres, il faudrait bien qu'à Paris j'en adoptasse aussi la pratique. » Lord Palmerston était donc prévenu : s'il ne revenait pas franchement et immédiatement à la politique de concert, il devait s'attendre à nous voir user de la liberté d'action qui nous serait ainsi rendue.

III

On a beaucoup dit, en Angleterre, que le gouvernement français avait pris trop facilement l'alarme, que lord Palmerston, en nommant le prince de Cobourg dans les instructions du 19 juillet, avait seulement constaté un fait, et qu'il ne songeait pas à modifier la politique de lord Aberdeen. Quand même cela serait vrai, il n'en resterait pas moins que notre gouvernement croyait sincèrement le contraire, et que tout l'autorisait à le croire ; il faudrait donc tout au moins reconnaître que sa bonne foi, — cette bonne foi qui a été plus tard si injurieusement contestée outre-Manche, — sortait de là intacte. Mais il y a mieux : Palmerston ne s'était pas contenté d'envoyer à Bulwer ses instructions officielles ; il lui avait adressé plusieurs lettres confidentielles pour les commenter et les compléter : là, s'adressant, avec une sorte d'abandon familier, à un agent qui était pour lui un ami et que, de plus, il savait être aussi animé que lui contre la France, il ne craignait pas de lui dévoiler ce qu'il voulait tenir caché au cabinet de Paris, parfois même à ses propres collègues et à sa cour. Ces lettres, longtemps secrètes, nous les connaissons maintenant ; et, détail piquant, c'est Bulwer lui-même qui les a publiées [1]. Or il en résulte que les soupçons de Louis-Philippe et de son ministre, loin d'être mal fondés, étaient plutôt au-dessous de la réalité.

La première lettre est datée du 19 juillet, c'est-à-dire du même jour que les instructions : lord Palmerston y déclare qu'il a indiqué seulement pour la forme et par égard pour la France le duc de Cadix parmi les candidats en ligne pour la main de la Reine ; il le regarde comme *disqualified* pour cause de nullité morale et même physique. En réalité, il n'admet que

---

[1] Voir *The Life of Palmerston*, t. III, p. 218 à 238.

deux candidats, Léopold de Cobourg et Enrique, duc de Séville.
Entre les deux, il ne se prononce pas pour le moment; mais il
estime que celui des deux qui n'épousera pas la Reine devra
épouser l'Infante. D'un mariage de cette dernière avec le duc
de Montpensier, il déclare ne vouloir à aucun prix. Bien
entendu, il ne s'imagine pas continuer ainsi l'entente cordiale;
il est le premier à reconnaître que sa politique est la contradiction de celle de M. Guizot.

Les lettres suivantes, qui sont des 3, 16, 22 et 25 août,
révèlent une légère modification dans les idées de lord Palmerston : il n'y tient plus la balance aussi égale entre les deux
candidats; la meilleure combinaison lui paraît être de marier
la Reine à Enrique et l'Infante à Cobourg. Pour mettre ainsi
Enrique en première ligne, il avait diverses raisons qui se
dégagent de sa correspondance. C'était d'abord son peu de
sympathie pour les Cobourg. Il ne pouvait ignorer que les chefs
politiques de cette maison, le roi des Belges et même le prince
Albert, le voyaient avec inquiétude au pouvoir [1]. Et surtout il
ne trouvait pas les Cobourg assez nettement antifrançais; il
craignait qu'ils ne lâchassent pied aussitôt qu'ils verraient le
conflit s'aggraver. Ces gens-là, disait-il dédaigneusement,
« n'ont pas les nerfs assez solides pour braver Louis-Philippe ».
A ce moment même, un incident se produisit dont il dut avoir
connaissance et qui était fait pour le confirmer dans sa manière
de voir : au commencement d'août, le roi des Belges et le
prince Albert se réunirent avec la reine Victoria, dans une

[1] Louis-Philippe écrivait à M. Guizot, le 25 juillet 1846 : « Le roi Léopold
est en excellente disposition et désire vivement la chute de lord Palmerston,
dont il craint que nous ne soyons dupes. *No fear of that!* Je le mettrai au fait,
et, avec les excellentes dispositions de la reine Victoria, je crois qu'il fera bonne
besogne. » (*Revue rétrospective.*) — Voir aussi, dans la *Vie du Prince consort*,
par sir Théodore Martin, un *memorandum* du 18 juillet 1846, dans lequel
le prince Albert, examinant l'état des affaires d'Espagne, montrait les avantages
de la politique de lord Aberdeen et les dangers résultant de l'avènement de lord
Palmerston, particulièrement de ses liens avec les progressistes. (*Le Prince
Albert*, extraits de l'ouvrage de sir Th. Martin, par A. Craven, t. I, p. 195.)
— L'auteur de la *Vie de lord John Russell*, M. Spencer Walpole (t. II, p. 8),
constate la méfiance du prince Albert et de la reine Victoria à l'égard de lord
Palmerston.

sorte de conseil de famille, pour délibérer sur la réponse que le duc de Saxe-Cobourg devait depuis trois mois à la reine Christine[1] ; sans renoncer à tout espoir de marier leur jeune parent avec Isabelle, ils furent d'avis que ce mariage était impossible, tant que la France s'y opposerait, et qu'il n'y aurait moyen d'y revenir que le jour où Louis-Philippe, convaincu, par la résistance de l'Espagne elle-même, de l'impossibilité de faire accepter un Bourbon, se résignerait à lever son *veto*[2] ; un projet de lettre dans ce sens fut rédigé et envoyé au duc de Saxe-Cobourg, avec invitation de l'adopter « mot pour mot », ce qui fut fait[3]. D'Enrique, à en juger du moins par ses récentes frasques révolutionnaires, Palmerston ne croyait pas avoir à redouter ces timidités et ces ménagements envers la France. Et puis ce prince était le candidat favori d'Olozaga et des autres réfugiés, qui se flattaient de gouverner sous son nom ; or le ministre anglais s'obstinait à ne voir les choses de la Péninsule que par les yeux de ces réfugiés.

Toutefois, ne l'oublions pas, si à Londres on avait fini par préférer, pour Isabelle, don Enrique, qui en sa qualité de Bourbon n'était pas contraire à notre principe, on n'y abandonnait pas pour cela le candidat dont l'exclusion était à nos yeux la première condition de l'entente. Dans ce dernier état de la pensée de lord Palmerston, le prince de Cobourg demeurait encore partie essentielle de la combinaison. L'Infante lui était réservée, et Bulwer avait ordre de travailler à la lui faire obtenir. Or, nous avions toujours déclaré qu'un prince étranger à la maison de Bourbon n'était pas plus admissible pour l'Infante que pour la Reine, et c'était l'une des hypothèses pour lesquelles nous avions expressément réservé la reprise

---

[1] V. plus haut, p. 167 et suiv., ce qui a été dit de la démarche de la reine Christine.

[2] C'était à peu près l'avis qu'exprimait déjà le prince Albert, le 26 mai 1846, dans une lettre adressée au duc de Saxe-Cobourg. (V. plus haut.)

[3] *Aus Meinem Leben und aus meiner zeit,* von Ernst II, herzog von Sachsen-Coburg-Gotha, t. I, p. 169 à 171.

de notre liberté[1]. Le secrétaire d'État ne renonçait même pas à toute idée de marier Cobourg à la Reine ; il le présentait en seconde ligne, pour le cas où Enrique ne serait pas admis : c'était, à ses yeux, la combinaison subsidiaire, celle qu'il indiquait à son agent comme étant *the next best arrangement*. Ne croyez pas qu'il éprouvât le moindre scrupule à mettre ainsi l'influence anglaise au service de la candidature Cobourg. Non, il s'appliquait, — ce qui était du reste superflu, — à rassurer sur ce sujet la conscience de Bulwer ; il lui affirmait n'avoir rien trouvé dans les actes de lord Aberdeen qui impliquât engagement de ne pas pousser à un tel mariage, qu'il s'agît de la Reine ou de l'Infante. « Nous nous regardons, disait-il, comme libres de recommander au gouvernement espagnol le candidat que nous jugeons le meilleur, que ce soit un Cobourg ou un autre. »

Enfin, ce que lord Palmerston voulait dans tous les cas, quel que fût le mari de la Reine, ce qui lui tenait le plus à cœur, ce qu'il recommandait, dans chacune de ses lettres à Bulwer, avec une insistance passionnée, comme l'objet « le plus important » de la politique britannique, c'était d'empêcher l'union du duc de Montpensier avec l'Infante. Il exposait longuement à son agent que cette union serait la mainmise de la France sur la Péninsule, mainmise que l'Angleterre avait jugée déjà dangereuse au siècle dernier, et qui le serait bien plus depuis la conquête de l'Algérie. C'est en Espagne même qu'il prétendait faire naître des obstacles au mariage. Et, dans ce dessein, il n'hésitait pas à recourir aux menaces : « Je vous prie, mandait-il à Bulwer, d'avertir Christine, Rianzarès

---

[1] En rendant compte des conversations d'Eu, en septembre 1845, M. Guizot dit « qu'il avait été entendu et reconnu par lord Aberdeen qu'aucun prince étranger à la maison de Bourbon ne serait soutenu par le gouvernement anglais comme prétendant à la main de la Reine *ou de l'Infante* ». Et il ajoute : « Notre sécurité à cet égard était évidemment la condition de notre renonciation à toute prétention pour les fils du Roi. » De même, dans le *memorandum* du 27 février 1846, notre gouvernement avait indiqué qu'il se regarderait comme libre de tout engagement, si le gouvernement anglais poussait au mariage du prince de Cobourg soit avec la Reine, *soit avec l'Infante*.

et Isturiz que nous considérerions un tel mariage comme une mesure d'hostilité contingente contre l'Angleterre de la part de l'Espagne et de la part de la France, et que nous serions obligés de modifier en conséquence nos rapports avec ces deux pays. » Lord Palmerston mettait ainsi lui-même à néant l'arrangement conclu entre M. Guizot et lord Aberdeen, dans la seconde entrevue d'Eu : quand Louis-Philippe avait consenti à reculer le mariage de son fils avec l'Infante jusqu'à ce que la Reine ait eu des enfants, il avait cru évidemment obtenir à ce prix que le gouvernement britannique adhérât à ce mariage, ou au moins qu'il n'y fît pas opposition [1].

Toutes ces menées, qui nous sont ainsi révélées par le témoignage irrécusable de lord Palmerston lui-même, M. Guizot les soupçonnait, mais sans en avoir, sur le moment même, une connaissance aussi précise et aussi complète. C'était en effet l'un des signes, et non le moins caractéristique, des mauvais desseins du ministre anglais, que le soin avec lequel il cherchait à empêcher notre diplomatie d'y voir clair. Tout était calculé pour cela, aussi bien ce qu'il lui cachait que ce qu'il lui laissait voir. Ce qu'il lui cachait, c'était le travail fait en faveur du prince de Cobourg et contre le duc de Montpensier. Ce qu'il lui laissait voir, c'était la candidature de don Enrique. Non seulement, aussitôt qu'il fut décidé à appuyer cette candidature, lord Palmerston en parla à notre chargé d'affaires à Londres; mais, le 27 août, répondant, très tardivement, il est vrai, à la proposition d'action commune que M. Guizot lui avait adressée le 20 juillet, il fit demander officiellement au gouvernement français de s'unir à lui pour soutenir Enrique, « le seul prince espagnol, disait-il, qui fût propre par ses qualités personnelles à être le mari de la Reine » ; à quoi notre ministre se borna à répliquer, le 30 août, qu'il ne se croyait pas le droit de

---

[1] Le roi Louis-Philippe écrivait à la reine des Belges, le 14 septembre 1846 : « En adhérant à la garantie que lord Aberdeen prenait contre la stérilité de la Reine, je devais considérer comme entendu qu'il n'y aurait plus d'objections de la part de l'Angleterre à ce que mon fils épousât l'Infante. »

pousser si loin la *dictation,* et qu'il laissait à l'Espagne le soin de choisir entre les descendants de Philippe V. Si lord Palmerston faisait ainsi la lumière sur cette partie de son plan, n'était-ce pas dans l'espoir de faire, par là même, l'ombre plus épaisse sur l'autre partie? Il se flattait probablement, en se montrant occupé d'Enrique, de nous faire croire qu'il était revenu à notre principe du mariage Bourbon, et qu'il n'y avait plus de Cobourg dans l'affaire. C'était un effort pour rendormir notre vigilance, qu'il se repentait d'avoir maladroitement inquiétée par la communication des instructions du 19 juillet. Mais la clairvoyance trop justement ombrageuse du cabinet de Paris ne fût pas mise en défaut par ces habiletés. Le 8 août, transmettant au Roi les rapports qui lui arrivaient de Londres et qui lui annonçaient l'abandon de la candidature Cobourg, M. Guizot ajoutait : « Cela ne me rassure qu'à moitié. On renonce peut-être à la Reine pour le Cobourg, mais dans la pensée de vouloir pour lui l'Infante [1]. » Notre ministre, on le voit, devinait juste.

D'ailleurs, quelle que soit l'idée plus ou moins précise que le gouvernement français ait pu se faire alors des manœuvres du gouvernement anglais, il n'y a plus pour l'histoire aucune obscurité. Il est manifeste et incontestable que lord Palmerston n'avait qu'un but en Espagne : faire échec à notre politique, et qu'à l'entente cordiale existant sous lord Aberdeen il substituait la lutte à outrance. Dès lors, la conclusion s'imposait : quand même Louis-Philippe et M. Guizot n'eussent pas stipulé d'avance pour ce cas, comme ils l'avaient fait tant de fois, la reprise de leur liberté, la justice et le simple bon sens suffisaient à la leur rendre; avec qui leur faisait la guerre, ils ne pouvaient être tenus aux engagements consentis en vue et sous la condition d'avoir la paix [2].

---

[1] *Revue rétrospective.*

[2] Les historiens anglais eux-mêmes, si longtemps acharnés à contester la bonne foi du gouvernement français, commencent à changer de ton. Ainsi l'auteur de la Vie récemment publiée de lord John Russell, M. Spencer Walpole, reconnaît que Louis-Philippe, en voyant le nom de Cobourg dans les instructions du 19 juillet, était fondé à croire que les Anglais manquaient à leurs engagements, et

IV

Dans sa campagne espagnole, lord Palmerston montrait plus de passion que d'habileté. En se portant champion des radicaux et en prétendant imposer don Enrique comme mari de la Reine, il inquiétait et irritait tous ceux qui dirigeaient alors les affaires de la Péninsule. Rien ne pouvait contribuer davantage à nous ramener la reine Christine et le cabinet de Madrid. M. Guizot le comprit. Aussitôt qu'il eut reçu communication des instructions anglaises du 19 juillet et du réquisitoire qui y était formulé contre le gouvernement des « moderados », il en fit part à M. Bresson et eut soin d'ajouter : « Le parti modéré, la reine Christine ne peuvent se méprendre sur le sens et la portée politique de la dépêche de lord Palmerston..... C'est bien le langage du patron des progressistes, d'Espartero, Olozaga, Mendizabal, etc. Faites en sorte que cette situation soit bien comprise. »

Sir Henri Bulwer, qui, sur place, se rendait compte de l'énorme maladresse commise par son ministre[1], le pressa de laisser là Enrique et de pousser à sa place le prince de Cobourg; il se portait fort de faire agréer ce dernier comme époux de la Reine, avec la condition que l'Infante ne serait pas mariée à un prince français. Lord Palmerston ne voulut rien entendre; une sorte de routine aveugle ne lui permettait pas de concevoir la politique britannique en Espagne autrement que liée étroi-

---

qu'il était par suite libéré des siens. Il ajoute : « L'excuse habituelle, invoquée par lord Palmerston, est qu'en nommant le prince Léopold, il constatait un fait, sans énoncer une politique. L'excuse est inadmissible pour qui a comparé la correspondance privée de Palmerston avec ses dépêches publiques. » — Il dit encore plus loin : « Lord Palmerston et Bulwer travaillaient à faire le mariage dont Louis-Philippe ne voulait pas, et complotaient contre le mariage qu'il désirait. » (*The Life of lord John Russell*, t. II, p. 2 et 3.)

[1] Sur les sentiments et les démarches de Bulwer, voir *The Life of Palmerston*, par BULWER, t. III, p. 193 et suiv., et *The Life of lord John Russell*, par Spencer WALPOLE, t. II, p. 3.

tement à la cause progressiste. Bulwer, mis en demeure d'obéir à ses instructions, dut s'exécuter. L'effet fut ce qu'il craignait. « Vos ministres sont-ils fous? lui dit M. Isturiz, chef du cabinet de Madrid. Ils désirent l'indépendance de l'Espagne; nous aussi, et nous sommes au pouvoir. Or, au lieu de s'unir à nous, ils disent en réalité que la première condition d'une alliance avec eux est que nous capitulions devant ceux qui nous font opposition. En supposant que je fusse disposé à ce sacrifice, en serait-il ainsi de la cour, de mes amis politiques, des chefs actuels de l'armée? » Aussi Bulwer écrivit-il à lord Palmerston, le 14 août : « Je regrette d'être obligé de dire que toutes les peines que j'ai prises pour disposer la cour et le président du conseil en faveur d'un mariage de don Enrique avec la Reine, ont été absolument sans effet[1]. »

Cet état d'esprit de la cour d'Espagne n'échappait pas à M. Bresson, qui manda, le 8 août, à M. Guizot : « M. Mon (l'un des ministres) m'a raconté qu'hier soir la Reine mère lui avait dit avec une anxiété remarquable : « Engage donc Bresson à « s'entendre avec moi, pour faire les deux mariages le plus tôt « possible. Les Anglais et la révolution nous menacent. » Et notre ambassadeur ajoutait le lendemain : « Ou il ne faut plus croire à rien sur cette terre, ou la reine Christine, par peur, par calcul ou par affection, nous est entièrement revenue. Je la quitte à l'instant... Elle se rallie franchement à la pensée du mariage de la jeune reine avec le duc de Cadix. Elle y prépare, elle y dispose, elle y rend favorable l'esprit de sa fille..... Je vous laisse à penser si je l'ai encouragée dans cette voie. » Seulement Christine mettait à son concours une condition, c'était la simultanéité des deux mariages, de la Reine avec Cadix et de l'Infante avec Montpensier. Cela lui paraissait nécessaire pour « fortifier, relever l'un des mariages par l'autre », pour « contenir les opposants par l'éclat du rang

---

[1] Plus tard, après son échec, lord Palmerston regrettera de n'avoir pas suivi les conseils de Bulwer. « C'est vous qui aviez raison, lui écrira-t-il le 12 septembre 1846; nous aurions dû tout de suite et hardiment adopter Cobourg et le faire triompher en bravant la France. » (*The Life of Palmerston*, par BULWER, t. III, p. 246.)

de notre prince et par la crainte de la France qui venait derrière lui ».

En face de cette exigence, M. Bresson ne laissa pas que d'être embarrassé. D'une part, il venait d'être réprimandé et menacé de désaveu pour avoir offert la simultanéité; d'autre part, il était convaincu que cette concession était légitime et nécessaire. Dans cette difficulté, il n'osa pas dire tout de suite oui; mais il se garda de dire non[1], et, se retournant du côté de son gouvernement, il insista fortement sur la nécessité de céder, et de céder sans retard, avant que les partis eussent eu l'éveil et se fussent jetés au travers des négociations pour faire tout échouer. « Pour moi, écrivait-il à M. Guizot, pour moi qui viens de relire attentivement vos lettres des 10 décembre 1845, 28 février et 17 mars 1846, qui en ai pesé chaque mot, non seulement je vous considère comme dégagé, par les premières démarches du cabinet anglais actuel, des ménagements et obligations auxquels vous pouviez vous croire tenu envers celui de sir Robert Peel, mais je me considère moi-même comme placé dans les conditions prévues par ces lettres, et comme appelé, d'un moment à l'autre, à faire usage des pouvoirs qu'elles me confèrent, pouvoirs délicats, pouvoirs d'une grande importance dont je sens toute la gravité et auxquels je ne dois avoir recours qu'en homme prudent à la fois et ne craignant pas la responsabilité. C'est ainsi que j'agirai : comptez-y[2]. »

Si désireux que le gouvernement français se fût montré jusqu'alors d'éviter la simultanéité des deux mariages, il ne pouvait pas ne pas être frappé de ce que lui disait M. Bresson. Pour échapper au péril que lui faisaient courir les intrigues anglaises, il avait besoin du concours de la reine Christine; s'il refusait à cette dernière tout ce qu'elle exigeait, ne s'exposait-il pas à ce qu'elle liât partie avec nos adversaires, comme elle en

---

[1] « Je n'ai point élevé d'objections, écrivait M. Bresson le 9 août 1846; j'ai seulement fait observer qu'il y avait des conditions préliminaires indispensables à régler. »
[2] Lettres du 9 et du 16 août 1846.

avait déjà eu plusieurs fois la velléité? Il recevait d'ailleurs avis que Bulwer poursuivait ses menées plus activement que jamais, et que M. Isturiz avait avec lui des entretiens assez suspects. On ajoutait que le parti radical espagnol, encouragé par le patronage de lord Palmerston, s'agitait d'une façon menaçante, et qu'il n'était pas prudent de lui laisser le loisir d'organiser quelque mauvais coup. Dans ces conditions, M. Guizot jugea qu'on ne pouvait pas refuser plus longtemps à M. Bresson ce qu'il déclarait être si nécessaire. Le Roi fut plus difficile à convaincre : malgré tout, il eût désiré s'en tenir toujours aux déclarations d'Eu. La reine Amélie l'encourageait dans sa résistance. Ce fut à contre-cœur et après de longues délibérations avec M. Guizot que Louis-Philippe finit par se rendre à ses instances et se résigna à laisser faire M. Bresson. Celui-ci fut alors informé que son gouvernement s'en rapportait à lui pour l'usage à faire, dans la circonstance particulière, des pouvoirs généraux qui lui avaient été antérieurement conférés [1]; M. Guizot lui donnait l'assurance « qu'en tout cas il serait fermement soutenu ». Toutefois, recommandation lui fut faite de stipuler expressément que la discussion des accords préliminaires précéderait la déclaration et la célébration du mariage du duc de Montpensier : c'était, dans la pensée du cabinet de Paris, un dernier moyen qu'il se réservait d'empêcher une simultanéité tout à fait complète. En dépit de cette restriction, notre ambassadeur avait enfin la liberté qu'il sollicitait depuis si longtemps. Il n'était pas homme à hésiter devant l'initiative dont on lui laissait la responsabilité. Il promit donc à la reine Christine d'associer les deux mariages.

Contenter cette princesse, c'était beaucoup; ce n'était pas tout. Restait une dernière difficulté assez embarrassante, qui était la répugnance manifestée par la jeune reine pour le mari que la politique lui destinait; elle enviait la part de sa sœur cadette et « son beau Montpensier » qu'elle eût voulu prendre pour elle-même; par comparaison, le duc de Cadix lui parais-

---

[1] Sur ce qu'étaient ces pouvoirs, se rappeler notamment la lettre de M. Guizot, en date du 10 décembre 1845. (V: plus haut, p. 166.)

sait faire médiocre figure, et elle ne se privait pas de parler de lui en termes peu flatteurs [1]. Dans les lettres qu'il écrivait à M. Guizot, M. Bresson faisait connaître cet état d'esprit de la Reine ; il montrait aussi le fiancé gauche, timide, se défiant de lui-même et des autres, et par moments éprouvant plus d'éloignement que d'attrait pour sa fiancée ; la Reine mère et Rianzarès trop souvent insaisissables ; le président du conseil toujours sur le point de nous trahir ; la légation anglaise multipliant les intrigues. « Pesez ces difficultés, ajoutait-il, et demandez-vous si aucune habileté humaine peut en triompher. A Dieu, à la Vierge, au hasard, faites honneur du succès à qui vous voudrez, si nous l'obtenons ; car, pour moi, tout en ayant l'œil partout attentif et n'épargnant ni soins, ni peines, ni démarches, je reconnais que cette combinaison d'individualités et de circonstances est au-dessus des forces et de l'entendement de notre pauvre organisme [2]. »

En traçant ce tableau un peu assombri, M. Bresson, oubliait qu'il avait en main, dans ce jeu si embrouillé, une carte qui devait lui faire gagner la partie : c'était le concours qu'en dépit de son humeur mobile et fantasque, la reine Christine était décidée à nous donner, depuis qu'elle avait reçu satisfaction en ce qui touchait la simultanéité. Elle agit sur sa fille et fit agir par l'Infante. Cette pression de famille ne fut pas sans effet. Dans la soirée du 27 août, après une scène de larmes avec le duc de Rianzarès, la jeune reine entra chez sa mère, se jeta dans ses bras et dit *oui*. Les ministres, aussitôt avisés de cette décision, y acquiescèrent unanimement. La Reine leur annonça en même temps qu'elle donnait sa sœur en mariage au duc de Montpensier. L'un des ministres vint aussitôt réveiller M. Bresson, — il était deux heures du matin, — pour lui annoncer la grande nouvelle.

Le lendemain, quand il fallut rédiger l'accord relatif au mariage du duc de Montpensier, la reine Christine demanda

---

[1] Correspondance de l'envoyé sarde à Madrid. (HILLEBRAND, *Geschichte Frankreichs*, 1830-1843, t. II, p. 631.)
[2] Lettre inédite du 22 août 1846.

que la simultanéité y fût établie d'une façon absolue. M. Bresson, lié par ses instructions, s'y refusa, déclarant qu'il annulerait plutôt tout ce qui venait d'être fait. Devant cette menace, la Reine céda, et l'on inséra dans l'accord les stipulations suivantes : « La discussion des capitulations matrimoniales, des articles du contrat et des questions d'intérêt qui s'y rattachent est réservée; lorsque les actes définitifs auront été dûment réglés et approuvés par les hautes parties contractantes, la forme et l'époque de la déclaration de ce mariage et sa célébration seront déterminées de manière à les associer, *autant que faire se pourra,* à la déclaration et à la célébration du mariage de Sa Majesté Catholique avec S. A. R. le duc de Cadix. » Toujours sous l'empire de la même préoccupation, M. Bresson obtint, non sans livrer une autre bataille, que le décret de convocation des Cortès n'annonçât au public que le mariage de la Reine, sans parler de celui de l'Infante. Pendant ce temps, à Paris, M. Guizot, faisant part à lord Normanby de ce qui venait d'être décidé à Madrid, et interrogé par lui sur le point de savoir si les deux mariages se feraient au même moment, répondait très sincèrement : « Non, pas au même moment. » Ainsi, jusqu'à la fin, notre gouvernement espérait éviter une simultanéité tout à fait complète des deux mariages.

Il fut aussitôt visible que cette dernière résistance de la diplomatie française produisait un très fâcheux effet à Madrid : elle blessait nos amis, fournissait une arme à ceux qui rêvaient de crise ministérielle ou même d'insurrection, et risquait de remettre tout en question. « C'est seulement par la vertu du fait accompli, disaient les ministres espagnols, qu'on en imposera à l'esprit de faction », et ils demandaient avec instance que les deux mariages fussent célébrés ensemble, le 10 octobre. Ces raisons, transmises aussitôt et appuyées avec force par M. Bresson, triomphèrent de ce qui restait encore de répugnance dans l'esprit de Louis-Philippe. Le consentement, qu'il avait fallu lui arracher, en quelque sorte, morceau par morceau, était enfin complet, et, le 4 septembre, M. Guizot écrivit par le télégraphe à son ambassadeur : « Le Roi approuve que le mariage de Mgr le duc de Montpensier avec l'Infante soit célébré le même jour que celui de la Reine avec Mgr le duc de Cadix. Vous pouvez rendre public le fait que vous avez signé, avec M. Isturiz, un engagement pour le mariage de l'Infante avec le duc de Montpensier. » Le même jour, le *Journal des Débats* annonçait le double mariage.

V

A la nouvelle de la décision prise à Madrid, grande fut la colère de lord Palmerston. Quelle mortification de débuter dans son nouveau ministère par un pareil échec! Il la sentait d'autant plus que, tout occupé des menées souterraines par lesquelles il espérait nous ruiner en Espagne, il ne s'était pas rendu compte du travail qui s'y faisait contre lui. Oubliant volontairement qu'il avait lui-même rompu l'accord et commencé la guerre, il prit l'attitude d'un homme surpris par un acte d'hostilité au moment où il ne songeait qu'à vivre en paix. « Je ne vous parlerai plus d'entente cordiale, répondit-il à la première communication de notre chargé d'affaires, parce que ce qu'on nous annonce nous prouve trop clairement qu'on ne veut plus, à Paris, ni de cordialité ni d'entente [1]. » Dans le trouble de son dépit, il donnait à ce simple incident matrimonial des proportions étranges, y dénonçant « l'acte le plus patent d'ambition et d'agrandissement politique que l'Europe eût vu depuis l'Empire [2] ». Il ajoutait : « Si le gouvernement français persiste à adopter le système d'ambition sans scrupule qui guida la politique étrangère sous Louis XIV et Napoléon, il n'y a pas de bon vouloir et de sentiments d'amitié de la part de l'Angleterre qui puissent être assez forts pour empêcher les relations entre l'Angleterre et la France de redevenir ce qu'elles étaient pendant les règnes de Napoléon et de Louis XIV [3]. »

[1] Lettre de lord Palmerston à M. de Jarnac, du 6 septembre 1846. (BULWER, *The life of Palmerston*, t. III, p. 239.)
[2] Lettres de M. de Jarnac à M. Guizot, des 9, 11 et 12 septembre 1846.
[3] Lettre de lord Palmerston à Bulwer, du 16 septembre 1846. (BULWER, t. III, p. 247.)

Il ne se borna pas à ces exagérations. Avec ce goût des récriminations blessantes qui était dans sa nature, il se montra tout de suite résolu à porter la discussion sur un terrain particulièrement dangereux dans les controverses internationales, celui de la bonne foi ; et, pour comble, ce n'était pas seulement le cabinet français qu'il s'apprêtait à accuser de déloyauté, c'était Louis-Philippe lui-même. Se rencontrant avec l'un des collègues de M. Guizot, M. Dumon, alors en Angleterre, il lui disait : « Voilà la première fois qu'un roi de France n'a pas tenu sa parole [1]. » Puis, tout fier de cette inconvenance, il s'empressait de la raconter à lord Normanby et à sir Henri Bulwer, et ne leur exprimait qu'un regret, celui « d'avoir été ainsi trop complimenteur pour les prédécesseurs de Louis-Philippe [2] ». « Nous sommes indignés, écrivait-il encore à Bulwer, de la mauvaise foi, de l'ambition sans scrupule, des basses intrigues du gouvernement français [3]. »

Il fallait s'attendre à cette irritation de lord Palmerston : nul moyen de l'éviter ni de l'apaiser. Mais y avait-il chance de la limiter, d'empêcher que cette irritation ne trouvât d'écho outre-Manche, que l'Angleterre n'épousât les griefs et les ressentiments de son ministre? A l'avance, M. Guizot avait caressé quelque espérance de ce genre. Dès le 5 juillet 1846, au moment où se formait le ministère whig, il écrivait à M. Bresson : « J'ai, avec lord Palmerston, cet avantage que, s'il survenait entre nous et Londres quelque refroidissement, quelque embarras, ce serait à lui, non à moi, qu'en France, en Angleterre, partout, on en imputerait la faute. » Aussi à peine se vit-il, par suite de l'annonce des deux mariages, aux prises avec le secrétaire d'État, qu'il fit effort pour l'isoler dans son propre pays et jusque dans son cabinet. Il risqua même, pour obtenir ce dernier résultat, une démarche qu'on ne peut s'empêcher de trouver un peu inconsidérée : ce fut une lettre adressée, le 15 septembre, à M. de Jarnac, pour

---

[1] *The Greville Memoirs, second part,* t. II, p. 423.
[2] Bulwer, t. III, p. 248 et 252.
[3] *Ibid.*, p. 248.

être communiquée au premier ministre, lord John Russell, et où l'éloge de celui-ci se mêlait à une plainte très vive sur la conduite suivie par lord Palmerston [1]. Telle était la confiance de M. Guizot que, quelques jours après, il écrivait à M. de Flahault : « J'ai de très bonnes nouvelles de lord John Russell; n'en parlez pas, mais tenez pour certain que le bruit suscité par lord Palmerston n'ira pas loin [2]. » Cette illusion dura peu. Le premier soin de lord Russell fut de mettre la lettre de M. Guizot sous les yeux de celui-là même dont elle contenait la critique; puis il écrivit à M. de Jarnac, sur un ton assez raide, que le chef du *Foreign office* avait toute sa confiance, qu'il avait agi avec modération, et que c'était au contraire le gouvernement français qui avait prouvé, par sa conduite, le peu de prix qu'il attachait à l'amitié de l'Angleterre [3]. Lord John dépassait ainsi son vrai sentiment; il n'était pas aussi assuré que son collègue fût sans tort. Lui-même n'a point caché plus tard combien il regrettait de ne s'être pas opposé à l'envoi de ces instructions du 19 juillet 1846, où il avait été si malencontreusement parlé du prince de Cobourg, et il a raconté par suite de quel incident il n'était pas intervenu : ces instructions lui avaient été communiquées un dimanche, au moment où il partait pour le service divin, et, dans sa hâte, il ne les avait parcourues que superficiellement. « Si je n'étais pas allé à l'église, ajoutait-il, j'y aurais fait plus d'attention [4]! » Mais, tout en blâmant au fond son collègue, lord Russell se faisait un point d'honneur de le couvrir, dès qu'il le voyait accusé par un gouvernement étranger. Et puis lord Palmerston, qui s'était gardé de faire connaître aux autres ministres ses instructions secrètes à Bulwer, leur avait présenté notre consentement au double mariage comme un acte d'hostilité gratuite, mieux encore, comme le dénouement d'une intrigue ourdie de vieille

---

[1] *The Greville Memoirs, second part*, t. III, p. 10.
[2] Lettre inédite du 20 septembre 1846.
[3] Spencer Walpole, *The life of lord John Russell*, t. II, p. 2.
[4] *Ibid.*, p. 5.

date par Louis-Philippe, comme une fourberie longuement préméditée[1]. Ces accusations semblaient avoir trouvé créance chez ses collègues; lord Clarendon disait à M. Dumon « qu'il n'y avait qu'un sentiment dans le cabinet anglais » sur la conduite de la France[2], et l'un des personnages les plus considérables du parti whig, lord Lansdowne, déclarait que « tout le monde reconnaissait la nécessité de changer de conduite envers Louis-Philippe[3] ».

Si M. Guizot ne parvenait pas à détacher de lord Palmerston ceux qui lui étaient liés par la communauté de parti et de responsabilité, il pouvait sans doute espérer une appréciation plus favorable de la part des adversaires du ministère whig, et particulièrement de son ami lord Aberdeen, dont il avait tant de fois éprouvé l'esprit droit et conciliant. Il lui avait écrit, dès le 7 septembre, toutes les raisons qu'il avait eues de considérer comme annulés les engagements pris à Eu. Lord Aberdeen lui répondit amicalement et tristement, le 14 septembre, qu'il ne trouvait pas ces raisons suffisantes. Ignorant les secrètes menées de son successeur, il se refusait à croire que celui-ci eût voulu s'écarter de la politique d'entente suivie avant lui. « Je suis satisfait, ajoutait-il, de savoir que vous ne voudriez jamais avoir fait un acte pour lequel vous ne vous sentiriez pas pleinement justifié; mais, je l'avoue, mon cher monsieur Guizot, il m'est impossible de découvrir des motifs plausibles pour le choix qui a eu lieu[4]. » Quelques jours après, lord Aberdeen écrivait au prince Albert : « Je me soucie fort peu du mariage en lui-même, mais je sens vivement la violation de l'engagement pris, et je suis encore à me demander si Guizot a pu se sentir tranquille envers sa conscience, à la suite de la conduite qu'il a tenue[5]. » Avec le temps, il est vrai, la

---

[1] *The Greville Memoirs, second part*, t. II, p. 418 à 421.
[2] BULWER, *The life of Palmerston*, t. III, p. 241.
[3] *Le Prince Albert*, extraits de l'ouvrage de sir Th. MARTIN, par A. CRAVEN, t. I, p. 208.
[4] *Revue rétrospective.*
[5] *Le Prince Albert*, extraits de l'ouvrage de sir Th. MARTIN, par A. CRAVEN, t. I, p. 208.

sévérité de ce jugement s'adoucit un peu ; lord Aberdeen finit par se déclarer convaincu de la bonne foi du ministre français, de la sincérité des soupçons qui avaient déterminé sa conduite, et il affirma que si lui, Aberdeen, était resté au pouvoir, rien de pareil ne fût arrivé [1]. Sur ce dernier point, il était absolument dans le vrai.

L'une des principales préoccupations de Louis-Philippe devait être de savoir comment l'événement serait pris par la reine Victoria. On sait sur quel pied d'intimité familière les relations des deux cours s'étaient établies depuis la première entrevue d'Eu, en 1843 : visites annuelles qui, des deux parts, étaient toujours trouvées trop rares et trop courtes ; correspondance fréquente, affectueuse, on peut même dire tendre [2], et que la Reine avait continuée après la rentrée de Palmerston au *Foreign office*, sans paraître supposer que ce fait pût altérer une telle intimité [3]. Mais on sait aussi quel intérêt l'épouse du prince Albert portait à ce qui touchait les Cobourg ; on n'a pas oublié non plus qu'elle avait été personnellement partie dans les arrangements relatifs aux mariages espagnols, et qu'elle-même avait reçu à Eu, en 1845, de la bouche de Louis-Philippe, l'engagement de ne pas célébrer le mariage du duc de Montpensier avant que la Reine eût eu des enfants. Depuis lors, elle en était restée à cet engagement, et rien ne l'avait préparée à le voir rompre. Elle se piquait, pour son compte, d'être demeurée fidèle à l'entente, et de cette fidélité elle venait même de donner une preuve qui ne lui avait pas peu coûté : je veux parler de ce conseil de famille tenu entre elle, le prince Albert et le roi des Belges, où il avait été décidé de détourner Léopold de Cobourg

---

[1] *The Greville Memoirs, second part*, t. II, p. 430 ; t. III, p. 53.

[2] Voir plusieurs lettres publiées dans la *Revue rétrospective*.

[3] Louis-Philippe écrivait au roi des Belges, le 25 juillet 1846 : « J'ai reçu de Victoria les lettres les plus aimables, les plus rassurantes, sur le maintien de notre précieuse entente cordiale. Sa jeunesse et sa droiture le croient ; elle ne peut douter des assertions qu'on lui donne. Ma vieillesse, sans être moins droite, n'a pas la même confiance, et de là l'incertitude que j'ai dû lui faire entrevoir sur ma visite du mois d'octobre, qu'elle veut bien désirer avec un affectueux empressement. »

de ses visées matrimoniales, tant que le roi des Français y
ferait une aussi formelle opposition [1]. Quant aux menées hostiles par lesquelles, pendant ce temps, lord Palmerston avait
obligé le gouvernement français à reprendre sa liberté, la
Reine paraissait n'en rien savoir. D'une part, le coupable s'était
gardé de l'en informer; de l'autre, elle n'avait reçu directement de Louis-Philippe, au sujet de ces menées et des conséquences que notre gouvernement pourrait être conduit à en
tirer, aucun avertissement préalable, analogue à ceux que
M. Guizot faisait alors parvenir à Palmerston lui-même. Si le
Roi n'avait ainsi rien dit, ce n'était pas par un calcul machia-
vélique et pour entretenir la Reine dans une trompeuse sécurité;
c'était que, jusqu'à la veille de la décision finale, il s'était
refusé à se servir de la liberté qui lui était rendue et avait
compté se renfermer quand même dans les termes des engagements d'Eu. Mais, pour être ainsi explicable, ce silence n'en eut
pas moins, sur le moment, un effet fâcheux. La Reine en fut
plus portée, quand lui arriva, tout à fait à l'improviste, la
nouvelle des deux mariages, à se croire la victime d'une surprise
déloyale. Il n'y eut pas alors jusqu'à l'intimité de ses rapports
avec Louis-Philippe qui ne contribuât à lui faire sentir davantage l'offense, en y mêlant cette impression, particulièrement
douloureuse pour une femme jeune en face d'un vieillard, de
l'amitié trahie, de la confiance trompée. Ajoutez-y, sans aucun
doute, quoiqu'on en parlât moins haut, le dépit de voir écarter
définitivement ce mariage Cobourg que la Reine n'osait faire
contre nous, mais auquel elle avait toujours espéré nous voir
acculés par les circonstances. Ce dépit était particulièrement
vif chez le prince Albert [2]. Livrée à elle seule, Victoria, qui,

---

[1] Voir plus haut, p. 217, 218.

[2] Le langage de ce prince était des plus amers; il écrivait à un de ses parents
d'Allemagne, le 17 septembre 1846 : « Rien de plus perfide que la politique
suivie par la cour française. On nous a dupés, et maintenant on triomphe. Mes-
quin triomphe d'avoir dupé un ami, et le seul qu'on a, et au moment même
où il fait un sacrifice à l'amitié. Car les pauvres reines ont, jusqu'à la dernière
heure, été attachées à Léopold, et cet attachement, elles ne l'ont abandonné que
quand Bulwer leur a déclaré que nous ne pouvions pas y consentir... » (Aus

malgré ses griefs, gardait un fond d'affection pour notre famille royale [1], n'eût probablement pas refusé d'écouter les explications de Louis-Philippe et eût saisi volontiers quelque occasion de le traiter en ami. Ce fut son mari qui l'en détourna, avec le concours de leur conseiller, l'Allemand Stockmar, toujours fort ardent à nous desservir [2]. Sous ces influences, la Reine répudia promptement toutes les velléités de réconciliation qui avaient pu lui traverser l'esprit et ne fut plus qu'à son ressentiment. « Rien n'égale l'indignation de la Reine contre la conduite du Roi, notait bientôt après M. Greville sur son journal ; elle en a parlé à Clarendon dans les termes les moins mesurés [3]. » Le duc de Broglie écrivait à son fils : « C'est la Reine qui échauffe son ministère [4]. »

Louis-Philippe ne fut pas longtemps à s'apercevoir qu'il ne pouvait pas compter sur l'amitié de la reine d'Angleterre, pour contenir ses ministres. Il avait cru moins provoquer les controverses en lui faisant annoncer le mariage du duc de Montpensier, par la reine Marie-Amélie, comme

meinem Leben und aus meiner Zeit, von ERNST II, herzog von Sachsen-Coburg-Gotha, t. I, p. 174.)

[1] Ce fond d'affection reparaîtra en 1848, après la révolution de Février. La Reine écrira au baron Stockmar, le 6 mars 1848 : « Vous connaissez ma tendresse pour la famille royale ; vous savez comme je désirais de nouveau être dans de meilleures relations avec eux…, et vous disiez que le temps seul pourrait amener ce résultat… Que j'étais loin de prévoir comment il se ferait que nous nous reverrions en effet tous de la façon la plus amicale, que la duchesse de Montpensier, au sujet de laquelle nous nous disputions depuis plus d'un an, arriverait ici en fugitive !… » Et le 22 avril : « Ces pauvres exilés à Claremont ! Leur vie, leur avenir vous brisent le cœur. » (*Le Prince Albert*, extraits de l'ouvrage de sir Théodore MARTIN, par A. CRAVEN, t. I, p. 256 et 257.)

[2] Le baron Stockmar a écrit, quelques semaines plus tard, le 10 novembre 1846 : « Au commencement, la Reine était tout entière aux idées de pardon et de réconciliation ; le prince, au contraire, ressentait le coup comme il convient à un homme ; il voyait une chose injuste au fond, une offense nationale dans la forme et pour lui un procédé blessant, car il pouvait se dire qu'ayant sacrifié à de hauts intérêts politiques sa bienveillance pour son cousin, il n'avait reçu en échange qu'une marque d'ingratitude sous la forme la plus dédaigneuse. » (*Mémoires de Stockmar.*) — Écrivant à la Reine, Stockmar lui dénonçait la conduite de Louis-Philippe « comme un trait de politique égoïste et inique, du scandale duquel la réputation du Roi ne se remettrait jamais ». (*Le Prince Albert*, extraits de l'ouvrage de sir Théodore MARTIN, par A. CRAVEN, t. I, p. 208.)

[3] *The Greville Memoirs*, second part, t. II, p. 424.

[4] *Documents inédits.*

un simple « événement de famille », intéressant uniquement « le bonheur de son fils chéri »; la lettre, datée du 8 septembre, était écrite sur le ton d'amicale familiarité en usage entre Eu et Windsor, et l'on s'y informait, au nom du Roi, si « les pêches », récemment envoyées, étaient « arrivées à bon port ». Dans ce tour plus ou moins heureux, mais pris évidemment à bonne intention, l'entourage de Victoria s'appliqua à lui faire voir une aggravation d'offense. Elle répondit, le 10 septembre, d'une façon fort sèche, rappelant à sa correspondante tous les faits que celle-ci avait volontairement laissés de côté, « ce qui s'était passé à Eu » entre les deux souverains, le refus fait par la famille royale d'Angleterre « d'arranger » le mariage Cobourg, refus qui n'avait pas eu d'autre cause que le désir d'être agréable au Roi; puis elle ajoutait : « Vous pourrez donc aisément comprendre que l'annonce soudaine de ce double mariage ne peut nous causer que de la surprise et un bien vif regret. Je vous demande pardon, Madame, de vous parler politique dans ce moment, mais j'aime à pouvoir me dire que j'ai toujours été sincère avec vous [1]. »

« Je doute que ma réponse leur plaise beaucoup », disait Victoria à lord Clarendon, après avoir écrit cette lettre [2]. Louis-Philippe, en effet, en ressentit un vrai chagrin. Il voulut tenter un effort pour obtenir une appréciation plus juste. Dans ce dessein, il écrivit, le 14 septembre, à sa fille, la reine des Belges, une très longue lettre justificative, en réalité destinée à la reine d'Angleterre. « J'y ai consacré, mandait-il à sa fille, d'arrache-pied et sans regret, trois nuits jusqu'à quatre heures du matin, malgré les cris de la Reine, de ma sœur et de toute la famille, qui prétendaient que je me tuais... Je me serais soumis volontiers à encore plus de fatigue, s'il l'avait fallu, pour achever ce travail, tant a été profonde la peine que j'ai ressentie de la lettre de la reine Victoria, et de l'injuste préjugé dont je l'ai vue animée dans cette affaire. » La lettre débutait

---

[1] *Le Prince Albert*, extraits de l'ouvrage de sir Th. MARTIN, par A. CRAVEN, t. I, p. 201 à 203.
[2] *The Greville Memoirs*, second part, t. II, p. 424.

ainsi : « La Reine vient de recevoir une réponse de la reine Victoria à la lettre que tu sais qu'elle lui avait écrite, et cette réponse m'a fait une vive peine. Je suis porté à croire que notre bonne petite reine a eu presque autant de chagrin à écrire cette lettre que moi à la lire. Mais enfin elle ne voit maintenant les choses que par la lunette de lord Palmerston, et cette lunette les fausse et les dénature trop souvent. C'est tout simple; la grande différence entre la lunette de lord Aberdeen et celle de lord Palmerston provient de la différence de leur nature : lord Aberdeen aimait à être bien avec ses amis; lord Palmerston, je le crains, aime à se quereller avec eux. » Louis-Philippe reprenait ensuite, dès l'origine, l'histoire des mariages; il montrait comment il avait été amené bien malgré lui, par la politique de lord Palmerston, à « dévier des conventions premières », et exprimait son regret qu'on n'eût pu éviter ce qui avait été, pour les uns, « un grand et inutile désappointement », pour lui, « un des plus pénibles chagrins qu'il eût éprouvés, et Dieu savait qu'il n'en avait pas manqué pendant sa longue vie ». Il terminait ainsi : « Actuellement, c'est à la reine Victoria et à ses ministres qu'il appartient de peser les conséquences du parti qu'ils vont prendre et de la marche qu'ils suivront. De notre côté, ce double mariage n'opérera dans la nôtre d'autres changements que ceux auxquels nous serions contraints par la nouvelle ligne que le gouvernement anglais jugerait à propos d'adopter... Nous ne voyons aucun intérêt, aucun motif, ni pour l'Angleterre, ni pour nous, à ce que notre entente cordiale soit brisée, et nous en voyons d'immenses à la bien garder et à la maintenir. C'est là mon vœu, c'est celui de mon gouvernement. Celui que je te prie d'exprimer de ma part à la reine Victoria et au prince Albert, c'est qu'ils me conservent dans leur cœur cette amitié et confiance auxquelles il m'a toujours été si doux de répondre par la plus sincère réciprocité et que j'ai la conscience de n'avoir jamais cessé de mériter de leur part [1]. »

[1] *Revue rétrospective.*

La reine Victoria répondit, le 27 septembre, en s'adressant également à la reine des Belges. Dans sa lettre, qui était évidemment l'œuvre du prince Albert [1], elle réfutait longuement et durement toute l'argumentation du Roi, sans se montrer touchée de ses protestations. Une seule citation donnera l'idée du point de vue où elle se plaçait : elle déclarait que « ses sentiments de justice ne se prêteraient jamais à reconnaître que lord Palmerston se fût écarté de l'entente cordiale établie entre le gouvernement français et lord Aberdeen ». Elle concluait en ces termes : « J'ai donc tout bien considéré par moi-même et en voyant de mes propres yeux, et il m'est impossible de reconnaître que le Roi fût dégagé de sa parole. Rien au monde de plus pénible n'eût pu m'arriver que ce triste désaccord, et parce qu'il a un caractère si personnel, et parce qu'il m'impose le devoir de m'opposer au mariage d'un prince auquel je porte, ainsi qu'à toute sa famille, une amitié aussi vive [2]. » Lord Palmerston, qui eut aussitôt connaissance de cette lettre, en fut naturellement ravi. « J'en approuve tous les mots », écrivait-il à Bulwer [3]. Il eût voulu crier sur les toits une si heureuse nouvelle : aussi son journal annonça-t-il bien haut que la souveraine partageait l'indignation générale contre la conduite du gouvernement français; « elle comprend, ajoutait-il, que la confiance, si naturellement produite par le fréquent échange de courtoisies royales, a été grandement abusée ». Louis-Philippe ne crut pas que sa dignité lui permît d'insister davantage. Il cessa donc toute correspondance, même indirecte, avec la reine Victoria, attendant du temps la justice à laquelle il croyait avoir droit.

Quand les choses étaient aussi mal prises à la cour et dans les hautes régions politiques, il ne fallait pas s'attendre qu'elles le fussent bien dans la nation anglaise elle-même. Au pre-

---

[1] C'est ce qu'insinue lord Palmerston dans une lettre à Bulwer. (Bulwer, *The life of Palmerston*, t. III, p. 252.)

[2] *Le Prince Albert*, extraits de l'ouvrage de sir Th. Martin, par A. Craven, t. I, p. 203 à 206.

[3] Bulwer, *The life of Palmerston*, t. III, p. 252.

mier moment, cependant, on avait pu croire que celle-ci se montrerait assez indifférente. Lord Clarendon lui-même le constatait et s'en plaignait [1]. Dans un article que nos feuilles ministérielles s'empressèrent de reproduire, le *Times* déclara tranquillement, le 3 septembre, que « les intérêts britanniques n'étaient pas sérieusement engagés dans cette affaire ». Mais sous l'effet des remontrances et des excitations du *Morning Chronicle*, organe personnel de lord Palmerston, le ton des journaux anglais changea bientôt. Tous, le *Times* en tête, se mirent à déclarer que l'Angleterre serait « amoindrie » par ce mariage; ils accusèrent le gouvernement français de déloyauté et le dénoncèrent comme ayant « commis, avec une intention résolue et méditée, un grand outrage international ». La polémique descendit plus bas encore : pas d'ignominie que ces journaux n'imaginèrent. Ils affirmèrent que Louis-Philippe, de connivence avec Christine, avait fait constater médicalement la stérilité de la reine Isabelle, et que le mariage du duc de Montpensier était une spéculation faite sur cette stérilité. Le *Times* raconta aussi, sans sourciller, que le consentement de la jeune reine avait été extorqué par M. Bresson, au milieu d'une orgie nocturne [2], et, partant de là, il s'écriait : « Quel intrus se glisse hors du palais à sept heures du matin, si tôt s'il s'agit d'affaires, si tard s'il s'agit de fêtes? Quelles orgies ont eu lieu dans le palais des deux vierges royales que l'honneur chevaleresque de l'Espagne doit protéger? A Paris, il y a des hommes qui tirent le nom distinctif de leur industrie spéciale, de l'air dégagé avec lequel on les voit sortir de grand matin d'une maison où ils ont passé la nuit à cueillir les fleurs qui l'embellissent. Cet homme est un Français. Appartient-il à cette catégorie? Le chevalier d'industrie qui en impose à la simplicité des Espagnols n'est rien moins que l'agent

---

[1] Bulwer, *The life of Palmerston*, t. III, p. 241.

[2] Il n'est pas besoin de démentir cette infamie. On se rappelle que M. Bresson n'était même pas au palais royal le soir où le consentement de la Reine fut obtenu. (V. plus haut, p. 226.) Dans sa correspondance confidentielle avec M. Guizot, M. Bresson se montre fort ému et fort indigné de ces « abominables calomnies ». (Lettre inédite du 29 septembre 1846.)

accrédité et investi de toute la confiance d'un grand roi. Il emporte une Infante dans son sac... » Et le *Times* ajoutait, en prenant personnellement Louis-Philippe à partie : « Quiconque choisit pour son heure l'heure de minuit, entre par la porte dérobée et marche armé d'une lanterne sourde et d'un levier, doit à coup sûr avoir conscience de l'improbité de sa conduite. Louis-Philippe est l'homme qui a le moins su sauver les apparences, s'il n'a pas commis un crime contre l'Europe. » La polémique continua sur ce ton. Mis à un tel régime d'excitation, le public anglais finit par s'échauffer : lui aussi se persuada que son pays venait d'être la victime de la perfidie et de l'ambition de la France.

Il fut donc promptement manifeste que l'Angleterre tout entière, de la souveraine au peuple, prenait à son compte la querelle de lord Palmerston. C'était, pour notre gouvernement, une grosse déception et un accident malheureux. Avait-il fait tout ce qu'il fallait pour le prévenir ? Préoccupé de réussir dans la contre-mine qu'il opposait à la mine creusée par la diplomatie anglaise, n'avait-il pas trop perdu de vue l'effet que devait produire une explosion à laquelle nul n'était préparé ? Si le mystère et la surprise avaient leurs avantages, ils avaient aussi leurs dangers. Des précautions étaient à prendre pour qu'outre-Manche, dans le public, chez les hommes politiques, à la cour surtout, personne ne pût, au moment décisif, se tromper sur les responsabilités, ni mettre en doute notre loyauté. Ces précautions étaient sans doute malaisées à concilier avec les exigences d'une lutte que lord Palmerston nous obligeait à faire souterraine : je ne nie pas la délicatesse du problème, mais je constate que notre gouvernement ne l'avait pas résolu, et qu'il ne paraissait même pas avoir tenté de le résoudre. C'est peut-être la principale, l'unique faute commise par le gouvernement français : elle devait avoir de fâcheuses conséquences.

VI

Dans cette affaire des mariages, notre gouvernement avait donc contre lui toute l'Angleterre : avait-il du moins avec lui toute la France? De ce côté-ci de la Manche, comme de l'autre, les divers partis s'unissaient-ils pour faire front contre l'étranger? A première vue, il n'était pas de question où M. Guizot pût se croire plus à l'abri des critiques de la gauche. En effet, depuis plusieurs années, le grand grief des opposants, celui qui récemment encore, lors des élections générales de 1846, fournissait matière à toutes leurs déclamations, était la prétendue pusillanimité qui empêchait le gouvernement français de tenir tête à l'Angleterre. Cette défaillance si souvent dénoncée à l'occasion du droit de visite, de l'indemnité Pritchard et du traité avec le Maroc, les journaux de gauche avaient toujours paru s'attendre qu'elle se reproduirait en Espagne, dans les négociations relatives au mariage de la Reine et de sa sœur. Tout récemment encore, au mois d'août, un article du *Times* leur avait fourni occasion de manifester leur dédaigneuse défiance. Cet article, contenant une sortie virulente et comminatoire contre notre prétention d'imposer un mari à la reine Isabelle, semblait conclure à remettre sur les rangs le prince de Cobourg. Presque toute la presse de Londres y fit écho, ce qui ne laissa pas que de causer quelque émoi à Paris. Le *Journal des Débats* se borna à relever l'attaque, sans y répondre à fond; son souci évident était de ne pas faire descendre sur la place publique une discussion qui lui paraissait être du domaine des chancelleries. Aussitôt tous les journaux de gauche et de centre gauche, interprétant cette réserve de la feuille ministérielle comme un manque de courage, dénoncèrent la « reculade », la « nouvelle génuflexion » que M. Guizot s'apprêtait à faire « devant les exigences de lord Palmerston ». « Voilà, s'écriaient-ils, l'ère des humiliations rouverte du côté de l'Espagne[1] ! » Telle était la vivacité de leur émotion, qu'elle durait encore, alors qu'à leur insu tout était déjà décidé, à Madrid, dans un sens absolument opposé. C'est le 28 août que les deux mariages furent convenus entre la cour d'Espagne et M. Bresson : le 31, le *National* continuait à s'indigner à la pensée que M. Guizot n'oserait pas « persister dans la politique formulée si nettement par lui, quatre ans auparavant », et qu'il « sacrifierait les intérêts séculaires de notre pays ». Le 3 septembre, en même temps que le *Journal des Débats* annonçait les mariages, le *Constitutionnel,* qui les ignorait encore, faisait une peinture méprisante de cette diplomatie française, maladroite, peureuse, en train d'abandonner à Madrid tout ce qu'elle avait exigé, et il ajoutait ironiquement que le duc de Montpensier, exclu d'Espagne par lord Palmerston, allait être réduit à chercher femme en Allemagne.

En voyant leurs injurieuses prévisions si complètement démenties par l'événement, quelle pouvait être l'attitude de ces journaux? Qu'ils reconnussent leur tort et fissent amende honorable, c'eût été leur demander une vertu peu en usage dans les luttes de partis. Mais ne devait-on pas s'attendre qu'au moins ils ne blâmassent pas le gouvernement pour avoir fait le contraire de ce qu'à l'avance ils venaient de flétrir comme une lâcheté? Au premier moment, sous le coup de la surprise, ils parurent surtout fort embarrassés. Reconnaissant que le choix du duc de Cadix était bon, ils insinuèrent qu'il avait été fait malgré M. Guizot et contre lui; ne pouvant pas nier que le mariage du duc de Montpensier serait un succès pour la politique française, ils affectèrent d'en mettre en doute la réalité. Mais de telles contre-vérités ne pouvaient longtemps se soutenir, et ces journaux se voyaient acculés à confesser que le ministère venait de montrer précisément la hardiesse dont on l'avait proclamé incapable. Plusieurs faisaient déjà, de plus ou moins bonne grâce, cet aveu qu'ils sentaient d'ail-

---

[1] Voir notamment le *Siècle* des 9, 10, 13, 18 août, le *Constitutionnel* du 13 août, le *National* des 14 et 16 août, etc.

leurs répondre au sentiment général, même à celui de leurs partisans, quand M. Thiers intervint pour empêcher ce qu'il regardait comme une grosse faute de tactique. A ceux de ses amis ou de ses alliés qui se laissaient aller à se réjouir du succès remporté par la politique française et de l'échec infligé à la politique anglaise, le chef du centre gauche représenta vivement qu'ils faisaient fausse route, que le ministre leur donnait barre sur lui, et qu'ils seraient des niais de ne pas en profiter. Il leur montra, dans les difficultés créées par l'irritation de lord Palmerston, une occasion à saisir pour jeter bas M. Guizot. Le jeu de l'opposition lui paraissait devoir être d'alarmer les intérêts et les imaginations sur les dangers du conflit, de telle sorte que le Roi et l'opinion, effrayés, se décidassent à changer de ministère pour retrouver leur sécurité. Sans doute, c'était le contre-pied de ce que l'opposition avait dit jusqu'alors; mais il n'y avait pas là de quoi embarrasser un esprit aussi souple et aussi leste. Sans doute encore, le patriotisme eût dû lui faire un scrupule de seconder un ministre étranger qui cherchait à diminuer, à humilier la France; mais nous avons vu que, depuis assez longtemps déjà, l'ancien président du conseil du 1er mars avait jugé de son intérêt parlementaire de lier partie avec l'ancien auteur du traité du 15 juillet 1840 [1].

Non content d'agir par ses conversations particulières, M. Thiers se servit du *Constitutionnel* pour donner publiquement le signal et développer le thème de cette nouvelle opposition. Dès le milieu de septembre, ce journal se mit à exalter l'alliance anglaise et à déplorer de la voir rompue par le « coup de tête », par la « dangereuse étourderie » des mariages espagnols. Cette rupture, il l'imputait au gouvernement français, l'accusant, sur la foi des feuilles étrangères, d'intrigue, de déloyauté, de brutalité dictatoriale, vantant par contre la « modération » de lord Palmerston. Il s'efforçait de grossirce conflit, et recueillait avec une telle complaisance toutes les

---

[1] Sur les premiers symptômes de cette alliance de M. Thiers et de lord Palmerston, voir plus haut, p. 197 et suiv.

menaces venues du dehors, qu'il paraissait en désirer la réalisation. Et pour quel avantage, demandait-il, s'était-on ainsi exposé? Il n'en découvrait pas d'autre que la riche dot de l'Infante; et il montrait ce gouvernement, naguère si pusillanime quand les grands intérêts du pays étaient en jeu, devenu téméraire dès qu'il s'agissait de satisfaire une cupidité dynastique. A cette situation il ne voyait que deux issues possibles : ou une lutte aboutissant tôt ou tard à la guerre, ou, ce qui lui paraissait plus probable, étant donné le tempérament des hommes au pouvoir, quelque nouveau sacrifice de l'honneur national en vue de racheter les bonnes grâces de l'Angleterre.

On put se demander un moment si la thèse du *Constitutionnel* prévaudrait dans la presse d'opposition. Le *Siècle*, qui passait pour l'organe de M. Odilon Barrot, se montrait réfractaire : non qu'il fût disposé à louer le cabinet; il s'appliquait à réduire autant que possible la portée du succès obtenu; mais enfin il se refusait à y voir un sujet de blâme et à faire le jeu de lord Palmerston. Très contrarié de cette note discordante, M. Thiers échangea, à ce sujet, avec quelques-uns de ses amis qui avaient d'abord encouragé le *Siècle,* une correspondance assez aigre qui faillit amener une rupture. Mais le *Siècle* n'eut pas d'imitateurs. Au bout de quelques jours, presque toutes les feuilles de gauche et de centre gauche avaient emboîté le pas derrière le *Constitutionnel,* et méritaient que le *Journal des Débats* les qualifiât d' « organes français du cabinet britannique ». M. Thiers était arrivé à ses fins. De Londres, lord Palmerston, agréablement surpris d'un tel concours, envoyait à ces journaux ses remerciements; le *Morning Chronicle* vantait la haute moralité d'une telle alliance, et le *Times* louait, probablement non sans un peu d'ironie méprisante, le « désintéressement inattendu » de l'opposition française.

VII

Bien que le choix du duc de Cadix comme époux de la Reine déplût fort à lord Palmerston, celui-ci s'y résignait faute de trouver aucun prétexte plausible pour s'y opposer. C'était contre le mariage du duc de Montpensier avec l'Infante qu'il était résolu à concentrer tous ses efforts. Sans doute ce mariage était convenu entre les parties, annoncé pour une date très prochaine; mais, tant qu'il n'était pas accompli, on pouvait encore chercher à l'empêcher, ou tout au moins à le retarder. Le ministre anglais décida d'y employer les quelques semaines qui devaient s'écouler avant qu'on pût procéder à la célébration. Il se flattait de suppléer à la brièveté du délai par l'activité et l'énergie de son action.

Ce fut d'abord en Espagne que les obstacles lui parurent les plus faciles à faire naître. Son ressentiment avait là, dans sir Henri Bulwer, un instrument dont il pouvait tout attendre. A la première nouvelle de l'arrangement conclu pour les mariages, Bulwer n'avait pas caché son intention de ne garder aucun ménagement. « Je vous déclare solennellement, disait-il à M. Donozo Cortès, que nous regardons le mariage de l'Infante comme un acte d'hostilité, et que mon gouvernement n'épargnera rien pour amener en Espagne un bouleversement complet[1]. » Coup sur coup, le 31 août, le 5 et le 8 septembre, il adressa à M. Isturiz des notes où il dénonçait, dans ce mariage, « l'un des plus graves événements qui pussent survenir en Europe », déclarait que son accomplissement altérerait les relations de l'Angleterre avec l'Espagne, et reprochait au gouvernement de Madrid de faire « de son droit d'indépendance un usage contraire à l'indépendance réelle du pays ». Loin d'envelopper ses démarches du secret diplomatique, il avait soin que les journaux en parlassent, et dans des termes faits

---

[1] Ce propos est rapporté par M. Bresson, qui le tenait de M. Donozo Cortès.

pour inquiéter le public sur les résolutions ultérieures du cabinet de Londres. Aux vaisseaux anglais en station devant Cadix ou Gibraltar, il envoyait ouvertement des courriers qui paraissaient leur porter des ordres de blocus ou d'hostilité. En même temps, comme pour réaliser sa menace de « bouleversement », il excitait, en Espagne, les partis hostiles, apportant dans ce rôle d'agitateur une passion qui faisait dire de lui au comte Bresson : « Ce n'est plus le ministre d'une grande cour, c'est un artisan d'émeutes et de conspirations[1]. » Sous cette impulsion, les progressistes se mirent aussitôt à publier des protestations ou à faire signer des pétitions contre le mariage du duc de Montpensier. La violence de leurs journaux semblait un préliminaire de guerre civile. Parmi les arguments de cette polémique il en est un qui mérite d'être noté, à cause de l'importance diplomatique qu'on devait chercher plus tard à lui donner : c'est celui que, dès le 3 septembre, la presse radicale de Madrid prétendit tirer du traité d'Utrecht, qui avait mis fin à la guerre de la succession d'Espagne, et des renonciations réciproques faites alors, d'une part, par Philippe V et ses descendants au trône de France, de l'autre, par les princes français et leurs descendants au trône d'Espagne. On soutenait qu'en vertu de ces actes, l'héritier possible de l'un des trônes ne pouvait épouser l'héritière possible de l'autre, et qu'en tout cas les enfants issus d'une telle union seraient déchus, des deux côtés, de leurs droits successoraux.

On croit toujours facilement ce que l'on désire. L'agitation factice provoquée en Espagne par les menées de Bulwer parut à Londres un puissant mouvement national contre lequel ne pourraient prévaloir des intrigues de cour. Vers le 8 septembre, les journaux anglais annonçaient déjà que « le mariage de l'Infante avec le duc de Montpensier n'aurait jamais lieu, et cela pour des raisons espagnoles »; ils prédisaient, au cas où l'on voudrait l'imposer, une « guerre civile longue et sanglante ». « La brusque tentative de M. Bresson, ajoutaient-ils,

---

[1] Lettre inédite de M. Bresson à M. Guizot, du 29 septembre 1846.

vient d'allumer en Espagne un incendie qui ravagera tout le pays, depuis Saint-Sébastien jusqu'à Gibraltar, et du Portugal à la Méditerranée. » C'était le sentiment, et l'on peut dire l'espoir de lord Palmerston. Il adressait à Bulwer ses encouragements : « J'approuve tout ce que vous avez fait, lui mandait-il le 16 septembre, et je vous dis, comme lord Anglesea aux Irlandais : *Agitez, agitez, agitez.* » S'il lui recommandait de ne pas se compromettre ouvertement dans quelque projet d'insurrection, il l'invitait à « ne pas dissuader » ceux qui voudraient en tenter une à leurs risques et périls. C'était même de toutes mains qu'il se montrait prêt à accepter la révolution qui l'eût vengé; il recommandait à Bulwer de ne pas perdre de vue le concours qu'on pouvait tirer des carlistes, ou bien il caressait l'espoir de quelque *pronunciamento* fait par ce général Narvaez qu'il avait tant de fois dénoncé comme un oppresseur, mais qu'il supposait être en ce moment un mécontent [1]. Ce qu'il écrivait secrètement à son agent, ses journaux le proclamaient tout haut, multipliant sans vergogne les appels à ces alliés si nouveaux pour eux [2]. « Si Narvaez, disait le *Times*, veut fournir aux sentiments de l'Espagne les moyens de se formuler, il pourra conquérir un plus noble titre que ceux de Blücher ou de Bolivar. » Lord Palmerston ne se contentait pas d'aider ainsi Bulwer à « bouleverser » la Péninsule; il l'aidait également à intimider le cabinet de Madrid. Pour confirmer et fortifier les démarches comminatoires que, de son chef et sans attendre d'instructions, le ministre d'Angleterre avait déjà faites, il lui envoyait, le 14 septembre, une note qui devait être remise au cabinet de Madrid et qui le fut, en effet, le 22. Dans ce document il était fait, au nom du gouvernement britannique, de « très fortes remontrances » et une « protestation formelle » contre un mariage qui « mettait en péril l'indépendance de l'Espagne » et, par suite, « affectait sérieusement l'équilibre européen ». On y exprimait, en terminant, l'espoir

---

[1] Bulwer, *The life of Palmerston*, t. III, p. 247 à 257.
[2] Voir entre autres le *Morning Chronicle* du 19 septembre 1846, et le *Times* du 24.

de voir abandonner un projet dont la réalisation exercerait
« la plus fâcheuse influence sur les relations des deux couronnes anglaise et espagnole ». Ajoutons que, dès le 19 septembre, les journaux de Madrid, en rapport avec la légation
britannique, révélaient au public la démarche que Bulwer avait
reçu l'ordre de faire, s'efforçaient d'y montrer un événement
gros de conséquences, et affirmaient que Louis-Philippe n'oserait pas passer outre.

Mais pendant qu'à Londres, sur la foi des premières nouvelles, on s'attendait à voir l'Espagne elle-même empêcher
le mariage, les événements prenaient dans la Péninsule une
direction toute contraire. Le bruit que les progressistes étaient
parvenus un moment à soulever tombait au bout de peu de
temps, sans avoir trouvé d'écho dans le pays. Les pétitions ne
recueillaient qu'un nombre insignifiant de signatures. La nation
demeurait calme, ou, si elle paraissait disposée à s'émouvoir,
c'était de l'injure faite à son indépendance par l'impérieuse
invasion de la diplomatie anglaise dans ses affaires intérieures.
Nulle tentative de guerre civile, nulle démonstration populaire, et même, dans les Cortès réunies le 14 septembre, nul
symptôme d'une opposition parlementaire sérieuse : le 18 et
le 19, le Sénat et le Congrès adoptèrent, l'un à l'unanimité,
l'autre à 159 voix contre une, des adresses de félicitation à la
Reine sur les deux mariages. Le désappointement fut grand à
Londres. Les journaux de lord Palmerston se mirent à invectiver l'« apathie » de l'Espagne. « Nous devions compter sur
les Espagnols eux-mêmes, écrivait le *Times,* mais l'Espagne a
oublié sa force, quoiqu'elle n'ait pas désappris sa jalousie. »
De tels emportements n'aboutissaient qu'à blesser davantage la
fierté castillane, et le gouvernement de Madrid en était fortifié dans sa résistance. Le 29 septembre, M. Isturiz répondit,
sur un ton très digne et très ferme, à la note anglaise. « Le
gouvernement britannique, dit-il, qui se montre si jaloux de
l'indépendance de l'Espagne, ne trouvera pas mauvais que
l'Espagne agisse dans la limite des lois internationales, c'està-dire sans nuire aux intérêts des autres gouvernements, comme

c'est le cas relativement à l'affaire en question, à propos de laquelle l'Angleterre ne peut mettre en avant aucune violation des traités ; il ne trouvera pas mauvais, dis-je, que l'Espagne repousse énergiquement une protestation qui tend à restreindre son indépendance, et qu'elle proteste à son tour contre la protestation que révèle cet acte. » Bulwer en était réduit à constater, dans une nouvelle communication faite le 3 octobre à M. Isturiz, le complet insuccès de ses démarches. « Je sais, disait-il avec un dépit non dissimulé, que les faits ne tarderont pas à mettre fin à la discussion ; mais, en terminant, je ne puis m'empêcher d'exprimer la conviction qu'en dépit de la grande habileté avec laquelle cette affaire a été conduite par Votre Excellence, et du peu de talent que j'y ai apporté, les juges impartiaux remarqueront que ç'a été le lot du ministre anglais de défendre les vrais intérêts et l'indépendance de l'Espagne contre Votre Excellence, à qui, en qualité de ministre de Sa Majesté Catholique, leur défense aurait été plus convenablement confiée. »

VIII

A mesure que s'affaiblissait l'espoir, un moment caressé, de voir le mariage empêché par la seule résistance de l'Espagne, lord Palmerston jugeait nécessaire de se découvrir davantage et de chercher à peser directement sur le gouvernement français. Ainsi fut-il amené à adresser, le 22 septembre, à lord Normanby, qui venait de remplacer lord Cowley à l'ambassade de Paris, non une « note » formelle, comme il avait fait avec le gouvernement de Madrid, mais une dépêche dont lecture devait être donnée et copie laissée à M. Guizot. Ce document fort étendu commençait par une longue récrimination sur le passé. Les faits y étaient présentés de telle sorte que le gouvernement français paraissait avoir profité de la loyauté confiante du gouvernement britannique pour le tromper par toute une suite de machinations. Lord Palmerston n'admettait pas que la mention faite du prince de Cobourg dans ses instructions du 19 juillet nous eût libérés de nos engagements ; il déclarait n'avoir jamais patronné qu'un candidat, don Enrique, et se défendait d'avoir fait pour le prince de Cobourg rien qui justifiât les soupçons du cabinet de Paris, soupçons dont il mettait en doute jusqu'à la sincérité. Cette intrépidité d'affirmations nous paraît étrange, à nous qui connaissons aujourd'hui les instructions confidentielles envoyées à Bulwer. Lord Palmerston ne se faisait pas scrupule de nier ce qu'il savait être encore secret. Seulement, comme s'il prévoyait que, d'un moment à l'autre, la fausseté de ses négations pouvait éclater, il soutenait, en abusant manifestement de ce qu'il y avait eu d'un peu vague et équivoque dans certaines déclarations de lord Aberdeen, que le gouvernement anglais s'était toujours considéré comme parfaitement libre d'appuyer la candidature du prince de Cobourg. Ainsi aboutissait-il à cette conclusion qu'il aurait eu le droit de travailler contre nous, tout en étant garanti par nos promesses contre les moindres représailles de notre part. Après cette querelle rétrospective, il en venait aux conclusions présentes, qui consistaient en « des représentations et une protestation formelles » contre le mariage du duc de Montpensier. Partant de l'idée qu'une telle « combinaison tendait à lier la politique de l'Espagne et de la France d'une manière qui serait dangereuse pour d'autres États », il la dénonçait comme « incompatible avec le respect dû au maintien de l'équilibre européen », comme « altérant nécessairement les rapports entre la France et l'Angleterre », et comme « pouvant compromettre gravement la paix européenne ». Il ne s'en tint pas là : il n'hésita pas à emprunter à la presse progressiste de Madrid l'argument tiré du traité d'Utrecht et des renonciations faites à cette époque, déclarant, par cette raison, le mariage de l'Infante avec un prince français « contraire à la constitution espagnole » et, en tout cas, les enfants à naître de cette union exclus de la succession à la couronne d'Espagne [1].

---

[1] Le ministre avait été, du reste, devancé dans cette voie par Bulwer, qui, de

Sans doute il eût suffi d'un peu de réflexion et d'un simple coup d'œil sur les précédents, pour se rendre compte qu'on donnait ainsi au traité une portée à laquelle personne n'avait jamais songé. Pourvu qu'on assurât la séparation des deux couronnes, principe dominant du traité d'Utrecht, rien n'autorisait à étendre indéfiniment les exclusions et les déchéances. En fait, depuis 1713, de nombreux mariages avaient été contractés entre les Bourbons de France et ceux d'Espagne. L'Angleterre ni aucun autre signataire du traité n'avait protesté contre ces mariages, et les enfants qui en étaient nés n'avaient pas été privés de leurs droits ; — fort heureusement, car, autrement, on n'aurait plus trouvé, dans les deux pays, un seul prince qui ne fût pas exclu du trône, chacun d'eux ayant dans ses veines, par suite des mariages antérieurs, un peu du sang de l'autre branche. Mais c'était le propre de lord Palmerston, quand il se trouvait engagé dans une polémique, de faire arme de tout, et de ne pas beaucoup regarder à la valeur des arguments qu'il employait. Après avoir appuyé de ces raisons diverses ses « représentations » et sa « protestation » contre le mariage du duc de Montpensier, le secrétaire d'État terminait en « exprimant l'espoir fervent que ce projet ne serait pas mis à exécution ». Quelques jours plus tard, le 27 septembre, la reine Victoria finissait par un vœu semblable la lettre qu'elle écrivait à la reine des Belges, en réponse à celle de Louis-Philippe [1]. « Ma seule consolation, disait-elle, est que ce projet, ne pouvant se réaliser sans produire de graves complications et sans exposer cette famille chérie (il s'agissait de la famille royale de France) à beaucoup de dangers, elle reculera encore devant l'exécution. » Enfin, lord Palmerston ayant envoyé, le 28, à Bulwer l'ordre de remettre au cabinet de Madrid une seconde protestation entièrement fondée sur le traité d'Utrecht, il la communiquait aussitôt à M. Guizot, comme pour renouveler et fortifier la mise en

---

son chef, avait invoqué le traité d'Utrecht dans une note à M. Isturiz, en date du 8 septembre.

[1] Voir plus haut, p. 237.

demeure déjà contenue dans la dépêche du 22 septembre.

A Londres, on se flattait que ces démarches répétées et pressantes, appuyées par le langage menaçant de la presse anglaise et par le langage à dessein alarmiste d'une grande partie de la presse française, feraient impression sur le cabinet de Paris et particulièrement sur Louis-Philippe, dont on connaissait l'amour pour la paix. Le *Times* et le *Morning Chronicle* croyaient pouvoir annoncer la reculade de notre gouvernement. Quant à lord Palmerston, convaincu que le roi des Français allait lui offrir de retarder le mariage de son fils jusqu'à ce que la Reine eût des enfants, il examinait, dans ses lettres à Bulwer, l'accueil qu'il convenait de faire à une telle proposition ; il se montrait disposé à repousser toute combinaison qui ferait une part quelconque, même conditionnelle et lointaine, au duc de Montpensier, et prétendait nous imposer l'exclusion absolue de ce prince [1].

L'attente de lord Palmerston fut complètement trompée. Le gouvernement français ne parut pas intimidé. Le *Journal des Débats*, tout en se gardant de riposter sur le même ton aux violences de la presse britannique, les signalait avec une tristesse dédaigneuse et affectait de les prendre pour une boutade sans grande conséquence. Quand vint la protestation du 22 septembre, la feuille ministérielle ne s'en montra pas plus troublée. « Nous croyons devoir répéter, disait-elle le 28 septembre, malgré tous les bruits contraires qu'on pourrait répandre, que les deux mariages se feront à l'époque désignée, et nous persistons à penser et à dire que les dissentiments auxquels cette résolution a pu donner lieu, quelque regrettables qu'ils soient, ne sont point de nature à compromettre les relations pacifiques des trois gouvernements. » Elle ajoutait, le 3 octobre : « La France, tout en appréciant à sa juste valeur un dissentiment qu'elle voit avec un très grand regret, n'en continuera pas moins à exercer un droit légitime. » Ces déclarations étaient confirmées avec éclat par le départ du duc de Montpensier, qui se mettait en route pour l'Espagne,

---

[1] Bulwer, *The Life of Palmerston*, t. III, p. 248 à 252. Voir aussi *le Prince Albert*, extraits de l'ouvrage de sir Théodore Martin, par A. Craven, t. I, p. 207.

le 28 septembre, avant même que M. Guizot eût répondu à la communication anglaise du 22. On en fut fort dépité à Londres. « L'Angleterre, disait le *Times* du 2 octobre, a protesté avec fermeté et modération, et l'unique réponse a été le départ de Montpensier. Si nous avions voulu imposer à Louis-Philippe son chef de cuisine, nous n'eussions pas été traités avec un silence plus dédaigneux. » Le *Morning Chronicle* n'était pas moins amer. Ce fut seulement le 5 octobre que M. Guizot adressa à Londres une dépêche en réponse à celle de lord Palmerston : après y avoir longuement réfuté tous les arguments employés par le ministre anglais, il concluait en ces termes : « Le gouvernement du Roi ne trouve aux représentations qui lui sont adressées aucun fondement grave et légitime; il ne saurait donc les admettre, ni les prendre pour règle de sa conduite. » Louis-Philippe lui-même, qui ne s'était exposé qu'à contre-cœur au conflit et à qui lord Palmerston s'était flatté de faire peur, n'eut aucune tentation de reculer; il ne prenait pas très au sérieux les menaces anglaises : « Je crois pouvoir affirmer, écrivait-il le 7 octobre au maréchal Soult, qu'il n'y a pas de canon dans tout ceci, et je dirai même qu'il ne peut pas y en avoir[1]. » Il ajoutait, quelques jours plus tard : « La France n'a qu'à faire le hérisson et à se recroqueviller : personne n'osera l'attaquer, et le danger passera tout seul[2]. »

IX

Lord Palmerston n'avait donc pas mieux réussi en France qu'en Espagne. Mais là ne s'était pas borné son effort. C'était dans l'Europe entière qu'il voulait susciter des obstacles au mariage du duc de Montpensier. Sa prétention était de mettre

---

[1] *Documents inédits.*
[2] Cité dans une dépêche de M. d'Arnim, ministre de Prusse à Paris. (HILLEBRAND, *Geschichte Frankreichs*, 1830-1848, t. II, p. 647.)

les puissances continentales dans son jeu, de refaire la vieille coalition, de recommencer 1840. Dès le premier jour, dans ses conversations avec les ambassadeurs accrédités à Londres, comme dans les dépêches adressés à ses propres ambassadeurs à Vienne, à Berlin et à Saint-Pétersbourg, il tâcha de faire partager aux trois cours de l'Est son « indignation » contre la conduite déloyale du cabinet de Paris, leur représenta que le mariage du duc de Montpensier avait, par ses conséquences possibles, une « importance européenne », et leur demanda formellement de « protester » avec lui contre ce mariage [1]. Ce fut surtout quand il se décida à invoquer le traité d'Utrecht qu'il crut avoir chance d'obtenir le concours des puissances. N'était-ce pas leur offrir un terrain où elles devaient se plaire, que celui des vieux traités sur lesquels était fondé l'équilibre européen? Il apporta donc plus d'ardeur encore à les presser de s'unir à l'Angleterre pour proclamer qu'en vertu de ces traités, les enfants à naître du mariage éventuel du duc de Montpensier avec l'Infante seraient exclus de la succession au trône d'Espagne [2]. Vers la fin de septembre, les feuilles progressistes de Madrid et les journaux de gauche de Paris, tous plus ou moins dans la confidence du ministre anglais, annonçaient qu'il était assuré du concours de l'Europe.

M. Guizot n'était pas, à ce sujet, sans quelque préoccupation. Il n'ignorait point que M. de Metternich lui en voulait beaucoup de n'être pas entré dans son « idée » d'un mariage entre le fils de don Carlos et Isabelle. Il savait aussi qu'à Berlin et à Saint-Pétersbourg on était, d'une façon générale, fort mal disposé pour la France de Juillet. Il s'occupa donc aussitôt à contrecarrer les démarches de la diplomatie britannique. En même temps que par des entretiens fréquents il agissait sur les ambassadeurs accrédités à Paris, il munissait ses propres

---

[1] Voir, entre autres, une lettre du 23 septembre 1846, dans laquelle M. de Flahault rend compte à M. Guizot d'une dépêche de l'ambassadeur d'Autriche à Londres, du 12 septembre. Voir aussi les *Mémoires du prince de Metternich*, t. VII, p. 272.

[2] *Mémoires du prince de Metternich*, t. VII, p. 277.

agents au dehors de tout ce qui pouvait leur servir à réfuter les accusations anglaises[1]. N'hésitant pas à élargir la question, il rappelait que « ses principes et ses actes aboutissaient tous au maintien du *statu quo* et du système conservatif »; il déclarait « qu'il n'abandonnerait jamais cette ligne, et que les puissances pouvaient compter sur lui en Italie, en Suisse, et au besoin en Allemagne »; il présentait, au contraire, la politique de lord Palmerston comme menaçante pour les intérêts conservateurs en Europe, et il pressait les puissances de « se joindre à la France pour faire face à ce danger[2] ». De tels arguments étaient de nature à faire impression, d'autant que, sur divers théâtres, se produisaient alors des événements fort inquiétants pour les hommes d'État de la vieille Europe : en Italie, l'avènement de Pie IX venait de donner le signal d'un mouvement réformateur et national dont on ne pouvait calculer la portée; en Suisse, la guerre civile paraissait imminente entre les radicaux, qui rêvaient de faire de ce petit pays la forteresse centrale de la révolution en Europe, et les cantons conservateurs, menacés dans leur indépendance[3].

Étant donnés l'éloignement de la Russie et l'état alors un peu subalterne de la politique prussienne, la clef de la situation se trouvait à Vienne. Le premier sentiment de M. de Metternich fut une certaine satisfaction d'amour-propre de se voir ainsi sollicité et courtisé par les deux puissances occidentales. La ruine de l'« entente cordiale » convenait à sa diplomatie et le flattait dans sa vanité de prophète : n'avait-il pas prédit que cette entente ne durerait pas, et qu'elle se briserait à l'occasion de l'Espagne? Toutefois, entre la France et l'Angleterre un refroidissement lui suffisait; il ne voulait pas d'un conflit violent qui eût dérangé sa politique, principalement fondée sur le maintien du *statu quo*. Les protestations impé-

---

[1] Correspondance inédite de M. Guizot et de M. de Flahault, ambassadeur de France à Vienne.

[2] Dépêches d'Arnim, ministre de Prusse à Paris, en date des 13 et 14 octobre 1846. (HILLEBRAND, *Geschichte Frankreichs*, 1830-1848, t. II, p. 645.)

[3] J'aurai l'occasion plus tard de revenir avec détail sur les événements de Suisse et d'Italie.

rieuses auxquelles on lui demandait de s'associer contre un événement déjà annoncé et sur le point de s'accomplir, lui paraissaient vaines, si elles n'étaient périlleuses et ne servaient de préface à la guerre[1] ; en tout cela il reconnaissait une politique légère, brouillonne, agitée, téméraire, qui répugnait à ses habitudes d'esprit. D'ailleurs, le souvenir qu'il avait gardé de 1840 le laissait en défiance à l'endroit de lord Palmerston et lui ôtait toute envie de se mettre de nouveau à sa remorque. Au contraire, en dépit de ses préventions d'origine contre la monarchie de Juillet, il ne pouvait nier la sagesse dont le cabinet de Paris faisait preuve depuis plusieurs années; il désirait vivement le maintien de M. Guizot, et avait de l'habileté du roi Louis-Philippe une idée que les récents événements d'Espagne contribuaient encore à fortifier[2]. Il n'en conclut pas à se mettre tout de suite avec nous, à nous donner ouvertement raison. Trouvant là une occasion de prendre, à l'égard des deux puissances qui se disputaient son approbation, l'attitude prêcheuse, pontifiante, dogmatisante qui était dans ses goûts, il leur tint un langage qui peut se résumer ainsi : « La cause de votre querelle, c'est que, malgré nos remontrances et nos avertissements, vous vous êtes écartés en Espagne des règles de la légitimité. Si vous n'aviez pas admis la succession féminine, la difficulté du mariage ne se serait pas produite. Nous ne pouvons quitter le terrain supérieur et solide où nous avons pris position dès le premier jour, pour descendre sur celui où vous vous débattez si péniblement et pour prendre parti entre vous. C'est comme si un luthérien avait un différend religieux avec un calviniste et venait demander à un catholique de prononcer entre eux; le catholique n'aurait pas autre chose

---

[1] « Il n'y a rien de plus grave pour un gouvernement, déclarait M. de Metternich, que de dire : Je proteste. Derrière une protestation, il faut toujours avoir un canon chargé. » (Lettre de M. de Flahault à M. Guizot, du 5 octobre 1846, *Documents inédits.*)

[2] M. de Metternich écrivait, après avoir lu les pièces communiquées par le gouvernement français : « Ce qui ressort avec évidence de ces pièces, c'est une grande habileté dans la manière de procéder du roi des Français. » (*Mémoires de Metternich*, t. VII, p. 279.)

à leur dire, si ce n'est : Vous avez tort tous les deux. Si, un jour, nous jugions à propos de protester, ce serait non contre les droits des enfants à naître de l'Infante, mais contre ceux de l'Infante elle-même et, avant tout, contre ceux de la Reine. Pour le moment, nous ne voyons pas de raison de sortir de notre réserve. Nous demeurons spectateurs de la confusion où vous avez amené les affaires de la Péninsule, attendant le moment où vous serez obligés, pour en sortir, de revenir aux principes dont nous avons la garde[1]. » Cette conclusion était tout ce que voulait M. Guizot, et la satisfaction qu'il en éprouvait le faisait passer facilement par-dessus la leçon dont on prétendait l'accompagner. C'était, au contraire, un échec complet pour lord Palmerston. Entre les deux ministres, il y avait en effet cette différence que l'anglais demandait aux puissances d'agir, tandis que le français se bornait à leur demander de ne rien faire, ce qu'on avait toujours plus de chance d'obtenir d'elles.

M. de Metternich ne se borna pas à prendre cette attitude; il travailla à ce qu'elle fût aussi celle de la Prusse et de la Russie. Il attachait, en effet, une importance capitale à ce que les trois cours continuassent à marcher du même pas dans cette affaire. Le cabinet de Berlin était malveillant pour la France; mais il n'avait ni le goût ni l'habitude des initiatives promptes et personnelles. Un peu ahuri des premières communications du gouvernement anglais, effarouché d'être tant pressé, il déclara ne pouvoir répondre tout de suite et se tourna vers l'Autriche. « Que pensez-vous des mariages espagnols? demanda à M. de Metternich le comte d'Arnim, ambassadeur de Prusse à Vienne. — Je n'en pense rien, absolument rien, répondit le chancelier; et, de chez vous, vous en écrit-on? — On ne m'exprime aucune opinion; mais on tient beaucoup à connaître la vôtre. — Eh bien, vous

---

[1] Lettres de M. de Flahault rendant compte à M. Guizot de ses conversations avec M. de Metternich, en date des 23 septembre, 5, 10 et 16 octobre 1846. (*Documents inédits.*) Voir aussi les dépêches de M. de Metternich à ses agents à Berlin, en date des 6 et 10 octobre 1846. (*Mémoires de Metternich*, t. VII, p. 272 à 281.)

pouvez dire que nous n'en avons qu'une, c'est que nous ne nous en mêlerons pas [1]. » Et quelques jours plus tard, le prince de Metternich précisait et développait sa pensée dans de longues dépêches à ses agents à Berlin. « Ma conviction, concluait-il, est que les trois cours ne sauraient mieux faire que de demeurer fermes dans une attitude d'attente raisonnée... Échanger le rôle de spectateur contre celui d'acteur est un procédé qui mérite toujours une mûre réflexion, et la prétention de connaître à fond une pièce, avant de se charger d'un rôle, me semble une prétention très modérée [2]. » Ce conseil fut goûté, et, pour l'instant du moins, le cabinet prussien parut plus disposé à imiter l'inertie expectante de l'Autriche qu'à s'associer aux demandes précipitées de lord Palmerston. Il en fut de même à Saint-Pétersbourg [3].

Vainement donc le chef du *Foreign office* portait-il ses efforts, avec une activité infatigable, sur tous les points à la fois, vainement s'absorbait-il dans cette œuvre au point de négliger ses plaisirs les plus chers [4] ; nulle part il ne parvenait à susciter d'obstacles sérieux au mariage de l'Infante. Cependant, les jours s'écoulaient, et le moment était venu où ce mariage allait passer au rang des faits accomplis. Le duc de Montpensier, entré en Espagne, avec le duc d'Aumale, le 2 octobre 1846, fit, le 6, son entrée solennelle à Madrid. On avait répandu à l'avance toutes sortes de bruits inquiétants; on avait annoncé des manifestations hostiles et même des attentats. Rien de pareil ne se produisit. Sur tout le trajet, pas un cri ennemi; au contraire, un empressement respectueux, sympathique, de toute la population, qui voyait dans le jeune prince une solution et une espérance. Le 10 octobre au soir, le

[1] Lettre de M. de Flahault à M. Guizot, du 26 septembre 1846. (*Documents inédits*.)
[2] Dépêches des 6 et 10 octobre 1846. (*Mémoires de Metternich*, t. VII, p. 272 à 281.)
[3] Lettre de M. de Flahault à M. Guizot, du 21 octobre 1846. (*Documents inédits*.)
[4] « J'ai été complètement submergé par la besogne, écrivait-il à lord Normanby le 27 septembre, et bien que ce soit septembre, je n'ai pu aller qu'une fois à la chasse aux perdrix. » (BULWER, *The Life of Palmerston*, t. III, p. 251.)

mariage de la Reine d'abord, puis celui de l'Infante, furent
célébrés dans l'intérieur du palais, et le lendemain, suivant
l'usage espagnol, la cérémonie se répéta en grande pompe
dans l'église Notre-Dame d'Atocha, devant une foule immense
qui témoignait s'associer à cette fête.

CHAPITRE VI

LES SUITES DES MARIAGES ESPAGNOLS.

(Octobre 1846-avril 1847.)

I. M. Guizot est fier, mais un peu ému de son succès. Lord Palmerston cherche à se venger. Ses récriminations contre le gouvernement français. Ses menées en Espagne. Ses efforts pour attirer à lui les trois puissances continentales. Il échoue auprès de l'Autriche et de la Russie. Attitude plus incertaine de la Prusse. — II. Les trois cours de l'Est profitent de la division de la France et de l'Angleterre pour incorporer Cracovie à l'Autriche. Émotion très vive en France. Lord Palmerston repousse notre proposition d'une action commune. Protestations séparées des cabinets de Londres et de Paris. Les trois cours peuvent ne pas s'en inquiéter. En quoi l'Autriche n'avait pas compris son véritable intérêt. — III. M. Thiers se concerte avec lord Palmerston. Sa correspondance avec Panizzi et ses rapports avec lord Normanby. M. Gréville vient à Paris pour préparer un rapprochement entre l'Angleterre et la France. M. Thiers, dans ses conversations avec M. Gréville et ses lettres à Panizzi, excite le cabinet britannique à pousser la lutte à outrance. — IV. Ouverture de la session française. Discussion à la Chambre des pairs. Le duc de Broglie et M. Guizot. — V. Langage conciliant au parlement britannique. M. Thiers s'en plaint. La publication des documents diplomatiques anglais rallume la bataille. — VI. L'adresse à la Chambre des députés. Hésitation de M. Thiers à engager le combat. Son discours. Réponse de M. Guizot. Forte majorité pour le ministère. Impression produite par ce vote en France et en Angleterre. — VII. Querelle de lord Normanby et de M. Guizot. Lord Normanby est soutenu par lord Palmerston. Incident du bal. Lord Normanby, blâmé même en Angleterre, est obligé de faire des avances pour une réconciliation. Cette réconciliation a lieu par l'entremise du comte Apponyi. Dépit de l'ambassadeur anglais. — VIII. Nouveaux efforts de lord Palmerston pour obtenir quelque démarche des trois puissances continentales. Malgré les efforts de lord Ponsonby, M. de Metternich refuse de se laisser entraîner. La Prusse est plus incertaine, mais, intimidée par notre ferme langage et retenue par l'Autriche, elle ne se sépare pas de cette dernière. La Russie est en coquetterie avec la France. — IX. Conclusion : comment convient-il de juger aujourd'hui la politique des mariages espagnols ?

I

La célébration du mariage de la reine Isabelle avec le duc de Cadix et de celui de l'Infante avec le duc de Montpensier avait consommé la victoire de la politique française à Madrid. M. Guizot en était à la fois fier et un peu ému. « Soyez sûre que j'ai fait une grande et belle chose, écrivait-il à une de ses amies. J'aurais autant aimé n'avoir pas à la faire, car elle ne sera point gratuite. Mais il n'y avait pas moyen; il fallait choisir entre un grand succès ou un grand échec, entre la défaite et le prix de la victoire. Je n'ai pas hésité. L'événement s'est accompli admirablement, comme un programme de fête, sans que tout le bruit, toutes les attaques, toutes les menaces, toutes les menées du dehors aient réussi à le déranger dans un détail ou à le retarder d'un jour... Je reste avec un lourd fardeau sur les épaules, mais en bonne position pour le porter... Nous continuerons de grandir en Europe, de grandir sans nous remuer, et personne ne touchera à nous. Je n'ai jamais eu plus de confiance... Lord Palmerston a compté sur quatre choses : 1° que nous reculerions; 2° qu'il y aurait une forte opposition dans les Cortès; 3° qu'il y aurait des insurrections; 4° qu'il aurait l'adhésion des cours du continent. Quatre mécomptes. Le dernier lui est très amer. En 1840, pour la misérable question d'Égypte, l'Angleterre a eu la victoire en Europe. En 1846, sur la grande question d'Espagne, elle est battue et elle est seule. Ce n'est pas seulement parce que nous avons bien joué cette partie-ci; c'est le fruit de six ans de bonne politique : elle nous fait pardonner notre succès, même par les cours qui ne nous aiment pas [1]. »

La bataille gagnée, M. Guizot ne demandait qu'à déposer les armes. Il était prêt à faire tout le possible pour dissiper les ombrages de l'Angleterre et atténuer son dépit. Ce fut ainsi que, dès les premiers jours de novembre, le duc de Montpensier et sa jeune femme étaient de retour en France, où ils devaient avoir leur établissement; on voulait montrer par là que, conformément aux assurances données par notre diplomatie, « c'était la France qui gagnait une princesse, et non l'Espagne qui gagnait un prince [2] ». Le gouvernement français

---

[1] *Lettres de M. Guizot à sa famille et à ses amis*, p. 244.
[2] Dépêche de lord Normanby à lord Palmerston, du 1ᵉʳ septembre 1846. —

se fût prêté avec empressement à toute autre démarche pouvant consoler l'amour-propre britannique sans compromettre notre dignité. Le Roi laissait même voir sous ce rapport des dispositions si conciliantes qu'on eût été plutôt obligé de le retenir¹. Mais tant que lord Palmerston était le maître à Londres, il ne pouvait être question de rapprochement. Toute l'activité que cet homme d'État avait dépensée naguère, sans succès, pour empêcher le mariage, il l'employait désormais à chercher une vengeance.

C'est à cet esprit de vengeance qu'il obéissait en poursuivant sur un ton de plus en plus âpre, dans les dépêches destinées à être communiquées à M. Guizot, ses récriminations rétrospectives sur la conduite du gouvernement français. Plus l'argument était blessant, plus il semblait lui plaire. Vainement, à Paris, désirait-on mettre fin à cette dispute², Palmerston revenait sans cesse à la charge, forçant ainsi le ministre français à lui répondre³. Il ne se contentait pas de prendre M. Guizot à partie; il mettait personnellement en cause Louis-Philippe⁴. Celui-ci en était fort blessé. Peu importait à lord Palmerston. « Je n'ai pas l'ambition, écrivait-il à lord Normanby, d'être le bien-aimé d'aucun souverain français, et je ne crains pas une désaffection fondée sur la conviction que je suis un bon Anglais, que je pénètre et ferai mon possible pour traverser tous les projets des pouvoirs hostiles aux intérêts de mon pays⁵. » Une

---

Voir aussi lettre de Palmerston à Bulwer, du 16 septembre. (BULWER, *The Life of Palmerston*, t. III, p. 249.)

¹ Voir notamment certaines ouvertures faites par des personnages qu'on pouvait supposer être plus ou moins autorisés par Louis-Philippe. (*The Greville Memoirs*, second part, t. II, p. 425, 430, 431, et t. III, p. 5.)

² « Je demande à Dieu, écrivait M. Désages à M. de Jarnac, de mettre le signet à cette polémique où nous reconnaissons tous qu'il y a inconvénient même à avoir trop raison et à trop le démontrer. » (Lettre inédite du 5 novembre 1846.)

³ Dépêches de lord Palmerston, en date du 31 octobre 1846; de M. Guizot, en date du 29 novembre 1846; de Palmerston, en date du 8 janvier 1847; de M. Guizot, en date du 22 janvier.

⁴ Que ne pouvait-on pas attendre de l'homme d'État qui écrivait à Bulwer, le 15 octobre 1846, que Louis-Philippe était un « *pick-pocket* découvert » ? (BULWER, *The Life of Palmerston*, t. III, p. 260.) — Le *Times*, vers la même époque, accusait le roi des Français d'avoir « filouté à l'Espagne l'Infante et son héritage ».

⁵ Lettre du 7 décembre 1846. (BULWER, t. III, p. 276.)

révolution ne lui paraissait pas un châtiment trop sévère pour l'échec fait à sa politique. « Louis-Philippe, disait-il, devrait bien voir que le mariage espagnol peut lui coûter son trône[1]. » Ces violences et ces menaces n'étaient pas seulement l'effet d'un ressentiment qui ne pouvait se contenir : elles avaient aussi leur part de calcul. Par ce moyen, Palmerston se flattait d'effrayer le Roi et de l'amener à sacrifier son ministère. Il savait d'ailleurs pouvoir compter sur le concours de notre presse opposante qui, toujours fidèle à le servir, affectait de s'alarmer grandement de l'irritation de l'Angleterre et répétait chaque jour que tout apaisement serait impossible tant que M. Guizot resterait au pouvoir.

C'était encore le désir de se venger de la France qui dictait la conduite de lord Palmerston en Espagne. Tandis que notre gouvernement, préoccupé de ne fournir aucun prétexte aux accusations de prépotence et d'ingérence, évitait toute immixtion dans les affaires intérieures de la Péninsule et, pour mieux marquer sa réserve, faisait prendre un congé à son ambassadeur, lord Palmerston travaillait plus ardemment et plus ouvertement que jamais à rétablir à Madrid l'influence anglaise et à évincer l'influence française ; seulement il avait quelque peu modifié sa tactique ; convaincu par ses premiers échecs de l'impossibilité d'enlever la place d'assaut, il s'était décidé à entreprendre pour ainsi dire un siège régulier. « Je suis, comme vous, écrivait-il à Bulwer le 15 octobre, tout à fait d'avis que notre politique doit maintenant tendre à former un parti anglais en Espagne. Cela aurait dû être toujours notre politique, et si le dernier cabinet avait seulement maintenu le parti anglais que nous lui avions légué, toutes ces intrigues françaises n'auraient jamais réussi. C'est maintenant à nous de réparer cette faute ; et si Isabelle a des enfants, nous pouvons encore venir à bout d'arracher l'Espagne à l'étreinte du *constrictor* français. » On verra plus tard à quel triste et honteux état ces menées devaient conduire la Pénin-

---

[1] *Leaves from the diary of Henry Greville*, p. 174.

sule. Pour le moment, Palmerston en était à tâtonner, prêt à mettre la main dans les intrigues de tous les partis [1], se remuant pour faire rentrer à Madrid Espartero et Olozaga, témoignant le désir de mettre dans son jeu le mari de la Reine, ce François d'Assise que naguère il traitait avec tant de mépris, et essayant de lier partie avec le fils de don Carlos, le comte de Montemolin, auquel il découvrait toutes sortes de qualités et qu'il voulait marier à une sœur du Roi. Ce dernier projet se rattachait à tout un plan conçu en vue de rétablir la loi salique en Espagne. La première conséquence de ce rétablissement aurait dû être de déposséder Isabelle au profit de don Carlos : mais Palmerston croyait pouvoir prendre du principe ce qui servait ses rancunes, et laisser le reste de côté. D'après son système, la succession à la couronne devait être réglée dans l'ordre suivant : d'abord les enfants mâles d'Isabelle; à leur défaut, ceux que François d'Assise aurait d'un autre mariage; puis ceux d'Enrique son frère; enfin ceux de Montemolin [2]. Cette façon de créer un ordre d'hérédité absolument arbitraire, sans autre raison d'être que d'exclure les descendants de l'Infante, ne pouvait pas supporter un moment la discussion, et, outre-Manche, les esprits sensés se refusaient à le prendre au sérieux [3]; mais, sous l'empire de sa passion, le secrétaire d'État avait perdu le sens de ce qui était possible et de ce qui ne l'était pas.

En même temps qu'il continuait ses disputes avec le cabinet de Paris et ses intrigues en Espagne, lord Palmerston s'efforçait toujours de renouer en Europe une sorte de coalition contre la France. Ce qu'il demandait maintenant aux puissances, ce n'était plus de protester contre le mariage du duc de Montpensier et de l'Infante, puisque le fait était accompli; c'était de déclarer, toujours par application du traité d'Utrecht, les enfants à naître de ce mariage inhabiles à succéder au

---

[1] Voir les lettres que Palmerston écrivait à Bulwer, les 15 octobre, 15, 19 et 26 novembre 1846. (BULWER, *The Life of Palmerston*, t. III, p. 259 à 263.)
[2] *Ibid.*, p. 263.
[3] *The Greville Memoirs*, second part, t. III, p. 14.

trône d'Espagne. Pourquoi une telle déclaration coûterait-elle beaucoup à des cours qui, n'ayant jamais admis l'hérédité féminine, ne reconnaissaient aucun droit à l'Infante? Ne jugeraient-elles pas de leur intérêt de faire ainsi une première brèche à l'ordre de succession établi par le testament de Ferdinand VII, et ne verraient-elles pas là un acheminement vers le rétablissement de l'hérédité masculine? Lord Palmerston se remit donc en campagne, avec plus d'ardeur que jamais, à Vienne, à Berlin, à Saint-Pétersbourg.

A Vienne, pour être assuré d'être servi tout à fait selon ses goûts, le ministre anglais remplaça l'ambassadeur en fonction, sir Robert Gordon, qui, en sa qualité de frère de lord Aberdeen, était suspect de modération, par lord Ponsonby, qui en 1840, à Constantinople, avait fait ses preuves contre la France. A peine arrivé à son poste, vers le milieu d'octobre 1846, le nouvel ambassadeur n'épargna ni caresses ni promesses pour gagner M. de Metternich, prêt à tout lui livrer comme prix du concours qu'il sollicitait. Le chancelier fut-il sérieusement ébranlé, ou bien jugea-t-il habile de nous faire croire qu'il l'était? Toujours est-il qu'à cette époque, dans ses conversations avec M. de Flahault, il se mit à parler de la nouvelle demande de l'Angleterre comme étant moins déraisonnable que la première, et fit la remarque que cette puissance, sans être encore revenue aux vrais principes, tendait par là à s'en rapprocher. Notre ambassadeur se hâta de signaler à Paris un langage qui lui paraissait un peu inquiétant. M. Guizot lui répondit, le 14 novembre : « Je vous invite à user de tous vos moyens pour déjouer le travail anglais... Je ne demande au prince de Metternich que de rester neutre dans le différend, de persévérer dans l'attitude qu'il a déjà prise... Je ne lui demande rien, tandis que l'Angleterre veut l'entraîner à sa suite. Il saura distinguer, je l'espère, le ministre conservateur et le ministre brouillon. Il se rappellera que le concours de la France, son bon vouloir, sa bonne conduite sont nécessaires en Suisse, en Italie, partout où les vrais intérêts de l'Autriche, de l'Europe, où les vrais intérêts de la paix du monde sont ou peuvent être en question. Il me retrouvera partout, toujours, sur cette ligne de conservation, de politique ferme et tranquille, qui me donne, je crois, quelques droits à la confiance des cabinets... Vous êtes appelé à agir sur un terrain qui devient aujourd'hui très important... Ne perdez pas un moment. Faites-vous redire, faites écrire ici ce que le prince de Metternich vous a déjà dit formellement, qu'il n'a pas à se mêler de l'affaire d'Espagne : neutre et inerte, c'est tout ce qu'il me faut. » Un tel langage était de nature à faire impression sur le cabinet de Vienne. D'ailleurs, si parfois il ne déplaisait pas à M. de Metternich de nous inquiéter quelque peu pour nous obliger à le solliciter, il n'avait au fond nulle envie de faire le jeu de lord Palmerston, dont il se méfiait, contre M. Guizot, qu'il prisait très haut. Aussi, en fin de compte, lord Ponsonby ne parvint pas à faire sortir le gouvernement autrichien du terrain où il s'était placé dès le début. Le chancelier déclara, une fois de plus, qu'il n'avait pas à prendre parti entre deux puissances qui se trouvaient en conflit précisément parce que l'une et l'autre s'étaient écartées des vrais principes [1].

Lord Palmerston n'eut pas plus de succès à Saint-Pétersbourg. Vainement y fit-il parvenir des protestations d'amitié, opposa-t-il la confiance que lui inspirait la loyauté moscovite à la défiance qu'il ressentait pour la perfidie française [2], le gouvernement du Czar ne se départit pas de sa neutralité expectante. Le langage que le chancelier russe, M. de Nesselrode, tenait sur ce sujet à notre chargé d'affaires, parut à M. Guizot « très bon, plein de sens, de mesure, et, bien que réservé, plutôt approbatif pour le gouvernement français [3] ». A toutes les propositions successivement apportées

---

[1] Lettre inédite de M. Guizot au comte de Flahault, du 9 novembre 1846.
[2] Correspondance inédite entre M. Guizot et le comte de Flahault, pendant les mois d'octobre et de novembre 1846. — Voir aussi *Mémoires de M. de Metternich*, t. VII, p. 278 à 280.
[3] Voir, comme spécimen de ces caresses, la lettre que lord Palmerston adressera, quelques semaines plus tard, à son représentant à Saint-Pétersbourg. (BULWER, *The Life of Palmerston*, t. III, p. 278.)

par lord Bloomsfield, ministre d'Angleterre à Saint-Pétersbourg, M. de Nesselrode se borna à répondre « qu'une protestation contre la succession de M. le duc de Montpensier et de ses descendants à la couronne d'Espagne ne ferait qu'affaiblir la position prise par les trois cours dans la question espagnole; que le gouvernement russe était décidé à marcher d'accord avec ceux de Vienne et de Berlin; que ce parti était même tellement arrêté, qu'il ne répondrait plus désormais aux propositions qui lui seraient faites qu'après s'en être entendu avec ces gouvernements [1] ».

C'était de la Prusse que lord Palmerston espérait le plus. L'opinion anglaise regardait volontiers cette nation comme l'alliée naturelle de la Grande-Bretagne. La reine Victoria avait, depuis son mariage, une partie de son cœur au delà du Rhin. « Pour Palmerston, écrivait un peu plus tard le duc de Broglie, la Prusse est la seule puissance vraiment amie; il déteste l'Autriche et la France, se méfie de la Russie et méprise tout le reste [2]. » Sir Robert Peel lui-même disait au baron de Bunsen : « Au fond, la politique de l'Angleterre sera toujours allemande et non française [3]. » Il semblait qu'on dût compter sur des sentiments réciproques à Berlin. Vers le milieu d'octobre, en effet, la diplomatie britannique put croire qu'elle allait obtenir de ce côté ce qu'on lui refusait à Vienne et à Saint-Pétersbourg. Le ministre des affaires étrangères de Prusse, M. de Canitz, consentit à exprimer, d'une façon plus ou moins explicite, l'avis que les descendants de l'Infante ne pourraient pas succéder au trône d'Espagne. Seulement, il eut bien soin de marquer que son gouvernement, non signataire du traité d'Utrecht, n'entendait s'engager à rien par cette réponse; il ne croyait pas pouvoir refuser au cabinet de Londres la consultation théorique que celui-ci lui avait

---

[1] Cette réponse, communiquée par M. de Metternich à M. de Flahault, fut aussitôt transmise par ce dernier à M. Guizot. (Lettre inédite du 22 novembre 1846.)

[2] Lettre inédite du 2 août 1847.

[3] HILLEBRAND, *Geschichte Frankreichs*, 1830-1848, t. II, p. 584.

demandée, mais il ne voulait pas s'associer à sa protestation et faire une déclaration à l'encontre du cabinet de Paris. Attitude ambiguë dont M. Guizot put dire : « Ce n'est pas assez pour l'Angleterre, et c'est trop pour nous. » Du reste, cette réponse donnée, M. de Canitz parut beaucoup plus occupé de l'atténuer que de l'accentuer, et il en revint bientôt à se modeler sur M. de Metternich, à déclarer comme lui que, n'ayant pas reconnu Isabelle, il n'avait pas à discuter les droits de sa sœur [1].

D'où venait ce que cette conduite avait d'incertain et d'un peu contradictoire? C'est qu'il y avait alors, dans les sphères dirigeantes de la Prusse, comme un double courant. L'un, qui datait de 1815, était l'esprit de la Sainte-Alliance : haine de la révolution, goût de l'immobilité, union étroite avec l'Autriche et habitude de prendre le mot d'ordre auprès de M. de Metternich. L'autre, qui venait de Frédéric II et devait aboutir à M. de Bismarck, tendait à l'unité germanique sous l'hégémonie prussienne. Si la première de ces politiques était celle des ministres et des bureaux de la chancellerie, la seconde avait pour elle des personnages considérables, en faveur auprès du Roi, notamment son ami de jeunesse, le baron de Bunsen, ministre de Prusse à Londres, tout à fait entré dans le jeu de lord Palmerston, et le comte Henri d'Arnim, ministre à Paris, dont M. de Metternich nous signalait souvent l'hostilité contre la France. Ces diplomates voyaient dans la rupture de l' « entente cordiale » et dans les avances du cabinet de Londres l'occasion pour la Prusse de former avec l'Angleterre, contre la France et l'Autriche, l'alliance protestante et libérale. Admis à écrire directement à leur souverain, ils le conjuraient, avec une ardeur mêlée d'angoisse, de ne pas faillir à une telle tâche.

Ces deux courants de la politique prussienne se rencontraient, se mêlaient, se heurtaient dans l'esprit singulièrement

---

[1] Correspondance inédite du marquis de Dalmatie, ministre de France à Berlin, et de M. Guizot. — Voir aussi HILLEBRAND, *Geschichte Frankreichs*, 1830-1848, t. II, p. 645 à 651.

complexe et embrouillé de Frédéric-Guillaume IV. On connaît ce prince[1] tout ensemble chimérique et pusillanime ; imagination ambitieuse et conscience timide ; plein de projets et toujours hésitant ; unissant le goût du changement et le culte de la tradition ; rêvant de réformes et maudissant le libéralisme ; détestant dans la France un peuple révolutionnaire et impie, aimant dans l'Angleterre « la grande puissance évangélique », mais se méfiant de l'œuvre perturbatrice que lord Palmerston voulait entreprendre en Suisse, en Italie, et sentant le prix du concours que M. Guizot pouvait donner sur ces divers théâtres à la cause de l'ordre ; gardant vivante au fond de son cœur la passion allemande de 1813, ayant toutes les convoitises de sa race, et cependant ne se décidant pas, en fait, à rompre avec ses habitudes de déférence envers l'Autriche. Tel il se montra, en 1846, dans la situation nouvelle créée par le différend des deux cours occidentales. Par moments, il paraissait acquis aux grands projets de Bunsen et d'Arnim, et sur le point de se mettre en mouvement. Mais, l'instant d'après, à l'idée de se trouver séparé de l'Autriche et de la Russie, il prenait peur et se hâtait de revenir sur le terrain où s'étaient établies ces puissances[2]. Notre diplomatie était quelquefois un peu déroutée par ces démarches contradictoires. « Je ne comprends rien à la Prusse, écrivait peu après M. Désages. Ce que je vois de plus clair, c'est que Berlin ne sait pas bien ce qu'il veut, est tiraillé dans tous les sens, et va comme un navire sans gouvernail[3]. » Après tout, ce n'était pas à la France de s'en plaindre : cette incertitude de direction empêchait qu'il ne vînt de ce côté rien de bien dangereux pour elle. Notre gouvernement avait, du reste, discerné l'influence que M. de Metternich continuait à exercer sur

---

[1] Voir plus haut, t. IV, p. 311, et t. V, p. 47.
[2] Sur ce double courant et sur cette incertitude de la politique prussienne, cf. HILLEBRAND, *Geschichte Frankreichs*, t. II, p. 645 à 651. Il faut voir avec quelle amertume cet historien reproche à Frédéric-Guillaume IV d'avoir manqué en cette circonstance à la mission des Hohenzollern et d'avoir ainsi fait la partie trop facile au gouvernement français.
[3] Lettre inédite à M. de Jarnac, en date du 11 février 1847.

Frédéric-Guillaume, et, tant que le premier ne passait pas à
l'ennemi, il se sentait rassuré sur le second. Le marquis de
Dalmatie, ministre de France près la cour de Prusse, pouvait
écrire à M. Guizot : « La grande garantie de la sagesse de
Berlin, c'est Vienne [1]. »

II

En faisant avec une précipitation si passionnée les puissances
absolutistes juges de la querelle qu'il cherchait à la France,
lord Palmerston leur avait fourni l'occasion d'un rôle tout
nouveau pour elles. Il eût été bien extraordinaire qu'elles se
contentassent d'être des arbitres absolument désintéressés.
Après avoir été si souvent entravées dans leurs desseins réactionnaires par l'union des deux États constitutionnels, ne
devaient-elles pas être tentées de profiter des divisions de ces
États et du besoin que chacun d'eux avait de les ménager? Ce
résultat était à prévoir et ne se fit pas attendre. Vers le milieu
de novembre 1846, au moment même où les cabinets de Londres
et de Paris étaient le plus occupés à se disputer les bonnes grâces
des trois cours de l'Est, la nouvelle éclata tout à coup que ces
cours, supprimant le dernier reste d'une Pologne indépendante, venaient d'incorporer la république de Cracovie à l'empire d'Autriche.

Pour comprendre les faits, il convient de les reprendre d'un
peu plus haut. Au commencement de 1846, une tentative d'insurrection, très imprudemment suscitée par la fraction démocratique de l'émigration, s'était produite dans les provinces
polonaises de la Prusse et de l'Autriche. Les gouvernements en
eurent facilement raison. En Galicie, la répression se fit dans
des conditions toutes particulières. Les nobles, propriétaires
du sol, étaient à la tête des insurgés. Contre eux se levèrent les
paysans, véritables serfs qui, sous couleur de fidélité à « l'Em-

[1] Lettre inédite du 26 octobre 1846.

pereur », poursuivirent une sorte de vengeance sociale, promenant par toute la province le pillage et le massacre. Dans quelle mesure le gouvernement autrichien avait-il excité ou toléré ces atrocités? De terribles accusations furent portées contre lui à la tribune française, notamment par M. de Montalembert, qui ne craignit pas de parler de « 2 septembre monarchique » et de « jacquerie officielle ». Peut-être le polonisme du noble comte le disposait-il à trop de sévérité. Cependant, à considérer les choses de sang-froid, la complicité de l'administration locale paraît impossible à nier. Quant au gouvernement central, s'il n'avait pas sciemment provoqué, il avait vu du moins avec indulgence et même avec complaisance ce que M. de Metternich affectait d'appeler, dans ses dépêches, la « justice du peuple[1] ».

La république de Cracovie s'étant trouvée compromise dans le mouvement insurrectionnel, les cours d'Autriche, de Prusse et de Russie s'empressèrent de faire occuper militairement ce petit territoire dont l'indépendance et la souveraineté étaient stipulées dans les traités de 1815. Une occupation de ce genre avait déjà eu lieu en 1836[2], et, malgré nos protestations, elle s'était prolongée jusqu'en 1841. En la recommençant à la fin de février 1846, les trois cours répétèrent à notre gouvernement, qui en prit acte, les assurances déjà données en 1836 et 1838; elles affirmèrent qu'il s'agissait, non d'une mesure politique, mais d'une opération purement militaire, commandée par la nécessité et devant cesser avec elle[3]. En dépit de ces déclarations, des bruits inquiétants pour l'indépendance de Cracovie persistaient à circuler. On disait — et malheureusement on ne se trompait pas — que la suppression de cette république était chose décidée dans les conseils des trois puissances. Interrogé à ce sujet, le 2 juillet 1846,

---

[1] *Mémoires de M. de Metternich,* t. VII, p. 169, 170, 198.
[2] Voir plus haut, t. III, ch. II, § II.
[3] Dépêches de M. de Metternich à M. d'Apponyi, du 20 février 1846 ; de M. Guizot à M. de Flahault, du 23 mars 1846; de M. de Flahault à M. Guizot, du 1er avril 1846, et de M. Humann à M. Guizot, du 3 avril 1846.

dans la Chambre des pairs, M. Guizot établit que « l'existence neutre et indépendante de la république de Cracovie était consacrée par l'acte du Congrès de Vienne », et que « les puissances signataires avaient le droit de regarder et d'intervenir dans tous les changements qui pourraient être apportés à cette république ». Il rappela que ce droit avait été maintenu en 1836 et en 1838 par ses prédécesseurs, et qu'il venait de l'être encore par lui-même en 1846. « Il m'a été fait, ajouta-t-il, les mêmes réponses qui furent faites alors : la nécessité d'une occupation temporaire, le respect des principes posés dans les traités. Je ne puis penser, en effet, personne ne peut penser que le maintien fidèle des traités et de tous les droits qu'ils consacrent ne soit pas partout, à l'orient comme à l'occident de l'Europe, à Vienne comme à Paris, le fondement de toute politique régulière et conservatrice. » Quelques semaines après, le 17 août, dans la Chambre des communes, lord Palmerston rappela plus rudement encore aux trois puissances de l'Est que « si le traité de Vienne cessait d'être respecté sur la Vistule, il pourrait être également invalidé sur le Rhin et sur le Pô ». Un langage si ferme, tenu en même temps aux deux tribunes, était de nature à faire hésiter les trois cours, qui ajournèrent l'exécution de leur dessein et attendirent une occasion favorable.

Cette occasion, il leur parut que la dispute provoquée par les mariages espagnols la faisait naître. Les représentants de l'Autriche, de la Russie et de la Prusse, réunis en conférence à Vienne, eurent promptement pris leur décision. Un mémoire de M. de Metternich, en date du 6 novembre 1846, fut aussitôt communiqué aux gouvernements de France et d'Angleterre; il exposait comment les trois cours, se fondant sur ce que la république de Cracovie était depuis longtemps en « état de conspiration permanente » contre ses voisins, avaient résolu d' « annuler » les dispositions des traités de 1815 relatives à cette république, et de « rétablir l'ordre de possession antérieur à 1809 », c'est-à-dire de réincorporer Cracovie à l'Autriche, moyennant quelques cessions de territoires peu importantes faites à la Prusse et à la Russie. Pour se justifier d'avoir pris seules cette décision sans le concours des autres États signataires du traité de Vienne, les trois cours prétendaient que la création de la république de Cracovie en 1815 était leur œuvre, et que la convention passée entre elles à ce sujet avait été seulement « présentée pour enregistrement au Congrès de Vienne ». De cet enregistrement, elles voulaient bien faire découler, pour elles-mêmes, un devoir de convenance d'avertir les autres États de la décision prise, mais non, pour ces États, un droit d'y intervenir. Aussi avaient-elles soin de leur notifier que c'était « la communication d'un fait irrévocablement fixé par des nécessités de la nature la plus absolue ».

En éclatant subitement à Paris, le 19 novembre, la nouvelle de l'incorporation de Cracovie y causa une très vive émotion. Sans doute la disparition de cette minuscule république était peu de chose dans l'ordre des faits positifs; l'équilibre de l'Europe et la situation de notre pays ne s'en trouvaient pas sérieusement affectés. Mais c'était beaucoup dans l'ordre des sentiments. La France, alors en sécurité pour elle-même, pouvait se permettre le luxe des sympathies lointaines, et, parmi ces sympathies, nulle n'était plus ardente, plus générale que celle pour la Pologne. Ce dernier coup frappé sur une malheureuse nation, cette sorte d'épilogue des scandaleux et désastreux partages de la fin du siècle précédent éveillèrent donc, dans tous les cœurs, une douleur et une irritation très sincères. On put s'en rendre compte au langage des journaux de tous les partis. Si réservé qu'il fût par tempérament et par situation, le *Journal des Débats* s'exprima avec une véhémence inaccoutumée et invoqua les déclarations faites à la tribune, le 2 juillet 1846, par M. Guizot, pour y trouver une garantie que « le droit ne serait pas abandonné ». Les radicaux de la *Réforme* et du *National* adressèrent « à la démocratie européenne » un manifeste où ils maudissaient en style lamennaisien les rois bourreaux. Le *Siècle,* organe de la gauche dynastique, reprenant les déclamations de 1831, proclama que les traités de 1815 n'existaient plus; « la France ne peut que s'en réjouir », disait-il, et il mettait en demeure le gouvernement d'agir en conséquence. Quant au *Constitutionnel*, sous la direction de M. Thiers, il vit surtout, dans cet événement, le parti qu'on en pouvait tirer pour battre en brèche le ministère et ranimer contre les mariages espagnols une opposition qui, précisément à cette époque, vers la fin d'octobre et au commencement de novembre, menaçait de s'éteindre. « Nous avions cessé, disait-il le 20 novembre, de prendre part à la triste polémique qui se poursuit au sujet de la rupture de l'entente cordiale. Nous espérions que les événements ne justifieraient pas aussitôt, aussi cruellement, nos prévisions... Jamais notre gouvernement n'a été plus rudement châtié d'avoir rompu sans motif ses alliances véritables et aspiré, sous le nom de conservateur, à prendre rang parmi les cabinets ennemis de la révolution. » Il montrait, dans ce qui venait d'arriver, « l'humiliation la plus sanglante qui nous eût encore été infligée ». Ce même journal ajoutait, le lendemain : « Nos ministres sont placés, en Europe, entre deux hostilités (celle des trois cours et celle de l'Angleterre), sans savoir au juste laquelle des deux ils parviendront à fléchir et à quel prix ils feront cesser leur isolement... A droite, à gauche, la défiance ou l'éloignement... Voilà où la grande habileté de nos hommes d'État a mené les affaires de la France! » De plus, toutes nos feuilles de gauche, sur la foi des journaux de lord Palmerston, insinuaient que Louis-Philippe était au fond le complice des trois cours, qu'il avait été averti d'avance de leur dessein, et qu'il leur avait promis secrètement son acquiescement.

La perspicacité des ennemis du cabinet français n'était pas en défaut, quand ils croyaient ce dernier fort embarrassé de l'incident de Cracovie. Étant donnée la direction imprimée à sa politique par suite des mariages espagnols, il ne pouvait lui arriver un contretemps plus déplaisant. « Cracovie est une détestable affaire », disait M. Guizot [1]. Il se tourna tout de

---

[1] Lettre inédite à M. de Flahault, en date du 25 novembre 1846.

suite vers Londres, et fit demander à lord Palmerston « quelle conduite il se proposait de tenir dans cette circonstance, et s'il était disposé à s'entendre avec nous [1] ». Notre ministre avait-il beaucoup d'espoir d'une réponse favorable? En tout cas, il lui plaisait de prendre cette initiative. « Bonne occasion de rapprochement, si on veut, écrivait-il ; témoignage éclatant de notre bonne disposition, à nous, si, à Londres, l'humeur prévaut [2]. » Le *Journal des Débats* appuya la démarche de notre diplomatie par un appel chaleureux à l'opinion anglaise. « Il n'y a, disait-il, que deux causes en ce monde : celle de la force, dont les trois cours du Nord viennent de se déclarer les organes, et celle du droit, qui n'a de représentants capables de se faire craindre que l'Angleterre et la France réunies ! » Lord Palmerston fut heureux de nous voir nous adresser à lui, non parce qu'il trouvait là un moyen de rétablir l'entente au moins sur un point, mais au contraire parce que c'était une occasion pour lui de nous faire sentir son mauvais vouloir [3]. Il répondit que ses représentations aux trois cours étaient déjà préparées et approuvées, qu'elles allaient partir, et que lord Normanby serait chargé ultérieurement d'en remettre une copie au cabinet français. Comme l'observait M. Guizot, « on communiquait au lieu de se concerter, et l'on communiquait après au lieu d'avant [4] ». Lord Palmerston s'empressa en effet d'envoyer, le 23 novembre, aux trois cours, une protestation séparée. A vrai dire, ce n'était même pas une protestation : pour ménager davantage les puissances, il feignait d'ignorer que l'annexion de Cracovie fût déjà un fait accompli ; il supposait que ce n'était encore qu'un projet, et, alors, montrant en quoi l'exécution de cette mesure serait contraire aux traités de Vienne, il exprimait l'espoir qu'on y renoncerait. Le ministre anglais fit en même temps connaître au public, par le *Morning Chronicle*, qu'il avait dû repousser l'idée d'une

---

[1] Dépêche à M. de Jarnac, du 19 novembre 1846.
[2] Lettre inédite à M. de Flahault, en date du 25 novembre 1846.
[3] *The Greville Memoirs, second part,* t. II, p. 430.
[4] Lettre précitée à M. de Flahault.

protestation commune avec la France, parce que celle-ci, ayant violé le traité d'Utrecht, ne pouvait être admise à se plaindre de la violation du traité de Vienne. Naturellement nos journaux opposants soulignèrent ce refus ; ils prirent plaisir à montrer M. Guizot faisant à l'Angleterre des avances que celle-ci repoussait avec mépris, et attirant ainsi à notre pays « le plus grand affront, disait le *National,* qui lui eût jamais été infligé ».

Y aurait-il eu chance de faire reculer les trois cours, si l'Angleterre et la France avaient agi de concert? C'était fort douteux, car, ni à Londres, ni à Paris, on n'eût voulu risquer une guerre pour un pareil sujet[1]. Mais, en tout cas, avec l'attitude prise par Palmerston, M. Guizot n'avait plus aucun espoir de rien faire d'efficace pour la Pologne. Il devait dès lors n'avoir qu'un souci : calculer son langage de façon à donner quelque satisfaction à l'opinion française, sans cependant s'aliéner les trois cours et les rejeter du côté de l'Angleterre. La dépêche qu'il adressa, le 3 décembre, à ses ambassadeurs près les cours de Vienne, de Berlin et de Saint-Pétersbourg, fut rédigée sous l'empire de cette double préoccupation. Après avoir réfuté les arguments invoqués à l'appui de l'annexion, notre ministre concluait en ces termes : « Le gouvernement du Roi ne fait donc qu'user d'un droit évident, et en même temps il accomplit un devoir impérieux, en protestant solennellement contre la suppression de la république de Cracovie, acte positivement contraire à la lettre comme au sens du traité de Vienne du 9 juin 1815. Après les longues et redoutables agitations qui ont si profondément ébranlé l'Europe, c'est par le respect des traités et de tous les droits qu'ils consacrent, que l'ordre européen s'est fondé et se maintient. Aucune puissance ne peut s'en affranchir, sans en affranchir en même temps les autres. La France

---

[1] Lord Palmerston écrivait à l'un de ses confidents, le 19 novembre 1846 : « La vérité est que, même en bons termes, la France et l'Angleterre n'auraient eu aucun moyen d'action sur ce point; elles n'auraient pu prévenir la chose que par une menace de guerre, et les trois puissances savaient bien que nous n'y aurions pas recouru pour Cracovie. » (BULWER, *The Life of Palmerston,* t. III, p. 270.)

n'a point oublié quels douloureux sacrifices lui ont imposés les traités de 1815 ; elle pourrait se réjouir d'un acte qui l'autoriserait, par une juste réciprocité, à ne consulter désormais que le calcul prévoyant de ses intérêts, et c'est elle qui rappelle à l'observation fidèle de ces traités les puissances qui en ont recueilli les principaux avantages ! »

Beau langage sans doute, plus digne et plus ferme que celui de la dépêche de lord Palmerston : mais chacun sentait que derrière ces mots il n'y avait aucune intention d'agir. « C'est tout ce qu'on pouvait dire, écrivait de Rome un de nos jeunes diplomates, du moment où l'on ne voulait rien dire ; il y a même des hardiesses au conditionnel ; le conditionnel est une bien belle invention [1]. » Le gouvernement français s'appliqua d'ailleurs à faire bien comprendre à Vienne qu'il parlait surtout pour l'opinion de Paris. D'avance, afin de préparer le gouvernement autrichien, M. Guizot avait écrit à M. de Flahault : « Notre public est très animé ; faites en sorte qu'on nous sache gré de notre modération, en ne s'étonnant pas de notre franche et ferme protestation quand elle vous arrivera [2]. » La dépêche une fois envoyée, notre ministre donnait cette assurance au comte Apponyi : « Si le prince de Metternich persiste dans l'attitude qu'il a prise dans la question espagnole, je l'appuierai dans l'affaire de Cracovie, autant que ma position me le permet [3]. » Le Roi ne tenait pas un autre langage : « Le chancelier doit bien sentir, disait-il à l'ambassadeur d'Autriche, qu'on ne pouvait faire moins. Après tout, ce ne sont que des paroles qui ne font de mal à personne. Informez le prince que j'ai parlé aux orateurs de la Chambre qui pourraient être tentés de traiter des affaires de Cracovie. Je m'engage à les styler [4]. » De son côté, à Vienne, lord Ponsonby, loin d'appuyer les repré-

---

[1] Lettre inédite du prince Albert de Broglie, alors premier secrétaire à l'ambassade de Rome.

[2] Lettre inédite du 25 novembre 1846.

[3] Dépêche de M. d'Arnim, ministre de Prusse, en date du 22 décembre 1846. (HILLEBRAND, *Geschichte Frankreichs*, 1830-1848, t. II, p. 644.)

[4] Dépêche de M. de Brignole, ministre de Sardaigne, en date des 5 et 26 décembre 1846. (*Ibid.*)

sentations de son ministre, n'hésitait pas, pour se rendre agréable à M. de Metternich, à « donner la Pologne à tous les diables [1] ». Quant à lord Palmerston, il se faisait honneur auprès des cabinets allemands du refus qu'il avait opposé à notre offre d'action commune [2].

De protestations ainsi faites et ainsi commentées, les cabinets de Vienne, de Berlin et de Saint-Pétersbourg n'avaient pas à s'émouvoir. Après avoir écouté la lecture de la dépêche de M. Guizot, M. de Metternich voulut bien déclarer à M. de Flahault « qu'il sentait tous les embarras que cette affaire devait causer au ministre français, et que c'était le seul regret qu'elle lui inspirât [3] ». Il ajouta qu'il était « très content » de cette dépêche et loua fort « le talent remarquable » avec lequel elle était rédigée [4]. Il se borna à une réplique de forme, dans laquelle il constata le désaccord sans en paraître surpris ni choqué, et maintint le droit des puissances sans pousser plus loin la controverse [5].

Les trois cours avaient donc habilement choisi leur moment, et elles se félicitaient du succès de leur entreprise. Elles avaient supprimé, à côté de leurs frontières, un foyer d'agitation gênant, sinon dangereux, et surtout, par la prompte vigueur de leur action, par la visible impuissance des États libéraux, elles croyaient avoir rendu à la politique réactionnaire, en Europe, un prestige que cette politique n'avait plus depuis quelque temps. « La suppression de l'État de Cracovie, disait M. de Metternich dans une sorte de mémoire rédigé à la fin de 1846, a fourni au parti ennemi de l'ordre la preuve palpable que les trois monarques ne s'étaient pas encore résignés à mettre bas les armes devant la révolution victorieuse. Celle-ci a dû se sentir compromise par ce fait. Dans

---

[1] Lettre inédite de M. de Flahault à M. Guizot, du 22 janvier 1847.
[2] Lettre inédite du marquis de Dalmatie à M. Guizot, du 23 décembre 1846.
[3] Lettre inédite de M. de Flahault à M. Guizot, du 13 décembre 1846.
[4] Dépêche de M. de Brignole, du 12 décembre 1846. (HILLEBRAND, *Geschichte Frankreichs*, 1830-1848, t. II, p. 644.)
[5] Dépêche du 4 janvier 1847, et lettre confidentielle du même jour. (*Mémoires de M. de Metternich*, t. VII, p. 359 à 363.)

plus d'un pays, ses adeptes ont jugé convenable d'ajourner à de meilleurs temps l'exécution de leurs projets subversifs. » Le chancelier se persuadait qu'il en était ainsi en Suisse et en Italie : il montrait les agitateurs de ces pays désabusés de l'espoir qu'ils avaient fondé sur la France, et convaincus désormais que Louis-Philippe, désireux de « se ménager le bon vouloir des puissances du Nord », ne contrarierait pas l'action de ces puissances[1]. Les événements devaient prouver qu'il y avait là beaucoup d'illusion. La révolution n'était pas aussi intimidée qu'on l'imaginait à Vienne. En réalité, le chancelier avait plus satisfait son amour-propre du moment qu'il n'avait servi d'une façon durable sa politique. Par un certain côté même, n'avait-il pas nui à cette politique? Pour résister à la poussée révolutionnaire qui le menaçait sur tant de points, il avait grand besoin du concours de la France. M. Guizot était précisément en train de se rapprocher de lui. Seulement, il y éprouvait une grande difficulté venant des préventions, peu raisonnables, mais très vives, du public français contre une alliance d'apparence illibérale. Tout dans l'affaire de Cracovie, — le sans-gêne provocant avec lequel avaient agi les trois cours, comme l'embarras trop manifeste que la France avait éprouvé à les contredire, — était fait pour accroître, exaspérer ces préventions, leur fournir des arguments plausibles, et par suite entraver, retarder l'évolution tentée par notre diplomatie. Le *Journal des Débats* lui-même n'était-il pas amené à protester, le 7 décembre, que « la France ne serait jamais réduite à chercher ses alliés parmi les ennemis de la liberté et les oppresseurs de la Pologne »? M. Guizot signalait aux cabinets allemands, sans les convaincre, il est vrai, cette conséquence de leur conduite. « Que veut-on surtout à Vienne? avait-il écrit dès le premier moment à M. de Flahault; réprimer les passions révolutionnaires. Par ce qu'on vient de faire à Cracovie, on les excite violemment et on énerve entre nos mains les moyens de les combattre... Je ne puis apprécier d'ici les avantages locaux, autrichiens, qu'on se

---

[1] *Mémoires de M. de Metternich*, t. VII, p. 298 à 303.

promet de cette mesure. Mais, à coup sûr, les inconvénients généraux, européens, sont immenses. » Il disait encore, un peu plus tard, dans une lettre au ministre de France à Berlin : « On a fait ainsi, chez nous et partout, beaucoup de mal à la bonne politique, à la politique d'ordre, de conservation... Je la maintiendrai toujours ; mais on nous condamne, pour la maintenir, à de rudes combats, et l'on donne ici aux passions révolutionnaires des armes plus fortes, si je ne me trompe, que celles qu'on leur enlève à Cracovie[1]. »

III

En dépit de ce que les journaux avaient pu découvrir ou deviner, le public n'était jusqu'alors que fort imparfaitement informé des difficultés élevées entre le cabinet de Paris et celui de Londres. L'heure approchait où, par la rentrée des Chambres françaises et anglaises, cette querelle diplomatique allait passer du demi-secret des chancelleries au plein jour de la tribune, et où les deux gouvernements, pour se justifier auprès de leurs Parlements respectifs, seraient amenés à vider leurs portefeuilles et à publier leurs dépêches. Il y avait là de quoi piquer la curiosité et aussi éveiller quelque préoccupation. « Ce sera un moment solennel, disait le *Journal des Débats,* le 29 décembre 1846, que celui où les deux Parlements s'ouvriront presque à la fois... Deux tribunes vont se trouver en présence. C'est entre deux gouvernements, entre deux peuples, entre deux tribunes étrangères l'une à l'autre, que la discussion va se trouver établie. Sera-t-elle compatible, cette discussion, avec le maintien de la paix extérieure ? »

Ces préoccupations étaient d'autant plus fondées que l'opposition française, tout entière à son animosité contre le ministère, ne paraissait voir dans les débats qui allaient s'ou-

---

[1] Lettres inédites du 25 novembre et du 5 décembre 1846.

vrir qu'une occasion d'augmenter encore les difficultés de la situation; elle se flattait de rendre ces difficultés telles que M. Guizot y succomberait. M. Thiers, entre autres, n'avait pas d'autre pensée. Sa passion le conduisit même à des démarches dont on aurait peine à admettre la réalité, si l'on n'en avait la preuve malheureusement incontestable. Nous avons vu déjà cet homme d'État, à la première nouvelle des mariages, chercher à lier partie avec lord Palmerston [1]. Depuis lors, loin de trouver dans la guerre de plus en plus ouverte que ce dernier faisait, non pas seulement à M. Guizot, mais à la France, une raison de chasser, comme une tentation de trahison, l'idée d'une telle alliance, il s'y arrêtait, il s'y enfonçait davantage. Tous ses efforts tendaient, sans qu'il parût en éprouver le moindre scrupule, à rendre plus intime et plus complet le concert entre lui et le ministre britannique. C'est ce qui ressort de lettres et de conversations qui étaient destinées à demeurer secrètes, mais qui ont été récemment mises au jour.

Parmi les Italiens réfugiés alors en Angleterre, était un certain Panizzi, dont nous avons déjà rencontré le nom, ancien *carbonaro* de Modène, devenu professeur à l'Université de Londres, en commerce épistolaire avec toutes sortes de personnages en Europe, et entré fort avant dans l'intimité des chefs du parti whig[2]. M. Thiers l'avait beaucoup vu, lors de son excursion outre-Manche, en octobre 1845; c'est par lui qu'il avait été conduit chez lord Palmerston; depuis, il était resté en correspondance avec lui, le trouvant un intermédiaire commode pour des communications que la prudence ou la pudeur ne permettaient pas d'avouer trop ouvertement. Aussi fut-ce à M. Panizzi qu'il s'adressa, dès le 26 octobre 1846, quand il voulut se concerter avec le ministre anglais pour réfuter la version française sur les mariages. « Voyez lord Palmerston, puisque vous êtes lié avec lui, lui écrivait-il; dites-lui de vous communiquer à vous et pour moi la vérité pure... Je désire

---

[1] Voir plus haut, p. 242. Cf. aussi p. 197.
[2] M. Panizzi devait mourir sénateur du royaume d'Italie.

avoir un historique complet et vrai de toute l'affaire... Comment les tories prennent-ils la question? En font-ils une affaire de parti contre les whigs, ou bien une affaire de pays commune à tous? Enfin, quel est l'avenir de votre politique intérieure?... Pour moi, je fais des vœux en faveur des whigs; je suis révolutionnaire (dans le bon sens du mot) et je souhaite en tout pays le succès de mes analogues. Adieu et mille amitiés. Je vous prie de m'écrire pas moins que vingt pages sur tout cela. » Lord Palmerston, trop heureux de voir un Français tendre les mains pour recevoir de lui les armes avec lesquelles il frapperait son propre gouvernement, mit aussitôt M. Panizzi à même d'écrire à M. Thiers une très longue lettre, où toute l'histoire des mariages était racontée au point de vue anglais, et où la conduite de la France était naturellement présentée comme perfide et déloyale [1]. Ce fut avec ces renseignements que M. Thiers put, avant toute publication de documents officiels, diriger la polémique de ses journaux.

Les relations du ministre britannique et du chef de l'opposition française devinrent de plus en plus fréquentes et étroites à mesure qu'on approchait de l'ouverture de la session. M. Panizzi n'était pas le seul intermédiaire. Lord Palmerston, en même temps qu'il enlevait l'ambassade de Vienne à sir Robert Gordon pour la confier à lord Ponsonby, avait remplacé, à Paris, lord Cowley par lord Normanby. Celui-ci n'était guère préparé à occuper un tel poste : n'ayant joué jusqu'alors qu'un rôle parlementaire, il y avait acquis l'habitude d'argumenter plus que l'art de négocier, et ne possédait à aucun degré le sens de la mesure diplomatique. A peine les événements d'Espagne eurent-ils mis quelque froid entre les deux cabinets, que le nouvel ambassadeur, ne voyant là qu'une querelle à soutenir, s'y jeta à corps perdu et se trouva bientôt avec M. Guizot dans des termes tels que leurs rapports en furent singulièrement entravés. Il en était venu à se considérer comme accrédité auprès de l'opposition plutôt qu'auprès du gouvernement.

---

[1] Louis FAGAN, *The Life of sir Anthony Panizzi.*

Dominé par M. Thiers qu'il voyait souvent, il crut, sur sa parole, à la possibilité de faire tomber le cabinet et mit tout son enjeu sur cette carte. Il ne se gênait pas pour dire dans son salon que la bonne entente entre l'Angleterre et la France ne serait pas rétablie tant que M. Guizot demeurerait au pouvoir. Son hôtel était comme l'arsenal où les adversaires du cabinet allaient chercher leurs munitions [1]. En dépit des scrupules qu'éveillait à Londres une conduite aussi insolite, lord Palmerston n'hésitait pas à l'encourager, et lui-même indiquait les communications qu'il convenait de faire au chef de l'opposition française [2].

M. Thiers était tout en train de cette alliance et s'apprêtait à aborder ainsi les débats de la session, quand, dans les derniers jours de 1846 et les premiers de 1847, divers indices lui firent craindre que la politique à laquelle il s'associait n'eût perdu de son crédit en Angleterre. Là, sans doute, tout le monde, au moment des mariages, avait donné tort au gouvernement français ; mais, depuis lors, tout le monde n'avait pas donné raison à lord Palmerston ; plusieurs trouvaient qu'il poussait la querelle avec trop de passion, et que cette passion, toujours compromettante, était souvent maladroite et inefficace ; on ne pouvait s'empêcher de noter qu'il avait prétendu soulever l'Espagne, entraîner l'Europe, faire reculer Louis-Philippe, et que, sur tous les points, il avait échoué. Ces sentiments ne se faisaient pas seulement jour dans les propos plus ou moins contenus des adversaires du cabinet, par exemple de lord Aberdeen, du duc de Wellington, de lord Cowley [3].

---

[1] Sur cette conduite de lord Normanby, voir *passim*, *The Greville Memoirs, second part*, t. III. Cf. notamment p. 10, 19 et 34.

[2] M. Greville raconte, à la date du 30 décembre 1846, que lord Clarendon lui avait fait part, comme d'une chose toute naturelle, de « l'intention où était Palmerston de fournir des informations à Thiers pour en user contre Guizot ». M. Greville lui fit de fortes représentations sur ce qu'un tel procédé avait d'impolitique et d'immoral. Clarendon lui répondit en tâchant de le tranquilliser et en lui promettant qu'on userait de beaucoup de précautions. « Cela ne me tranquillisa pas, ajoute Greville, et mon sentiment était prophétique. Que de torts on se fit ainsi ! » (*The Greville Memoirs, second part*, t. III, p. 13.)

[3] *The Greville Memoirs, second part, passim*. Voir notamment t. II, p. 426, et t. III, p. 19, 52, 55.

Au sein même du ministère, lord Lansdowne, lord Grey, M. Wood désiraient une attitude plus conciliante; ils se plaignaient du sans-gêne avec lequel le chef du *Foreign office* entreprenait les démarches les plus graves à l'insu ou même contre le sentiment des autres membres du gouvernement, et ils sommaient le chef du cabinet, lord John Russell, qui n'avait pas été traité avec plus d'égard, de le tenir davantage en bride [1]. D'ailleurs, si les autres ministres ne parvenaient pas toujours à empêcher les frasques de leur collègue, du moins ils lui opposaient, pour ce qui dépendait d'eux, une certaine résistance d'inertie; ainsi faisaient-ils obstinément la sourde oreille, quand lord Palmerston, appuyé sur ce point par lord John Russell, les pressait d'organiser la défense des côtes anglaises en vue d'une guerre avec la France [2]. La reine Victoria, elle aussi, éprouvait sur cette direction donnée à la diplomatie britannique des inquiétudes qu'entretenait le roi des Belges; celui-ci, sans doute, était trop Cobourg pour n'avoir pas été, au premier moment, fort dépité de la conclusion des mariages [3]; mais, depuis lors, il avait bien compris que la rupture de l'entente était le fait de lord Palmerston, et surtout il s'alarmait du trouble que l'acharnement querelleur de ce dernier menaçait de jeter dans la politique européenne [4]. Enfin, dans le public anglais, il y avait également, par l'effet de la lassitude, une sorte d'apaisement; le *Times,* naguère si violent, s'en faisait l'interprète dans des articles remarqués où il critiquait les procédés du *Foreign office.*

[1] *Journal inédit de M. de Viel-Castel; Correspondance inédite de M. Désages avec M. de Jarnac; The Greville Memoirs, second part, passim,* notamment t. II, p. 424; Spencer Walpole, *The Life of lord John Russell,* t. II, p. 4 et 5.

[2] Cf. Bulwer, *The Life of lord Palmerston,* t. III, p. 325 et suiv., et Spencer Walpole, *The Life of lord John Russell,* t. II, p. 14 et suiv.

[3] On écrivait de Paris à M. Thouvenel : « Le roi des Belges était si mécontent des mariages espagnols qu'il a quitté Saint-Cloud la veille de l'arrivée du duc de Montpensier et de sa femme. » (*La Grèce du roi Othon : Correspondance de M. Thouvenel avec sa famille et ses amis,* p. 94.)

[4] Voir la lettre écrite, le 13 novembre 1846, au duc de Saxe-Cobourg par le roi Léopold. (*Aus meinem Leben und aus meiner Zeit,* von Ernst II, herzog von Sachsen-Coburg-Gotha, t. I, p. 175.)

De France, on n'était pas sans apercevoir plus ou moins nettement la détente qui se produisait dans une partie de l'opinion anglaise. Madame de Lieven, qui avait conservé beaucoup de relations à Londres et qui, plusieurs fois depuis les mariages, avait essayé, sans succès, de s'en servir pour amener une réconciliation [1], crut le moment venu, en décembre 1846, de tenter un nouvel effort : elle décida un de ses amis d'outre-Manche, M. Charles Greville, à faire un voyage à Paris. Bien que n'occupant aucun poste actif, — il avait seulement le titre de secrétaire du conseil privé, — M. Greville était fort répandu dans la haute société anglaise et se trouvait par suite bien placé pour remplir certains rôles d'intermédiaire officieux. Sans mission précise de qui que ce fût, son dessein, en venant en France, était de voir s'il pouvait, par ses démarches personnelles, préparer les voies à quelque rapprochement. Avant de s'embarquer, il s'était mis en rapport avec plusieurs des collègues de lord Palmerston ; les uns, comme lord John Russell, n'avaient voulu lui donner aucun encouragement; d'autres avaient laissé voir des vues plus conciliantes : lord Clarendon, entre autres, l'avait chargé de dire à M. Guizot que s'il se montrait modéré dans les Chambres françaises, on ferait de même à Londres. Arrivé à Paris, le 5 janvier 1847, M. Greville vit tout de suite plusieurs hommes politiques. Il trouva M. Guizot assez blessé des procédés de lord Palmerston et de lord Normanby, convaincu de son bon droit, décidé à l'établir devant le Parlement, mais très disposé à user de beaucoup de ménagements et ne demandant pas mieux que de revenir à l'entente cordiale. M. Duchâtel témoigna de sentiments analogues [2].

M. Thiers considérait avec grand déplaisir les démarches de M. Greville. Dans la longue conversation qu'il eut avec lui, le 10 janvier, il mit une singulière passion à développer tous les arguments qui devaient détourner l'Angleterre d'un rappro-

[1] *The Greville Memoirs, second part*, t. II, p. 425.
[2] *Ibid.*, t. III, p. 12, 13, 14, 26, 34.

chement et l'exciter, au contraire, à pousser vivement la querelle[1]. A l'entendre, sur le terrain où se rencontraient les deux gouvernements, il ne pouvait y avoir qu'une lutte à outrance, car il s'agissait de savoir lequel des deux avait trompé l'autre. Il assurait que M. Guizot, une fois vaincu dans cette lutte, tomberait, sinon par la Chambre, du moins par le Roi. « Vous ne devez pas croire, ajoutait M. Thiers, ce que vous entendez dire de la force du gouvernement. Ne vous fiez pas à tout ce que vous raconte Mme de Lieven; c'est une bavarde, une menteuse et une sotte. Le Roi s'est fait l'illusion que le gouvernement whig ne tiendrait pas; mais quand il verra que c'est une erreur, il aura peur, et, si vous continuez de refuser la réconciliation, il se débarrassera de Guizot... Savez-vous ce que c'est que le Roi? le mot est grossier, mais vous le comprendrez : eh bien! c'est un poltron! » Et comme M. Greville se récriait, disant qu'en Angleterre on tenait Louis-Philippe pour un homme de cœur, qu'il avait donné souvent des preuves de son courage, M. Thiers reprit : « Non, non, je vous dis qu'il est poltron, et, quand il se trouvera définitivement mal avec vous, il aura peur; alors il suscitera des embarras à M. Guizot; il y a quarante ou cinquante députés — je les connais — qui tourneront contre lui, et de cette manière il tombera... Vous pouvez être sûr que ce que je vous dis est la vérité, d'autant plus que ce n'est pas moi qui lui succéderai, c'est Molé. Cependant, je vous parle franchement et je vous avoue que je serais enchanté de la chute de Guizot, d'abord parce que je le déteste, et ensuite parce que l'alliance anglaise est impossible avec lui; c'est un traître et un menteur qui s'est conduit indignement envers moi... Le Roi ne m'enverra chercher que quand il sera en danger. Il ne peut endurer quiconque ne consent pas à être son jouet. Quant à moi, je ne prendrai le ministère qu'à condition d'y être le maître, et j'en viendrai à bout. »

[1] C'est M. Greville qui a noté, au moment même, sur son journal, tout ce que lui avait dit M. Thiers. (*The Greville Memoirs, second part*, t. III, p. 28 et suiv.)

M. Thiers ne se contenta pas de tenir ce langage à M. Greville. Se méfiant des sentiments modérés de son interlocuteur, il voulut faire arriver, par une voie plus sûre, au gouvernement anglais et particulièrement à lord Palmerston ses incitations à pousser la lutte à outrance. Le 12 janvier, c'est-à-dire deux jours après la conversation qui vient d'être rapportée, il écrivit à M. Panizzi[1] : « Je trouve la conduite de M. Guizot fort claire : il a manqué de bonne foi, il a menti... Mais ce qui est clair pour moi ne peut le devenir pour le public qu'à grands renforts de preuves. Il faut qu'on connaisse les dépêches de lord Normanby, dans lesquelles les mensonges de M. Guizot sont, à ce qu'on dit, mis au jour de la manière la plus frappante... Les agents de M. Guizot disent, ici et à Londres, que ni le pays ni le Roi n'abandonneront jamais M. Guizot. C'est une absurdité débitée par des gens à gages... Le pays éclairé a le sentiment que la politique actuelle est sans cœur et sans lumière. Quant au Roi, il abandonnera M. Guizot plus difficilement qu'un autre, car M. Guizot s'est complètement donné à lui et soutient son *gouvernement personnel* avec le dévouement d'un homme qui n'a plus d'autre rôle possible. Mais quand le Roi croira la question aussi grave qu'elle l'est, il abandonnera M. Guizot. Le Roi est un empirique en politique... Il ne croit pas à la solidité des whigs ; il croit que, l'un de ces jours, naîtra une question qui emportera celle des mariages, et qu'il aura acquis une infante sans perdre M. Guizot. Le jour où il croira les choses plus stables qu'on ne les lui peint de Londres, et où il craindra sérieusement pour ses rapports avec l'Angleterre, il abandonnera M. Guizot. Il ne tient à personne. Il a eu plus de goût pour moi que pour personne... Mais, dès que j'ai contrarié ses penchants de prince illégitime voulant se faire légitime par des platitudes, il m'a quitté sans un regret. M. Guizot, au fond, ne lui inspire confiance que sous un rapport : c'est une effronterie à mentir devant les Chambres qui

---

[1] Cette lettre et celles qui seront citées à la suite sont toujours tirées de l'ouvrage de M. Fagan, *The Life of sir Anthony Panizzi*.

n'a pas été égalée dans le gouvernement représentatif, effronterie appuyée d'un langage monotone, mais très beau. Comme intelligence et discernement, le Roi pense de M. Guizot ce qu'il faut en penser. Quand il croira les whigs solides et la résistance sérieuse, il se décidera à un changement de personnes, soyez-en certain. Mais il faut bien mettre en évidence les faits et la mauvaise foi de M. Guizot. »

Lord Palmerston, de son côté, n'était pas moins préoccupé des démarches de M. Greville, et, avant même d'avoir reçu la lettre qui vient d'être citée, il faisait écrire, le 14 janvier, par M. Panizzi à M. Thiers : « Avez-vous vu M. Greville?... J'apprends, par le *Times* du 12, qu'on le suppose chargé d'une négociation non officielle pour renouveler l'entente cordiale... Écrivez-moi ce que vous pensez de cela... Tout ceci m'intéresse beaucoup... Rappelez-vous de n'envoyer votre réponse que sous couverte directement à lord Normanby. » Dans cette même lettre, on communiquait à M. Thiers de nouvelles dépêches, et on le pressait, par contre, de faire tout de suite connaître, afin d'en informer « ses amis » de Londres, « la marche qu'il comptait suivre » dans les débats qui allaient s'ouvrir.

Le 17 janvier, nouvelle lettre de M. Thiers à M. Panizzi. Résumant tous les faits, il déclarait donner entièrement raison à lord Palmerston, envoyait à celui-ci des conseils sur la manière la plus habile de présenter les événements, et revenait toujours sur cette idée que « si le Roi croyait les choses stables en Angleterre et la question sérieuse, il abandonnerait M. Guizot ». Ce dernier n'était pas le seul contre lequel M. Thiers se donnait, dans cette lettre, le plaisir d'épancher son ressentiment. Irrité de ce qu'à ce moment même un certain nombre de députés de la gauche et du centre gauche, guidés par M. Billault et M. Dufaure, manifestaient l'intention de se séparer de lui dans la question des mariages espagnols, il s'exprimait ainsi sur cette dissidence : « Il y a, dans tous les partis, mais surtout en France, des seconds qui veulent être les premiers. Je suis fort, moi, avec Odilon Barrot; à nous deux, nous décidons la conduite de l'opposition. MM. Billault et Dufaure, deux avocats fort médiocres, le premier fort intrigant, le second morose et insociable, fort mécontents de ne pas être les chefs, ayant le désir de se rendre prochainement possibles au ministère, ont profité de l'occasion pour faire une scission. L'alliance avec l'Angleterre n'est malheureusement pas populaire... Notez que ces deux messieurs, vulgaires et ignorants comme des avocats de province, n'ayant jamais regardé une carte, sachant à peine où coulent le Rhin et le Danube, seraient fort embarrassés de dire en quoi l'alliance anglaise est bonne ou mauvaise. Mais ils font de la politique comme au barreau on fait de l'argumentation ; ils prennent une thèse ou une autre, suivant le besoin de la plaidoirie qu'on leur paye, et puis ils partent de là, et parlent, parlent... Ils ont, de plus, trouvé un avantage dans la thèse actuellement adoptée par eux, c'est de faire leur cour aux Tuileries, et de se rendre agréables à celui qui fait et défait les ministres. » M. Thiers terminait sa lettre par cette phrase, qui n'était pas la moins étrange : « Vous n'imaginez pas ce que débitent ici tous les ministériels. Ils prétendent que je suis en correspondance avec lord Palmerston, à qui je n'ai jamais écrit de ma vie et qui ne m'a jamais écrit non plus. » Est-il besoin de rappeler que ce même homme d'État inaugurait, trois mois auparavant, sa correspondance avec M. Panizzi en lui écrivant : « Voyez lord Palmerston, puisque vous êtes lié avec lui, dites-lui de vous communiquer à vous et pour moi la vérité pure. » Du reste, les alliés anglais de M. Thiers ne se croyaient pas tenus à plus de sincérité. Un peu plus tard, lord Normanby adressait à son ministre une dépêche pour nier qu'il eût des communications avec l'opposition française, et lord Palmerston, qui savait à quoi s'en tenir sur cette dénégation, se disait bien aise de l'avoir en main pour la mettre sous les yeux de la Reine, au cas où celle-ci aurait reçu des Tuileries quelque rapport sur la conduite de son ambassadeur [1].

---

[1] Lettre de Palmerston à lord Normanby, du 17 février 1847. (BULWER, *The Life of Palmerston*, t. III, p. 286.)

IV

Pendant que M. Thiers excitait ainsi le gouvernement anglais à mener vivement l'attaque contre le gouvernement français, la session s'ouvrait à Paris, le 11 janvier 1847. Le discours du trône s'exprima avec une réserve évidemment destinée à ménager l'opinion d'outre-Manche. « Mes relations avec toutes les puissances étrangères, disait le Roi, me donnent la ferme confiance que la paix du monde est assurée. » Il annonçait le mariage du duc de Montpensier comme un heureux événement de famille, se bornait à y montrer « un gage des bonnes et intimes relations qui subsistaient depuis si longtemps entre la France et l'Espagne », et ne faisait aucune allusion aux difficultés soulevées par la diplomatie britannique. Aussitôt après, le ministre déposa sur le bureau des Chambres les dépêches relatives aux affaires espagnoles : ces dépêches remontaient jusqu'en 1842.

La discussion de l'adresse à la Chambre des pairs, qui précéda, suivant l'usage, celle de la Chambre des députés, commença le 18 janvier. Non seulement le ministère n'y rencontra pas de contradicteur sérieux, mais il y fut secondé par un allié considérable, le duc de Broglie. Le noble pair semblait avoir pris l'habitude, depuis quelque temps, de se porter publiquement caution de la politique étrangère du cabinet : il l'avait fait, en 1845, dans l'affaire du Maroc; en 1846, dans celle du droit de visite; il recommençait, en 1847, pour les mariages espagnols. Sa discussion fut nerveuse, serrée; il ne se perdit pas dans les détails, et s'attacha, avec une sorte de netteté hautaine, aux idées principales et aux faits décisifs. Tout d'abord, rappelant les souvenirs du passé et les événements du jour, il mit en lumière l'intérêt supérieur engagé dans cette question de mariage, et insista sur le danger que la France avait couru de voir l'Espagne passer, comme le Portugal, sous l'influence de l'Angleterre. Or, disait-il, « point de milieu : telle est géographiquement la position de l'Espagne, que, pour être comptée au dehors comme elle doit l'être,... il faut de toute nécessité, ou qu'elle soit l'amie naturelle, l'alliée habituelle de la France, comme elle l'a été sous les princes de la maison de Bourbon, ou qu'elle soit l'ennemie naturelle et la rivale de la France, comme elle l'était sous Charles-Quint et sous Philippe II, ou bien enfin qu'elle soit l'amie naturelle et l'alliée de tous les ennemis, de tous les rivaux de la France, comme sous les trois derniers rois de la maison d'Autriche. Cela est écrit dans l'histoire; cela est écrit sur la carte. » Après avoir signalé le danger, le duc de Broglie montra que la conduite du gouvernement était justifiée par la nécessité d'y parer. Il réfuta, en passant, les principaux arguments de lord Palmerston, notamment celui qui était tiré du traité d'Utrecht, puis termina par une leçon donnée à l'esprit public français. « Il n'y a rien de si rare au monde, dit-il, que d'être de son avis; il n'y a rien de si difficile que de vouloir ce que l'on veut. J'appelle vouloir ce que l'on veut, vouloir la chose que l'on veut avec toutes ses conséquences, avec toutes ses conditions bonnes ou mauvaises, agréables ou fâcheuses... Tout le monde convient que l'intimité, l'entente cordiale, la bonne intelligence avec l'Angleterre est une chose excellente;... tout le monde convient que, pour maintenir une chose aussi bonne, aussi excellente, il faut faire tous les sacrifices qui ne compromettent aucun de nos intérêts essentiels. Voilà ce que tout le monde dit et pense sincèrement. On le veut en théorie; mais vient l'occasion, comme elle est venue il y a deux ans, de faire pour le maintien de la bonne intelligence avec l'Angleterre, je ne dirai pas un sacrifice, mais seulement un acte de justice, à l'instant combien de gens s'écrient que nous sommes à la remorque de l'Angleterre, que nous sommes les satellites de l'Angleterre, que nous sommes les esclaves de l'Angleterre! On crie : A bas les ministres de l'étranger! On crie : A bas les députés Pritchard! (*Rires d'approbation.*) Puis vient le revers de la médaille; vient une occasion où le gouvernement français se trouve appelé à défendre un de nos intérêts essentiels, un intérêt vital, la sécurité de nos frontières, notre indépendance en Europe. Il prend des mesures pour protéger cet intérêt; il ne le peut sans mécontenter un peu le gouvernement anglais. Eh bien! ces mêmes gens lèvent les mains et les yeux au ciel : on a sacrifié l'alliance anglaise à des intérêts de famille; l'alliance est rompue, nous sommes isolés, tout est perdu; il n'y a plus qu'à s'envelopper la tête dans son manteau. (*Même mouvement.*) C'est là ce qui s'appelle n'être pas de son avis, ne vouloir pas ce qu'on veut... Sachons envisager de sang-froid une situation qui n'a rien d'extraordinaire ni d'imprévu. Nous sommes isolés, dit-on. Mais l'isolement, c'est la situation naturelle de toutes les puissances en temps de paix générale... On dit que l'isolement peut entraîner certains dangers. Je ne dis pas non; mais qu'y faire? Les choses sont ce qu'elles sont. Ne faisons rien pour aggraver une pareille situation, ne faisons rien pour la prolonger. Nous n'avons aucun tort dans le passé; n'en ayons aucun dans l'avenir. Ne donnons au gouvernement anglais aucun sujet de mécontentement légitime... Mais en même temps ne lui donnons pas lieu de croire que nous regrettons d'avoir exercé nos droits, d'avoir défendu notre cause et soutenu nos intérêts. Il y va de notre honneur, il y va de notre avenir. (*Très vives marques d'assentiment.*) Tous tant que nous sommes, gouvernement ou public, législateurs, écrivains, publicistes, au nom du ciel, s'il est possible, faisons trêve, sur un point seulement et pendant quelque temps, à nos querelles de personnes et à nos discussions intérieures. (*Très bien! très bien!*) Ne donnons pas le droit de dire de nous que nous sommes un peuple de grands enfants, passant à chaque instant d'un extrême à l'autre, incapables de vouloir aujourd'hui ce que nous voulions hier; un peuple d'enfants hargneux, n'ayant d'autre souci que de dire blanc quand on leur dit noir, et oui quand on leur dit non. » (*Marques prolongées d'approbation.*)

Malgré le succès de ce discours, M. Guizot ne se crut pas dispensé de prendre la parole, non à l'adresse de la haute assemblée, d'ores et déjà convaincue, mais à l'adresse du public. La tranquillité même de ce débat, l'absence d'opposition lui paraissaient une occasion de faire avec plus de liberté et de sérénité d'esprit un exposé complet de l'affaire, de présenter, d'expliquer les documents qui venaient d'être déposés sur le bureau des Chambres. Il n'était pas indifférent, pour un tel exposé, de prendre les devants sur ceux qui, à Londres ou à Paris, auraient intérêt à montrer les choses sous un autre jour. Dès le début de son discours, M. Guizot marqua que son dessein était, non de réfuter des critiques qui ne s'étaient pas produites au Luxembourg, mais de faire un « récit simple et complet des faits », estimant que de ce récit il ressortirait, pour « la Chambre, pour le pays, pour l'Angleterre et pour l'Europe », que « le gouvernement français n'avait manqué ni de loyauté ni de prudence ». Reprenant alors les faits depuis 1842, il apporta à la tribune comme un long chapitre d'histoire diplomatique, admirablement ordonné, avec nombreuses pièces à l'appui. Tout en se donnant pour but principal de prouver à la France qu'elle devait être satisfaite, il se préoccupa aussi de ménager l'amour-propre de l'Angleterre ; il voulait en cela corriger l'effet produit par la parole un peu incisive du duc de Broglie [1]. Parvenu au terme de son exposé, M. Guizot se demanda quel était, par suite de ces événements, l'état de nos rapports avec l'Espagne, l'Europe et l'Angleterre. Il rappela qu'en Espagne, malgré toutes les provocations, les mariages, « librement discutés », avaient été « accomplis avec une parfaite tranquillité ». Il montra qu'en Europe « aucune des puissances n'avait voulu adhérer aux protestations du gouvernement anglais ». En Angleterre, il reconnut « qu'il y avait un mécontentement réel, et que nos relations en étaient, dans une certaine mesure, affectées » ; mais il ajouta : « Mes-

---

[1] On fut en effet assez froissé, à Londres, du langage du duc de Broglie. M. Greville, alors à Paris, et qui désirait un rapprochement, écrivait sur son journal, le 21 janvier : « Ce discours n'est ni juste, ni vrai, ni sage. Si l'orateur avait eu le désir d'envenimer l'affaire, ce que je ne crois pas, il n'aurait pas pu parler autrement. » (*The Greville Memoirs, second part*, t. III, p. 36.) M. Désages, informé de l'impression produite outre-Manche, répondait, le 1ᵉʳ février, à M. de Jarnac : « Ce discours est incisif, hautain peut-être, mais le raisonnement est puissant, serré, sans bonne réplique possible. » (*Documents inédits.*)

sieurs, si nous faisons deux choses, que pour son compte le gouvernement du Roi est parfaitement décidé à faire, si, d'une part, nous ne changeons point notre politique générale, politique loyale et amicale envers l'Angleterre, si nous continuons à vivre, à vouloir vivre en bonne intelligence avec le gouvernement anglais, et si, d'autre part, nous nous montrons bien décidés à soutenir convenablement ce que nous avons fait, à nous abstenir de toute avance, de toute concession (*approbation*), si nous tenons à la fois cette double conduite d'une amitié générale envers l'Angleterre et son gouvernement, et d'une fermeté bien tranquille dans la position que nous avons prise, tenez pour certain que le mécontentement anglais s'éteindra. Il s'éteindra devant la gravité des intérêts supérieurs qui viendront et qui viennent déjà peser sur les deux pays, et qui sont aussi bien comptés, compris et sentis à Londres qu'à Paris. (*Nouvelle approbation.*) La nation anglaise et son gouvernement ont, l'un et l'autre, deux grandes qualités : la justice les frappe, et la nécessité aussi! (*On rit.*) C'est un pays moral et qui respecte les droits; c'est un pays sensé et qui accepte les faits irrévocables. Présentez-vous sous ce double aspect : fermes dans votre droit, fermes dans le fait accompli, et tenez pour certain que les bonnes relations se rétabliront entre les deux gouvernements. » (*Marques très vives d'approbation.*)

L'effet fut considérable. Pour sa première apparition à la tribune, la politique des mariages espagnols y faisait bonne figure. « On s'accorde à dire, notait sur le moment un observateur exact et clairvoyant, que la discussion qui vient de se terminer à la Chambre des pairs est une des plus belles qui aient eu lieu dans cette Chambre... Dès ce moment, la position de M. Guizot est très forte et très brillante [1]. » Le gouvernement ne pouvait cependant se faire l'illusion que tout fût ainsi fini. Il savait bien qu'au Palais-Bourbon les choses n'iraient pas aussi facilement. C'est là que l'attendaient ses adversaires.

---

[1] *Journal inédit du baron de Viel-Castel*, à la date du 23 janvier 1847.

V

Avant même que la Chambre des pairs eût fini de discuter son adresse, la session s'ouvrait, à Londres, le 19 janvier 1847. La reine d'Angleterre garda, dans son discours, la même réserve que le roi des Français; elle se borna à dire que « le mariage de l'Infante avait donné lieu à une correspondance entre son gouvernement et ceux de France et d'Espagne ». Il avait été d'abord question de mentionner le « dissentiment » survenu; on y avait renoncé. L'intention conciliante était évidente. Elle se manifesta plus nettement encore dans la discussion de l'adresse, qui, suivant l'usage, eut lieu le soir même dans les deux Chambres. Presque tous ceux qui prirent part au débat, — lords ou *commoners*, whigs ou tories, et même des membres du cabinet, comme le marquis de Lansdowne, — s'appliquèrent à parler de la France en très bons termes, et exprimèrent le désir de voir rétablir l'entente cordiale. Lord Palmerston, bien que attaqué par certains orateurs comme l'auteur du refroidissement survenu, répondit à peine; on eût dit qu'il ne se sentait pas dans un milieu favorable. Lord John Russell fut à peu près seul à le défendre, par point d'honneur plus encore que par conviction. Il semblait que la réaction pacifique se fît sentir aussi dans le langage des journaux : le *Times* conseillait aux Chambres d'éviter toute discussion publique sur l'affaire des mariages, recommandait au cabinet de ne pas pousser plus loin ses controverses diplomatiques, et donnait à entendre que l'opinion ne s'associait pas aux rancunes querelleuses de lord Palmerston.

En France, le gouvernement fut charmé et surpris d'une modération qui dépassait son attente, et qui contrastait singulièrement avec le ton des précédentes polémiques. Tout en étant fort disposé à répondre à ces avances, il ne pouvait dissimuler un sourire de triomphe. « Avez-vous lu les journaux anglais? demandait M. Guizot à M. Molé. Eh bien! vous voyez qu'on recule [1]. » M. Désages écrivait, le 21 janvier, à M. de Jarnac : « Le *royal speech* est tout ce que nous pouvions souhaiter de mieux. » Et, quelques jours après, voulant rendre compte à notre ambassadeur à Vienne de ce qui s'était passé à Londres, il lui mandait : « Vous avez pu juger jusqu'à quel point lord Palmerston est surveillé, contenu, et combien peu le sentiment public est en définitive porté à lui laisser la bride sur le col. Je ne prétends pas dire que tous ceux qui le surveillent, le contiennent et se mettent en travers de ses passions vindicatives, sont nécessairement de notre avis en tous points sur la question des mariages; mais j'affirme que tous veulent mettre un signet à cette affaire et n'entendent pas que, pour une éventualité presque chimérique, encore moins pour gratifier l'orgueil d'un homme, on prolonge cet état équivoque des relations des deux pays [2]. »

Par contre, grands furent le désappointement et le désarroi des députés de l'opposition qui avaient cru trouver dans l'irritation et les menaces de l'Angleterre un moyen de renverser M. Guizot. M. Greville, qui, étant encore à Paris, avait occasion d'observer de près ces députés, les comparait à des gens qui « sentent la terre leur manquer sous les pieds ». Il était assailli de leurs plaintes et de leurs récriminations. « Nous ne pouvons rien dire pour vous dans la Chambre, lui déclarait M. Cousin, quand vous ne paraissez pas disposés à rien dire pour vous-mêmes. » M. Duvergier de Hauranne ne lui tenait pas un autre langage. M. de Beaumont lui demandait ironiquement s'il était vrai que les Anglais « eussent mis bas les armes ». Tout porté qu'il fût personnellement vers la conciliation, M. Greville était embarrassé de la situation fausse où se mettait le gouvernement britannique, en faisant ainsi faux bond à ses alliés de France et en opérant cette retraite silencieuse après une si bruyante entrée en campagne. Naturellement M. Thiers n'était pas celui qui se plaignait le moins.

---

[1] *The Greville Memoirs, second part*, t. III, p. 39.
[2] *Documents inédits.*

haut. « Il est maussade comme un ours, notait encore M. Greville ; il sait que son alliance avec l'ambassade anglaise ne lui a fait aucun bien, et il se rend compte maintenant qu'il ne pourra probablement pas s'en servir pour faire du mal à quelque autre [1]. » Toutefois, le chef de l'opposition française ne voulut pas abandonner la partie sans faire un nouvel appel à lord Palmerston. Prenant donc un ton dégagé qui voilait mal l'amertume de son dépit, et qui d'ailleurs était habilement calculé pour piquer au jeu le ministre anglais, il écrivit à M. Panizzi, le 24 janvier [2] : « Les discours de votre tribune ont produit ici un effet singulier. Le sentiment de tout le monde, c'est que tout est fini : on va jusqu'à dire que vous n'aurez pas de discussion, à votre tribune, sur l'affaire des mariages. Je vous prie de me dire ce qu'il en est, et de me le dire par le retour du courrier. Nous passerions pour des boutefeux, et, ce qui est pire, nous le serions, si, la querelle s'apaisant, nous venions la ranimer... Je reprochais surtout à nos ministres d'avoir rompu l'alliance avec les whigs, pour la misérable affaire des mariages. Si cette sotte affaire ne nous a pas brouillés, ce dont je m'applaudis fort, notre grief est sans valeur, et il serait ridicule d'attaquer M. Guizot pour une telle chose... Pour moi qui trouvais la situation difficile, vu la tournure des choses, je serai charmé d'être dispensé de me mêler à cette discussion. »

M. Thiers pouvait se rassurer ; lord Palmerston n'avait aucune envie de désarmer. Si la pression de l'opinion et les exigences de ses collègues l'avaient contraint de laisser passer, sans y contredire, les manifestations conciliantes de l'ouverture de la session, il comptait bien prendre avant peu sa revanche sur les pacifiques. Ce ne fut pas long. Pour rallumer la bataille, il suffit de la publication des documents diplomatiques déposés par lui, quelques jours après, sur le bureau des deux Chambres. Les

---

[1] *The Greville Memoirs, second part*, t. III, p. 39, 40.
[2] Dans le livre de M. Fagan (*The Life of sir Anthony Panizzi*), la lettre est datée seulement de *Dimanche* 1847. La date que nous indiquons ne peut faire aucun doute.

dépêches ainsi livrées à la polémique des journaux contenaient toutes les récriminations dont on avait jugé sage de s'abstenir à la tribune du Parlement. Dans le choix de ces dépêches, lord Palmerston avait eu soin de ne pas omettre les plus irritantes, celles qui mettaient le plus directement en cause la loyauté du gouvernement français; de ce nombre étaient deux dépêches de lord Normanby, datées du 1er et du 25 septembre, autour desquelles il se fit aussitôt grand bruit. Dans la première, l'ambassadeur racontait que M. Guizot venait de lui annoncer que les deux mariages « ne se feraient pas en même temps » ; j'ai déjà mentionné cette réponse, faite de bonne foi, à un moment où notre gouvernement croyait encore pouvoir échapper à la complète simultanéité [1]. La seconde dépêche rendait compte d'un entretien postérieur dans lequel M. Guizot parlait des deux mariages comme devant être célébrés ensemble; elle ajoutait que le ministre, interpellé par l'ambassadeur sur la contradiction existant entre ses deux déclarations, avait eu une attitude assez piteuse, essayant d'abord de nier sa première réponse, ensuite de l'expliquer par ce fait que, dans la cérémonie, la Reine devait être en effet mariée la première. On verra plus tard le démenti donné par M. Guizot à cette dépêche qui, contrairement à tous les usages, n'avait pas été préalablement communiquée au ministre dont elle prétendait rapporter les paroles.

La publication du *Blue book,* et tout particulièrement des deux dépêches de lord Normanby, fut, pour les journaux de lord Palmerston, et immédiatement après pour ceux de M. Thiers, une occasion de reprendre avec une passion ravivée l'accusation de déloyauté déjà portée contre le gouvernement français. Notre opposition, naguère déconcertée et sur le point de battre en retraite, retrouva ardeur et confiance. Il fallait voir avec quel geste de confusion indignée le *Constitutionnel* affectait de se voiler la face à la vue d'un ministre français pris en flagrant délit de fourberie; nos feuilles de gauche proclamaient que, du

---

[1] Voir plus haut, p. 227.

commencement à la fin de cette affaire, M. Guizot avait toujours
« rusé », « menti », et on le traitait couramment de Scapin et
de Bilboquet; la conclusion était que, pour dégager l'honneur
de la France et rétablir les bons rapports avec l'Angleterre, il
fallait, sans une minute de retard, changer de ministère. Comme
toujours, c'était M. Thiers qui menait l'attaque; chez lui, plus
aucune trace du découragement qui avait inspiré sa dernière
lettre à M. Panizzi. Rencontrant M. Greville à l'ambassade
anglaise, qui devenait de plus en plus le quartier général
de l'opposition, il lui parla sur un ton singulièrement animé.
« Il me reprocha, raconte M. Greville, d'ajouter foi à tout
ce que me disait Mme de Lieven, déclarant que j'étais *une
éponge trempée dans le liquide de Mme de Lieven*[1], et essaya, de
son mieux, de me persuader que Guizot était faible, que sa
majorité ne valait pas un fétu, et que le Roi pouvait et
devait se débarrasser de lui aussitôt qu'il se trouverait lui-même
dans une sorte de danger. — Conseillez à Palmerston, ajouta-
t-il, de dire beaucoup de bien de la France et beaucoup de
mal de M. Guizot. — Je répondis que je lui donnerais la moitié
de l'avis, et pas l'autre. » M. Greville sortit de cet entretien,
complètement édifié sur les sentiments de son interlocuteur.
« Il ne pense, disait-il, qu'à faire du mal, à satisfaire sa propre
passion et ses ressentiments [2]. » M. Thiers écrivait de son côté
à M. Panizzi : « Je ne sais ce que M. Greville est venu faire
ici, mais il a fini par m'être très suspect. Je l'ai un peu raillé le
jour de son départ, et il en est très piqué. Il a passé sa vie chez
Mme de Lieven, chez M. Guizot, et il tenait ici le langage
d'un pur *Guizotin*... Je crois franchement qu'il n'est pas bien
sûr et qu'il avait quelque commission particulière, je ne sais
pour qui, mais qui n'irait pas dans le sens de vieux révolutionnaires comme vous et moi [3]. »

[1] M. Thiers, dans une lettre à M. Panizzi, rapportait ainsi lui-même son
propos : « Mon cher monsieur Greville, vous êtes une éponge trempée dans le
liquide Lieven, et, quand on vous presse, il n'en sort que ce liquide. Prenez
garde, ce n'est que du liquide de vieille femme. »
[2] *The Greville Memoirs*, second part, t. III, p. 48, 49.
[3] Lettre du 7 février 1847. (*The Life of sir Anthony Panizzi*, par Louis FAGAN.)

Naturellement M. Guizot ne pouvait voir avec indifférence la reprise d'attaques et d'injures dont la distribution du *Blue book* avait donné le signal. Il fut particulièrement blessé de la publication des deux dépêches de lord Normanby. Ainsi était effacée dans son esprit l'impression favorable qu'avaient produite les premiers débats du Parlement anglais. S'étant, lui aussi, rencontré avec M. Greville, il ne lui dissimula pas que toute conciliation était rendue impossible par les procédés de lord Normanby et par les sentiments de lord Palmerston; il ne contestait pas les bonnes dispositions de quelques autres membres du cabinet whig, mais elles lui paraissaient de peu d'importance tant que ne changeraient pas celles du ministre qui dirigeait en maître la diplomatie britannique[1]. M. Greville n'avait pas grand'chose à répondre. Force lui était de s'avouer que la pacification rêvée par lui était plus éloignée que jamais. Il quitta Paris, dans les derniers jours de janvier, triste et découragé. « Ainsi finit ma *mission,* notait-il sur son journal au moment de se rembarquer, et il me reste seulement à faire le rapport le plus véridique de l'état des affaires en France, à ceux à qui il importe le plus de le connaître; mais alors il leur sera très difficile d'adopter un parti décisif et satisfaisant[2]. »

VI

La discussion de l'adresse à la Chambre des députés s'ouvrit le 1ᵉʳ février 1847 et dura jusqu'au 12. Une escarmouche sur l'affaire de Cracovie, une bataille sur les mariages espagnols, telles furent les parties saillantes de cette discussion. Au sujet de Cracovie, le discours du trône s'était borné à dire avec une sobriété voulue : « Un événement inattendu a altéré l'état de choses fondé en Europe par le dernier traité de Vienne. La

---

[1] *The Greville Memoirs,* second part, t. III, p. 46.
[2] *Ibid.,* p. 49.

république de Cracovie, État indépendant et neutre, a été incorporée à l'empire d'Autriche. J'ai protesté contre cette infraction aux traités. » Le projet d'adresse, un peu moins bref, ajoutait, en s'inspirant d'une idée indiquée dans la note que M. Guizot avait naguère adressée aux trois cours[1] : « La France veut sincèrement le respect de l'indépendance des États et le maintien des engagements dont aucune puissance ne peut s'affranchir sans en affranchir les autres » ; il félicitait en outre le gouvernement d'avoir « répondu à la juste émotion de la conscience publique, en protestant contre cette violation des traités, nouvelle atteinte à l'antique nationalité polonaise ». Ce fut M. Odilon Barrot qui parla au nom de l'opposition. Que voulait-il au juste? Il serait malaisé de préciser à quoi concluaient ses phrases contre les traités de 1815 et en faveur des nationalités. M. Guizot, dans sa réponse, fut au contraire très net. « Le gouvernement du Roi, dit-il, a vu dans la destruction de la république de Cracovie un fait contraire au droit européen; il a protesté contre le fait, qu'il a qualifié selon sa pensée. Il en a pris acte afin que, dans l'avenir, s'il y avait lieu, la France pût en tenir le compte que lui conseilleraient ses intérêts légitimes et bien entendus... Mais, en même temps qu'il protestait, le gouvernement du Roi n'a pas considéré l'événement de Cracovie comme un cas de guerre. Et là où le gouvernement du Roi ne voit pas un cas de guerre, il ne tient pas le langage, il ne fait pas le bruit, il ne prend pas l'attitude de la guerre; il trouve qu'il n'y aurait à cela ni dignité, ni sûreté. Savez-vous quel est le vrai secret de la politique? C'est la mesure; c'est de faire à chaque chose sa juste part, à chaque événement sa vraie place, de ne pas grossir les faits outre mesure, pour grossir d'abord sa voix et ensuite ses actes au delà du juste et du vrai... Voici encore pourquoi, indépendamment de cette décisive raison que je viens d'indiquer, voici pourquoi nous avons agi comme nous l'avons fait. Nous n'avons pas cru que le moment où nous protestions

---

[1] Voir plus haut, p. 275.

contre une infraction aux traités fût le moment de proclamer le mépris des traités ; nous n'avons pas cru qu'il nous convînt, qu'il convînt à la moralité de la France, à la moralité de son gouvernement, de dire, à l'instant où il s'élevait contre une infraction aux traités : Nous ne reconnaissons plus de traités. » Le ministre montrait à la Chambre que toute autre conduite eût amené « de nouveau, en Europe, l'union de quatre puissances contre une ». « Le jour, ajoutait-il, où nous croirions que la dignité et l'intérêt du pays le commandent, nous ne reculerions pas plus que d'autres devant une telle situation ; mais nous sommes convaincus que l'événement de Cracovie n'était pas un motif suffisant pour laisser une telle situation se former en Europe. » La Chambre applaudit à ce langage aussi ferme que sensé, et la gauche n'osa même pas proposer d'amendement.

Sur les mariages espagnols, l'opposition, naguère si passionnée dans la presse, se montra tout d'abord assez hésitante ; on eût dit qu'elle éprouvait quelque embarras à répéter à la tribune ce qu'elle avait écrit dans les journaux. Quand, dans la séance du 2 février, la discussion s'ouvrit sur le paragraphe relatif à cette affaire, M. Crémieux se trouva à peu près seul à attaquer les mariages. Les hommes considérables, M. Thiers notamment, se turent. Il n'appartenait pas à M. Guizot d'engager lui-même un combat auquel l'opposition se dérobait, d'autant qu'il avait dit le nécessaire dans la discussion de la Chambre des pairs[1]. Il se borna donc à quelques mots dans lesquels, rappelant la modération, la réserve, la bienveillance pour la France qui venaient de se manifester au Parlement anglais, il se montrait désireux de s'associer à cet esprit de conciliation ; sans doute, ajoutait-il, s'il y avait été obligé, il se serait défendu ; mais, sa politique n'ayant pas été sérieuse-

---

[1] Le jour même où s'ouvraient les débats de l'adresse, le 1er février, M. Désages écrivait à M. de Jarnac : « M. Guizot parlera le moins possible ; il ne parlera que pour se défendre s'il est attaqué. Chacun se demande ce que fera M. Thiers. Je crois volontiers qu'il ne le sait pas bien encore lui-même. » (*Documents inédits.*)

ment attaquée, il croyait répondre aux sentiments exprimés à Londres, en s'abstenant pour le moment de toute discussion. Sur cette déclaration, le paragraphe fut voté sans difficulté. La Chambre se trouva ensuite en présence d'un paragraphe additionnel, proposé par MM. Billault et Dufaure : c'était la manifestation du nouveau tiers parti qui prétendait faire la leçon à la fois à M. Thiers et à M. Guizot, se séparait du premier en approuvant les mariages, mais ne témoignait pas confiance dans la fermeté du second. Cet amendement, soutenu par ses deux auteurs et par M. de Tocqueville, repoussé avec un laconisme dédaigneux, d'un côté par M. Guizot, de l'autre par M. Odilon Barrot, ne réunit au vote que 28 voix sur 270. Un échec si complet fit sourire la galerie. « Ils ont voulu faire de l'équilibre, disait le *Journal des Débats,* être de l'opposition et de la majorité, garder un pied sur la rive droite et un pied sur la rive gauche, ce qui est une attitude très difficile quand on n'est pas le colosse de Rhodes. »

Le gouvernement s'était-il donc débarrassé à si peu de frais de l'opposition contre les mariages espagnols ? C'eût été trop beau. En sortant de cette séance du 2 février, M. Thiers avait conscience de n'y avoir pas fait brillante figure. Vainement ses journaux prétendaient-ils, le lendemain matin, que M. Guizot avait « demandé grâce » et « imploré le silence » ; le public ne s'y laissait pas prendre : il voyait bien qui avait reculé devant le débat, et un observateur pouvait noter sur son journal intime : « L'opposition est en pleine déroute ; en gardant le silence, elle avoue implicitement l'imprudence et l'impopularité de la politique qu'elle a suivie par rapport aux mariages espagnols ; jamais, depuis 1830, elle n'avait paru à ce point déconcertée et anéantie[1]. » M. Thiers crut donc nécessaire de tenter quelque chose, dans la séance du 3 février, afin d'atténuer cette impression. Il prit la parole pour déclarer que, s'il s'était abstenu jusqu'alors, c'était que le ministre des affaires étrangères lui avait paru désirer le silence dans l'intérêt du pays ; mais ne voulant,

---

[1] *Journal inédit du baron de Viel-Castel.*

disait-il, laisser aucune équivoque sur la question de savoir à qui incombait la responsabilité de ce silence, il demandait au gouvernement de dire nettement s'il acceptait ou refusait la discussion. M. Guizot répondit aussitôt que le ministère ne refusait pas la discussion; tant qu'il ne s'était pas vu attaqué sérieusement, il avait cru qu'il y aurait avantage à imiter la réserve du Parlement anglais; si aujourd'hui l'on voulait recommencer le débat, il l'accepterait; mais ce n'était pas à lui à prendre l'initiative; il ne pouvait avoir qu'à se défendre. Sur ce, M. Thiers annonça qu'il parlerait, et rendez-vous fut pris pour le lendemain.

M. Thiers n'apporta pas, à la tribune, la contradiction absolue, l'attaque à fond, la réprobation véhémente et indignée qu'eussent pu faire prévoir la polémique de ses journaux et ce que nous savons de ses sentiments intimes. Évidemment, il était contenu par l'état de l'esprit public. Quand il en vint à préciser les points où il eût voulu une politique différente de celle qui avait été suivie, on fut surpris de voir que ces points n'étaient, en somme, ni les plus nombreux ni les plus considérables, et que souvent la dissidence se réduisait à peu de chose. Il commença par reconnaitre qu'il avait été bon de marier la Reine avec don François d'Assise et d'écarter le prince de Cobourg. Sa critique porta uniquement sur le mariage du duc de Montpensier; il ne contestait pas que ce mariage fût « désirable » sous plusieurs rapports, mais, selon lui, on s'était, sans nécessité, trop pressé de l'accomplir, et cette précipitation avait fait manquer à ce qui était dû à l'Angleterre. Pour établir cette thèse, il exposa les faits à sa façon, niant que le ministère whig eût été moins fidèle que le ministère tory aux engagements pris à Eu, affirmant même que le premier avait fait plus encore que le second pour empêcher le mariage Cobourg. Il appuya aussi sur les révélations faites par les deux dépêches de lord Normanby du 1ᵉʳ et du 25 septembre 1846, et sur les déclarations contradictoires que M. Guizot aurait faites à ces deux dates. Et pourquoi, demandait-il, tous ces mauvais procédés dont la conséquence avait été la rupture de l'alliance anglaise? Pour faire un mariage qui ne valait certes pas d'être payé si cher. L'orateur estimait qu'en attachant tant d'importance à cette question matrimoniale, le gouvernement avait commis une sorte d'anachronisme : aujourd'hui, ce n'était plus par un lien de parenté royale que la politique française pouvait agir efficacement en Espagne, c'était par le lien d'une révolution commune. Parlant à ce propos du rôle de la France en Europe, M. Thiers revendiquait pour son pays l'honneur de protéger partout la liberté en péril, les nationalités menacées. Pour une telle œuvre, l'alliance anglaise lui était utile. En rompant cette alliance au moment où le pouvoir passait aux mains des whigs, dont l'esprit libéral déplaisait aux puissances absolutistes, notre gouvernement avait révélé ses penchants réactionnaires. Ce qu'il nous en coûtait, on l'avait vu tout de suite dans l'affaire de Cracovie. Mais Cracovie n'était qu'un point dans l'espace. M. Thiers montrait alors, dans un brillant tableau, l'Italie qui se réveillait à la parole de Pie IX, la Suisse en état de guerre civile, l'Allemagne en fermentation constitutionnelle; il indiquait de quel appui serait, sur tous ces théâtres, pour la cause de la liberté, l'union de la France et de l'Angleterre. « Méconnaissez, s'écriait-il, l'événement de Cracovie; Cracovie était bien petite, quoiqu'elle ait la grandeur du droit; méconnaissez l'événement de Cracovie; mais avez-vous donc méconnu l'état du monde? »

M. Guizot prit la parole, le lendemain, 5 février : « Y a-t-il eu nécessité de faire ce qu'on a fait et au moment où on l'a fait? Y a-t-il eu loyauté dans la manière dont on l'a fait? » Telle était la double question qui lui paraissait posée par le débat. Il y répondait oui sans hésiter, et il entreprit de justifier sa réponse en recommençant, avec nombreuses pièces à l'appui, l'histoire des négociations auxquelles avait donné lieu l'affaire des mariages. Cela fait, — et ce fut de beaucoup la partie la plus étendue de son discours, — il aborda ce qu'il appelait « la question des conséquences de l'acte, la question de la situation politique que l'acte nous avait faite ». Il ne contestait pas « la gravité de cette situation », mais ne voulait pas qu'on l'exagérât. En tout cas, il estimait que le moyen le plus sûr d'écarter tous les dangers était que la politique française restât « conservatrice, pacifique, dévouée à l'ordre européen ». Ainsi obtiendrait-on que les puissances persistassent à refuser leur adhésion aux protestations de l'Angleterre. Arrivé au terme de sa longue démonstration, M. Guizot concluait, la tête haute et sur un ton de fierté victorieuse : « L'affaire des mariages espagnols est la première grande chose que nous ayons faite seuls, complètement seuls, en Europe, depuis 1830. L'Europe spectatrice, l'Europe impartiale en a porté ce jugement. Soyez sûrs que cet événement nous a affermis en Espagne et grandis en Europe. » Et, dominant les murmures de l'opposition, il faisait honneur de ce succès à la politique d'ordre et de conservation. « Nous maintenons, s'écriait-il, que cette politique a grandi, fortifié, honoré la France en Europe, qu'elle lui a donné plus de poids, plus de crédit; et nous maintenons que si cette politique n'avait pas été suivie, vous n'auriez pas été en état de résoudre vous-mêmes, en Espagne, la question qui s'est présentée, et qu'elle aurait été résolue contre vous au lieu de l'être pour vous. »

M. Guizot descendit de la tribune au milieu des acclamations de la majorité. Celle-ci ne lui savait pas seulement gré d'avoir vigoureusement réfuté les opposants; c'était aussi pour elle une satisfaction nouvelle, en face de ceux qui l'avaient si souvent accusée de platitude envers le cabinet de Londres, de voir la fermeté avec laquelle son chef faisait tête à lord Palmerston [1]. M. Guizot, en effet, sans oublier que sa voix portait jusqu'en Angleterre, avait dit hardiment, sur les procédés de la diplomatie britannique, tout ce qui lui avait paru nécessaire à sa propre justification. Quelques-uns même de ses auditeurs, peu braves de leur naturel, n'avaient pas été parfois sans

---

[1] « La majorité, écrivait le duc de Broglie à son fils, est contente de manger un peu de l'Anglais, pourvu qu'on n'en mange que ce qu'on en peut digérer. » (*Documents inédits.*)

trembler, en le voyant se mouvoir avec cette allure résolue, sur un terrain si périlleux; mais on pouvait se fier à l'habileté de l'orateur : admirablement maître de sa pensée et de sa parole, il avait mesuré d'avance jusqu'où il pouvait aller, et n'avait pas dépassé la limite qu'il s'était fixée. Le vote à mains levées donna une grande majorité au ministère. L'opposition, se sentant battue, n'avait pas osé demander le scrutin. Quelques jours après, l'ensemble de l'adresse fut voté par 248 voix contre 84. Le ministère ne s'était pas encore vu à la tête d'une majorité aussi nombreuse et aussi décidée.

L'opposition, qui sentait toute l'étendue de son échec, maugréait plus ou moins contre M. Thiers, auquel elle reprochait d'avoir voulu engager le combat sur un terrain aussi défavorable que celui des mariages espagnols. Le désappointement ne devait pas être moins vif à l'ambassade anglaise et au *Foreign office*. On y avait cru que la discussion entraînerait la chute du ministère; or, il se trouvait au contraire qu'elle avait tout à fait tourné à son avantage. M. Guizot se plaisait à mettre en lumière la déception de ses adversaires. « Voici, écrivait-il à ses agents près les cours de Vienne et de Berlin, l'erreur du cabinet anglais depuis six mois. Il a compté sur l'intimidation du Roi, des Chambres, du public. Il a espéré d'abord que le mariage Montpensier ne se ferait pas; puis, le mariage fait, qu'on ferait des concessions sur les choses, que la duchesse de Montpensier renoncerait à ses droits; puis qu'à défaut de concessions sur les choses, on en ferait sur les personnes, que M. Guizot serait sacrifié. De Paris, on a successivement écrit et promis tout cela à Londres. Cabinet anglais et opposition française ont l'un et l'autre mis tout leur jeu sur cette carte de l'intimidation à tous les degrés et sous toutes les formes. Ils se sont trompés[1]. »

---

[1] Lettres à M. de Flahault, en date du 24 février 1847, et au marquis de Dalmatie, en date du 4 mars. (*Documents inédits.*)

M. Thiers, craignant évidemment que lord Palmerston ne fût ainsi découragé de l'alliance contractée avec lui, s'empressa d'écrire à M. Panizzi; il lui affirma, en dépit des votes émis, que « l'immense majorité de la Chambre des députés déplorait la conduite de M. Guizot », qu'elle lui « reprochait son imprudente morgue et l'aveuglement avec lequel il s'était jeté dans le débat », et surtout il tâcha toujours de faire croire au gouvernement anglais qu'en poussant vigoureusement son attaque, il déterminerait Louis-Philippe à abandonner son ministre. « Le Roi, écrivait-il, est devenu fort douteux pour M. Guizot... Je suis certain de ce que je vous dis ici. Des confidences très sûrement informées ne m'ont laissé aucun doute à cet égard. Avant-hier, j'ai pu me convaincre d'un changement notable, par mes propres yeux. J'étais invité au spectacle de la cour avec sept ou huit cents personnes, par conséquent sans faveur aucune; mais j'ai reçu un accueil qu'on ne m'avait pas fait depuis bien des années, et c'est toujours ainsi quand on commence à s'ébranler [1]. » Toutefois, lord Palmerston se lassait de prendre au sérieux ces assurances toujours démenties par l'événement. Il se rendait compte que le ministère était beaucoup plus solide que M. Thiers ne le disait. « Je crois M. Guizot aussi fort que jamais », écrivait-il peu après à lord Normanby [2]. A partir de cette époque, sans aucunement désarmer à l'égard du gouvernement français, il se montra beaucoup moins occupé de lier partie avec notre opposition. D'ailleurs, s'il eût trouvé un certain plaisir de vengeance à jeter par terre un ministre qui l'avait mortifié, et si, par ce motif, il avait associé volontiers ses ressentiments à ceux de M. Thiers, il ne consentait nullement à regarder l'avènement de ce dernier comme une satisfaction qui dût effacer ses griefs, dissiper ses méfiances et mettre fin au conflit : en réalité ce n'était pas à tel ministre, mais à la France qu'il en voulait. « Je ne vois

---

[1] *The Life of sir Anthony Panizzi*, par Louis FAGAN.
[2] BULWER, *The Life of Palmerston*, t. III, p. 299.

vraiment pas, écrivait-il encore à lord Normanby, ce que nous gagnerions à un changement de cabinet en France. Nous pourrions avoir quelqu'un avec qui il serait plus agréable de traiter, à la parole duquel nous croirions davantage; mais le successeur, quel qu'il fût, serait dans son cœur aussi hostile à l'Angleterre; peut-être même jugerait-il plus nécessaire d'être raide, pour qu'on ne le crût pas moins disposé que M. Guizot à nous braver, — nous devrions plutôt dire à nous tromper, — dans ce qui regarde le mariage espagnol [1]. »

VII

J'ai déjà eu plusieurs fois occasion de noter les relations compromettantes de lord Normanby avec l'opposition française. Pendant son voyage à Paris, au mois de janvier 1847, M. Greville avait essayé, sans succès, de lui faire comprendre l'incorrection et le danger de sa conduite [2]. « Je laisse l'ambassade dans une situation pénible et fâcheuse, écrivait-il tristement en se remettant en route pour l'Angleterre. Normanby semble ne pas se soucier si l'on voit son intimité avec Thiers, et il n'en a d'aucune sorte avec Guizot... Thiers, ayant saisi Normanby dans ses griffes, ne le laissera pas aller aisément, et le ressentiment de Guizot ne sera guère apaisé; aussi ne vois-je aucune chance que de bons rapports puissent jamais être rétablis entre eux [3]. » Il n'y avait pas là seulement, comme s'en plaignait M. Greville, un obstacle aux conversations cordiales qui eussent amené une détente; mais, dans une telle situation, le moindre incident pouvait dégénérer en un conflit aigu entre l'ambassadeur et le ministre. Cet incident naquit de la discussion de l'adresse.

On se rappelle comment lord Palmerston avait publié dans

---

[1] BULWER, *The Life of Palmerston*, t. III, p. 299.
[2] *The Greville Memoirs, second part*, t. III, p. 45 et 47.
[3] *Ibid.*, p. 49.

son *Blue book* deux dépêches de lord Normanby, rapportant deux conversations de M. Guizot, du 1er et du 25 septembre : dans l'une de ces dépêches, le ministre présentait le mariage de la Reine et celui de l'Infante comme ne devant pas se faire « en même temps » ; dans l'autre, il avouait leur simultanéité, et, interpellé sur la déclaration contraire faite par lui précédemment, il s'en montrait fort embarrassé, essayait d'abord de la nier, puis prétendait l'expliquer en disant qu'en effet, dans la cérémonie, la Reine serait mariée la première. On n'a pas oublié non plus les accusations portées à ce propos, à Londres comme à Paris, contre M. Guizot. Celui-ci crut devoir y répondre dans son grand discours du 5 février. Il ne contesta aucunement avoir annoncé, le 1er septembre, à lord Normanby, que les mariages ne se feraient pas en même temps. « J'étais bien en droit de le dire, ajoutait-il;... car non seulement il n'était pas du tout décidé que les deux mariages se feraient simultanément; mais nous nous opposions encore, à ce moment, à la simultanéité. » Le ministre raconta ensuite comment, quelques jours plus tard, le 4 septembre, le gouvernement français avait été amené, par les exigences de l'Espagne, à consentir cette simultanéité. « Je n'en ai pas averti l'ambassadeur d'Angleterre, continua M. Guizot, c'est vrai; je n'ai pas cru devoir l'avertir. J'aurais manqué aux plus simples conseils de la prudence, si, en présence d'une opposition qu'il m'avait déjà déclarée, j'avais été l'avertir moi-même du moment où il fallait qu'il agît contre nous. » Quant à la conversation que lui attribuait la dépêche du 25 septembre, M. Guizot fit d'abord observer qu'en recevant un ambassadeur et en répondant à ses questions, il n'entendait pas subir une sorte d'interrogatoire; qu'il ne devait lui dire que la vérité, mais qu'il s'expliquait seulement dans la mesure qui convenait à l'intérêt de son pays et de sa politique. Il rappela ensuite que tout compte rendu fait par un agent étranger d'une semblable conversation n'avait un caractère d'authenticité et d'irréfragabilité que s'il était soumis préalablement à celui dont on rapportait les paroles; que lord Normanby en avait usé ainsi pour l'entretien du 1er septembre ; que, pour celui du 25 septembre, au contraire, cette communication n'avait pas été faite. Le ministre se croyait donc le droit de contester que son langage eût été exactement reproduit. « J'ose dire, déclarait-il, que si M. l'ambassadeur d'Angleterre m'avait fait l'honneur de me communiquer sa dépêche du 25 septembre, comme il m'avait communiqué celle du 1er, j'aurais parlé autrement et peut-être mieux qu'il ne m'a fait parler. » Fallait-il s'attendre qu'après avoir démenti un compte rendu inexact, M. Guizot en apportât un exact ? Non, il ne s'y croyait pas tenu, et il préférait laisser une certaine obscurité sur une conversation dans laquelle, dès l'origine, il n'avait évidemment pas voulu ou pu être net. « Un seul mot, dit-il, sur le fond même de la dépêche. Le 25 septembre, Messieurs, toute la situation était changée : M. l'ambassadeur d'Angleterre m'apportait la protestation de son gouvernement contre le mariage de M. le duc de Montpensier. Cette protestation annonçait que le gouvernement anglais ferait tout ce qui dépendrait de lui pour empêcher ce mariage. Je recevais en même temps de Madrid des nouvelles tout à fait dans le même sens. Un grand effort intérieur et extérieur était fait contre le mariage, pour l'empêcher. Je me suis senti, le mot n'a rien de blessant pour personne, je me suis senti, après avoir reçu cette protestation, en face d'un adversaire, et je me suis conduit en conséquence, ne disant rien qui ne fût rigoureusement vrai, mais ne me croyant pas obligé à rien dire qui nuisît à ma cause ni à mon pays. »

Lord Normanby n'était pas d'humeur à prendre en patience la leçon qui venait de lui être donnée. Il y vit une offense publique à relever immédiatement, et, dès le lendemain, 6 février, il adressa à lord Palmerston une dépêche rédigée *ab irato,* dans laquelle il disait : « Je répète, une fois pour toutes, et dans les termes les plus forts dont le langage soit susceptible, que le récit donné par moi est la traduction fidèle et littérale de chaque phrase et de chaque explication dont M. Guizot s'est servi dans la conversation que nous avons eue ensemble. » Lord Palmerston était trop au courant des usages diplomatiques pour ne pas savoir que lord Normanby s'était mis dans son tort en ne communiquant pas préalablement sa dépêche à M. Guizot, et que celui-ci était dans son droit en contestant, non la sincérité, mais l'exactitude du compte rendu[1]; il aurait donc dû calmer son agent. Mais empêcher une mauvaise querelle de naître, ce n'était ni dans les habitudes, ni surtout dans la disposition actuelle de lord Palmerston; il aima bien mieux s'y jeter lui-même, sans se demander ni ce qu'elle valait, ni où elle le conduirait, ni comment il pourrait en sortir. Il répondit à lord Normanby, le 11 février : « Milord, votre dépêche du 6 courant m'est parvenue, et, en réponse à cette communication, j'ai à assurer Votre Excellence que le gouvernement de Sa Majesté a la plus parfaite confiance dans l'exactitude de vos rapports, et que rien de ce qui a été dit à la Chambre des députés, le 5 courant, ne peut en aucune façon ébranler la conviction du gouvernement de Sa Majesté que le récit, renfermé dans votre dépêche du 25 septembre dernier, de ce qui s'est passé dans la conversation entre vous et M. Guizot, est entièrement, rigoureusement conforme à la vérité. » Le jour même, avant que l'encre en fût séchée, il déposait cette réponse avec un extrait de la dépêche de lord Normanby, sur le bureau du Parlement[2].

Quelques heures après, tous les journaux publiaient les deux pièces. C'était précisément ce qu'avait voulu lord Palmerston. Il trouvait plaisir à dire tout haut qu'il tenait M. Guizot pour un menteur. « Le résultat, disait le *Morning Chronicle*, organe du *Foreign office*, est qu'à la face des deux nations, M. Guizot est

[1] C'est ce que reconnait formellement Bulwer, tout hostile qu'il soit à la France, dans cette affaire des mariages; il ne doute pas que ce ne soit au fond le sentiment de lord Palmerston. (BULWER, *The Life of Palmerston*, t. III, p. 283.)

[2] Lord Palmerston écrivit à lord Normanby qu'il avait déposé seulement un extrait de sa dépêche (c'est l'extrait que nous citons plus haut), parce que certains passages étaient d'un ton trop batailleur (*too pugnacious*) pour l'état de l'opinion anglaise. (BULWER, t. III, p. 283.) On peut juger, par ce que Palmerston a conservé, de ce que devaient être les passages qu'il s'est cru obligé de retrancher.

regardé dans l'opinion publique comme un imposteur convaincu d'imposture. C'est une position qui n'est pas nouvelle pour lui et qu'il peut supporter avec une philosophique indifférence ; mais certes il n'est personne en Angleterre, ayant la prétention d'être un *gentleman,* qui se décidât à la subir, et, s'il le faisait, il serait certainement frappé d'une déconsidération universelle. » Suivant leur habitude, les journaux de M. Thiers firent écho à ceux de lord Palmerston. Le *Constitutionnel* ne fut pas moins ardent que le *Morning Chronicle* à accuser M. Guizot « d'avoir abusé, par de misérables équivoques, la loyauté de l'ambassadeur anglais » ; il proclama que l'honneur de la France était intéressé à désavouer un ministre « menteur », et surtout il s'appliqua à grossir, à envenimer l'incident, toujours dans l'espoir d'en faire sortir une crise ministérielle ; soulignant ce qui pouvait irriter de part et d'autre les amours-propres, il disait à lord Normanby : « Voyez comme M. Guizot s'est moqué de vous », et à M. Guizot : « Ne vous apercevez-vous pas que lord Normanby et lord Palmerston vous donnent un injurieux démenti? »

La prétention de lord Normanby était que satisfaction publique lui fût donnée par M. Guizot, du haut de la tribune [1]. Le *Morning Chronicle* invitait ironiquement le ministre français « à rassembler tout son courage moral » pour faire cette sorte d'amende honorable. Par cette exigence, on se flattait, ou d'imposer à M. Guizot la plus mortifiante des humiliations, ou d'obliger Louis-Philippe à se séparer de lui. Notre ministre, fort ennuyé de cette querelle qui venait compliquer inutilement une situation déjà si difficile, eût saisi volontiers toute occasion d'y mettre fin honorablement, et, si on le lui eût demandé avec politesse, il n'eût certainement pas refusé de déclarer qu'en contestant l'exactitude du compte rendu, il n'avait nullement entendu mettre en doute la bonne foi de l'ambassadeur [2]. Mais à une

---

[1] M. Désages écrivait à M. de Jarnac, le 15 février 1847 : « Normanby, appuyé par lord Palmerston, prétend exiger une satisfaction à la tribune française, M. Guizot se faisant interpeller par un compère. » *(Documents inédits.)*

[2] C'est encore M. Désages qui mandait à M. de Jarnac, le 11 février 1847 : « Tout

mise en demeure offensante et tapageuse, il estimait que sa dignité ne lui permettait pas de répondre. Il garda donc un silence froid. Même attitude dans la presse ministérielle. Le *Journal des Débats*, sans discuter avec les feuilles palmerstoniennes, se borna à signaler leurs emportements et à dénoncer le concours scandaleux que leur donnaient le *Constitutionnel* et ses pareils.

Le chef du *Foreign office* ne tarda pas à s'apercevoir qu'il n'y aurait pas moyen de triompher de cette résistance passive de M. Guizot; il commençait d'ailleurs, — nous l'avons déjà vu, — à se rendre compte que le ministère français était plus solide que M. Thiers ne le faisait croire à lord Normanby. Il invita donc ce dernier à changer de tactique. « Vous avez dit officiellement, lui écrivit-il le 17 février, que l'insinuation de Guizot n'était pas vraie; nous avons fait savoir à toute l'Europe que nous vous croyions et que nous ne le croyions pas. Que nous faut-il de plus?... Cela, nous avions le pouvoir de le faire. Mais nous n'avons pas le pouvoir de forcer M. Guizot à des excuses. C'est pourquoi il vaut mieux ne pas nous exposer, en les demandant, à être obligés de nous retirer avec un refus. Il n'y a pas de raison pour que vous et lui ne continuiez pas à faire les affaires ensemble comme par le passé, et la meilleure ligne à suivre pour vous, c'est de déclarer que la publication des dernières dépêches et les sentiments unanimes du Parlement sur ce sujet vous laissent en bonne situation, et que ni votre gouvernement ni le Parlement ne demandent que leur opinion soit confirmée par aucun aveu de Guizot[1]. » En même temps, lord Palmerston informait, à plusieurs reprises, M. de Sainte-Aulaire, notre ambassadeur à Londres, qu'il donnait pleinement raison à lord Normanby; que celui-ci serait maintenu à son poste; que si on lui rendait impossible de

cela est regrettable, car il y a bien assez de la difficulté au fond, sans qu'il soit besoin qu'elle se complique de questions personnelles... Un autre que lord Normanby, après avoir lu son *Moniteur*, aurait écrit quelques mots au ministre, qui lui aurait répondu par un certificat de loyauté, tout en maintenant qu'il y avait inexactitude dans la dépêche non communiquée, et tout eût été dit. » (*Documents inédits*.)

[1] BULWER, *The Life of Palmerston*, t. III, p. 287, 288.

traiter les affaires et si on l'obligeait ainsi à quitter Paris, il ne serait pas remplacé ; que l'ambassade serait alors gérée par un chargé d'affaires, et que les rapports diplomatiques seraient mis sur le même pied que ceux de la France et de la Russie. Il faisait en sorte que cette dernière éventualité ne fût pas ignorée de Louis-Philippe [1].

Une telle situation ne pouvait se prolonger sans péril. A Londres même, les esprits les plus posés estimaient qu'en cet état, « la moindre difficulté pouvait produire une explosion et amener la guerre [2] ». Comment sortir de là? Il n'y avait pas à compter sur la sagesse de lord Normanby ; mais restaient les chances que devait nous donner sa maladresse passionnée. Elles ne nous firent pas défaut. Lady Normanby avait annoncé l'intention de donner un bal le 19 février ; dans les bureaux de l'ambassade, on copia, sans y faire attention, les listes des précédentes réceptions, et l'on adressa par suite une invitation à M. Guizot. Quand lord Normanby s'en aperçut, il craignit que cette démarche ne fût regardée comme une sorte d'avance conciliante à laquelle il n'eût pas voulu se prêter, et il fit informer M. Guizot que l'invitation lui avait été envoyée par méprise, ou, comme il disait, « par le *mépris* de son secrétaire ». Ce ne fut pas tout : sous prétexte de rectifier les récits de certains journaux, l'ambassadeur fit insérer dans le *Galignani's Messenger* une note ainsi conçue : « La vérité semble être qu'une invitation avait été envoyée par erreur à M. Guizot, et que celui-ci en a été informé ; mais il est également vrai, croyons-nous, que M. Guizot en a été instruit d'une manière indirecte et sans aucune circonstance pouvant lui donner sujet de s'offenser. » Le scandale fut grand. Le jour du bal, aucun membre de la cour, du ministère ou de la majorité des Chambres ne parut à l'ambassade. Par contre, les députés de l'opposition se donnèrent le mot d'ordre d'y aller, pour témoigner en faveur de leur allié ; on y vit aussi un cer-

---

[1] Bulwer, t. III, p. 292, 293, 294.
[2] *The Greville Memoirs, second part*, t. III, p. 60.

tain nombre de légitimistes auxquels lord Normanby, effrayé du vide qui menaçait de se faire dans ses salons, avait envoyé des invitations à la dernière heure. Le même soir, il y eut réception au ministère des affaires étrangères : l'affluence y fut énorme.

Aux yeux de tous les juges désintéressés, l'ambassadeur d'Angleterre, par ce dernier incident, avait mis décidément les torts de son côté. « Sa position est insoutenable en France », écrivait de loin M. de Metternich[1]. M. Désages, naguère un peu inquiet du conflit où se trouvait engagé son ministre, mandait, plus rassuré, à M. de Jarnac : « En définitive, lord Normanby est aujourd'hui, je crois, plus embarrassé qu'embarrassant[2]. » Les Anglais n'étaient pas les derniers à se rendre compte de la situation mauvaise où s'était mis leur ambassadeur. Dès l'origine, beaucoup d'entre eux avaient vu avec déplaisir cette querelle personnelle venant compliquer un différend politique dont on commençait à être las[3]. Ce sentiment devint plus vif encore après la sotte histoire du bal. M. Greville constatait, le 23 février, que l'impression de dégoût et d'inquiétude était générale, sauf peut-être chez lord Palmerston. « Rien n'est plus déplorable que l'état de l'affaire, ajoutait-il, et Normanby semble entièrement inconscient de la pauvre figure qu'il fait[4]. » Le *Times* exprimait le mécontentement du public.

Émus de ce mouvement d'opinion, plusieurs des membres du cabinet britannique commencèrent à sortir un peu de l'inertie qui d'ordinaire leur faisait laisser le champ libre à lord Palmerston ; ils se préoccupèrent de contenir leur collègue et de mettre au plus vite fin à la querelle. Mais, pendant qu'ils s'agitaient et tâtonnaient dans ce dessein, le chef du *Foreign office*, sans les consulter, sans même avertir son premier

---

[1] Lettre à Apponyi, du 25 février 1847. (*Mémoires de M. de Metternich*, t. VII, p. 328.)
[2] Lettre du 18 février 1847. (*Documents inédits.*)
[3] *The Greville Memoirs, second part*, t. III, p. 55, 56, 57.
[4] *Ibid.*, p. 60, 61.

ministre, lord John Russell, qui pourtant dînait chez lui le jour même, fit auprès de M. de Sainte-Aulaire une démarche violente qui aggravait singulièrement le conflit et qui dépassait ce que lui-même, quelques jours auparavant, regardait comme possible; il déclara à l'ambassadeur de France que « si lord Normanby ne recevait pas une réparation immédiate et satisfaisante, les relations diplomatiques entre les deux pays seraient interrompues ». Lord Clarendon, informé de ce fait par quelqu'un qui venait de voir M. de Sainte-Aulaire, alla aussitôt trouver lord John Russell : « Que diriez-vous, lui demanda-t-il, si Palmerston avisait Sainte-Aulaire qu'à moins d'une réparation offerte à Normanby, toute relation entre la France et l'Angleterre cesserait? — Oh! non, dit lord John, il ne ferait pas cela. Je ne pense pas qu'une telle affaire soit à craindre. — Mais il l'a fait, dit Clarendon, la communication a eu lieu, et la seule question est de savoir si Sainte-Aulaire en a ou n'en a pas averti son gouvernement. » Cette fois, lord John Russell, en dépit de la confiance qu'il affectait de témoigner à Palmerston, s'alarma. Sans prendre le temps d'avertir ce dernier, il écrivit instantanément à M. de Sainte Aulaire, et lui demanda de ne pas transmettre à son gouvernement la communication qui lui avait été faite. Cet avis arriva à temps; la dépêche n'était pas encore partie. Lord John Russell vit ensuite lord Palmerston; lui parla-t-il avec plus de fermeté qu'à l'ordinaire? ou bien le trouva-t-il plus docile et plus humble, par conscience de ses torts? toujours est-il que le chef du *Foreign office*, sans paraître se formaliser d'avoir vu sa communication contremandée en dehors de lui, se soumit, au moins pour le moment, sauf à reprendre sa politique querelleuse plus tard, lorsqu'il serait moins surveillé et contenu [1].

[1] Ce curieux incident est raconté en détail par M. Greville, qui y fut mêlé d'assez près. (*The Greville Memoirs, second part*, t. III, p. 61 à 64.) — Voir aussi Spencer WALPOLE, *The Life of lord John Russell*, t. II, p. 7 et 8. — M. Greville note ce qu'il y eut d'assez peu fier dans cette évolution de Palmerston. « Celui-ci, dit-il, est surpris, déjoué au moment où, de sa propre autorité, à l'insu de ses collègues, il faisait cette démarche grave et violente : il devrait être mortifié, et jusqu'à un certain point il pourrait se croire déshonoré. Voir sa commu-

Cette nouvelle manière d'être de lord Palmerston se manifesta dans une lettre qu'il écrivit, le 23 février, à lord Normanby. « Nous sommes très anxieux, lui mandait-il, d'apprendre que les différends entre vous et Guizot ont été arrangés d'une façon ou d'une autre... Le public ici commence à s'inquiéter de ces affaires. Il ne comprend pas bien l'importance qu'ont à Paris des choses qui n'en auraient pas autant ici ; et il craint que des différends personnels n'aient une influence fâcheuse sur les différends nationaux qui les ont produits. Vous savez combien ici le public est sensitif sur tout sujet qu'il suppose conduire à la guerre... Un arrangement est donc très souhaitable, et plus que vous ne pouvez vous en apercevoir à Paris. » Le ministre rappelait à son agent que, dans un conflit entre un premier ministre et un ambassadeur, ce dernier est toujours le plus faible. Il ne lui cachait pas d'ailleurs que tout le monde lui donnait tort dans l'affaire du bal, et que du moment où l'invitation avait été envoyée, même par erreur, elle n'aurait pas dû être retirée. « Le seul point, disait-il en terminant, sur lequel quelque chose comme une réparation soit nécessaire, est ce que Guizot a dit à la Chambre. A vous parler vrai, cela n'a pas été regardé ici comme aussi offensant qu'on semble l'avoir considéré à Paris. Sainte-Aulaire dit que Guizot lui assure n'avoir eu aucune intention de contester votre véracité. Le meilleur arrangement eût été qu'il donnât cette assurance à la tribune, en réponse a une question posée par quelque député. Mais probablement le temps est passé où cela aurait pu se faire. Ne pourrait-il pas vous le dire en présence du Roi intervenant comme pacificateur? Il ne déplairait peut-être pas au Roi de jouer ce rôle. Ou bien Guizot pourrait-il dire cela au Roi, qui vous le répéterait? Ou bien pourrait-il faire cette déclaration à Apponyi, avec mission de vous la rap-

---

nication contremandée à son insu par le premier ministre est une sorte d'affront que tout homme d'honneur ressentirait. Mais il est trop dans son tort pour le ressentir, et il se soumet. » M. Greville n'est pas moins sévère pour la faiblesse du premier ministre, intervenant dans ce cas particulier, mais ne sachant pas établir son autorité d'une façon permanente.

porter? Tous ces moyens seraient, je pense, possibles. Mais il est très désirable que l'affaire soit arrangée [1]. »

Une telle lettre, si peu en harmonie avec ce qui lui avait été écrit jusqu'alors du *Foreign office*, était faite pour surprendre et désappointer lord Normanby. En tout cas, il dut se dire que du moment où lord Palmerston lui-même voyait ainsi les choses, il n'avait plus qu'à s'exécuter. Il se résigna donc, fort tristement et la tête basse, à aller trouver le comte Apponyi, l'informa qu'il était prêt à prendre envers le ministre français l'initiative d'une démarche de conciliation et le pria de s'interposer. M. Guizot, de son côté, ne demandait qu'à mettre fin à cette querelle personnelle ; il accueillit bien ces ouvertures, insistant seulement pour qu'il fût bien établi que lord Normanby faisait les premiers pas. Suivant un programme convenu à l'avance, l'ambassadeur d'Angleterre chargea le comte Apponyi d'exprimer à M. Guizot ses regrets, au sujet de l'invitation retirée ; en réponse, M. Guizot déclara au même intermédiaire n'avoir point eu l'intention, dans son discours à la Chambre, d'inculper la bonne foi et la véracité de l'ambassadeur ; puis, le 27 février, tous deux se rencontrèrent chez le comte Apponyi et se serrèrent la main. « Messieurs, leur dit l'ambassadeur d'Autriche, je suis charmé de vous voir réunis chez moi, et je vous remercie de la confiance dont vous m'avez honoré l'un et l'autre. » M. Guizot, se tournant vers lord Normanby, lui tint ce langage : « Mylord, après ce que M. l'ambassadeur d'Autriche m'a fait l'honneur de me dire de votre part et ce que je lui ai répondu, ce qui conviendra le mieux, je pense, à vous comme à moi, c'est que nous n'en parlions plus. — Certainement », répondit l'ambassadeur. Ils s'assirent, causèrent du froid, du vent d'est, des travaux des Chambres, de l'Irlande, des emprunts, du maïs, des pommes de terre. Au bout de dix minutes, M. Guizot se retira [2]. Une note som-

[1] Bulwer, *The Life of Palmerston*, t. III, p. 294 à 296.
[2] Tous ces détails sont rapportés par M. Guizot dans une lettre particulière du 4 mars 1847, adressée au marquis de Dalmatie, ministre à Berlin. (*Documents inédits.*)

maire fit connaître au public les conditions du rapprochement. Peu de jours après, lord Normanby vint entretenir M. Guizot de l'affaire de la Plata, et le ministre dîna à l'ambassade. Les relations étaient rétablies, du moins en apparence.

A Paris, les amis de M. Guizot trouvèrent, non sans raison, que l'affaire s'était terminée à son avantage [1]. A Londres, on ne put s'empêcher de remarquer combien la conclusion était différente des prétentions premières de lord Normanby. « Celui-ci, écrivait lord Howden, a été comme le mois de mars, arrivant comme un lion et s'en allant comme un agneau. » M. Greville déclarait que « la fin de cette triste querelle avait répondu au commencement, et que rien n'était plus misérable que la réconciliation [2] ». Lord Normanby avait conscience de la figure un peu piteuse qu'il faisait ; aussi les lettres qu'il écrivait à Londres étaient-elles pleines de récriminations contre son gouvernement qui ne l'avait pas soutenu, contre ses amis « plus que candides », qui s'étaient effarouchés de sa conduite [3]. Lord Palmerston tâcha de le consoler. « Je ne suis pas surpris, lui mandait-il, que vous soyez ennuyé de la *candeur* de nos amis communs ; mais c'est un mal inséparable de la vie publique... La tendance des meilleurs amis est toujours de penser qu'on a trop fait quand il s'élève des difficultés par suite de ce qui a été fait, ou, au contraire, qu'on a trop peu tenté quand il s'élève des difficultés par suite de ce qui a été omis... C'est toutefois le devoir de ceux qui ont charge de diriger un service, de soutenir leurs collaborateurs au milieu des difficultés auxquelles ils peuvent être exposés. Et soyez assuré que je ferai toujours ainsi. C'est pour moi la condition *sine qua non* de la coopération qu'on peut attendre d'hommes d'honneur [4]. » Lord Normanby pardonna-t-il à ceux de ses amis

---

[1] *Journal inédit de M. de Viel-Castel.*
[2] *The Greville Memoirs, second part,* t. III, p. 66.
[3] *Ibid.,* p. 66 à 68. — M. Greville note avec stupéfaction que Normanby, dans ses lettres, se défendait d'avoir été en communication avec l'opposition française, et notamment avec M. Thiers. « C'est réellement incroyable, ajoutait M. Greville, qu'il puisse s'abuser jusqu'à ce point et qu'il s'imagine tromper les autres. »
[4] Lettre du 5 mars 1847. (BULWER, *The Life of Palmerston,* t. III, p. 297, 298.)

qui l'avaient abandonné? En tout cas, il ne devait jamais pardonner à M. Guizot l'avantage que celui-ci avait eu sur lui en cette affaire. Jusqu'à la révolution de Février, il restera, plus que jamais, en connivence active avec notre opposition, et telle sera sa conduite que les Anglais pourront l'accuser d'avoir contribué au renversement de la monarchie de Juillet [1].

VIII

Si occupé que fût lord Palmerston de ce qui se passait en France, et de la campagne qu'il y menait avec le concours de notre opposition, il ne perdait pas de vue le reste de l'Europe et ne cessait pas d'agir auprès des autres puissances. On sait quels efforts il avait faits, dès le début du conflit, pour mettre dans son jeu l'Autriche, la Prusse et la Russie. Il les avait d'abord invitées, en septembre 1846, à protester avec lui contre le mariage annoncé et non encore célébré de l'Infante; le fait accompli, il les avait pressées, en octobre et novembre, de déclarer, dans un protocole signé à quatre, que les enfants à naître de cette union seraient déchus de leurs droits successoraux à la couronne d'Espagne; chaque fois il avait échoué. Non découragé par ce double insuccès, il revint à la charge en janvier 1847. Sa prétention, toujours la même au fond, se faisait plus modeste dans la forme. Il demandait que chacune des trois cours lui donnât séparément son avis sur les droits éventuels des descendants de l'Infante. Cet avis, il l'avait déjà obtenu, à peu près tel qu'il le désirait, du gouvernement de Berlin, en octobre 1846. Ne pouvait-on décider les cabinets de Vienne et de Saint-Pétersbourg à en faire autant? Sans doute, cette demande était assez anormale; il n'est guère dans l'usage des chancelleries de se prononcer ainsi, par voie de consultation

---

[1] C'est ce que dit l'éditeur des Mémoires de Greville, M. Reeve (*The Greville Memoirs, second part*, t. III, p. 72, note de l'éditeur).

doctrinale, sur des hypothèses qui ne se réaliseront peut-être pas. Mais, à entendre le ministre anglais, cette mesure préventive n'avait pas pour but de commencer la bataille avant l'heure; elle devait, au contraire, assurer le maintien de la paix; le gouvernement français, averti à l'avance des dangers auxquels l'exposerait telle éventualité, s'arrangerait pour qu'elle ne se réalisât pas. Lord Palmerston donnait, en outre, à entendre, pour amadouer les trois cours, qu'elles serviraient par là les intérêts du comte de Montemolin, et il se répandait en éloges de ce prince, déclarant que, « s'il l'avait connu plus tôt, il se serait conduit autrement [1] ».

Comme j'ai déjà eu l'occasion de le faire remarquer, la clef de la situation était à Vienne. Lord Ponsonby s'y démenait avec un zèle passionné. En toutes circonstances, il trahissait son animosité contre la France et ne prenait même pas la peine de la cacher à notre ambassadeur, le comte de Flahault, bien qu'il fût avec lui en bons rapports personnels. Ce dernier écrivait à M. Guizot, le 22 janvier 1847 : « Ponsonby me disait l'autre jour que le discours de la Reine contiendrait un paragraphe fort sévère sur les mariages espagnols [2], que la guerre était très probable; que, du reste, lors même que cette difficulté ne se fût pas élevée, il s'en serait présenté d'autres qui auraient eu les mêmes conséquences; que la France et l'Angleterre étaient comme deux belles dames qui se rencontrent dans un salon ; elles se font la révérence, se disent des politesses, mais sont toujours prêtes, à la première occasion, à se prendre aux cheveux (*pull on another's cap*) [3]. » En même temps, pour gagner les bonnes grâces de M. de Metternich, lord Ponsonby affectait d'entrer dans toutes ses idées, même les plus rétrogrades [4]. Le chancelier, visiblement flatté d'être

---

[1] Lettres diverses, adressées à M. Guizot, en janvier 1847, par le comte de Flahault, ambassadeur à Vienne, et par le marquis de Dalmatie, ministre à Berlin. (*Documents inédits.*)

[2] On sait que le discours de la Reine fut tout différent de ce qu'annonçait lord Ponsonby.

[3] *Documents inédits.*

[4] Lettre de M. de Flahault à M. Guizot, du 22 janvier 1847. — M. Greville

ainsi courtisé, trouvait toutes sortes de qualités à l'ambassadeur d'Angleterre[1].

Le gouvernement français, informé du mouvement que se donnait la diplomatie anglaise à Vienne, ne laissait pas que d'en être préoccupé[2]. De son côté, il n'était pas inactif. Il chargeait M. Giraud, légiste et historien distingué, de faire, sur le *Traité d'Utrecht,* un livre qui était la réfutation savante de la thèse anglaise : ce livre, traduit aussitôt en allemand, fut envoyé aux diverses chancelleries. Et surtout il ne se lassait pas, dans ses lettres à M. de Flahault, de développer les idées qu'il lui avait indiquées dès le début et qu'il savait être de nature à faire le plus d'impression sur M. de Metternich. « La France, lui écrivait-il, a besoin que l'Espagne soit pacifiée, monarchique et conservatrice. La France veut être tranquille de ce côté. A cette condition seulement, elle peut employer sur d'autres points son influence pour le maintien des mêmes principes. L'Autriche, surtout, a besoin que la France continue à soutenir la politique de conservation. Elle a besoin du concours, de l'action morale de la France, en Italie, en Suisse. Ressusciter à notre porte, en Espagne, l'état révolutionnaire, c'est ôter à la France non seulement tout moyen, mais peut-être toute envie de persévérer ailleurs dans cette politique. Si le désordre renaît en Espagne, il peut naître

---

notait sur son journal : « Ponsonby fait tout ce qu'il peut à Vienne et y tient le langage le plus despotique. » (*The Greville Memoirs, second part,* t. III, p. 64.)

[1] M. de Metternich décernait à lord Ponsonby l'éloge qu'il réservait à ses meilleurs amis; il l'appelait un « brave homme ». (Lettre de M. de Flahault à M. Guizot, en date du 21 janvier 1847. *Documents inédits.*)

[2] M. de Flahault rapportait à M. Guizot des conversations de M. de Metternich, qui ne semblaient pas toujours rassurantes. (Lettre du 21 janvier 1847. *Documents inédits.*) Notre diplomatie se rendait compte d'ailleurs des raisons qui pouvaient porter le chancelier à prêter l'oreille aux ouvertures de l'Angleterre. Un peu plus tard, M. de Flahault résumait ainsi ces raisons : « Il ne faut pas oublier que l'Angleterre est une ancienne amie que la politique autrichienne est disposée à suivre, et que la négation des droits de Mme la duchesse de Montpensier se trouve dans le principe qui règle la conduite de la cour de Vienne, et qu'elle pourrait tendre au rétablissement de la Pragmatique de Philippe V et à celui de la branche masculine dans la personne du comte de Montemolin, si la reine Isabelle vient à décéder sans enfants. Tout cela est fort tentant. » (Lettre à M. Guizot, du 9 mars 1847. *Documents inédits.*)

en Italie. Est-ce l'Angleterre qui y portera remède? N'est-ce pas la France, la France seule, qui le peut et le veut aujourd'hui? Le prince de Metternich mettra-t-il en jeu le repos de l'Europe, pour servir la rancune de lord Palmerston? » M. Guizot ajoutait, dans une autre lettre, quelques semaines plus tard. « Lord Palmerston est voué à la politique remuante et révolutionnaire. C'est son caractère : c'est aussi sa situation. Partout ou à peu près partout, il prend l'esprit d'opposition et de révolution pour point d'appui et pour levier. M. de Metternich sait, à coup sûr, aussi bien que moi, à quel point, en Portugal, en Espagne, en Grèce, lord Palmerston est déjà engagé dans ce sens-là. Nous, au contraire, nous sommes de plus en plus conduits, par nos intérêts intérieurs et extérieurs bien entendus, à nous appuyer sur l'esprit d'ordre, de gouvernement régulier et de conservation [1]. »

En présence des événements chaque jour plus graves de Suisse et d'Italie, de semblables considérations paraissaient décisives à M. de Metternich. Aussi, tout en témoignant beaucoup d'amitié à lord Ponsonby, le chancelier ne se laissait-il pas ébranler par ses instances, ni attirer hors du terrain où il avait pris possession dès le début. Le 19 janvier 1847, lord Palmerston lui avait demandé, dans une note officielle, « de vouloir bien s'expliquer sur la valeur qu'il reconnaissait aux traités de 1713, 1715 et 1725 et à leurs annexes, et de vouloir bien déclarer si, en vertu de ces différents actes et en conséquence de son mariage avec le duc de Montpensier, l'Infante et ses descendants n'avaient pas perdu leurs droits à la succession de la couronne d'Espagne ». M. de Metternich répondit, le 23 janvier, également par une note. Il commençait par y établir « que l'attitude prise par la Cour impériale prouvait qu'elle reconnaissait la validité de tous les actes cités dans la note anglaise et particulièrement de celui qui en est le complément et le moyen d'exécution, la Pragmatique de Philippe V, établissant, en Espagne, la succession masculine; que,

---

[1] Lettres du 1er et du 24 février 1847. (*Documents inédits.*)

sans l'abolition de cette Pragmatique, le mariage de l'Infante avec M. le duc de Montpensier eût été un événement sans importance ; que, quant aux enfants nés de ce mariage, ils ne pourraient élever de prétentions à la couronne qu'en vertu du droit paternel ou maternel ; que le droit paternel ne saurait exister, le chef de la branche d'Orléans y ayant renoncé pour lui et ses descendants ; que le droit maternel ne saurait exister aux yeux des puissances qui n'avaient pas reconnu le testament de Ferdinand VII, maintenaient la validité de la Pragmatique de Philippe V et ne reconnaissaient pas par conséquent les droits de l'Infante [1] ». Cette réponse n'était pas pour satisfaire lord Palmerston ; il ne pouvait s'armer contre nous d'un avis qui tendait à contester le droit de la reine Isabelle elle-même. Ce qu'il lui eût fallu, ce n'était pas une déclaration d'incapacité générale fondée sur l'exclusion de toute succession féminine, mais une déclaration d'incapacité spéciale fondée sur le mariage de l'Infante avec le duc de Montpensier. Sur le moment, le gouvernement français ne connut ni la note de lord Palmerston, ni la réponse du cabinet de Vienne. Mais, dans la seconde moitié de février, M. de Metternich, voulant nous donner « une marque de sa confiance » et un gage de ses bonnes dispositions, se décida à nous communiquer, « sous le sceau du secret », les notes échangées ; il eut soin de faire ressortir que, par sa réponse, il avait refusé de se placer sur le terrain où l'appelait lord Palmerston, qu'il avait « pris position à *côté* de la question irritante », et il se dit résolu à « maintenir cette attitude [2] ». Notre gouvernement n'en demandait pas davantage.

Lord Ponsonby, cependant, n'abandonnait pas la partie. Sa fiévreuse activité tenait sans cesse en éveil la diplomatie fran-

---

[1] J'ai trouvé ce résumé de la note anglaise et de la note autrichienne dans une lettre particulière de M. de Flahault à M. Guizot, en date du 19 février 1847. M. de Flahault tenait ces renseignements de M. de Metternich. (*Documents inédits.*)

[2] Lettre de M. de Flahault à M. Guizot, du 19 février 1847. (*Documents inédits.*) Voir aussi deux dépêches de M. de Metternich au comte Apponyi, du 25 février 1847. (*Mémoires de M. de Metternich*, t. VII, p. 383 à 388.)

çaise, et celle-ci se demandait parfois s'il ne parviendrait pas à faire tomber M. de Metternich dans quelque piège. Un jour, par exemple, vers la fin de février, il vint dire au chancelier : « Auriez-vous objection à répondre par oui ou par non à la question suivante? » Et alors, tirant de sa poche un petit papier, il commença à lire : « Voulez-vous concourir à la déclaration... » Ici, le prince l'arrêta et lui demanda : « Qu'entendez-vous par *déclaration?* Est-ce une déclaration faite en commun ou que chacun fera de son côté? » — « Vous avez raison, répliqua Ponsonby; effaçons *déclaration* et mettons *opinion*. Partagez-vous l'opinion que les descendants du duc de Montpensier et de l'Infante n'ont pas de droits à hériter de la couronne d'Espagne? » — « Oui », répondit le chancelier[1]. On voit tout de suite quelle avait été la manœuvre de l'ambassadeur, en demandant qu'il fût répondu par oui ou par non. Si M. de Metternich eût motivé son *oui*, on eût vu qu'il était fondé non sur la prétendue incapacité que la diplomatie britannique faisait résulter du mariage avec le duc de Montpensier, mais sur l'exclusion générale de toute succession féminine; c'est ce qui avait été dit expressément dans la note du 23 janvier. Le *oui* non motivé prêtait à l'équivoque. Quand M. de Metternich raconta cette conversation à M. de Flahault, celui-ci signala, non sans émotion, le parti que la diplomatie anglaise pouvait en tirer. Le chancelier le rassura; il protesta, à plusieurs reprises, qu'il ne se laisserait pas jouer, que son *oui* ne changeait rien à l'attitude prise par lui dans la note du 23 janvier, que, si le cabinet de Londres voulait en abuser, il lui opposerait un démenti et renouvellerait ses déclarations antérieures[2]. Ces assurances finirent par dissiper entièrement les inquiétudes, un moment assez vives, de M. de Flahault. « Je crois, écrivit-il, le 5 mars, à M. Guizot, le prince de Metternich aujourd'hui décidé à ne pas sortir de l'attitude qu'il a prise

---

[1] Lettre de M. de Flahault à M. Guizot, du 24 février 1847. (*Documents inédits.*)

[2] Lettres de M. de Flahault à M. Guizot, en date du 24 février et du 18 mars 1847. (*Documents inédits.*)

dans la question espagnole; mais j'ai eu quelques moments d'anxiété. » Et dans une autre lettre, en date du 9 mars, après avoir rappelé les rédactions plus « astucieuses » les unes que les autres, présentées par lord Ponsonby, pour écarter la duchesse de Montpensier et ses enfants, il ajoutait : « Il faut en convenir, il m'a fait passer par de rudes moments[1]. »

Lord Palmerston fut-il averti des dispositions de M. de Metternich? Toujours est-il qu'il ne chercha pas à exploiter le *oui* obtenu par son ambassadeur. Bien au contraire, il envoya à ce dernier une lettre où il constatait que décidément le cabinet de Vienne ne voulait pas se réunir au gouvernement anglais dans l'affaire du mariage; « s'il en est ainsi, ajoutait-il, non sans dépit, il faudra bien s'en passer[2] ». Quelques jours auparavant, il écrivait à lord Normanby : « Nous devons, je suppose, regarder Metternich comme étant passé maintenant tout à fait du côté de la France[3]. » De son côté, M. de Metternich était décidé à ne plus accepter de conversations sur ce sujet. Il écrivait à ce propos, le 19 avril 1847, au comte Apponyi : « Je sais tirer une ligne entre les questions qui, pour nous, sont tranchées et celles qui ne le sont pas. Lord Palmerston voudrait nous engager dans une discussion dont nous ne voulons pas. Nous avons clairement défini et énoncé notre attitude, et nous entendons n'y rien changer. Lord Palmerston a dit à lord Ponsonby *qu'avec le cabinet autrichien il n'y a rien à faire; qu'il fallait donc s'en passer*. La question ainsi posée, ce n'est pas à nous qu'il appartiendrait d'y revenir[4]. »

La diplomatie britannique était-elle plus heureuse à Berlin? Là, sans doute, on continuait à être mal disposé pour la monarchie de Juillet; le ministre des affaires étrangères, M. de Canitz, dans ses conversations, tenait, sur la question espagnole, un langage qui, trop souvent, était de nature à ne pas nous satisfaire; de Londres et de Paris, MM. de Bunsen et d'Arnim pres-

---

[1] *Documents inédits.*
[2] Lettre de M. de Flahault à M. Guizot, du 4 avril 1847. (*Documents inédits.*)
[3] Lettre du 26 mars 1847. (BULWER, *The Life of Palmerston*, t. III, p. 302.)
[4] *Mémoires de M. de Metternich*, t. VII, p. 394, 395.

saient plus vivement que jamais leur gouvernement de s'unir à l'Angleterre[1]; les journaux prussiens étaient fort aigres sur la France; mais, pas plus qu'en octobre et en novembre, Frédéric-Guillaume IV ne se décidait à prendre nettement parti. Il eût évidemment moins hésité à marcher avec l'Angleterre, si l'Autriche se fût déterminée à le suivre dans cette voie : il essaya de l'entraîner. Le 6 mars 1847, le baron de Canitz adressa à Vienne une longue communication où il exprimait, au nom de son maître, le désir non seulement qu'il y eût une entente parfaite entre les deux cours allemandes, mais que cette entente fût rendue plus manifeste aux yeux de toute l'Europe; puis, examinant, à ce point de vue, la conduite à suivre par ces deux cours envers les autres puissances, il se montrait partial pour l'Angleterre et peu favorable à la France. M. de Metternich, dans sa réponse, se proclama non moins désireux de maintenir l'accord de l'Autriche et de la Prusse : seulement, jetant à son tour un regard sur les positions prises par les deux puissances occidentales, il marqua sa préférence pour la France qui lui paraissait actuellement moins engagée dans la politique révolutionnaire : « Elle soutient, dit-il en résumé, les principes conservateurs en Suisse, en Italie, en Espagne, et, sur ces points, c'est avec elle que les trois puissances de l'Est peuvent s'entendre; l'Angleterre, au contraire, cherche à y faire prévaloir le radicalisme le plus avancé[2]. »

Avant même d'être informé par M. de Metternich de cette tentative du cabinet prussien, M. Guizot, impatienté de l'hostilité sourde qui se perpétuait à Berlin, s'était décidé à y parler plus haut et plus ferme qu'il n'avait fait jusqu'alors. Il adressa, le 8 mars 1847, au marquis de Dalmatie, une lettre

[1] M. de Metternich écrivait au comte Apponyi, le 25 février 1847 : « Le mouvement que se donne le baron d'Arnim pour aider à envenimer la situation est digne de son esprit et de son caractère. » (*Mémoires*, t. VII, p. 327.) Causant avec M. de Flahault, M. de Metternich traitait Bunsen d' « âme damnée de lord Palmerston ». (Lettre de M. de Flahault à M. Guizot, du 18 mars 1847. *Documents inédits*.)

[2] M. de Flahault avait été informé par M. de Metternich de l'existence de ces deux dépêches. (Lettre de M. de Flahault à M. Guizot, du 18 mars 1847. *Documents inédits*.)

où il appréciait sévèrement la conduite de la Prusse et expliquait comment cette conduite obligeait la France à se montrer « réservée et même un peu froide ». « Grâce à Dieu, disait-il, nous avons, dans notre politique extérieure, les mains assez fortes et assez libres pour ne nous montrer bienveillants que là où nous rencontrons de la bienveillance. » Il engageait notre représentant à faire lire cette lettre à M. de Canitz et même au roi Frédéric-Guillaume[1]. Le ministre prussien, intimidé par ce langage, répondit par une apologie, en forme d'excuse, de sa conduite passée, et par des protestations empressées de bon vouloir pour l'avenir : il affirmait n'avoir pris aucun engagement envers lord Palmerston et être absolument libre de reconnaître demain la duchesse de Montpensier si elle était appelée au trône. « Non, ajouta-t-il, nous ne faisons pas de la politique anglaise. Nous avons donné à Londres notre avis pur et simple, parce qu'on nous le demandait ; mais, quand on nous a demandé une protestation, nous avons refusé... Loin d'être malveillants pour la France, notre politique est d'être avec elle en termes de bonne harmonie et d'amitié. » Et il faisait valoir qu'en ce moment même, dans les affaires de Grèce, il refusait de marcher avec l'Angleterre[2]. Cette humble réponse n'était pas pour disposer notre gouvernement à tenir grand compte du cabinet prussien. « Preuve de plus, écrivait M. Guizot, qu'il convient de parler ferme à Berlin et même un peu haut, et que cette attitude y fait plus d'effet que la douceur[3]. » En tout cas, il était désormais certain que Frédéric-Guillaume, retenu par l'Autriche et intimidé par la France, n'oserait pas prendre ouvertement parti pour l'Angleterre. Aussi, M. de Metternich, dans cette dépêche déjà citée, du 19 avril, où il déclarait, pour son compte, ne plus vouloir entendre parler des propositions de lord Palmerston sur les affaires espagnoles, ajoutait : « J'ai

---

[1] Lettre de M. Guizot au marquis de Dalmatie, en date du 8 mars 1847. (*Documents inédits.*)

[2] Lettre du marquis de Dalmatie à M. Guizot, en date du 19 mars 1847. (*Documents inédits.*)

[3] Lettre de M. Guizot au marquis de Dalmatie, en date du 31 mars 1847. (*Documents inédits.*)

la conviction que ce sentiment prédomine aujourd'hui également, à Berlin, sur un moment d'entraînement dont il faut regarder M. de Bunsen comme ayant été le point de départ et la cheville ouvrière[1]. »

Quant à la Russie, le cabinet français pouvait être plus tranquille encore : elle persistait, en dépit des instances de lord Palmerston, dans son attitude de réserve, attentive à régler sa conduite d'après celle de l'Autriche. Bien plus, on eût dit qu'elle cherchait alors à nous être agréable. Au commencement de 1847, par suite de circonstances qui seront exposées ailleurs, une crise financière et monétaire assez aiguë sévissait à Paris, et la Banque de France avait vu sa réserve métallique baisser dans des proportions alarmantes. On cherchait, sans les trouver toujours, les moyens de remédier à cette baisse, quand, le 17 mars, l'empereur de Russie fit spontanément offrir à la Banque, par l'intermédiaire du ministre des affaires étrangères, d'acheter, au cours moyen de la Bourse du 11 mars, soit à 115 fr. 75, des inscriptions de rente 5 pour 100 pour un capital de 50 millions payables en numéraire. La proposition fut acceptée avec empressement. Tenue secrète jusqu'au dernier moment, la convention fit grand bruit quand elle fut connue. L'effet matériel et moral fut considérable et contribua beaucoup à améliorer la situation financière de la place de Paris. Sans doute, en agissant ainsi, le Czar faisait une bonne affaire; il devait bénéficier de la hausse qu'il contribuait à produire, et de plus la Russie était assurée de retrouver prochainement, par ses exportations de grains, le numéraire qu'elle versait à notre Banque. Mais cette opération n'en rendait pas moins un service signalé à la France, et témoignait d'une grande confiance dans son crédit. Or, quelque temps auparavant, l'empereur Nicolas se fût systématiquement refusé à lui rendre ce service et à lui montrer cette confiance. Il semblait qu'il y eût là une disposition nouvelle. Les autres cours en furent très surprises. M. de Metternich ne voulut pas tout d'abord y croire[2]. C'était

---

[1] *Mémoires de M. de Metternich*, t. VII, p. 395.
[2] Lettre de M. de Flahault à M. Guizot, avril 1847. (*Documents inédits.*)

surtout pour les cabinets anglais et prussien que cet incident renfermait une leçon. Notre gouvernement ne manqua pas de la mettre en lumière. M. Guizot écrivait à ce propos, le 20 mars, au marquis de Dalmatie : « Il y a de la coquetterie dans l'air, en Europe, et nous avons quelque droit de dire qu'on en fait envers nous plus que nous n'en faisons nous-mêmes... Il est bon qu'on voie, à Berlin et à Londres spécialement, que nous n'avons pas besoin de nous remuer ni de parler beaucoup, pour qu'on ait envie, ailleurs, d'être bien avec nous et pour qu'on nous le montre [1]. » Quelques jours après, M. Désages, dans une lettre à M. de Jarnac, notre chargé d'affaires à Londres, donnait à entendre que si lord Palmerston continuait à creuser l'abîme entre la France et l'Angleterre, cela pourrait bien nous amener à nous rapprocher de la Russie ; il indiquait que celle-ci nous faisait, depuis quelque temps, certaines avances. « On compte trop autour de nous, ajoutait-il, sur la puissance et la durée des antipathies dans les régions supérieures. Ce qui était absolument vrai, sous ce rapport, il y a quinze, ou dix, ou même encore cinq ans, est déjà moins vrai, moins pratiquement vrai aujourd'hui, si je puis ainsi parler. Le temps marche et modifie plus ou moins toutes choses en marchant. Dites-moi si l'Europe est aujourd'hui ce qu'elle était hier. Bien habile, à coup sûr, serait celui qui pourrait dire ce qu'elle serait demain [2]. » Quoi qu'il en fût des perspectives que faisait entrevoir M. Désages, il était du moins tout à fait acquis qu'à Saint-Pétersbourg, comme à Vienne et même à Berlin, on refusait à lord Palmerston le concours qu'il demandait. La campagne diplomatique que celui-ci venait de poursuivre, avec tant d'obstination, pour réunir de nouveau l'Europe contre la France isolée, cette campagne avait définitivement échoué : il n'en devait plus être question.

[1] *Documents inédits.*
[2] *Ibid.*

IX

L'affaire des mariages espagnols n'a été pour lord Palmerston qu'une suite de déceptions et de mortifications. Au début, en prenant le pouvoir, il veut réagir contre les prétendues défaillances de lord Aberdeen et cherche, par des menées souterraines, à faire prévaloir à Madrid une solution contraire à la nôtre; au bout de quelques semaines, il est surpris par la nouvelle de l'accord conclu entre la France et la cour d'Espagne. Ce premier échec subi, il se flatte de provoquer assez de troubles, de produire assez d'intimidation, de susciter assez de difficultés pour empêcher ou tout au moins retarder le mariage de l'Infante; mais les deux mariages sont célébrés tranquillement au jour fixé. Dès lors, il aspire à se venger, d'une part, en obligeant Louis-Philippe et le parlement français à sacrifier M. Guizot; d'autre part, en décidant les autres puissances à s'unir à lui contre la France; toujours même insuccès. Ni Louis-Philippe ni le parlement français ne se laissent effrayer ou égarer; des débats qui s'engagent, M. Guizot sort plus fort qu'il n'a jamais été; sa majorité est nombreuse, compacte, pleine d'entrain, fière de la figure que fait son chef. Quant aux autres puissances, elles refusent avec persistance de s'associer à la politique britannique, et témoignent de la confiance que leur inspire le cabinet de Paris, du désir qu'elles ont de s'entendre avec lui; c'est le ministre anglais qui leur devient suspect et l'Angleterre qui est menacée de se trouver isolée. L'impression générale du moment, au dedans et au dehors, aussi bien chez ceux qui s'en félicitent que chez ceux qui s'en attristent, est donc que, dans cette grande partie, lord Palmerston a tout le temps mal joué et qu'il a perdu; que M. Guizot, au contraire, a bien joué et qu'il a gagné. La France paraissait avoir pris, contre l'Angleterre, sa revanche de 1840. A considérer les choses du point de vue de l'histoire, cette impression se confirme-t-elle? Quel jugement convient-il de porter aujourd'hui sur la politique suivie par Louis-Philippe et M. Guizot, dans l'affaire des mariages espagnols?

D'abord, il est une première question qui peut être considérée comme résolue, celle de la loyauté. L'accusation de tromperie préméditée et ambitieuse, portée contre le gouvernement du Roi, ne tient pas debout devant les faits tels qu'ils sont maintenant connus. Il ne peut plus être nié que les promesses faites à Eu, relativement à l'époque du mariage de l'Infante, nous obligeaient seulement dans la mesure où le cabinet de Londres resterait lui-même fidèle aux engagements qui étaient la contre-partie des nôtres; que cet accord synallagmatique, maintenu pendant le ministère de lord Aberdeen, a été rompu par lord Palmerston aussitôt son avènement, et que notre liberté nous a été ainsi rendue; il est manifeste également que, loin d'avoir désiré reprendre cette liberté, nous nous en sommes servis à contre-cœur, à la dernière extrémité, quand l'Espagne nous y a contraints et quand nous n'avons plus vu d'autre moyen d'empêcher le succès des menées britanniques. Notre droit était donc incontestable. Il est seulement à regretter qu'en en faisant usage, le gouvernement français n'ait pas mieux prévenu la méprise qui a fait douter sincèrement de sa bonne foi, à beaucoup d'esprits en Angleterre, particulièrement à la reine Victoria. Cela ne met plus en cause sa loyauté, mais cela peut, dans une certaine mesure, mettre en doute son habileté.

Cette habileté, du reste, a été contestée d'une façon beaucoup plus générale. A entendre les critiques, toute notre politique, en cette affaire, aurait reposé sur une grosse erreur; en attachant autant d'importance à la question de savoir qui épouserait la reine Isabelle et sa sœur, le gouvernement français aurait méconnu deux grands changements survenus depuis le dix-huitième siècle : il aurait oublié, d'abord, que l'Espagne affaiblie était désormais incapable de jouer un rôle en Europe et d'être pour nous une alliée vraiment secourable; ensuite, qu'avec le développement et la prépondérance du sentiment national dans les États modernes, les parentés royales ne pouvaient plus avoir la même influence qu'autrefois sur la direction de la politique. Ne semble-t-il pas, en effet, que les événements aient donné presque aussitôt une leçon, — leçon d'une ironie tragique, — à ceux qui croyaient d'un intérêt si capital d'unir par un nouveau mariage les Bourbons d'Espagne et ceux de France? Dix-huit mois après la célébration de ce mariage, les Bourbons n'étaient plus sur le trône de France, et ils n'y sont pas encore remontés. Au bout de quelques années, ils étaient aussi chassés de Madrid; ils y sont revenus depuis, mais, par un étrange hasard, leur restauration s'est trouvée aboutir à la régence d'une archiduchesse d'Autriche. On ne reproche pas seulement aux mariages espagnols d'avoir été sans profit pour la France, on leur reproche d'avoir eu des suites fâcheuses; on soutient qu'ils ont faussé, bouleversé notre politique extérieure, en brisant l'entente cordiale avec l'Angleterre, en nous exposant à l'animosité implacable de lord Palmerston, en nous mettant à la discrétion des cours continentales, et cela à un moment où l'Europe allait se trouver aux prises avec les problèmes les plus difficiles et les plus dangereux. Bien plus, en voyant la catastrophe de Février suivre de si près les mariages, on prétend établir entre les deux faits quelque chose comme une relation d'effet à cause; il a été, pendant quelque temps, de langage courant outre-Manche, de montrer dans la chute de Louis-Philippe la conséquence fatale et le châtiment mérité de sa conduite en Espagne [1].

Que faut-il penser de ces critiques? Il est possible que, par fidélité à certaines traditions et sous l'empire de certains souvenirs, le gouvernement français se soit un peu exagéré l'avantage qu'il y avait pour lui à ce que le mari de la Reine et celui de sa sœur fussent choisis dans telle famille. M. Guizot lui-même a avoué plus tard, à ce sujet, « qu'il s'était surpris parfois en flagrant délit d'anachronisme, et mettant à certaines choses, soit pour les désirer, soit pour les craindre, une impor-

---

[1] Le baron de Stockmar, le conseiller de la reine Victoria et du prince Albert, a développé cette thèse dans ses *Mémoires*.

tance qu'elles n'avaient plus [1] ». Toutefois, ce serait une grosse erreur de ne voir dans la conduite suivie alors par le gouvernement français que cette préoccupation matrimoniale. Au fond de sa politique, il y avait une idée beaucoup plus large, qui, celle-là, était conforme aux intérêts permanents du pays et que n'avaient nullement affaiblie les transformations survenues depuis la guerre de la succession d'Autriche et le Pacte de famille : c'était l'idée que l'Espagne devait, pour notre sécurité européenne, être notre alliée et un peu notre cliente, que surtout elle ne pouvait, sans péril pour nous, être soumise à l'influence de nos ennemis ou de nos rivaux. Or, n'était-il pas évident que lord Palmerston prétendait éloigner l'Espagne de la France et la faire passer dans l'orbite de l'Angleterre? Par l'effet des circonstances, la question matrimoniale se trouvait être celle où devait se décider ce conflit d'influences. La France n'eût pu y avoir le dessous, sans que sa situation dans la Péninsule et même en Europe ne fût atteinte. Ainsi arrive-t-il souvent, dans la politique extérieure, que certaines affaires prennent une importance en quelque sorte symbolique, supérieure à leur importance intrinsèque et réelle. Ajoutons que l'attention des chancelleries et du public avait été trop appelée sur les négociations préalables pour que l'amour-propre national ne fût pas vivement intéressé à leur issue. Qu'on se demande quel cri se fût élevé en France, si notre gouvernement, moins vigilant et moins hardi, eût laissé les desseins de lord Palmerston s'accomplir à Madrid. Sans doute, habitués que nous sommes maintenant à des luttes où l'existence même de la nation est en jeu, nous comprenons difficilement l'intérêt qu'on a pu attacher autrefois à des questions où il ne s'agissait que d'une mesure d'influence. Mais après tout, la comparaison, si on voulait l'établir, ne serait pas à l'avantage de l'époque actuelle; nous n'avons sujet ni de nous féliciter ni de nous enorgueillir du changement qui s'est fait. Tout ce qui vient d'être dit ne répond-il pas aussi à ceux qui arguent de ce que

---

[1] M. Guizot, *Robert Peel*, p. 308.

la révolution de Février aurait diminué ou annulé après coup les avantages attendus des mariages espagnols? Bien que Louis-Philippe ne fût plus sur le trône, il n'importait pas moins à la France de ne pas rencontrer à Madrid une influence hostile. D'ailleurs, fût-il prouvé que, sur ce point, comme sur tant d'autres, la catastrophe de 1848 avait stérilisé la politique suivie jusqu'alors par la monarchie, le mérite de cette politique n'en saurait être diminué, et ses entreprises n'en devraient pas moins être jugées en elles-mêmes, indépendamment de l'accident brutal et inopiné qui est venu les interrompre.

Le gouvernement n'avait donc pas eu tort de croire qu'il était de l'intérêt de la France de ne pas se laisser battre à Madrid par lord Palmerston. Est-il vrai maintenant que la victoire de notre diplomatie ait eu pour le pays des conséquences plus fâcheuses encore que n'aurait eu sa défaite? Parmi ces prétendues conséquences, il en est une qui peut tout d'abord être écartée sans grande discussion. Que veulent dire les Anglais, quand ils affirment que Louis-Philippe est tombé pour avoir fait les mariages espagnols? Veulent-ils dire que, pour se venger d'un mécompte diplomatique, ils ont eux-mêmes poussé et aidé les partis révolutionnaires à jeter bas la monarchie de Juillet? S'il en était ainsi, on ne comprendrait pas qu'ils s'en vantassent. Quant à un autre lien entre les deux événements, on ne voit pas quel il pourrait être, à moins que le seul fait de s'être mis en travers des desseins de l'Angleterre ne soit un de ces crimes que la Providence se charge de châtier sans retard et qui attirent la foudre sur la tête des rois. En somme, les écrivains anglais ont abusé d'un simple rapprochement chronologique. Par contre, je ne conteste pas que les mariages espagnols aient gravement changé les conditions de notre politique extérieure. Ils ont amené une rupture avec l'Angleterre, et une rupture plus profonde que notre gouvernement ne s'y attendait. Cela sans doute est fâcheux. Mais ajoutons tout de suite que si la diplomatie britannique fût arrivée à ses fins, la France, humiliée, irritée, aurait elle-même provoqué cette rupture; la situation eût été semblable, sauf que nous aurions eu en plus la mortification d'un échec. En réalité, du jour où lord Palmesrton était revenu au pouvoir, l'entente cordiale était condamnée à mort. A défaut de ce conflit, il s'en fût élevé un autre. Si regrettable donc que l'on juge le refroidissement survenu entre les deux puissances occidentales, il faut y voir un accident que notre gouvernement n'eût probablement pas pu éviter et dont les mariages espagnols ont été l'occasion plutôt que la cause. D'ailleurs, sans méconnaître les inconvénients de ce refroidissement, il convient de ne pas les exagérer. La France n'était plus réduite à cette alternative qui avait été si longtemps pour elle la conséquence de 1830, ou maintenir à tout prix l'alliance anglaise, ou se trouver seule contre quatre. Les puissances continentales, l'Autriche surtout, avaient pris confiance en nous et sentaient le besoin de notre concours. Nous avions retrouvé le libre choix de nos alliances. Séparés de l'Angleterre, nous ne manquions pas d'amis qui s'offraient à nous, prêts à nous payer le prix de notre concours, peut-être même à nous le payer plus cher que ne l'auraient fait nos voisins d'outre-Manche. C'était pour nous le point de départ d'une politique nouvelle. Que cette politique dût avoir ses difficultés et ses dangers, je ne le nie pas; quelle politique en eût été exempte, en face des questions soulevées en 1847? En tout cas, elle avait sa grandeur et pouvait avoir ses profits. On la verra se développer, incomplètement, il est vrai, car elle devait être brusquement et malheureusement interrompue par la révolution de Février. Mais, dès aujourd'hui, on peut affirmer, ce me semble, que si les mariages espagnols ont changé le rôle de la France en Europe, ils ne l'ont pas diminué.

CHAPITRE VII

LES DERNIÈRES ANNÉES DU GOUVERNEMENT DU MARÉCHAL BUGEAUD EN ALGÉRIE.

(1844-1847.)

I. Grande situation du maréchal Bugeaud après la bataille d'Isly. Ovations qui lui sont faites en France. — II. L'insurrection de Bou-Maza. Le colonel Pélissier fait enfumer des Arabes. Incursions d'Abd el-Kader dans le Sud. Expédition en Kabylie. — III. Idées de Bugeaud sur le gouvernement civil de la colonie. Pour lui, « l'armée est tout ». Ordonnance du 15 avril 1845 sur l'administration de l'Algérie. — IV. Le problème de la colonisation. La crise de 1839. La colonisation administrative. Villages créés autour d'Alger. — V. La Trappe de Staouëli. Bugeaud et les Jésuites. Les premiers évêques d'Alger. — VI. Bugeaud et la colonisation militaire. Ce système est très critiqué. Le maréchal cherche, sans succès, à entraîner le gouvernement. — VII. Bugeaud, mécontent, parle de donner sa démission. Son voyage en France et son entrevue avec le maréchal Soult. — VIII. L'insurrection éclate en septembre 1845. Massacre de Sidi-Brahim. Capitulation d'Aïn-Temouchent. Bugeaud revient aussitôt en Algérie. Sa lettre au préfet de la Dordogne. — IX. Nombreuses colonnes mises en mouvement pour guetter et poursuivre Abd el-Kader. L'émir, insaisissable, fait une incursion dans l'Ouarensenis. Son irruption sur le bas Isser. La Métidja est en péril. Sang-froid de Bugeaud. Abd el-Kader battu par le général Gentil et rejeté dans le Sud. — X. Le maréchal fait poursuivre l'émir dans le désert. Il eût désiré porter la guerre sur le territoire marocain, mais le gouvernement l'en empêche. Massacre des prisonniers français dans la deïra. Abd el-Kader, à bout de forces, est réduit, après sept mois de campagne, à rentrer au Maroc. — XI. Bugeaud supporte impatiemment les critiques qui lui viennent de France. Discussion à la Chambre, en juin 1845. Le maréchal parle de nouveau de donner sa démission. — XII. Le gouvernement promet à Bugeaud de proposer un essai de colonisation militaire. Délivrance des prisonniers français survivants. Soumission de Bou-Maza. — XIII. Efforts infructueux de Bugeaud pour convertir l'opinion à la colonisation militaire. Voyage de M. de Tocqueville et de quelques députés en Algérie. La Moricière propose, sur la colonisation, un système opposé à celui du maréchal. — XIV. Projet déposé par le gouvernement pour un essai de colonisation militaire. Il y est fait mauvais accueil. Bugeaud, qui s'en aperçoit, conduit une dernière expédition en Kabylie et donne sa démission. Son départ d'Alger. Le gouvernement accepte la démission du maréchal et retire le projet de colonisation militaire.

I

La victoire d'Isly (14 août 1844) avait encore grandi la

situation du maréchal Bugeaud [1]. Tandis que le Roi lui conférait le titre de duc, les témoignages spontanés de la gratitude et de l'admiration nationales lui venaient de toutes parts. « Jamais, écrivait-il à un de ses amis, ivresse de la victoire n'a été plus prolongée que la mienne : il y a bien quarante jours que j'emploie le tiers de mon temps à répondre ou à faire répondre aux lettres de félicitations qui m'arrivent [2]. » Le 21 septembre 1844, quelques jours après la rentrée du gouverneur à Alger, les chefs des tribus arabes du voisinage vinrent, en grand appareil et accompagnés d'une brillante escorte, rendre solennellement hommage au vainqueur des Marocains. Le maréchal leur adressa la parole d'un ton d'autorité paternelle et ordonna qu'on leur racontât les détails du combat. A la fantasia d'usage succéda un banquet ; il prenait fin quand un des agas se leva : « Arrêtez, s'écria-t-il, messeigneurs et frères. Nous sommes tous ici membres d'une seule famille. Les Français sont chrétiens, les Arabes de l'Algérie sont musulmans, mais Dieu est pour tous. Il nous a donné pour sultan le roi des Français. Notre religion nous ordonne de lui obéir, puisque le Seigneur a voulu que son bras fût plus fort que le nôtre. Nous avons juré de le servir fidèlement et de l'honorer comme notre sultan ; je vous propose donc une prière au Très-Haut, que vous répéterez tous avec moi. » On eut alors ce spectacle vraiment extraordinaire des chefs arabes prenant l'attitude de la prière pour demander à Dieu de « donner toujours la victoire au sultan des Français et de punir ses ennemis ».

Tout paraissant être ainsi à la paix, le maréchal Bugeaud jugea qu'il pouvait s'absenter pendant quelques mois. Il s'embarqua le 16 novembre 1844, laissant le commandement par intérim au général de La Moricière. D'autres ovations l'attendaient en France. A peine descendu de la frégate qui l'avait amené, il fut invité par les commerçants de Marseille à un grand

---

[1] Sur la première partie du gouvernement du maréchal Bugeaud, voir les chapitres v et vi du livre V.
[2] Lettre à M. Gardère, du 17 octobre 1844. (*Le Maréchal Bugeaud*, par le comte d'Ideville, t. II, p. 550.)

banquet dans la salle du théâtre; suivant son habitude, il ne se fit pas prier pour prendre la parole. « La conquête de l'Algérie par les armes est achevée, dit-il; la paix est partout; depuis les fontières de Tunis jusqu'à celles du Maroc, tout est soumis, à part quelques tribus kabyles. Partout règne la sécurité la plus entière. Un progrès immense se fait sentir. Les revenus de la colonie, qui n'étaient, en 1840, que de 4 millions, s'élèvent aujourd'hui à 20 millions... La population européenne, qui n'était, en 1840, que de 25,000 âmes, est maintenant de 75,000... En vous parlant ainsi, je ne suis pas suspect, car, vous le savez, dans l'origine, je n'étais pas partisan de la colonie. » L'exemple de Marseille fut suivi par plusieurs autres villes. Le dernier banquet, et non le moins retentissant, fut celui que le commerce de Paris donna, le 18 mars 1845, dans le palais de la Bourse, et auquel prirent part quatre cent cinquante convives, dont les quatre fils du Roi. Le maréchal jouissait de sa gloire et, en même temps, tâchait de la faire servir au triomphe de ses idées. Ainsi prononçait-il, dans la discussion de l'adresse, le 24 janvier 1845, un grand discours où il disait hautement, avec une sorte de brusquerie humoristique, sans s'inquiéter de heurter les préventions régnantes, tout ce qui lui tenait le plus à cœur sur les choses algériennes, — glorification des services rendus par l'armée et nécessité de ne pas la réduire, réfutation des scrupules philanthropiques qui s'effarouchaient des razzias, justification des expéditions partielles qu'il fallait entreprendre de temps à autre, défense du régime militaire contre les partisans du régime civil, exposé des avantages de la colonisation par les vieux soldats. Écouté avec une curiosité attentive, le maréchal ne fut pas contredit : le prestige de sa victoire en imposait; mais il n'eût pas fallu en conclure que l'auditoire était convaincu.

Pendant ce temps, l'Algérie, sous l'habile administration du général de La Moricière, demeurait tranquille. Les quelques explosions de fanatisme musulman, qui se produisaient de temps à autre, ne paraissaient être que des accidents isolés. Le Maroc, encore sous le coup de sa défaite, subissait le traité de délimitation que lui imposait le général de La Rue, envoyé spécialement de Paris pour suivre cette négociation. A peine arrivé en Afrique, cet officier constatait l'effet considérable produit par les derniers succès de nos armes ; il écrivait à M. Guizot, le 22 février 1845 : « Notre situation vis-à-vis de nos tribus et des Marocains est bonne. Ils reconnaissent notre supériorité et la puissance de nos forces militaires. L'expulsion d'Abd el-Kader de l'Algérie, l'invincible sultan du Maroc battu, son armée dispersée, ont frappé l'imagination des Arabes ; ils disent que Dieu est décidément pour nous, puisque nous sommes les plus forts. Cette impression est déjà répandue même dans les tribus les plus éloignées, à ce point qu'un marabout vénéré du désert disait hier : « Je ne veux ni pouvoirs « ni richesses ; j'ai assez de tout cela. Ce que je voudrais, ce « qui ajouterait à l'illustration de ma famille, ce serait de « recevoir une lettre du grand sultan de France, à qui Dieu « donne la victoire [1]. »

Le gouverneur général rentra à Alger, dans les derniers jours de mars 1845. L'état dans lequel il trouva la colonie ne pouvait que confirmer l'impression agréable que lui laissaient les ovations dont il avait été l'objet, pendant son séjour en France. Aussi l'ordre du jour qu'il adressa, en débarquant, « aux citoyens et aux soldats de l'Algérie », respirait-il le plus complet optimisme. « J'ai vu, dit-il, avec une vive satisfaction, qu'en mon absence, aucune affaire n'avait périclité. Les progrès en tout genre ont continué... Aucun fait militaire de quelque importance n'a signalé cette période de quatre mois... Vous apprendrez avec bonheur que notre noble entreprise n'a pas moins de succès en France qu'en Afrique. La presque universalité des citoyens et des hommes politiques y ont foi... Notre cause est gagnée dans l'opinion. »

---

[1] *Mémoires de M. Guizot*, t. VII, p. 180 à 182.

II

Le maréchal Bugeaud, cependant, ne pouvait se flatter que la période des luttes armées fût définitivement close. A peine était-il de retour en Afrique que, vers le milieu d'avril 1845, une insurrection éclatait dans le Dahra, massif montagneux s'étendant du Chélif à la mer, à l'ouest d'Alger. L'instigateur en était un jeune homme de vingt ans, inconnu jusqu'alors, venu du Maroc avec une réputation de saint et que les Arabes surnommaient Bou-Maza, l'homme à la chèvre. Il se donnait comme le chérif envoyé de Dieu pour chasser les chrétiens, le « maître de l'heure » annoncé par les prophéties. Le meurtre de deux caïds dévoués aux Français et des surprises tentées contre quelques troupes isolées marquèrent son entrée en campagne. Vainement le colonel de Saint-Arnaud, qui commandait en cette région, lui infligea-t-il des échecs, la révolte ne fut pas étouffée. Bien au contraire, à la fin d'avril, elle avait gagné l'Ouarensenis, au sud du Chélif. Les Arabes, enhardis, venaient même insulter les murs d'Orléansville. Le gouverneur général se décida alors à intervenir, et, dans les premiers jours de mai, il se porta, avec une forte colonne, dans l'Ouarensenis; le duc de Montpensier l'accompagnait. Son expédition se borna à des marches pénibles, contrariées par le mauvais temps; l'ennemi se dérobait. Bou-Maza avait préféré porter tous ses efforts contre le colonel de Saint-Arnaud, qui continuait à agir dans le Dahra, avec une colonne moins nombreuse. Le chérif n'y gagna rien : il fut battu à plusieurs reprises, vit détruire ses meilleurs soldats et perdit ses drapeaux. Il finit par disparaître, sans qu'on eût pu mettre la main sur lui. « Nous venons, écrivait Saint-Arnaud, de chasser Bou-Maza du pays, — jusqu'à ce qu'il revienne. »

En présence d'ennemis si difficiles à atteindre, le gouverneur général estima qu'il ne lui restait qu'un moyen d'action efficace : c'était de frapper très durement les tribus qui avaient pris part à la révolte, de détruire leurs récoltes, de couper leurs arbres fruitiers, d'enlever leur bétail et leurs chevaux, et surtout de les contraindre ainsi à livrer leurs fusils. Ce désarmement était chose nouvelle ; jusqu'à présent, on n'avait pas cru possible de l'imposer à des populations aussi guerrières. Le colonel de Saint-Arnaud fut le premier à l'exécuter. « Je ruine si bien le pays des Beni-Hidja, écrivait-il dès le 4 mai, que je les force à demander grâce, et, ce qui ne s'est jamais vu, je les oblige à rendre leurs fusils... Les vieux officiers d'Afrique ont peine à croire à la remise des fusils, même en les voyant couchés devant ma tente. » Encouragé par ce succès, le maréchal voulut, une fois Bou-Maza en fuite, généraliser le désarmement ; il chargea les colonels de Saint-Arnaud, Pélissier et Ladmirault de l'opérer sur les deux rives du Chélif. Plus de sept mille fusils propres au service furent ainsi recueillis. Ordre fut donné de les employer, en les dénaturant le moins possible, aux constructions de l'arsenal d'Alger et des divers établissements militaires : on devait en faire des rampes d'escalier, des grilles, des balcons. « Ils serviront ainsi, écrivait le maréchal, de monument pour constater le désarmement. Les commandants militaires qui succéderont à ceux d'aujourd'hui y trouveront la preuve permanente de la possibilité de cette mesure qui, selon nous, doit être rigoureusement appliquée à toute tribu qui se révoltera [1]. »

Ce désarmement fut marqué, le 19 juin, par un incident tragique. Une partie des Ouled-Rhia, contre lesquels agissait le colonel Pélissier, s'étaient réfugiés dans des grottes profondes. Mis en demeure de se soumettre et de livrer leurs armes, avec promesse qu'à ce prix leurs personnes et leurs propriétés seraient respectées, ils répondirent par des coups de fusil. Impossible de les prendre de force ni de les réduire par la famine ; ils avaient des vivres et de l'eau. Le colonel menaça alors de les « chauffer », c'est-à-dire d'allumer de grands feux à l'entrée des cavernes ; ce moyen avait été déjà employé,

---

[1] *Moniteur algérien* du 25 juillet 1845.

l'année précédente, dans une circonstance analogue, par le colonel Cavaignac, et il avait contraint les Arabes à capituler. La menace, renouvelée à plusieurs reprises, fut sans effet : les Arabes continuaient à tirer sur tous ceux qui se montraient. De délai en délai, la nuit arriva. Des fascines furent amoncelées et allumées. Vers une heure du matin, le colonel, estimant en avoir fait assez pour vaincre la résistance, fit éteindre le feu et envoya reconnaître l'ouverture des grottes. La fumée en sortait si épaisse et si âcre qu'il fut d'abord impossible d'y pénétrer. Bientôt, on vit sortir de là quelques malheureux à demi brûlés et asphyxiés. Quand on put enfin pénétrer, on reconnut avec stupeur que la flamme, attirée par un fort courant d'air, avait produit un ravage dépassant toutes les prévisions : plus de cinq cents cadavres d'hommes, de femmes, d'enfants, gisaient au fond des cavernes ; cent cinquante Arabes environ purent seuls être sauvés. « Ce sont là, écrivait le colonel Pélissier à la fin de son rapport, ce sont là de ces opérations que l'on entreprend quand on y est forcé, mais que l'on prie Dieu de n'avoir à recommencer jamais. »

Aussitôt connu en France, cet événement y souleva une douloureuse émotion que les journaux opposants exploitèrent violemment. Le prince de la Moskowa porta la question à la tribune de la Chambre des pairs, dans la séance du 11 juillet. Le maréchal Soult, intimidé par le tapage de la presse, ne sut pas parler en homme de gouvernement et en chef d'armée : il fit une réponse embarrassée, blâmant le colonel Pélissier, sans cependant satisfaire ceux qui l'attaquaient. Le maréchal Bugeaud n'eut pas de ces timidités; couvrant hardiment son subordonné, il fit publier, le 15 juillet, dans le *Moniteur algérien*, un article qui le justifiait, et adressa, le 18, la lettre suivante au ministre de la guerre : « Je regrette, Monsieur le maréchal, que vous ayez cru devoir blâmer, sans correctif aucun, la conduite de M. le colonel Pélissier. Je prends sur moi la responsabilité de son acte. Si le gouvernement juge qu'il y a justice à faire, c'est sur moi qu'elle doit être faite. J'avais ordonné au colonel Pélissier, avant de nous séparer à

Orléansville, d'employer ce moyen à la dernière extrémité. Et, en effet, il ne s'en est servi qu'après avoir épuisé toutes les ressources de la conciliation. C'est à bon droit que je puis appeler déplorables, bien que le principe en soit louable, les interpellations de la séance du 11 ; elles produiront sur l'armée un bien pénible effet, qui ne peut que s'aggraver par les déclamations furibondes de la presse. Avant d'administrer, de civiliser, de coloniser, il faut que les populations aient accepté notre loi. Mille exemples ont prouvé qu'elles ne l'acceptent que par la force, et celle-ci même est impuissante si elle n'atteint pas les personnes et les intérêts. Par une rigoureuse philanthropie, on éterniserait la guerre d'Afrique en même temps que l'esprit de révolte, et alors on n'atteindrait même pas le but de philanthropie. »

La révolte suscitée par Bou-Maza était la plus importante, non la seule. D'autres furent tentées sur divers points, notamment sur les confins des provinces d'Alger et de Constantine ; mais nos troupes les réprimèrent promptement.

Cette agitation n'échappait pas à Abd el-Kader, qui était toujours établi, avec sa deïra, sur le territoire marocain, à peu de distance de la frontière française. On se rappelle que, par le traité de Tanger, l'empereur du Maroc s'était obligé à mettre notre ennemi hors la loi. Avait-il jamais eu la volonté sérieuse de le faire ? En tout cas, on ne fut pas long à s'apercevoir qu'il n'en aurait pas le pouvoir. Aux premières injonctions qu'il avait fait adresser à l'émir, celui-ci ne s'était montré nullement disposé à obéir. « Les tribus de la frontière, écrivait alors le général de La Morlcière, celles au milieu desquelles est établie la deïra d'Abd el-Kader, ont été si bien prêchées et fanatisées par lui, qu'elles sont aujourd'hui plutôt à lui qu'à Mouley-Abd-er-Raman ; et comme ces tribus sont nombreuses et puissantes, qu'elles occupent un pays fort difficile et en général fort mal soumis, je crois que l'Empereur, alors même qu'il en aurait la ferme intention, serait fort embarrassé pour employer des mesures coercitives contre la base d'opérations que l'émir s'est créée dans ses États[1]. » C'était bien, en effet, une base d'opérations : argent, vivres, soldats, tout était fourni à Abd el-Kader par les populations au milieu desquelles il vivait. Pendant tout l'hiver, sous son influence, une fermentation sourde avait régné sur la frontière. Au printemps, quand il apprit l'insurrection de Bou-Maza, il crut possible d'oser davantage. A la tête d'une troupe de cavaliers, il pénétra sur le territoire algérien, dans cette région du Sud oranais, sorte de désert de sable parsemé d'oasis, où nos colonnes avaient pénétré, mais où nous n'avions pas d'établissements fixes. Passant subitement d'un point à un autre, il rattacha à sa cause une partie des tribus, très imparfaitement soumises, et maltraita celles qui nous demeuraient fidèles. La prodigieuse rapidité de ses déplacements défiait toutes les poursuites. Nos commandants se bornaient à veiller sur les confins des grands plateaux, là où avait été créée une ligne de postes ; tous leurs efforts tendaient à empêcher l'émir de franchir cette ligne et de pénétrer dans le Tell. Ils n'étaient rien moins que sûrs d'y parvenir. « Je m'attends, d'un jour à l'autre, écrivait alors le maréchal Bugeaud au général de La Moricière, à apprendre qu'Abd el-Kader s'est montré sur l'un ou sur l'autre point du Tell, ce que ni vous, ni moi, ni personne ne pouvons empêcher, quoique nous soyons vingt fois plus forts qu'il ne faut pour le battre[2]. » Les mois de mai et de juin se passèrent ainsi sur le qui-vive. Enfin, dans les derniers jours de juin, on apprit que l'émir était rentré sur le territoire marocain, sans avoir pu ou voulu pénétrer plus au nord. Bien que n'ayant pas eu de grands résultats apparents, cette incursion lui rendit un peu de son prestige et de son influence. Sa deïra devenait chaque jour plus nombreuse et plus prospère ; elle ne comptait pas moins de deux mille tentes. On évaluait à trente ou quarante mille les émigrés algériens qu'il attirait au Maroc[3]. Il y avait là, pour

---

[1] Lettre au général Bourjolly, citée par M. C. Rousset. (*La Conquête de l'Algérie*, t. II, p. 29.)
[2] Lettre du 22 mai 1845. (*Ibid.*, p. 27.)
[3] C'est le chiffre donné par le maréchal Bugeaud, dans une lettre à la duchesse d'Isly, en date du 8 août 1845. (D'IDEVILLE, t. III, p. 32.)

l'avenir, une menace qui n'échappait pas au maréchal Bugeaud. « Abd el-Kader prépare un retour, c'est évident, écrivait-il, et le Maroc le laisse faire. Il y a là un danger permanent[1] »

Tout en regardant, avec cette attention anxieuse, le nuage qui grossissait sur la frontière de l'Ouest, le maréchal Bugeaud ne perdait pas de vue les autres parties de l'Algérie. Ainsi fut-il conduit, en juillet, à clore ses opérations militaires par une expédition contre la Kabylie, où les émissaires d'Abd el-Kader étaient parvenus à fomenter quelque agitation. Il songeait depuis longtemps à agir de ce côté, et avait même projeté une expédition beaucoup plus considérable que celle à laquelle il dut se borner. Le massif montagneux de la grande Kabylie, d'accès difficile, habité par une population nombreuse, énergique, très jalouse de son indépendance, était la seule partie de l'ancienne régence qui ne nous fût pas soumise; il formait, au milieu de nos possessions, entre la province d'Alger et celle de Constantine, une sorte d'enclave longue de quatre-vingts lieues et large de trente. Il est vrai que les habitants de ces montagnes, si redoutables à qui venait les chercher, n'étaient pas, de leur nature, agressifs; ils ne sortaient pas volontiers de chez eux, et ne menaçaient pas notre domination dans le reste de l'Algérie. Aussi, dans les cercles où notre entreprise africaine était déjà jugée bien lourde, disait-on couramment : « Ces gens-là ne nous attaquent pas; laissons-les tranquilles; nous avons assez à faire ailleurs. » Telle était l'opinion qui prévalait dans le monde parlementaire, et dont, chaque année, les commissions des crédits se faisaient l'écho dans leurs rapports. Le maréchal Bugeaud n'acceptait nullement cette façon de voir; elle lui paraissait un vieux reste du détestable système de l'occupation restreinte, et il comptait bien, un jour ou l'autre, éteindre ce dernier foyer de l'indépendance algérienne. Dans les premières années, toutefois, il s'était borné à quelques expéditions passagères, pour châtier telles ou telles tribus,

[1] Même lettre.

mordant plus ou moins avant dans les bords du massif, mais ne pénétrant pas au cœur du pays, et surtout ne s'y établissant pas. A la fin de 1844, Abd el-Kader chassé et le Maroc vaincu, le moment lui parut venu de tenter davantage. Dans sa pensée, la soumission de la Kabylie devait être la grande entreprise de l'année suivante. Ce fut, sans doute, afin d'y habituer les esprits qu'il toucha ce sujet dans son discours du 24 janvier 1845, à la Chambre des députés; après y avoir rappelé l'impossibilité de faire une « conquête à demi », et comment la « force des choses » nous avait peu à peu amenés à « prendre tout le pays », il ajoutait : « Nous serons donc contraints de prendre la Kabylie, non pas que les populations soient inquiétantes, envahisseuses, hostiles; non, elles défendent vigoureusement leur indépendance, quand on va chez elles; elles n'attaquent pas. Mais ce territoire insoumis, au milieu de l'Algérie obéissante, est d'un mauvais exemple pour les tribus qui payent l'impôt et voient auprès d'elles des voisins qui ne le payent pas. C'est un témoin vivant de notre impuissance, de notre respect pour les gens forts, et cela diminue notre force morale. C'est un refuge pour les mécontents de nos possessions; c'est là qu'un lieutenant d'Abd el-Kader, Ben-Salem, s'est retiré et maintient encore le drapeau de son maitre; il pourrait sortir de là, quelque jour, un gros embarras. » Et il concluait en répétant : « Nous serons obligés de prendre la Kabylie un jour ou l'autre. » Sans contredire sur le moment l'orateur, la Chambre ne se laissa pas convaincre; elle demeurait manifestement opposée à toute opération importante contre la Kabylie. Le ministère ne crut pas dès lors possible d'entrer dans les vues du maréchal, et celui-ci quitta la France, en mars 1845, sans avoir obtenu les renforts qui lui eussent été nécessaires pour une telle entreprise. « J'ai renoncé à la grande expédition contre les montagnes de Bougie, écrivait-il d'Alger, le 10 avril, à un de ses amis. Le gouvernement s'en souciait peu, et ne voulait pas en prendre la responsabilité; le public et les Chambres blâmaient. Pour agir avec une entière prudence, il eût fallu des renforts qu'on ne voulait pas me donner[1]. » Et il ajoutait, non sans amertume, le lendemain, dans une autre lettre : « Rassurez tous les grands généraux et tous les grands politiques, je ne mordrai, cette année, que dans un petit morceau du grand pâté du Djurdjura[2]. » On le voit, si le gouverneur était empêché de diriger contre la Kabylie une attaque décisive, il ne renonçait pas entièrement à s'y montrer en armes. Ce fut cette expédition limitée qui, retardée quelque temps par les troubles du Dahra et du Sud oranais, s'accomplit enfin au mois de juillet 1845. La chaleur ne permit pas de pousser loin les opérations. Quelques tribus furent obligées de demander l'aman ; mais, au fond, rien ne fut changé à l'état de la Kabylie ; elle demeurait toujours indépendante. La grande conquête, rêvée par le maréchal, restait toujours à faire.

III

A la fin de juillet 1845, les opérations militaires étaient terminées, et la tranquillité semblait partout rétablie. L'alerte avait été trop courte et trop localisée pour inquiéter beaucoup l'opinion et y effacer l'impression de confiance produite par nos succès de 1844. Mais plus on était disposé à croire l'Algérie soumise, plus on se préoccupait d'y voir résoudre tous les problèmes que soulevaient l'administration et la colonisation du territoire. On était impatient d' « utiliser » la conquête, de trouver quelque compensation aux lourds sacrifices faits jusqu'alors, par plusieurs à contre-cœur, sacrifices qui, depuis 1840, ne montaient pas à moins de cent millions par an. Le maréchal Bugeaud était souvent accusé de négliger cette partie de sa tâche et de se donner trop exclusivement à l'œuvre guerrière. Sensible à ce reproche, il entreprit plusieurs fois d'y répondre publiquement. « Quelques personnes, disait-il, le 4 septembre 1845, aux notables d'Alger, auraient voulu que je restasse

---

[1] D'IDEVILLE, *Le Maréchal Bugeaud*, t. III, p. 4.
[2] *Documents inédits.*

habituellement au siège du gouvernement; on a été jusqu'à compter les jours que j'ai été en expédition, et l'on m'a fait un reproche de ce qu'ils dépassaient le temps de mon séjour à Alger. Eh bien, moi, Messieurs, je m'en fais un titre d'honneur. Je persiste à croire de toutes mes forces que je servais mieux les intérêts civils que si je m'étais laissé absorber par les détails minutieux de l'administration... Il fallait, avant tout, vous donner la sécurité. C'était le premier de tous les besoins, la source de tous les progrès, et nous ne pouvions la conserver qu'en portant la guerre jusqu'aux limites du pays. »

Le gouverneur prétendait d'ailleurs que, tout en dirigeant cette guerre, il avait beaucoup fait pour l'organisation de la colonie. Sur cette organisation, aussi bien que sur les choses militaires, il paraissait avoir des idées personnelles arrêtées; suivant son habitude, il les professait très haut, d'autant plus haut qu'elles étaient plus contredites, et il travaillait avec ardeur à les appliquer. Déjà nous avons vu ce qu'il avait fait pour le gouvernement des indigènes, en développant et en réglant l'institution fort utile des bureaux arabes[1]. Il avait certainement moins fait pour la population civile. La goûtant peu, ce qui se comprend quand on sait ce qu'elle valait alors, il n'était pas pressé de la voir grossir. Toutefois, les Européens débarquaient, chaque jour plus nombreux, en Algérie, et dès lors se posait cette question : A quel régime les soumettre? Le maréchal avait une réponse très simple. « L'armée est tout en Afrique, disait-il ; comme elle est tout, il n'y a de possible que le pouvoir militaire[2]. » Aucune tâche, selon lui, à laquelle l'armée ne pût suffire : les soldats exécuteraient les travaux publics et prêteraient la main, en cas de nécessité, aux travaux privés; les officiers serviraient d'administrateurs et de magistrats; le commandant en chef exercerait une sorte de dictature paternelle, usant, pour le bien de tous, du personnel et du matériel dont il disposait en maître, trouvant dans son omnipotence les moyens de résoudre prompte-

---

[1] Voir plus haut, t. V, chap. v, § xv.
[2] *L'Algérie : Du moyen de conserver et d'utiliser cette conquête* (1842).

ment et facilement tous les problèmes. A l'appui de sa thèse, le maréchal rappelait tout ce que l'armée avait fait jusqu'alors pour les colons; comment elle avait ouvert les routes, desséché les marais, irrigué les plaines, exploité les carrières, donné l'impulsion à toutes les exploitations, aidé le colon pauvre à transporter ses matériaux, à bâtir sa maison, à défricher son terrain. Il opposait la simplicité et l'économie de ce régime aux lentes et coûteuses complications d'une administration civile. Ne pouvait-il pas aussi arguer, en faveur du personnel militaire, d'une certaine supériorité morale? Tandis que l'élite de l'armée demandait à servir en Afrique, l'administration civile n'y envoyait alors le plus souvent que son rebut [1]. Que les immigrants eussent des répugnances contre ce qu'ils appelaient le « régime du sabre », le maréchal Bugeaud ne parvenait pas à le comprendre. Il était convaincu que tout ce qui n'était pas hargneux ou brouillon devait être satisfait de vivre sous une autorité si protectrice et si bienfaisante. « Les populations, disait-il à la Chambre, dans son grand discours du 24 janvier 1845, ne craignent pas autant qu'on veut bien le dire le régime du sabre, et les choses qui les préoccupent le plus, ce ne sont pas les garanties civiles, les libertés municipales, mais bien la sécurité. La certitude de conserver sa tête, celles de sa femme et de ses enfants, les récoltes qu'on a semées, passe avant les théories libérales [2]. Je pourrais comparer les habitants qui vivent sous le régime civil de la côte à des enfants mal élevés, et ceux qui sont dans l'intérieur, sous le régime militaire, à des enfants bien élevés. Les premiers

[1] Le ministre de la guerre était obligé de reconnaître, à la tribune, le 8 juin 1846, que trente et un employés de l'administration civile en Algérie venaient d'être traduits devant des conseils d'enquête comme suspects de malversations, que seize avaient été révoqués et neuf traduits devant les tribunaux.

[2] Le maréchal revenait souvent sur cette idée. Peu après, il disait dans une de ses nombreuses brochures : « La première de toutes les libertés, en Afrique, c'est la sécurité, c'est l'assurance de conserver sa tête... On peut bien sacrifier à de tels avantages quelques-unes de ses autres libertés; et, disons-le franchement, les masses feront sans difficulté ce sacrifice, dont elles comprendront l'importance parce que leur esprit droit et simple n'est pas troublé par des théories contraires. Les théoriciens demanderont pour elles, à grands cris, des libertés dont elles ne se préoccupent pas. »

crient, pleurent, se fâchent pour la moindre contrariété. Les seconds obéissent sans mot dire. » En cet endroit du discours, le *Moniteur* constate l'« hilarité » de la Chambre. Cette verve humoristique amusait en effet les auditeurs, mais ne les convertissait pas. Bien au contraire, en heurtant ainsi de front les préventions, l'orateur les fortifiait plus tôt. C'était souvent l'effet des boutades un peu intempérantes auxquelles Bugeaud se laissait aller dans la chaleur de la contradiction. Il était tellement plein de ses idées qu'il ne se rendait pas compte du tort que leur faisait une exposition trop franche et trop crue.

Si peu de goût qu'il eût pour les fonctionnaires n'appartenant pas à l'armée, le maréchal était cependant obligé de leur faire une certaine part. Dès l'origine de l'occupation algérienne, le gouvernement central avait institué, dans ces conditions et sous des noms qui changèrent souvent, une administration civile, à côté du commandement supérieur des forces militaires; c'était, dans sa pensée, à la fois une garantie pour les colons et un moyen d'empêcher le gouverneur général de devenir trop puissant. On avait même tenté, un moment, d'établir à Alger une sorte de dualisme, d'après lequel le chef de l'administration civile, à peu près indépendant du gouverneur, eût relevé directement des ministres. Mais une telle organisation n'était pas viable : des conflits se produisirent, à la suite desquels l'administration civile fut de nouveau subordonnée au commandement militaire, qui se trouva plus omnipotent que jamais. Le rôle du gouvernement central était ainsi singulièrement effacé. Le maréchal Valée, notamment, s'était soustrait presque complètement à sa suprématie et à son contrôle. Le maréchal Soult, rentré au ministère de la guerre, le 29 octobre 1840, voulut profiter du remplacement du maréchal Valée par le général Bugeaud, pour rétablir son autorité; mais le caractère du nouveau gouverneur ne se prêtait guère à un rôle de subordonné : de là des heurts continuels. Par l'effet de cette rivalité, le ministre se trouvait intéressé au développement de l'administration civile. Tant que la guerre avait été flagrante en Algérie, il n'avait pu être sérieusement question de diminuer les pouvoirs du commandement militaire; mais, à la fin de 1844 et au commencement de 1845, la conquête paraissant finie, on jugea le moment venu de tenter quelque réforme dans ce sens. Pendant son séjour en France, le gouverneur général apprit, non sans une vive irritation, que, dans les bureaux du ministère de la guerre, on avait préparé une ordonnance réorganisant toute l'administration algérienne; elle créait notamment un directeur général des affaires civiles, personnage considérable qui devait centraliser tous les services et avoir la présidence du conseil d'administration avec la signature quand le gouverneur serait en expédition. Le maréchal Bugeaud se démena pour faire écarter ce projet et crut, un moment, y avoir réussi : « Il paraît, écrivait-il, le 2 janvier 1845, à un de ses amis, qu'on voulait, au ministère de la guerre, enlever l'ordonnance sur l'Algérie sans consulter ni le cabinet ni moi... On était convaincu, en vraies *mouches du coche*, que l'Algérie ne pouvait vivre sans l'application de cette œuvre si longuement élaborée par lesdites *mouches*. A force de s'en occuper, on s'était persuadé qu'il y avait urgence extrême, lorsqu'il n'y a pas même utilité... Mais l'éveil a été donné à temps. Je sais que plusieurs ministres doivent demander que ce travail de Pénélope soit revu au conseil d'État. C'est un moyen dilatoire qui pourra bien devenir une fin de non-recevoir[1]. » Le projet ne fut pas abandonné, comme s'en flattait le maréchal; il fut seulement atténué. Publiée le 15 avril 1845, la nouvelle ordonnance, « portant réorganisation de l'administration générale et des provinces en Algérie », était une transaction assez boiteuse entre les résistances du gouverneur et le désir du ministre de développer les attributions du pouvoir civil. Elle distinguait trois sortes de territoires : *civils*, *mixtes* et *arabes*. Les *territoires civils* sont « ceux sur lesquels il existe une population civile européenne assez nombreuse pour que tous les services publics y soient ou puissent y être complètement organisés »; l'administration

---

[1] D'Ideville, t. II, p. 568.

y est civile. Les *territoires mixtes* sont « ceux sur lesquels la population civile européenne, encore peu nombreuse, ne comporte pas une complète organisation des services publics »; les autorités militaires y remplissent les fonctions administratives, civiles et judiciaires. Quant aux territoires arabes, ils sont administrés militairement, et les Européens n'y sont admis qu'en vertu d'autorisations spéciales et personnelles. Tout en laissant au gouverneur général des pouvoirs considérables et prépondérants, l'ordonnance les précisait et les réglementait, avec l'intention évidente de les limiter. A côté de lui, elle instituait un conseil supérieur et un conseil du contentieux. Elle créait aussi un directeur général des affaires civiles, comme le premier projet ; seulement, elle le subordonnait au gouverneur et ne lui donnait pas le pouvoir de le remplacer en cas d'absence. En somme, le pur régime militaire était maintenu dans les territoires mixtes et arabes, de beaucoup les plus étendus. Quant à l'administration organisée dans les territoires civils, elle était assez mal conçue, et le déplaisir avec lequel le gouverneur général l'avait vu établir n'était pas fait pour en faciliter le fonctionnement. Aussi les résultats devaient-ils en être fort médiocres. Complication, tiraillement et impuissance, tel était le triple caractère de cette organisation.

IV

Quand on reprochait au maréchal Bugeaud de ne pas faire assez pour la colonisation, il montrait quelle avait été, sous son gouvernement, la progression rapide de l'immigration européenne. La population civile de l'Algérie, qui n'était que de 25,000 âmes en 1840, s'élevait à 96,000 en 1845. Ces chiffres semblaient une réponse décisive. Cependant, quand on les analysait, ils n'étaient pas aussi concluants qu'ils en avaient l'air. Presque toute cette population s'était fixée dans les villes : la plus grande partie à Alger, devenu un centre important d'affaires et même de spéculations assez suspectes ; une autre partie dans les villes de la côte ou de l'intérieur. C'était chose curieuse de voir, partout où s'installaient nos troupes, arriver aussitôt à leur suite une bande de *mercanti*, des cabaretiers surtout, quelques ouvriers d'état, des manœuvres, des maraîchers, en un mot, tous ceux qui espéraient vivre de l'armée ; parmi eux, un assez grand nombre d'étrangers, notamment des Maltais ou des Espagnols. Des villes absolument nouvelles, comme Orléansville ou Ténès, se trouvèrent ainsi peuplées, en quelques mois, d'habitants, à la vérité, fort mélangés : première alluvion, souvent un peu boueuse, qui forme comme le sous-sol de toutes les colonies à leur début. De ce côté, il n'y avait qu'à laisser faire : nul besoin d'activer artificiellement l'immigration. Mais était-ce tout ce qu'il fallait à l'Algérie ? L'instinct public s'était promptement rendu compte que ce dont la colonie avait le plus besoin, ce n'était pas de trafiquants, ni même d'ouvriers d'état ; nous ne pouvions utiliser notre conquête qu'en y implantant des agriculteurs.

D'ordinaire, quand une nation entreprend une colonie de peuplement agricole, elle le fait dans un pays où, ne rencontrant devant elle qu'une population clairsemée, inférieure, aisément refoulable, elle est assurée de trouver beaucoup de terres, sinon vacantes, du moins d'une appropriation facile ; tels, par exemple, le Canada et l'Australie. Rien de pareil en Algérie. Les Arabes détenaient le sol, et ils étaient trop nombreux, trop énergiques, pour qu'on songeât à les supprimer ou à les déposséder ; trop fiers, trop orgueilleux, trop dressés au mépris des autres races, pour que les Européens pussent leur en imposer par le prestige d'une civilisation supérieure. A défaut de terres à occuper, en trouvait-on à acheter ? Pour la plus grande partie du sol, la propriété collective des tribus empêchait les achats individuels ; quant aux domaines assez rares appartenant à des particuliers, l'incertitude des titres de propriété était faite pour décourager tout acquéreur tant soit peu soucieux d'avoir une possession stable et sûre. Au cas où l'on parviendrait à surmonter ces obstacles, les terres du moins seraient-elles d'une exploitation facile et rapidement avantageuse? L'Algérie, autrefois l'un des greniers de Rome, avait été, depuis, stérilisée par l'occupation arabe. Nous ne pouvions lui rendre quelque chose de son ancienne fécondité qu'au prix d'un défrichement pénible dont il ne fallait pas espérer recueillir les bénéfices avant plusieurs années. Si l'on ajoute que le paysan français, par l'effet de notre organisation sociale et économique, était moins que tout autre disposé à émigrer, on se rendra compte que jamais colonisation ne s'était présentée dans des conditions aussi difficiles. On ne comprendrait même pas qu'elle eût été entreprise, si l'on ne se rappelait ce qu'il y avait eu d'accidentel, d'imprévu dans l'origine de cette conquête. Seul le point d'honneur, et non l'espérance d'un profit agricole ou commercial, avait déterminé la France d'abord à aller en Afrique, ensuite à y rester. Tout avait été peu à peu imposé par les circonstances; rien n'avait été le résultat d'un plan prémédité. C'était, la conquête faite, et faite, en quelque sorte, malgré soi, qu'il avait fallu chercher les moyens de l'utiliser. Est-il suprenant qu'on ait tâtonné et qu'on ait commencé par faire plus d'une école?

Dans les premières années de l'occupation, le gouvernement, qui ne savait même pas bien alors s'il garderait l'Algérie, ou du moins ce qu'il en garderait, ne s'était pas sérieusement préoccupé d'y installer des colons. Malgré tout, il s'était produit un certain courant d'immigration auquel la pacification apparente, suite du traité de la Tafna, avait imprimé quelque activité. Des colons, venus la plupart spontanément, s'étaient établis à peu de distance d'Alger, dans la Métidja, sur des terres qu'ils avaient acquises de Maures qui, malheureusement, n'en étaient pas toujours bien régulièrement propriétaires. Ce sont ces exploitations, dont quelques-unes étaient devenues promptement assez florissantes, qu'Abd el-Kader dévasta en 1839, quand il rouvrit soudainement les hostilités et pénétra jusqu'aux portes d'Alger, sans que le maréchal Valée pût l'arrêter. Dans cette année néfaste, les colons, mal protégés, ne virent pas seulement détruire leurs fermes; leur confiance aussi fut détruite. Les fermes auraient pu être facilement reconstruites, et quelques-unes le furent en effet; la confiance était beaucoup plus difficile à rétablir.

Au début du gouvernement du général Bugeaud, il n'y eut place que pour la guerre. Mais à peine nos troupes eurent-elles un peu refoulé Abd el-Kader et élargi le cercle des territoires soumis, que la question de colonisation se trouva de nouveau posée. Il ne semblait plus désormais qu'on pût attendre quelque chose d'efficace de l'initiative privée, découragée par l'échec de sa précédente tentative. C'était d'ailleurs l'idée alors régnante dans tous les pouvoirs publics, — civils ou militaires, métropolitains ou coloniaux, — qu'étant données les conditions de l'Algérie et les mœurs du cultivateur français, l'immigration agricole serait nulle et impuissante, si l'État ne lui tendait la main et ne se chargeait de lever lui-même une bonne partie des difficultés. De là le système de colonisation exclusivement administrative qui prévalut. L'État déterminait les zones où les Européens pouvaient s'installer sans embarras pour lui, sans péril pour eux, et les points où il convenait de créer des villages. Il se procurait aussi les terres qui pouvaient être livrées aux particuliers et qu'il leur garantissait être à l'abri de toute revendication; il en avait d'ailleurs une certaine quantité immédiatement disponible; c'étaient celles de l'ancien domaine beylical dont il était devenu propriétaire par l'effet de la conquête. Au lieu d'appeler pour ces terres des acheteurs qu'il croyait introuvables ou dont il se défiait, il les offrait en concessions gratuites, et souvent même promettait en outre une certaine aide pour l'installation et la mise en train de l'exploitation. Par contre, il se réservait de choisir ceux qu'il admettrait, et leur imposait, pour assurer la mise en valeur des terrains, des conditions fort compliquées. Jusqu'à ce que ces conditions fussent accomplies, les concessionnaires n'étaient que des détenteurs à titre provisoire et précaire, placés sous la surveillance incessante et en quelque sorte sous la tutelle de l'administration, tutelle aussi gênante à subir que lourde à exercer.

Ainsi furent créés, de 1842 à 1845, principalement aux environs d'Alger, dans le massif du Sahel et dans la plaine de la Métidja, une trentaine de villages. A la fin de 1844, on comptait 1,765 familles concessionnaires, dont 133 avaient rempli les conditions imposées et reçu leurs titres définitifs; les dépenses effectuées par ces 133 familles étaient évaluées à 1,020,940 francs. Environ 100,000 hectares avaient été distribués; la plupart, il est vrai, étaient encore en friche. Chaque année, le nombre des demandes de concessions augmentait : il dépassait 2,000 en 1845. Jamais on n'avait fait autant, ni procédé si méthodiquement pour la colonisation rurale. Mais, s'il y avait un progrès notable par rapport à ce qui avait précédé, le résultat, en soi, était encore bien maigre. Qu'était-ce que cette poignée de cultivateurs ou prétendus tels, comparés aux 90,000 Européens déjà établis, à cette même époque, dans Alger et dans les autres villes de la colonie? Qu'était-ce, surtout, que les quelques milliers d'hectares cultivés, par rapport à l'immense territoire qu'il s'agissait de mettre en valeur? Au moins, le peu qu'on avait fait était-il bien fait? Arrivés plein d'espoir, d'illusion, les colons s'étaient aussitôt trouvés aux prises avec les difficultés d'un défrichement singulièrement pénible, coûteux et malsain. Le Sahel, notamment, où avaient été installés la plupart des concessionnaires, était alors une lande sauvage, aride, désolée, couverte de ces terribles palmiers nains dont l'extraction était faite pour user tous les outils et lasser tous les courages; il avait été laissé tout à fait inculte par les Arabes, peu soucieux du voisinage des Turcs d'Alger. L'emplacement des nouveaux villages, fixé par des considérations purement stratégiques, n'assurait trop souvent au colon ni eau potable pour sauvegarder sa santé, ni routes pour aller vendre les produits de son exploitation. Le sol de la Métidja, plus facile et plus fertile que celui du Sahel, n'était pas moins meurtrier quand on le remuait pour la première fois. Combien de villages où périrent, en peu d'années, plusieurs couches de colons! Boufarik, par exemple, aujourd'hui l'un des points les plus sains et les plus charmants de cette plaine, était alors un foyer de miasmes si pestilentiels qu'une sorte d'épouvante avait fini par s'attacher à son nom. Pour surmonter tant d'obstacles, il eût fallu chez les immigrants beaucoup d'énergie morale et de ressources matérielles. Or, c'est précisément ce qui manquait au personnel qu'attirait la gratuité des concessions et que ne rebutait pas la tutelle administrative. Ce personnel était généralement pauvre, maladroit, de nature un peu mendiante et geignante, attendant tout de l'administration dont il se savait le pupille, s'en prenant à elle de chacune de ses déceptions, prompt à se dégoûter d'une terre qu'il n'avait pas payée de ses deniers, sur laquelle il n'exerçait pas les droits et pour laquelle il n'éprouvait pas les sentiments du propriétaire. En somme, la plupart des villages, sauf quelques-uns par hasard mieux placés que les autres, avaient peu réussi, certains d'entre eux offraient même un spectacle lamentable. L'abbé Landmann écrivait, après les avoir visités, à la fin de 1844 : « Je n'ai trouvé presque partout que découragement et misère profonde[1]. » Les commissions des crédits à la Chambre des députés, volontiers maussades pour tout ce qui regardait l'Algérie, constataient ces échecs et s'en faisaient un grief.

V

Au milieu de tant d'entreprises de colonisation avortées ou tout au moins incertaines, un fait se détache, qui est, au contraire, un succès : c'est la fondation de la Trappe de Staouëli, renouvelant, en plein dix-neuvième siècle, les merveilles des grands couvents défricheurs du commencement du moyen âge[2]. L'idée première en était venue à M. de Corcelle, en 1841, au retour d'un voyage en Afrique, dont j'ai déjà eu occasion de parler, et qui avait été l'origine de sa liaison avec le géné-

---

[1] *Mémoire sur la colonisation de l'Algérie* (1845).
[2] Pour tout ce qui a trait à cette fondation, je me suis servi principalement de la *Vie de dom François Régis*, par l'abbé BERSANGE.

ral Bugeaud[1]. Il avait rapporté de ce voyage la conviction que la colonie ne pouvait réussir qu'en devenant chrétienne et agricole. N'était-ce pas répondre directement à ce double besoin que d'y établir des moines qui se trouvaient être en même temps des cultivateurs? Voisin des Trappistes, dans le département de l'Orne, M. de Corcelle les avait vus à l'œuvre et savait ce dont ils étaient capables. Il exposa son projet dans un mémoire adressé au gouvernement; après y avoir montré combien il importait de rendre l'Algérie catholique, pour qu'elle demeurât française, il ajoutait : « Sous ce rapport, l'introduction d'une congrégation religieuse dans les cultures de l'Algérie serait assurément très salutaire. Les Trappistes, par exemple, apporteraient là une expérience agricole fort précieuse et surtout des exemples de sainteté de nature à émouvoir vivement l'imagination des indigènes... » Si nouvelle qu'une pareille idée fût pour le maréchal Soult, il la prit tout de suite à cœur. A tel de ses collègues qui s'effarouchait de voir le gouvernement protéger des congréganistes : « Ce ne sont pas des congréganistes, répondait-il, que j'envoie à Alger, ce sont des colons de la meilleure espèce, des colons qui ne parlent pas, mais qui agissent. » L'adhésion du ministre de la guerre ne suffisait pas; il fallait aussi celle du gouverneur général de l'Algérie. M. de Corcelle lui écrivit à ce sujet. « Essayez mes Trappistes, lui disait-il; je vous supplie d'introduire cette goutte de sainteté dans la caverne africaine. » Le général Bugeaud, alors très engoué d'un projet de colonisation au moyen de soldats mariés, projet sur lequel j'aurai à revenir, ne fut pas d'abord sans prévention contre les « célibataires » qu'on lui proposait; toutefois, il se rendit vite et promit son concours.

Ainsi approuvée par les deux chefs supérieurs, à Paris et à Alger, il semblait que la fondation ne dût plus rencontrer d'obstacles administratifs. Mais il fallut compter avec l'indifférence nonchalante ou même avec la malveillance tracassière

---

[1] Voir plus haut, t. V, p. 350.

des bureaux et des sous-ordres; il fallut compter aussi avec la timidité d'un gouvernement qui hésitait à braver les préjugés alors ravivés contre les congrégations par les controverses sur la liberté de l'enseignement. Le maréchal Soult lui-même, tout en persistant à protester de sa bonne volonté personnelle, expliquait aux Trappistes qu'il craignait, en se montrant trop favorable, « d'ameuter contre eux les aboyeurs de la Chambre ». De là des difficultés qui retardèrent pendant longtemps la solution et firent même parfois douter qu'on pût jamais aboutir. Cependant, le zèle de M. de Corcelle et de quelques autres personnes qui s'intéressaient à son projet finit par obtenir du ministre de la guerre l'ordre exprès de « terminer cette affaire, tout obstacle cessant », et l'acte de concession fut signé le 18 juillet 1843.

Les religieux se mirent aussitôt à l'œuvre. Les débuts furent très durs. Staouëli était situé dans le Sahel, et l'on sait combien le défrichement y était pénible et meurtrier. Tous les moines furent frappés par la fièvre, sur ce champ de bataille qu'aucun d'eux ne songea à déserter. Avant l'expiration de la première année, dix étaient morts, dont sept en trois mois. En même temps, l'argent manquait : pour une cause ou pour une autre, des subventions promises soit par le gouvernement, soit par des couvents de France, firent défaut. Plusieurs fois, on put croire qu'il faudrait interrompre les travaux.

La jeune Trappe avait heureusement à sa tête l'homme le mieux fait pour triompher de ces obstacles. C'était dom François Régis, nature vaillante entre toutes, l'un de ces capitaines qui savent obtenir de leurs soldats des prodiges d'héroïsme. Aux plus rudes moments, quand tous les religieux et lui-même étaient brisés par la maladie, il donnait l'exemple d'une énergie invincible : « Allons, mon frère, disait-il à chacun de ses compagnons, un peu de cœur! C'est pour le bon Dieu! » Si mal que les choses parussent aller, si anxieux qu'il fût lui-même au fond, il n'admettait pas qu'on se laissât gagner par la tristesse; il voulait qu'on « mangeât joyeusement le pain de chaque jour ». Ce n'était pas un de ces moines dont la

vue se borne aux murs de leur couvent. Bien que très vertueux
et très avancé dans la vie intérieure, il savait regarder au
dehors et s'y créer des appuis. Au premier besoin, botté et
éperonné, il montait à cheval et galopait jusqu'à Alger, ou
même, dans les grands périls, il n'hésitait pas à traverser la
mer et à parcourir la France. Caractère indépendant et fier,
très franc et parfois presque brusque d'allure, il était cependant un solliciteur incomparable; il avait le don d'aplanir les
difficultés, de gagner les bonnes grâces, de vaincre les résistances. Tous ceux auxquels il avait ainsi affaire, depuis les
employés de bureau et les simples soldats jusqu'aux généraux
et aux ministres, étaient surpris et charmés de trouver dans
ce moine austère une parole vive, prompte aux saillies d'un
accent toujours généreux, une droiture ouverte, une belle
humeur affable, une sorte de familiarité cordiale qui laissait
cependant intacts le caractère et la dignité du religieux. Les
militaires surtout étaient absolument conquis.

Au premier rang des amis que s'était ainsi faits l'abbé de
Staouëli, il convient de nommer le maréchal Bugeaud. Rien
ne subsistait plus de ses préventions premières. « Quand vous
aurez de grosses difficultés, avait-il dit à dom François Régis,
venez me trouver. » L'abbé ne manquait pas de le faire. Qu'il
fallût écarter quelque obstacle administratif ou triompher des
hésitations d'un évêque, il trouvait toujours le gouverneur
général prêt à lui venir en aide. Mêmes sentiments chez les
autres chefs militaires, par exemple chez le général de La
Moricière, plusieurs fois gouverneur par intérim. Le duc d'Aumale témoigna aussi sa sympathie au religieux et eut même
occasion de lui donner un conseil dont la précoce maturité le
frappa vivement : c'était en novembre 1843, à un moment où
tout semblait se réunir pour faire échouer l'entreprise. Dom
François Régis avait laissé voir au duc quelque velléité de
transporter au moins partiellement ses efforts sur un terrain
plus favorable. « Sera-ce au religieux de la Trappe, répondit
le jeune prince, alors seulement âgé de vingt-deux ans, qu'il
faudra prêcher la patience et la persévérance? Vous datez

d'hier, et vous voulez déjà avoir réussi. C'est trop tôt vous décourager... Soyez ici constants, comme vous l'êtes ailleurs; soyez-le plus qu'ailleurs, et vous réussirez. » Ces amis de haut rang n'étaient pas les seuls que se fût acquis le vaillant et aimable abbé; il en compta beaucoup d'autres, plus humbles, mais non moins dévoués ni moins efficaces, parmi les officiers de divers grades qui se trouvaient, par leurs fonctions, en rapport avec la Trappe [1].

Ainsi secondée, la courageuse persévérance des Trappistes finit par surmonter les obstacles devant lesquels succombaient, autour d'eux, tant d'immigrants européens. En 1845, deux ans après leur installation, la meurtrière bataille qu'ils livraient au sol, bien que non complètement terminée [2], pouvait être considérée comme d'ores et déjà gagnée. Les résultats acquis étaient considérables : les bâtiments essentiels étaient construits, l'exploitation en train, et une grande étendue de terrain mise en culture. Cette transformation faisait l'étonnement des visiteurs, chaque jour plus nombreux. Staouëli devenait l'une des principales curiosités de l'Algérie. Le maréchal Bugeaud voulut en juger par lui-même. Le 14 août 1845, il arriva à l'improviste au monastère, visita tout en détail, mêla quelques conseils à beaucoup d'éloges et s'en retourna le soir, plein d'admiration pour un travail si fécond et pour une si héroïque austérité. Peu de jours après, le *Moniteur algérien* racontait la visite du maréchal et faisait connaître sa satisfaction. Dans le succès des Trappistes, il y avait plus que le résultat matériel; il y avait, pour les autres colons, un exemple instructif et consolant, un voisinage bienfaisant, et surtout la prédication chrétienne qui agit le plus, celle de la

---

[1] Citons entre autres le colonel Marengo, fort mêlé alors aux entreprises de colonisation. On racontait ainsi l'origine de son nom : le Premier consul, l'ayant remarqué à Marengo, où il était simple soldat, l'avait fait sortir des rangs : « Comment t'appelles-tu? — Mon général, c'est à peine si j'ose vous le dire, je m'appelle Capon. — Tu te nommeras désormais Marengo », avait répondu Bonaparte. Le colonel Marengo demanda aux Trappistes, auxquels il avait montré tant de dévouement, d'être enterré dans leur cimetière.

[2] Par exemple, dans l'hiver 1846-1847, onze religieux succombèrent en quelques mois.

vertu en action. Les Arabes n'étaient pas les derniers à en être frappés et à témoigner de leur respect pour les nouveaux « marabouts ». La « goutte de sainteté », demandée par M. de Corcelle, commençait à faire sentir son effet.

Le maréchal Bugeaud n'était pas homme à s'en effaroucher : bien au contraire. Il comprenait de quel secours pouvait être pour son œuvre l'action catholique. D'autres religieux que les Trappistes eurent aussi à se louer de lui. Les Jésuites avaient été des premiers à suivre notre armée à Alger. L'un d'eux, le P. Brumauld, fonda, aux portes de la ville, un orphelinat dont le gouvernement prisait très haut les services et qu'il subventionnait. Le maréchal, cependant, n'avait pas été, à l'origine, sans partager un peu les préjugés alors régnant contre la Compagnie de Jésus. Un jour qu'il la traitait assez mal en paroles, devant ses aides de camp, l'un d'eux l'interrompit : « Nous vous avons pourtant entendu dire beaucoup de bien du P. Brumauld. — Ah! mais, oui. — Eh bien! le P. Brumauld est un Jésuite. — Un Jésuite, le P. Brumauld? — Assurément. » Déconcerté, le maréchal garda un moment le silence, puis s'écria : « Fût-il le diable, il fait le bien. » C'était un des traits de son caractère, de ne pas fermer les yeux à la vérité. Aussi, peu après, irrité de voir le *Journal des Débats* s'associer à la violente campagne alors ouverte contre les Jésuites, il lui adressa d'Alger, le 24 juin 1843, la lettre suivante : « J'ai été peiné de l'article sur les Jésuites que j'ai lu dans votre numéro du 13 juin. Vous savez bien que je ne suis ni Jésuite ni bigot; mais je suis humain et j'aime à faire jouir tous mes concitoyens, quels qu'ils soient, de la somme de liberté dont je veux jouir moi-même. Je ne puis vraiment m'expliquer la terreur qu'inspirent les Jésuites à certains membres de nos assemblées... Quant à moi, qui cherche, par tous les moyens, à mener à bonne fin la mission difficile que mon pays m'a confiée, comment prendrais-je ombrage des Jésuites, qui, jusqu'ici, ont donné de si grandes preuves de charité et de dévouement aux pauvres émigrants qui viennent en Algérie, croyant y trouver une terre promise, et qui n'y rencontrent, tout d'abord, que déceptions, maladies et souvent la mort? Eh bien! oui, ce sont les Sœurs de Saint-Joseph et les Jésuites qui m'ont puissamment aidé à secourir ces affreuses misères que l'administration, avec toutes les ressources dont elle dispose, est complètement insuffisante à soulager. Les Sœurs de Charité ont soigné les malades qui ne trouvaient plus de place dans les hôpitaux et se sont chargées des orphelines. Les Jésuites ont adopté les orphelins. Le P. Brumauld, leur supérieur, a acquis, moyennant 120,000 francs, une vaste maison de campagne entourée de 150 hectares de terre cultivable, et là, il a recueilli plus de 130 orphelins européens qui, sous la direction de différents professeurs, apprennent les métiers de laboureur, jardinier, charpentier, menuisier, maçon. Il sortira de là des hommes utiles à la colonisation, au lieu de vagabonds dangereux qu'ils eussent été. Sans doute, les Jésuites apprendront à leurs orphelins à aimer Dieu. Est-ce un si grand mal? Tous mes soldats, à de rares exceptions près, croient en Dieu, et je vous affirme qu'ils ne s'en battent pas avec moins de courage... Pour moi, gouverneur de l'Algérie, je demande à conserver *mes* Jésuites, parce que, je vous le répète, ils ne me portent nullement ombrage et qu'ils concourent efficacement au succès de ma mission. Que ceux qui veulent les chasser nous offrent donc les moyens de remplacer les soins gratuits et la charité de ces terribles fils de Loyola. Mais je les connais; ils déclameront et ne feront rien que grever le budget colonial, sur lequel ils commenceront par prélever leurs bons traitements, tandis que les Jésuites ne nous ont rien demandé que la tolérance [1]. » Six ans plus tard, au moment de la mort du maréchal Bugeaud, le P. Brumauld l'appellera « son plus grand bienfaiteur, son père, le grand-père bien-aimé de ses orphelins [2] ».

Cette attitude du maréchal contrastait heureusement avec l'indifférence que, dans les premières années de l'occupation, les autorités algériennes avaient témoignée pour les choses religieuses. C'est qu'en effet, sous ce rapport, la situation s'était

---

[1] D'Ideville, *Le maréchal Bugeaud*, t. III, p. 310.
[2] *Ibid.*, p. 311.

améliorée. La part du culte catholique, dans le budget de la colonie, originairement de 9,000 francs, atteignait maintenant 150,000 francs. Grâce à la création de l'évêché d'Alger en 1838, la vie chrétienne, nulle jusqu'alors, s'était développée. Au lieu des rares prêtres et des trois ou quatre chapelles misérables que Mgr Dupuch avait trouvés en Algérie, quand il avait pris possession de son siège épiscopal, on comptait, en 1845, dans le nouveau diocèse, 91 prêtres, 60 églises ou chapelles, un séminaire, plusieurs établissements hospitaliers ou scolaires fondés par des congrégations, des associations de piété et de charité. Toutefois, celui qui mesurait l'étendue des besoins était plus frappé encore de ce qui manquait. Cent cinquante mille francs pour le culte catholique, sur un budget total de cent trente millions, n'était-ce pas une proportion misérable, dans un pays où tout était à créer? Que de lieux où les immigrants et les soldats étaient absolument sans secours religieux! Dans la plupart des villages qu'elle avait établis, l'administration ne s'était pas inquiétée de bâtir une église. Les visiteurs recueillaient, à ce propos, de la bouche des colons, plus d'une plainte. « Point d'église, point d'école! disait l'un d'eux; nous sommes comme des animaux. Si nous avions une chapelle, une clochette, on pourrait se rappeler comment on a été élevé[1]. » L'administration ne se bornait pas à ne pas faire; par routine tracassière et ombrageuse, elle gênait la libre initiative du clergé. Malheureusement, le premier évêque, Mgr Dupuch, n'avait pas autant d'esprit de conduite que de zèle, de prudence que de générosité. Sa charité téméraire et imprévoyante le fit tomber dans des embarras pénibles et compromettants. Aux prises avec quatre cent mille francs de dettes qu'il ne pouvait payer, il se vit réduit à donner sa démission, vers la fin de 1845. Il ne le fit pas sans élever la voix

---

[1] Récit de M. de Bussière. (*Revue des Deux Mondes* du 1er novembre 1853, p. 497.) — Le général de La Moricière demandait aux colons du Sig pourquoi leur village ne grandissait pas : « Ce qui nous manque, lui répondit une bonne femme, c'est de ne pas entendre le son des cloches. » (*Le général de La Moricière*, par M. KELLER, t. II, p. 30.)

contre le gouvernement, auquel il reprochait de ne l'avoir pas soutenu et même de l'avoir entravé. Son successeur, Mgr Pavy, eut son zèle avec plus de sagesse. Le maréchal Bugeaud le prit tout de suite fort en gré. « Tenez, monseigneur, lui dit-il un jour brusquement, si vous n'étiez évêque, je vous voudrais soldat ! Près de moi, sur un champ de bataille, quel bon général vous feriez ! » L'évêque allait-il visiter, dans une de ses tournées pastorales, quelques-uns des villages créés par l'administration, le gouverneur se hâtait de l'en remercier. « C'est ainsi, lui écrivait-il, que l'on console et que l'on encourage les exilés de la patrie, en leur montrant des sentiments paternels, en même temps qu'on leur offre les secours de la religion [1]. » A Paris également, il était, dans le gouvernement, des esprits assez clairvoyants et élevés pour comprendre combien la religion était nécessaire en Algérie, et pour se rendre compte que, sous ce rapport, il y avait beaucoup à réparer. « Cette année, pour la première fois, écrivait M. Guizot à M. Rossi, le 8 mars 1846, je vais prendre à mon compte cette question de l'Algérie, si grande et si lourde. J'attache à l'établissement religieux beaucoup d'importance ; je crois qu'il en acquerra beaucoup, et cela me plaît personnellement de ressusciter le christianisme en Afrique [2]. »

VI

Staouëli montrait ce qu'avec beaucoup d'énergie et de persévérance on pouvait faire du sol algérien. L'enseignement venait fort à propos, en présence du découragement que tant d'autres insuccès devaient produire. Toutefois, les conditions de cette entreprise monacale étaient trop exceptionnelles pour qu'on y trouvât la solution, jusqu'alors vainement cherchée, du problème de la colonisation algérienne. Où était donc cette

[1] D'Ideville, t. III, p. 308 et 309.
[2] *Documents inédits*.

solution? Le maréchal Bugeaud croyait le savoir. Il avait un système à lui qu'il jugeait le seul capable de lever toutes les difficultés et dont il attendait des merveilles. Convaincu que les échecs subis venaient de ce qu'on avait eu affaire à des colons civils, « cohue désordonnée, sans force d'ensemble, parce qu'elle était sans discipline », il voulait faire appel à la « colonisation militaire » : application nouvelle du principe posé par lui que « l'armée était tout en Algérie ». A l'entendre, on pouvait trouver facilement, chaque année, parmi les soldats devant encore trois ans de service, un grand nombre d'hommes disposés à s'établir en Afrique. Un congé leur serait accordé pour aller chercher femme en France. L'État leur fournirait le sol, les matériaux, les instruments, le bétail. Dans chaque village, tout devait être possédé en commun jusqu'à l'expiration des trois ans. Embrigadés, commandés, soumis à la discipline militaire, les hommes continuaient, pendant ces trois ans, à faire partie de l'armée : il n'y avait de changé que leur mode de service. Dans les saisons où la culture ne les occuperait pas, ils seraient employés aux travaux publics. En cas de guerre, ils se trouveraient tout organisés et encadrés pour faire face au péril. A l'expiration des trois ans, on procéderait à la liquidation de la communauté : l'État se ferait rembourser de ses avances ; le surplus serait divisé en autant de lots que de copartageants, et les lots tirés au sort. Le maréchal estimait qu'en quelques années on établirait ainsi un grand nombre de familles, composées d'éléments énergiques et disciplinés, dont la présence assurerait la soumission de la colonie en même temps que la culture du sol, et permettrait de réduire de moitié l'armée d'occupation. Par là donc, il prétendait résoudre, à la fois, le problème agricole et le problème militaire.

Il y avait longtemps que le maréchal Bugeaud rêvait de ce mode de colonisation. Avant de commander à Alger, en 1838, il avait fait paraître une brochure intitulée : *De l'établissement de légions de colons militaires dans les possessions françaises du nord de l'Afrique, suivi d'un projet d'ordonnance adressé au gouvernement et aux Chambres*. Une fois gouverneur général, il ne manqua pas une occasion de revenir sur sa thèse favorite. Discours à la Chambre, mémoires au ministre, toasts dans les banquets, brochures, articles de journaux, correspondance avec les personnages influents, tout était employé par lui pour tâcher de gagner à ses idées le gouvernement et l'opinion. Dans l'ardeur de sa conviction, il ne craignait pas de proposer tout de suite une opération gigantesque, l'établissement, chaque année, de dix mille soldats colons, soit, en dix ans, de cent mille familles. Il n'évaluait pas la dépense à moins de 350 millions et reconnaissait même bientôt qu'elle pourrait s'élever au double. Il faisait entrevoir, à la vérité, comme compensation à cette charge, une réduction prochaine de l'armée d'Afrique, soit une économie annuelle de 40 millions. Quant à la colonisation civile, il se défendait de vouloir la supprimer entièrement, et lui laissait, sur la côte, une bande de terrain large de douze à quinze lieues : c'était au delà, dans l'intérieur des terres, qu'il entendait placer ses villages de soldats.

En attendant une mesure générale que seuls les pouvoirs publics avaient qualité pour décréter, le maréchal, de sa propre autorité, avait fait un très petit essai de son système. En 1842 et 1843, il avait fondé trois villages militaires, deux dans le Sahel, un dans la Métidja. Sur sa demande, le maire de Toulon s'était occupé de trouver des femmes pour les soldats colons, et ceux-ci étaient allés en France se marier, comme ils eussent accompli toute autre corvée commandée : la chose prêta à rire, et il ne paraît pas qu'une fois la dot mangée, les époux aient fait bien bon ménage. Ce ne fut pas le seul déboire du maréchal. Au bout de peu de temps, les colons, absolument dégoûtés du travail en commun et de la propriété collective, le supplièrent de les « désassocier[1] ». En 1845, sur les trois villages, deux étaient aussi misérables que les villages civils voisins : c'étaient ceux du Sahel; seul, celui qui était dans la Métidja devait à l'avantage de sa situation d'être assez prospère.

---

[1] Plus tard, en 1849, le maréchal Bugeaud a raconté lui-même plaisamment l'essai malheureux qu'il avait fait de la propriété collective, et il s'en est servi comme d'un argument contre les socialistes et les communistes.

Rien donc, dans ces premiers résultats, qui pût détruire les préventions existant contre le système du maréchal Bugeaud. On faisait remarquer que des mariages accomplis comme une manœuvre de champ de Mars n'étaient pas une façon bien sérieuse de constituer les familles, condition première de toute bonne colonisation. On demandait ce que deviendrait la sujétion disciplinaire sur laquelle le maréchal fondait tout son système, lorsque, au bout de trois ans, les soldats seraient libérés et redeviendraient des citoyens comme les autres. Enfin, on insistait sur l'énormité des frais, et la franchise peu adroite avec laquelle le maréchal avait tout de suite parlé d'une dépense de plus de 300 millions, donnait beau jeu à ses adversaires. Ce n'était pas la Chambre qui se montrait le moins hostile. Les commissions des crédits se prononcèrent à plusieurs reprises dans leurs rapports contre toute opération de ce genre[1]. Quant au cabinet, il répugnait visiblement à s'engager dans cette voie. Le maréchal Soult ne cachait pas qu'il y était opposé. M. Guizot, d'ordinaire le principal soutien du maréchal Bugeaud dans les conseils du gouvernement, ne croyait pas pouvoir proposer à ses collègues plus qu'un essai limité et peu coûteux ; encore n'était-il pas sûr de l'obtenir et le demandait-il moins par goût pour la colonisation militaire que par égard pour son promoteur.

Le gouverneur général n'était pas homme à reculer devant des oppositions, si nombreuses qu'elles fussent. Il se montrait, au contraire, chaque jour plus confiant dans son idée. Le ministère se refusant ou hésitant à se mettre en mouvement, il tenta de l'entraîner, en prenant audacieusement les devants. Le 9 août 1845, il adressa cette circulaire à tous les généraux sous ses ordres : « Général, j'ai lieu de regarder comme très prochain le moment où nous serons autorisés à entreprendre un peu en grand les essais de colonisation militaire. Les conditions sont détaillées ci-après. Invitez MM. les chefs de corps à les faire connaître à leurs subordonnés et à vous adresser,

---

[1] Voir notamment le rapport de M. Vatout, du 13 mai 1843, et celui de M. Magne, du 16 mai 1845.

aussitôt qu'il se pourra, l'état des officiers, sous-officiers et soldats qui désirent faire partie des colonies militaires. » Suivait une série d'articles organisant d'une façon complète ces colonies, absolument comme si le principe en avait été adopté et qu'il s'agît seulement de l'appliquer. Aussitôt cette circulaire connue à Paris, l'émotion fut grande dans le cabinet, dans les Chambres, dans le public. « Pacha révolté », s'écria la *Presse*. M. Guizot, bien qu'habitué aux incartades du maréchal, ne put s'empêcher de trouver celle-ci un peu forte. Il fit insérer dans le *Journal des Débats* une note officieuse qui, avec des précautions de langage, remettait à son rang le gouverneur trop indépendant et lui rappelait « qu'il y avait à Paris un gouvernement et des Chambres ». En même temps, il lui écrivit une lettre de reproches affectueux. « Peut-être avez-vous cru, lui disait-il, lier d'avance et compromettre sans retour le gouvernement dans cette entreprise ainsi étalée tout entière dès les premiers pas. C'est une erreur, mon cher maréchal. » Et il lui montrait que le seul résultat de son initiative était « d'embarrasser grandement ses plus favorables amis », ceux qui, à ce moment, travaillaient et avaient si grand'peine à faire accepter l'idée d'un essai partiel. Le maréchal sentit qu'il était allé trop loin ; il fit publier par le *Moniteur algérien* un article destiné à atténuer la circulaire. Dans sa réponse à M. Guizot, il s'excusa tant bien que mal. « Cette circulaire, lui écrivait-il, ne devait avoir aucune publicité... Je dois dire aussi que les termes en étaient trop positifs ; j'aurais dû mettre partout les verbes au conditionnel ; au lieu de dire : *Les colons recevront, etc.*, j'aurais dû dire : *Si le gouvernement adoptait mes vues, les colons recevraient, etc.* Changez le temps du verbe, et vous ne verrez plus qu'une chose simple, une investigation statistique qui est dans les usages du commandement et destinée à éclairer le gouvernement lui-même [1]. »

---

[1] *Mémoires de M. Guizot*, t. VII, p. 194 à 198.

VII

Si les oppositions que rencontrait le maréchal Bugeaud ne l'ébranlaient pas dans sa conviction, elles le fatiguaient, l'irritaient. Il y voyait volontiers une sorte d'ingratitude. Plus que jamais, d'ailleurs, il se croyait en butte à une malveillance systématique de la part du maréchal Soult et des bureaux du ministère de la guerre. Il accusait notamment ces bureaux d'inspirer et de subventionner le journal *l'Algérie,* qui, de Paris, lui faisait une guerre acharnée, et dont les attaques trouvaient souvent écho dans les autres feuilles de la capitale [1]. Ces piqûres de presse mettaient parfois hors de lui le peu patient gouverneur. Ainsi en était-il, par exemple, quand l'*Algérie,* par un calcul plein de malice, exaltait ses lieutenants, La Moricière, Bedeau et surtout le duc d'Aumale.

Non sans doute que le maréchal ne fût le premier à proclamer les hautes qualités du vainqueur de la Smala. En 1843, il lui aurait fait confier, malgré sa jeunesse, l'intérim du gouvernement général, si le Roi, sur la demande même de son fils, ne se fût opposé à une élévation trop rapide [2]. Bien souvent depuis, dans ses conversations comme dans ses lettres, il s'était plu à saluer dans le duc d'Aumale son futur successeur [3].

---

[1] L'*Algérie*, fondée à Paris, en 1843, pour être hors de la portée du gouverneur général, paraissait six fois par mois, les jours qui correspondaient aux départs des courriers d'Algérie.

[2] Voir entre autres une lettre du Roi au duc d'Aumale, en date du 2 juin 1843, publiée par la *Revue rétrospective*.

[3] Le maréchal écrivait, le 23 octobre 1843, à M. Blanqui : « Je désire qu'un prince me remplace ici... Le duc d'Aumale est et sera chaque jour davantage un homme capable. » (*Mémoires de M. Guizot*, t. VII, p. 236.) Vers ce même temps, il s'exprimait ainsi dans une conversation de bivouac : « Je place très haut les talents militaires et administratifs de mes trois lieutenants : Changarnier, La Moricière et Bedeau. Eh bien, si j'avais à faire le choix de mon successeur au gouvernement de l'Algérie, je n'hésiterais pas à désigner Mgr le duc d'Aumale, dans lequel se trouvent réunies les qualités qui constituent le chef d'armée et l'administrateur. Il a la décision prompte, le courage entraînant, le corps infatigable et l'amour du travail, le tout dirigé par une haute intelligence et un ferme

Mais n'est-ce pas quelquefois à l'endroit de leurs héritiers que les vieillards se montrent le plus ombrageux? Ce fut principalement à l'occasion du commandement que le prince venait d'exercer, pendant quelque temps, dans la province de Constantine, que l'*Algérie* essaya de l'opposer au gouverneur. Il ne faut pas oublier que cette province se trouvait dans une situation à part. Ayant échappé à l'action d'Abd el-Kader, elle était passée, sans interruption, de la domination des Turcs à celle de la France, et les Arabes, habitués à obéir, nous avaient acceptés sans trop de peine. Il en était résulté, presque dès le lendemain de la prise de Constantine, une pacification relative qui contrastait avec la guerre acharnée dont les deux autres provinces étaient le théâtre. L'armée n'y avait guère que des courses de police à faire : aussi, sur cent mille hommes de troupes qui, depuis 1840, étaient en Algérie, quatorze à dix-huit mille suffisaient pour la province de Constantine. Il est vrai que, sur plus d'un point de cette région, nous n'exercions qu'une sorte de souveraineté, parfois même un peu nominale. Absorbé par sa lutte contre Abd el-Kader, le maréchal Bugeaud ne regardait guère à ce qui se passait dans l'est de la colonie, et les généraux qui y commandaient étaient à peu près livrés à eux-mêmes. Par une heureuse fortune, deux d'entre eux, le duc d'Aumale et son successeur, le général Bedeau, se révélèrent des administrateurs éminents. L'*Algérie* n'avait pas tort quand elle faisait d'eux un très grand éloge. Mais où elle devenait injuste, c'est quand elle donnait à entendre que le maréchal Bugeaud aurait pu obtenir la même pacification dans les provinces d'Alger et d'Oran, s'il avait su gouverner et administrer, au lieu de ne savoir que batailler. Si peu fondée qu'elle fût, cette insinuation n'était pas sans rencontrer quelque crédit dans l'opinion, qui connaissait mal les

bon sens. Joignez à cela le prestige dont l'entoure, aux yeux de tous et des Arabes surtout, son titre de fils du sultan de France, et vous aurez en lui le gouverneur qui fera de l'Algérie un royaume prospère. » (*Trente-deux ans à travers l'Islam*, par Léon ROCHES, t. II, p. 438.) L'année suivante, le maréchal exprimait de nouveau la même idée, dans une lettre à M. Guizot. (*Mémoires de M. Guizot*, t. VII, p. 237.)

faits, et dans la Chambre, toujours impatiente de mettre un terme aux sacrifices d'hommes et d'argent qu'on lui demandait pour l'Algérie.

Le maréchal ne pouvait soupçonner le duc d'Aumale ni le général Bedeau d'être pour quelque chose dans ces comparaisons ; mais elles ne lui en étaient pas moins fort déplaisantes. Il en était même venu, sur ce sujet, à un état de susceptibilité qui lui faisait voir des adversaires jusque chez ses plus sûrs amis. Vers la fin de la session de 1845, M. de Corcelle ayant, dans un de ses discours, loué l'administration du duc d'Aumale et mis en relief le bon état de la province de Constantine, Bugeaud se crut visé et lui envoya aussitôt ce que l'honorable député appelait plaisamment, dans sa réponse, un « bouquet de mitraille ». Le maréchal laissait voir, avec une sorte de naïveté, où il se sentait blessé. « Je ne suis pas jaloux, je vous le jure, écrivait-il, des éloges qu'on donne à mes lieutenants ; je suis heureux de voir louer un prince que j'aime ;... mais je ne puis admettre que ce qu'ils ont fait de louable se soit opéré sans ma participation... S. A. R. le duc d'Aumale n'a pas pris une seule mesure administrative sans m'avoir préalablement consulté... Il n'a rien changé au fond des choses... Il n'a fait qu'adopter des mesures d'ordre, de surveillance, de régularité ; il me les a soumises, et je les ai approuvées. » Le maréchal déclarait que « tout cela le décourageait », qu'il ne « se sentait plus la force de se donner tant de peine, tant de soucis, pour être ainsi jugé ». « Je ne suis pas du tout éloigné, ajoutait-il, de remettre aux mains des *hommes nouveaux* que vante l'*Algérie* et que moi-même j'estime certainement à leur valeur qui est très réelle, le soin des destinées de notre conquête. » Et dans une autre lettre : « Vous me dites que je ne sais pas souffrir la contrariété, parce que je suis entouré d'amis qui m'approuvent toujours... Il n'y a pas d'homme en France qui soit plus contrarié que moi. » Puis, revenant sur le « parallèle fort blessant » dont il se plaignait : « Comment, demandait-il, pouviez-vous croire que je m'entendrais dire de sang-froid que je ne suis pas le gouverneur de l'Algérie, que j'administre très mal la portion du pays qui est sous ma main, pendant que mes lieutenants font très bien sans ma participation[1]? »

M. de Corcelle n'eut pas de peine à se justifier, et il ne le fit pas sans dire quelques utiles vérités à son illustre, mais trop ombrageux ami. « Vous avez, lui écrivait-il, à vous méfier beaucoup de vos premiers mouvements, lorsque vous rencontrez certaines oppositions à vos vues, quoique ensuite vous soyez on ne peut plus accessible, modéré et tolérant. Cette promptitude dans l'attaque ou la défense n'est tout à fait bonne que devant l'ennemi. C'est dans ce sens que je vous reprochais les rapides entraînements qui sont la conséquence d'une humeur très vive, et peut-être d'un grand pouvoir justifié par de si beaux succès. Si vous revenez vite d'une prévention, comme vous sabrez tout d'abord les malencontreux opposants, avant de vous rendre compte de leur pensée ! Tenez, mon cher maréchal, je maintiens que si par esprit d'opposition on entend une certaine vivacité de prévention, l'ardeur du combat, un peu de raideur au service d'une théorie ou d'une opinion toute faite, vous êtes, dans ces premiers transports dont vous savez heureusement revenir, bien plus de l'opposition que je n'en suis. Vous avez de si glorieuses qualités que je ne crains pas de vous être moins attaché en vous découvrant des défauts, et notamment celui d'être prompt à l'exagération et à l'offense dans le feu des discussions. Je suis convaincu que, dans vos relations avec l'administration de la guerre, ce sont des diableries de ce genre qui vous ont causé des embarras. Les mauvais tours dont vous avez à vous plaindre vous viennent en grande partie de votre humeur d'opposition et aussi de votre goût pour la polémique écrite ; car, bien que vous soyez un grand homme d'action, je vous considère comme un très superbe opposant et très habile journaliste. Vous n'aimez pourtant ni l'opposition ni les journaux. Toute votre vie, vous serez journaliste contre les jour-

---

[1] Lettres du maréchal Bugeaud à M. de Corcelle, en date du 12 juin et du 8 juillet 1845. (*Documents inédits.*)

naux ; mais, comme vous serez mieux que cela, il n'y aura pas grand mal[1]. » Le maréchal avait l'âme assez haute et assez droite pour goûter cette franchise affectueuse. Il mit donc de côté tout ressentiment contre son ami, mais il n'en demeura pas moins convaincu qu'il était entouré d'ennemis, et, comme il le disait, qu'une « grosse intrigue d'envieux et d'ambitieux » se servait du journal *l'Algérie* et des bureaux de la guerre pour le « démolir[2] ». « J'ai été déclaré incapable de continuer l'œuvre, écrivait-il à M. de Corcelle. Mon temps est fini. On convient que je suis assez bon soldat; mais on dit que je n'entends rien en administration...; que, d'ailleurs, comme il n'est plus nécessaire de faire la guerre, on n'a plus besoin de mon unique talent. On va fermer le temple de Janus. Mais les Arabes se chargeront de l'ouvrir, et mes grands hommes apprendront bientôt qu'on ne reste pas en paix à volonté[3]. »

Sous le coup de ce découragement et de cette amertume, le maréchal avait songé, un moment, à donner sa démission. Vers la fin de juin 1845, il avait adressé au gouvernement une lettre dans laquelle il demandait formellement à être rappelé[4]. Quant aux motifs de sa détermination, il les exposait ainsi à M. Guizot : « J'ai la conviction que M. le maréchal Soult a l'intention de me dégoûter de ma situation pour me la faire abandonner. Cette pensée résulte d'une foule de petits faits et d'un ensemble qui prouve qu'il n'a aucun égard pour mes idées, pour mes propositions. Vous avez vu le cas qu'il a fait de l'engagement, pris devant le conseil, de demander 500,000 francs pour un essai de colonisation militaire; c'est la même chose de tout, ou à peu près. Il suffit que je propose une chose pour qu'on fasse le contraire, et le plus mince sujet de ses bureaux a plus d'influence que moi sur l'administration et la colonisation de l'Algérie. Dans tous les temps, les succès des généraux ont augmenté leur crédit; le mien a

---

[1] Lettre du 17 septembre 1845. (*Documents inédits*.)

[2] Expressions dont le maréchal se servait dans une lettre écrite à M. Guizot, le 18 août 1845. (*Mémoires de M. Guizot*, t. VII, p. 124.)

[3] Lettre du 28 septembre 1845. (*Documents inédits*.)

[4] *Ibid.*

baissé dans la proportion du progrès des affaires de l'Algérie. Je ne puis être l'artisan de la démolition de ce que je puis, sans vanité, appeler mon ouvrage. Je ne puis assister au triste spectacle de la marche dans laquelle on s'engage au pas accéléré. Extension intempestive, ridicule, insensée, de toutes les choses civiles; amputation successive de l'armée et des travaux publics, pour couvrir les folles dépenses d'un personnel qui suffirait à une population dix fois plus forte, voilà le système. Je suis fatigué de lutter sans succès contre tant d'idées fausses, contre des bureaux inspirés par le journal *l'Algérie*. Je veux reprendre mon indépendance, pour exposer mes propres idées au gouvernement et au pays. Le patriotisme me le commande, puisque j'ai la conviction qu'on mène mal la plus grosse affaire de la France[1]. »

Le gouvernement s'apercevait, une fois de plus, que le maréchal Bugeaud était un agent peu commode. Mais il n'oubliait pas que, quand on a la fortune d'être servi par de tels hommes, il faut bien leur passer quelques bizarreries de caractère. C'est le propre de ces natures faites pour agir, de savoir mal obéir. M. Guizot rappelait justement à ce propos que Napoléon disait un jour : « Croit-on que ce soit une chose toute simple de gouverner un Soult ou un Ney? » Loin donc de profiter de l'occasion qui lui était offerte de se débarrasser de Bugeaud, le conseil des ministres décida de le retenir. Le maréchal Soult lui-même l'informa, en termes excellents et fort amicaux, du désir qu'avaient le Roi et le cabinet tout entier de le voir conserver ses fonctions[2]. Touché de cette démarche, le gouverneur n'insista pas sur sa démission. A ce même moment, d'ailleurs, il se faisait prendre en faute avec sa circulaire du 9 août 1845 sur la colonisation militaire, et la conscience de son tort le rendait plus conciliant. Il sollicita seulement un congé, pour venir conférer avec le ministre de la guerre et se

---

[1] Lettre du 30 juin 1845. (*Mémoires de M. Guizot*, t. VII, p. 122, 183 et 184.)
[2] Tous ces faits sont rapportés par le maréchal lui-même, dans une lettre qu'il écrivit ultérieurement à M. de Corcelle, le 28 septembre 1845. (*Documents inédits.*)

rendre compte s'il pouvait se mettre d'accord avec lui. « J'irai droit mon chemin, écrivait-il à M. Guizot, le 18 août 1845, tant que je serai soutenu par le gouvernement du Roi. Je serai dédommagé des déclamations des méchants par l'assentiment général de l'armée et de la population de l'Algérie. Le 6 ou 7 septembre, je serai près de M. le maréchal Soult. Je traiterai avec lui de quelques-unes des principales questions. Si nous pouvons nous entendre, comme j'en ai l'espoir d'après les bonnes dispositions qu'il me montre depuis quelque temps, je me remettrai de nouveau à la plus rude galère à laquelle ait jamais été condamné un simple mortel [1]. » A la même époque, il disait au colonel de Saint-Arnaud : « Si l'on ne me comprend pas, si l'on ne veut pas me comprendre, je ne reviendrai pas. Si tout s'arrange, comme je le crois, je serai de retour à Alger dans les premiers jours de novembre [2]. »

Le gouverneur s'embarqua pour la France le 4 septembre 1845, et se rendit tout droit à Soultberg, résidence du ministre de la guerre dans le Tarn. L'entrevue se passa beaucoup mieux qu'on ne pouvait s'y attendre. Le maréchal Bugeaud s'était appliqué, comme il l'écrivait lui-même à M. Guizot, « à y mettre du moelleux et de la déférence ». De son côté, le maréchal Soult, trop fatigué pour ne pas désirer éviter un conflit avec un contradicteur si considérable et d'ordinaire si véhément, chercha à être aimable. Bugeaud se bornait, pour le moment, à demander une chose qu'il n'y avait aucune raison de lui refuser : c'était la constitution d'une commission de pairs, de députés et d'autres personnages compétents, qui serait envoyée en Afrique et y rechercherait, de concert avec le gouverneur, la solution des problèmes intéressant l'avenir de l'Algérie, notamment du problème de la colonisation. Le maréchal Bugeaud sortit de cette conférence « très satisfait[3] ».
« Pendant les deux jours que nous avons discuté sur les affaires

---

[1] *Mémoires de M. Guizot*, t. VII, p. 124.
[2] *Lettres du maréchal de Saint-Arnaud.*
[3] Ce sont les expressions dont le maréchal Bugeaud se servait dans la lettre écrite à M. de Corcelle, le 28 septembre 1845. (*Documents inédits.*)

d'Afrique, mandait-il peu après à M. Guizot, je n'ai trouvé, chez le ministre de la guerre, que d'excellents sentiments pour moi et de très bonnes dispositions pour les affaires en général[1]. »

Le gouverneur se faisait illusion : après avoir vu longtemps les choses trop en laid, il les voyait maintenant trop en beau. Elles n'étaient pas à ce point éclaircies et pacifiées entre le ministre de la guerre et lui. Au fond, ils étaient toujours en désaccord sur la question principale, celle de la colonisation militaire, et l'on devait s'attendre qu'à l'heure de préciser davantage les résolutions à prendre, ce désaccord se manifestât de nouveau. Mais avant que rien de ce genre eût pu se produire, survinrent d'Afrique de tragiques nouvelles qui reléguèrent aussitôt au second plan tous les problèmes sur lesquels on discutait depuis quelque temps. Il s'agissait bien de se quereller sur un mode de colonisation! C'était la soumission même de l'Algérie qui paraissait remise en question.

VIII

Quand le maréchal Bugeaud s'était embarqué pour la France, le 4 septembre 1845, tout semblait tranquille en Algérie. Il n'était pas parti depuis quelques jours, que divers symptômes d'agitation se manifestaient avec une simultanéité inquiétante. Bou-Maza reparaissait dans le Dahra, et telle était la vigueur de ses premiers coups, que nos troupes se trouvaient tout d'abord réduites à la défensive. Ailleurs surgissaient d'autres fauteurs de révoltes, qui, eux aussi, se paraient du surnom, devenu populaire, de Bou-Maza. Sur notre frontière de l'Ouest, des troubles, visiblement suscités par Abd el-Kader, obligeaient le général Cavaignac, qui commandait dans Tlemcen, à se mettre en campagne, et, dès ses premiers pas, il était

---

[1] Lettre du 28 septembre 1845. (*Mémoires de M. Guizot*, t. VII, p. 198.)

étonné de la résistance qu'il rencontrait. On ne savait pas encore quelle importance il fallait attacher à tous ces incidents, quand se répandit une nouvelle bien autrement grave et douloureuse : une colonne française venait d'être surprise et détruite par Abd el-Kader.

Voici en quelles circonstances. Le poste de Djemâa-Ghazouat, situé sur la côte, près du Maroc, était commandé par le lieutenant-colonel de Montagnac, officier admirable de bravoure et d'énergie, mais péchant quelquefois par excès de fougue et d'audace. En dépit des recommandations expresses qui lui avaient été faites de « ne pas aller livrer des combats au dehors », Montagnac, au premier bruit des mouvements d'Abd el-Kader, crut devoir se porter au secours d'une tribu fidèle, menacée par l'émir. Le 21 septembre 1845, il se mit en route avec 346 fantassins du 8e bataillon des chasseurs d'Orléans et 62 hussards. Dès le lendemain, il était rejoint par un messager du général Cavaignac qui rappelait à Tlemcen le 8e bataillon de chasseurs. Montagnac ne pensa pas être tenu d'obéir avant d'avoir infligé un échec à l'ennemi, avec lequel il avait commencé à échanger des coups de fusil. Il poussa donc plus avant. Le 23, près du marabout de Sidi-Brahïm, à un moment où sa troupe se trouve imprudemment morcelée en trois petits corps, celui qui marchait en tête tombe dans une sorte d'embuscade, et est enveloppé par une cavalerie très nombreuse qu'Abd el-Kader dirige lui-même. Aux premiers coups de feu, Montagnac est mortellement blessé. Nos soldats se réunissent sur un mamelon, sans autre espoir que de vendre chèrement leur vie; bientôt les munitions sont épuisées; personne, néanmoins, ne songe à se rendre. Alors, rapporte l'un des rares survivants de ce combat, « les Arabes, resserrant le cercle autour de ce groupe immobile et silencieux, le font tomber sous leur feu, comme un vieux mur ». Au bout de peu de temps, il n'y a plus, du côté des Français, que des cadavres ou des blessés ne donnant presque plus signe de vie. A ce moment, le second détachement, mandé dès le début par Montagnac, accourt sur le lieu du combat; aussitôt accablé par les vainqueurs, il subit le même sort. Reste l'arrière-garde, demeurée auprès des bagages et composée de 80 carabiniers sous les ordres du capitaine Géreaux. Les Arabes fondent sur elle. Géreaux ne se trouble pas ; le marabout de Sidi-Brahim est à sa portée : il se jette dedans, s'y barricade et résiste aux plus furieuses attaques. Abd el-Kader lui fait porter une sommation de se rendre, avec promesse de vie sauve. Le capitaine lit la lettre à ses hommes, qui n'y répondent que par les cris de : « Vive le Roi ! » et hissent sur le marabout un drapeau fait avec des lambeaux de vêtement. Après de nouvelles attaques, l'émir fait faire une seconde sommation ; il ordonne, cette fois, qu'elle soit transmise par un des officiers prisonniers et blessés, l'adjudant-major Dutertre. Celui-ci s'avance vers le marabout : « Chasseurs, s'écrie-t-il, on va me décapiter si vous ne posez les armes, et moi, je viens vous dire de mourir jusqu'au dernier plutôt que de vous rendre. » Sa tête tombe aussitôt. Le combat reprend plus acharné, interrompu deux fois encore par des sommations sans résultat. L'émir, lassé de cette résistance qui lui coûte très cher, prend le parti de s'éloigner avec le gros de son armée, en laissant seulement les forces nécessaires pour bloquer étroitement le marabout. Les assiégés n'ont ni vivres ni eau. Ils passent ainsi trois longs jours, attendant un secours qui aurait dû venir et qui ne vient pas. Enfin, le 26, aimant mieux tomber en combattant que de mourir de faim et de soif, ils s'élancent hors de leur réduit, en emportant leurs blessés. Ce coup de désespoir semble d'abord leur réussir ; ils font une trouée à travers les Arabes stupéfaits et se dirigent en bon ordre vers Djemâa. Déjà l'on peut distinguer les murs de la ville, quand, à la vue d'un filet d'eau qui coule au fond d'un ravin, les hommes, en dépit de leurs officiers, quittent leurs rangs, se précipitent dans le ravin et se jettent à plat ventre pour étancher la terrible soif qui les dévore depuis trois jours. Ce désordre n'échappe pas aux Arabes qui accourent et, de la hauteur, font pleuvoir les balles sur les malheureux buveurs : tous succombent. Géreaux cependant a essayé de continuer la retraite avec les quelques hommes qui ne se sont pas débandés ;

mais ils ne sont plus assez nombreux et finissent par être écrasés; le capitaine tombe, mortellement atteint. Douze soldats seuls parviennent à rejoindre les cavaliers sortis de Djemâa à leur rencontre : c'est tout ce qui revient des 425 hommes partis de cette ville, cinq jours auparavant, avec le colonel de Montagnac[1].

Quand on sut à Alger le désastre de Sidi-Brahim, l'émotion y fut extrême; dans l'imagination du public, l'événement prit les proportions d'une catastrophe. L'effet en fut encore aggravé par la série de mauvaises nouvelles qui survinrent coup sur coup, dans les jours suivants. La plus douloureuse fut celle de la capitulation d'Aïn-Temouchent : le lieutenant Marin conduisait 200 hommes, la plupart sortant de l'hôpital, de Tlemcen à Aïn-Temouchent; apercevant sur sa route des cavaliers qu'il reconnaît pour ceux d'Abd el-Kader, il perd la tête; sans avoir été même attaqué, il court à l'émir et se rend à lui avec toute sa troupe[2]. Il n'était pas à craindre sans doute qu'une défaillance aussi inexplicable trouvât des imitateurs; mais, succédant, à quarante-huit heures d'intervalle, au désastre de Sidi-Brahim, elle était bien de nature à exalter les Arabes. Tout d'ailleurs révélait un soulèvement prémédité et concerté : à Sebdou, le commandant Billot était attiré dans une embuscade et massacré avec toute son escorte; le chef du bureau arabe de Tiaret était enlevé par trahison; des caïds, amis de la France, tombaient assassinés; plusieurs postes étaient attaqués, des ponts et des magasins brûlés, des communications interrompues; la majeure partie des tribus de la subdivision de Tlemcen prenait les armes et rejoignait Abd el-Kader. « Qui sait ce qui arrivera? écrivait le colonel de Saint-Arnaud, à la date du 3 octobre. Abd el-Kader peut aussi bien être dans la Métidja, dans un mois, que fuyant dans le Maroc,

[1] J'ai suivi principalement le beau récit donné de cet incident par M. le duc d'Aumale, dans son livre : *Zouaves et chasseurs à pied*.
[2] Ce malheureux officier, qui avait donné antérieurement des preuves de bravoure, fut remis plus tard en liberté par Abd el-Kader. Traduit devant un conseil de guerre, il fut condamné à mort; mais cette sentence fut annulée.

sans suite, avant dix jours... Une seule chose est certaine, c'est que la guerre sainte a éclaté et a débuté par une catastrophe qui a atterré les colons et jusqu'aux négociants d'Alger. »

Dès le 28 septembre 1845, le général de La Moricière, gouverneur par intérim, avertit le maréchal Soult que « la situation était fort grave ». « Vous jugerez sans doute indispensable, ajoutait-il, que M. le maréchal Bugeaud rentre immédiatement en Algérie. » Le même jour, il dépêchait directement au maréchal le commandant Rivet, pour presser son retour. En attendant, il ne demeurait pas inactif. Jugeant avec raison que le plus grand péril n'était pas à l'intérieur avec Bou-Maza et ses imitateurs, mais sur la frontière de l'Ouest, où il fallait tâcher de barrer le chemin à Abd el-Kader, il s'y porta immédiatement de sa personne. Le 8 octobre, il rejoignait le général Cavaignac au delà de Tlemcen, attaquait vigoureusement avec lui les tribus révoltées, les battait, mais sans atteindre l'émir lui-même, qui, suivant son habitude, s'était dérobé.

Ce fut le 6 octobre que le commandant Rivet arriva à la Durantie, en Périgord, où était le maréchal Bugeaud, et lui fit part de ce qui se passait en Algérie. En présence de tels événements, le maréchal ne songea plus à se retirer ni à marchander les conditions de son retour. Le péril l'appelait, et aussi l'espérance d'acquérir une nouvelle gloire dont il se servirait pour faire prévaloir ses idées. « Je pars dans la nuit du 7 au 8, écrivit-il, le 6, au ministre de la guerre. J'ai pensé qu'étant encore gouverneur nominal de l'Algérie, je ne pouvais me dispenser de répondre à l'appel que me font l'armée et la population, que ce serait manquer à mes devoirs envers le gouvernement et mon pays. » Il ajoutait, après avoir énuméré avec précision les renforts dont il avait besoin : « Nous allons, Monsieur le maréchal, jouer une grande partie qui peut être décisive pour notre domination, si nous la jouons bien, ou nous préparer de grandes tribulations et de grands sacrifices, si nous la jouons mal. L'économie serait ici déplorable. » Il écrivait en même temps à M. Guizot : « Les circonstances sont très graves; elles demandent de promptes décisions. Ce n'est pas le cas de vous entretenir de mes griefs et des demandes sans l'obtention desquelles je ne comptais pas rentrer en Algérie. Je cours à l'incendie; si j'ai le bonheur de l'apaiser encore, je renouvellerai mes instances pour faire adopter des mesures de consolidation de l'avenir. Si je n'y réussis pas, rien au monde ne pourra m'attacher plus longtemps à ce rocher de Sisyphe. C'est bien le cas de vous dire aujourd'hui ce que le maréchal de Villars disait à Louis XIV : Je vais combattre vos ennemis et je vous laisse au milieu des miens [1]. »

Seulement, comme si le maréchal ne pouvait s'empêcher de mêler à ses plus généreuses résolutions quelqu'une de ces « diableries » dont parlait M. de Corcelle, il adressait, à cette même date du 6 octobre, la lettre suivante au préfet de la Dordogne : « M. le chef d'escadron Rivet m'apporte d'Alger les nouvelles les plus fâcheuses; l'armée et la population réclament à grands cris mon retour. J'avais trop à me plaindre de l'abandon du gouvernement vis-à-vis de mes ennemis de la presse et d'ailleurs, pour que je ne fusse pas parfaitement décidé à ne rentrer en Algérie qu'avec la commission que j'ai demandée et après la promesse de satisfaire à quelques-unes de mes idées fondamentales; mais les événements sont trop graves pour que je marchande mon retour au lieu du danger. » Puis, après avoir donné au préfet quelques détails sur l'insurrection, il finissait ainsi : « Il est à craindre que ceci ne soit une forte guerre à recommencer. Hélas! les événements ne donnent que trop raison à l'opposition que je faisais au système qui étendait sans nécessité l'administration civile et diminuait l'armée pour couvrir les dépenses de cette extension. J'ai le cœur navré de douleur de tant de malheurs et de tant d'aveuglement de la part des gouvernants et de la presse qui nous gouverne plus qu'on n'ose l'avouer. » Ce ne pouvait être sérieusement que le maréchal attribuait l'agression d'Abd

---

[1] *Mémoires de M. Guizot*, t. VII, p. 200 et 201.

el-Kader à la prétendue extension de l'administration civile. Quant au reproche d'abandon adressé au gouvernement, il venait d'autant plus mal à propos qu'en ce moment le ministère expédiait d'urgence les renforts demandés ; ces renforts, qui ne comprenaient pas moins de six régiments d'infanterie et deux de cavalerie, devaient porter à 107,000 hommes l'armée d'Algérie. Encore n'y aurait-il eu que demi-mal, si cette injuste récrimination se fût produite à huis clos. Mais la lettre du maréchal, communiquée étourdiment par le préfet au rédacteur du *Conservateur de la Dordogne*, fut publiée par ce journal et, de là, fit le tour de la presse, avec les commentaires qu'on peut supposer. Fort penaud de cette publication et du bruit qu'elle faisait, le gouverneur se hâta de déclarer qu'il n'y était pour rien. « Ma lettre, écrivit-il à M. Guizot, était la communication confidentielle d'un ami à un ami ; elle ne devait avoir aucune publicité. C'est encore une tuile qui me tombe sur la tête. Je le déplore surtout parce que la presse opposante ne manquera pas d'en tirer parti contre le gouvernement. » M. Guizot ne se contenta pas de cette sorte d'excuse et jugea nécessaire de faire sentir au maréchal le tort de sa conduite : « Je ne puis accepter, lui répondit-il, votre reproche que vous n'avez pas été soutenu par le gouvernement. Il appartient et il sied aux esprits comme le vôtre, mon cher maréchal, de distinguer les grandes choses des petites, et de ne s'attacher qu'aux premières. Il n'y a, pour vous, en Afrique, que deux grandes choses : l'une d'y avoir été envoyé, l'autre d'y avoir été pourvu, dans l'ensemble et à tout prendre, de tous les moyens d'action nécessaires. Le cabinet a fait pour vous ces deux choses-là, et il les a faites contre beaucoup de préventions et à travers beaucoup de difficultés... Après cela, qu'à tel ou tel moment, sur telle ou telle question, le gouvernement n'ait pas partagé toutes vos idées, ni approuvé tous vos actes, rien de plus simple : c'est son droit. Que vous ayez même rencontré, dans telle ou telle commission, dans tel ou tel bureau, des erreurs, des injustices, des idées fausses, de mauvais procédés, des obstacles, cela se peut ; cela n'a rien que de naturel et presque d'inévitable; ce sont là des incidents secondaires qu'un homme comme vous doit s'appliquer à surmonter, sans s'en étonner ni s'en irriter, car il s'affaiblit et s'embarrasse lui-même en leur accordant, dans son âme et dans sa vie, plus de place qu'il ne leur en appartient réellement. » M. Guizot engageait le maréchal à faire comme lui, « à laisser dire les journaux » et à compter sur la tribune pour mettre sa conduite en lumière; « c'est là, ajoutait-il, que vous devez être défendu, mais grandement et dans les grandes occasions, non pas en tenant les oreilles toujours ouvertes à ce petit bruit qui nous assiège, et en essayant, à tout propos et bien vainement, de le faire taire ». Le ministre terminait par des plaintes sur la publication de la lettre au préfet de la Dordogne. « Cette lettre, disait-il, m'a affligé pour vous et m'a blessé pour moi... C'est là un désordre. Vous ne le souffririez pas autour de vous. Et, croyez-moi, cela ne vaut pas mieux pour vous que pour le pouvoir auquel vous êtes dévoué [1]. »

Le maréchal n'avait à peu près rien à répondre à ces amicales réprimandes, ou, du moins, il n'avait qu'une réponse à faire, c'était de montrer, une fois de plus, que, s'il parlait quelquefois de travers, cela ne l'empêchait pas de bien agir. Pendant ce temps, d'ailleurs, il poursuivait rapidement sa route vers l'Afrique, s'embarquait à Marseille, et arrivait à Alger le 15 octobre 1845. La population s'était portée en foule au-devant de lui, témoignant par son attitude, et de l'alarme que lui causaient les événements, et de la confiance que lui rendait le retour du gouverneur général.

IX

C'était l'une des qualités maîtresses du maréchal Bugeaud — véritable don de général en chef — de voir, dans une crise, tout de suite et très nettement ce qu'il y avait à faire.

[1] *Mémoires de M. Guizot*, t. VII, p. 203 à 207.

A peine a-t-il pris terre en Algérie, que son plan est arrêté. Toujours persuadé que le moyen de dompter Abd el-Kader, c'est de lui enlever l'impôt et le recrutement[1], il se donne pour tâche principale de lui fermer l'entrée du Tell, seule partie du territoire où l'émir peut trouver, avec quelque abondance, de l'argent, des vivres et des soldats. Les mesures déjà prises par le général de La Moricière ont barré le passage, à l'ouest, sur la frontière du Maroc. Le gouverneur devine que, devant cet obstacle, l'ennemi fera un détour par le désert, et cherchera, au sud, quelque fissure. Dans cette prévision, dont l'événement devait démontrer la justesse, il décide de former, sur toute la lisière des hauts plateaux, comme une chaîne continue de petites colonnes mobiles. Ces colonnes auront charge de guetter Abd el-Kader, de le repousser, de le poursuivre, de l'atteindre s'il est possible, de ne pas lui laisser un moment de repos en n'en prenant pas elles-mêmes, de ne lui permettre de rien organiser nulle part, et enfin de frapper impitoyablement les tribus qui seraient tentées de le soutenir. Le gouverneur ne néglige pas non plus les révoltes intérieures suscitées par les divers Bou-Maza : le soin de les réprimer sera confié à plusieurs autres colonnes. Cette extrême dispersion des troupes pouvait paraître, à un certain point de vue, une cause de faiblesse. La première loi de la guerre n'est-elle pas de concentrer ses forces, au lieu de les morceler ? Bugeaud a expliqué lui-même, plus tard, à ses soldats, les raisons qui lui faisaient, en cette circonstance, déroger à la règle ordinaire. « Évacuer une partie du pays pour se concentrer, leur a-t-il dit, c'eût été laisser à notre adversaire les ressources de l'impôt et du recrutement, ainsi que toutes les forces locales. Il aurait bientôt formé une armée régulière pour appuyer les goums des tribus. C'eût été aussi renverser le gouvernement des Arabes, si péniblement institué par nous, et livrer à la vengeance implacable d'un chef irrité tous les hommes com-

---

[1] Voir la conversation que Bugeaud, avant sa nomination au poste de gouverneur général, avait eue avec le Roi (plus haut, t. V, p. 267).

promis pour notre cause. Comment, plus tard, aurions-nous pu reconstituer ce gouvernement, si nous avions lâchement abandonné les chefs qui, presque tous, nous sont restés fidèles? Il fallait tout conserver [1]. »

Le maréchal n'est pas moins prompt à exécuter son plan qu'à le concevoir. Débarqué le 15 octobre 1845 à Alger, il entre en campagne dès le 18, et, le 24, il arrive près de Teniet el-Had, sur la limite du désert. A la fin de novembre, douze colonnes sont en mouvement; peu après, on en compte dix-huit. Les plus nombreuses, celle par exemple que commande le gouverneur général, ont moins de trois mille hommes. A leur tête sont, outre le maréchal, des officiers vigoureux, ayant l'expérience de la guerre d'Afrique : La Moricière, Cavaignac, Géry, Korte, Bourjolly, Arbouville, Marey, Saint-Arnaud, Jusuf, Canrobert, Pélissier, Comman, Camou, Gentil, Bosquet; il faut y ajouter Bedeau, qui commandait depuis quelque temps à Constantine, mais que la tranquillité de cette partie de l'Algérie a permis d'en éloigner momentanément pour l'employer au sud de la province d'Alger. Quelques-unes de ces colonnes opèrent, dans l'intérieur du cercle, contre Bou-Maza qu'elles ne parviennent pas du reste à saisir, et contre ses nombreux homonymes, dont plusieurs sont pris et passés par les armes [2]. La plupart agissent ou tâchent d'agir contre Abd el-Kader. Savoir où se trouve l'ennemi est déjà fort difficile; le joindre, à peu près impossible. L'émir glisse entre les mains de ceux qui croient l'avoir cerné. D'une mobilité prodigieuse, faisant cinquante lieues en deux jours, il trouve partout des sympathies, des renseignements sûrs, des provisions, des chevaux frais. Depuis les confins de la province de

---

[1] Ordre du jour adressé aux troupes, le 2 mars 1846.

[2] Saint-Arnaud, chef de l'une de ces colonnes, écrivait, le 3 novembre 1845 : « Tous ces chérifs paraissent et disparaissent. » Il ajoutait, le 6 décembre : « Je poursuis à mort les chérifs qui poussent comme des champignons. C'est un dédale; on ne s'y reconnaît plus. Depuis l'aîné, Bou-Maza, nous avons Mohammed-bel-Cassem, Bou-Ali, Ali-Chergui, Si-Larbi, Bel-Bej; enfin je m'y perds. J'ai déjà tué Ali-Chergui chez les Medjaja; je viens de tuer Bou-Ali chez les Beni-Derjin. » (*Lettres du maréchal de Saint-Arnaud.*)

Constantine jusqu'au Maroc, toutes nos troupes sont ainsi dans une alerte continuelle : ce ne sont que marches et contre-marches à la recherche d'un adversaire invisible, bien qu'on devine partout sa présence. Il n'était pas dans les habitudes et dans le tempérament du maréchal de s'en tenir à la défensive : dès le commencement de décembre, il lance dans le désert des colonnes légères et rapides. Jusuf, qui commande l'une d'elles et la mène avec une vitesse endiablée, approche plusieurs fois d'Abd el-Kader, mais sans l'atteindre. Celui-ci, pendant qu'on court vainement après lui dans le sud, pointe audacieusement vers le nord, passe entre les trois ou quatre colonnes qui le guettent, franchit la lisière du Tell et pénètre dans l'Ouarensenis. Le maréchal se retourne et tâche de serrer le cercle autour de l'envahisseur. Le 23 décembre, à Temda, Jusuf se heurte enfin aux réguliers d'Abd el-Kader ; mais ceux-ci se dispersent trop vite pour que le combat soit décisif ; l'émir n'en reste pas moins dans l'Ouarensenis, où il trouve de quoi se refaire. Jusuf, d'ailleurs, est dérouté. Heureusement, La Moricière, toujours ingénieux à deviner les mouvements des Arabes, se lance sur la bonne piste, avec des troupes relativement fraîches. Pas plus que les autres, il ne met la main sur l'insaisissable adversaire ; mais, par l'habileté et la rapidité de ses manœuvres, il l'oblige, dans les premiers jours de janvier 1846, à sortir du Tell et à rentrer dans le désert. Guerre singulière, où l'on peinait beaucoup, sans avoir presque jamais l'occasion de se battre. « Il n'y avait pas de bataille à livrer, écrivait le colonel de Saint-Arnaud, le 24 janvier, puisque l'ennemi fuyait toujours. Il n'y avait qu'une chose à faire, empêcher l'émir de descendre dans les plaines, l'user en le réduisant à l'impuissance. Pour cela, il fallait se montrer partout, lutter d'activité, de persévérance, d'énergie, courir toujours et souvent frapper dans le vide... Le maréchal manœuvre et organise. Le pays est mauvais, on manque de tout, et on a l'air de ne rien faire. Pour accepter un pareil rôle, il faut être grand et sûr de soi ! Ce rôle aurait compromis des réputations moins solides. La chose la plus facile à la guerre, c'est la bataille, pour l'homme de guerre, s'entend. Mais manœuvrer contre un ennemi aux abois, qui se rattache à tout, mobile comme un oiseau, c'est plus difficile, et personne, en ce genre, n'aurait fait autant que le maréchal [1]. »

Après avoir forcé Abd el-Kader à sortir de l'Ouarensenis, La Morícière mandait à un de ses amis : « Voilà désormais l'émir dans un pays où il n'y a pas grand'chose à boire ni à manger, où le bois manque, où le froid est excessif. Je doute qu'il y refasse sa cavalerie. Je ne l'y suivrai pas... Il ne faut pas lui laisser toucher terre dans le Tell; mais il n'y a pas grand inconvénient à le laisser se morfondre dans le désert [2]. » La Morícière se faisait illusion : Abd el-Kader n'était pas homme à se « morfondre » ainsi. Dès la fin de janvier 1846, on apprenait qu'il avait rassemblé environ quinze cents cavaliers appartenant aux tribus des hauts plateaux, et qu'à leur tête il se dirigeait vers l'est. Ne devait-on pas craindre qu'il ne cherchât de ce côté quelque moyen de rentrer dans le Tell? Le maréchal Bugeaud, suivant de loin le mouvement de son adversaire, se transporta rapidement d'Aïn-Toukria à Boghar, et chargea les colonnes des généraux Bedeau, d'Arbouville et Marey de garder toutes les entrées du Tell, entre Boghar et la province de Constantine. Cependant la nouvelle qu'Abd el-Kader se trouvait maintenant au sud de la province d'Alger, produisait, dans le nord de cette province, une agitation qui gagnait jusqu'aux tribus de la Métidja; l'émir avait du reste soin de faire répandre parmi elles le bruit de sa prochaine arrivée. Il devenait urgent de leur en imposer par quelque démonstration. Mais comment la faire? Le général de Bar, qui commandait à Alger, n'avait à peu près aucune force armée sous la main; toutes les garnisons des villes de la côte avaient été employées à grossir les colonnes mobiles. Dans ces circonstances, le maréchal n'hésita pas à télégraphier de Boghar, le 2 février, au général de Bar, d'armer les condamnés militaires et d'organiser deux bataillons de la milice, sorte de garde

[1] *Lettres du maréchal de Saint-Arnaud.*
[2] *Le général de La Morícière,* par KELLER, t. I, p. 418.

nationale de la ville d'Alger. La seule annonce de cette mesure effraya la population civile autant que l'eût fait le mal même contre lequel on se mettait en garde. Le général de Bar, embarrassé de cette émotion, en référa au gouverneur, qui lui répondit, le 5 février, en confirmant son ordre : « La mesure, disait-il, est de nature à prévenir, non à susciter des alarmes. Il n'y a réellement pas de dangers sérieux, quant à présent, et nous comptons bien les éloigner pour l'est, comme nous l'avons fait pour l'ouest; mais une sage prévision a dicté mon ordre. » Le maréchal prit en outre le parti de se rapprocher un peu d'Alger, sans cependant perdre de vue les régions du sud; quelques jours après, il campait devant Médéa. L'un des motifs de ce mouvement paraît avoir été le désir de ramener ses troupes à la côte, pour les refaire. Les soldats ne pouvaient supporter longtemps la vie à laquelle les soumettait l'infatigable gouverneur. Déjà, à la fin de décembre, celui-ci avait dû, une première fois, laisser à Orléansville son infanterie exténuée, et avait emmené à la place celle du colonel de Saint-Arnaud. Le second relais se trouvait maintenant fourbu comme le premier; les uniformes étaient en loques, les souliers usés, beaucoup d'hommes malades ou éclopés. La cavalerie de la colonne commandée par Jusuf paraissait plus misérable encore : « Les chevaux, raconte un témoin, étaient de vraies lanternes : on voyait au travers »; à peine en comptait-on deux cents en état, non certes de charger, mais de marcher.

Pendant ce temps, que devenait Abd el-Kader? Se jouant, une fois de plus, de toutes les colonnes qui le poursuivaient ou le guettaient, il les tournait par l'est, descendait comme une trombe la vallée du haut Isser, tendait la main à Ben-Salem, son ancien khalifa dans ces régions, razziait les tribus fidèles à la France et arrivait jusque sur le bas Isser, près de la mer, à quelques lieues d'Alger, sur la lisière de la Métidja vide de troupes et pleine de colons. Allait-il se jeter sur cette plaine? Sans doute ce ne pourrait jamais être qu'une incursion aussi passagère qu'audacieuse; il suffirait que les colonnes agissant dans le sud revinssent vers la côte, pour contraindre l'envahisseur à une retraite précipitée; mais elles étaient loin; il leur fallait plusieurs jours pour arriver; en attendant, l'émir n'aurait-il pas le temps de tout dévaster et massacrer dans les fermes et les villages européens de la Métidja? De quel effet ne serait pas, sur l'opinion, en Algérie et en France, cette répétition des désastres de 1839, venant en quelque sorte démontrer l'inanité des résultats que le maréchal Bugeaud se vantait d'avoir obtenus par six années d'efforts et de sacrifices! Quel découragement pour ceux qui avaient cru en lui! Quel triomphe pour ses adversaires! Certainement sa gloire ne résisterait pas à un pareil coup.

La dépêche annonçant cette stupéfiante irruption parvint au gouverneur pendant qu'il campait sous Médéa. C'était le soir, et, suivant son habitude, il faisait une partie de whist, sous sa tente, avec ses deux aides de camp, le commandant Rivet et le capitaine Trochu. Ceux-ci ont aussitôt l'impression tellement vive du péril, que, raconte l'un d'eux, leur langue desséchée s'attache à leur palais et les empêche de parler [1]. Mais le maréchal, admirablement tranquille et posant un moment ses cartes : « En voilà une bonne! dit-il; faisons sans tarder tout ce que nous pourrons. » Il télégraphie d'abord à Alger de réunir les condamnés, les miliciens, tous les gendarmes de la région, et de les mettre en évidence sur les hauteurs de la Métidja, pour simuler une préparation de défense. Il appelle ensuite Jusuf : « Combien avez-vous de chevaux sur pied? lui demande-t-il. — Deux cents. — Pouvez-vous être demain dans la Métidja? — Oui, en allant au pas. — Partez tout de suite, et montrez-vous sur les points les plus en vue. » Le gouverneur complète ses mesures en annonçant qu'avec le reste de la colonne, il se

---

[1] C'est à l'obligeante communication de M. le général Trochu que je dois ces détails, ainsi que ceux qui vont suivre. Ils donnent parfois aux événements une physionomie un peu différente de celle que leur ont prêtée d'autres historiens. Mais le témoignage d'un homme aussi bien placé pour tout voir et aussi bien préparé à tout comprendre, m'a paru avoir une valeur décisive.

mettra en route au point du jour. Se retournant alors vers ses aides de camp, toujours imperturbable : « Messieurs, reprenons notre whist. » — « Je recevais là, plus encore qu'à Isly, a écrit plus tard le général Trochu, une inoubliable leçon d'équilibre dans le commandement, à l'heure des grands périls. » Le lendemain, la colonne du maréchal Bugeaud marchait rapidement dans la direction du bas Isser, en tenant les hauteurs qui bordent la Métidja, quand le capitaine Trochu, qui cheminait en tête, absorbé par d'assez sombres prévisions, voit accourir à fond de train un cavalier arabe, agitant un pli au-dessus de sa tête. « Quelle nouvelle? » s'écrie-t-il tout anxieux. Le messager lui apprend que l'émir vient d'être surpris dans une attaque de nuit, et qu'il est en pleine déroute.

Que s'était-il passé? Peu auparavant, quelques compagnies d'infanterie légère étaient arrivées de France à Alger; c'étaient les seules troupes régulières dont disposait le général de Bar. Suivant les indications données par le maréchal, lors des premiers symptômes d'agitation, il les avait envoyées, sous les ordres du général Gentil, occuper le col des Beni-Aïcha qui commandait à l'est l'entrée de la Métidja. A la nouvelle des razzias opérées sur le bas Isser, le général Gentil crut devoir marcher sur les rassemblements qu'on lui signalait. Sa troupe était peu nombreuse et n'avait pas encore vu le feu; mais c'était une de ces heures où il faut payer d'audace; d'ailleurs, il ne croyait pas avoir affaire à Abd el-Kader en personne. En route, il rallie heureusement un bataillon venant de Dellys. Dans la nuit du 6 au 7 février 1846, il heurte un peu à l'aveugle le camp ennemi. Ses jeunes soldats, fort inexpérimentés, tirent au hasard; dès les premiers coups de feu, les Arabes prennent la fuite : c'étaient des gens du désert, grands pillards, fort mal à l'aise d'être si loin de leurs tentes, et n'ayant qu'une préoccupation, celle d'y rapporter le butin dont ils étaient gorgés. En quelques instants et sans avoir eu un seul blessé, notre petite troupe est maîtresse du terrain et y ramasse trois drapeaux, six cents fusils, les tentes toutes tendues, les chevaux et les troupeaux enlevés dans les razzias des jours précédents. Le général Gentil n'était pas le moins étonné d'une si facile victoire ; il fut plus étonné encore quand il sut par les prisonniers qu'Abd el-Kader était dans le camp et qu'il avait failli y être pris.

L'émir en fuite se jeta dans le Djurdjura et, avec son indomptable énergie, tâcha de se créer, parmi les Kabyles, un nouveau centre de résistance. Mais le maréchal Bugeaud, accouru de Médéa et renforcé des troupes que lui amenait Bedeau, frappa rudement les tribus qui faisaient mine de soutenir la révolte, et, par un habile mélange de rigueur et de diplomatie, les détermina à se séparer d'Abd el-Kader. Celui-ci fut réduit, dans les premiers jours de mars, à reprendre le chemin du désert.

Ainsi se terminait heureusement pour le gouverneur général ce qu'on a appelé « la plus grande crise de sa carrière algérienne ». Le 24 février 1846, se trouvant près de sa capitale, dont il était sorti depuis cinq mois, il eut l'idée d'y ramener, pour les reposer un peu, les soldats avec lesquels il venait de faire une si pénible campagne. Bien que non annoncé d'avance, ce retour prit un caractère de triomphe. « Quand le maréchal, raconte le général Trochu, rentra dans Alger, avec une capote militaire usée jusqu'à la corde, entouré d'un état-major dont les habits étaient en lambeaux, marchant à la tête d'une colonne de soldats bronzés, amaigris, à figures résolues, et portant fièrement leurs guenilles, l'enthousiasme de la population fut au comble. Le vieux maréchal en jouit pleinement. C'est qu'il venait d'apercevoir, de très près, le cheveu auquel la Providence tient suspendues les grandes renommées et les grandes carrières, à un âge (soixante-deux ans) où, quand ce cheveu est rompu, il est difficile de le renouer. » Quelques jours plus tard, le 2 mars, le gouverneur adressait à l'armée d'Afrique un ordre du jour où, rappelant à grands traits ce qu'elle avait fait depuis cinq mois, il la félicitait de ses efforts et de ses succès. « Vous pouvez aujourd'hui garantir à la France, leur dit-il, que son empire en Afrique ne sera pas ébranlé par cette grande révolte. » Non sans doute que le maréchal ne vit plus rien à faire : il montrait au contraire à ses soldats la nécessité « d'extirper les derniers vestiges de l'insurrection » et de prendre l'offensive, « en étendant leurs bras sur tous les points du désert où se formaient les orages qui étaient venus et viendraient fondre sur eux, s'ils n'allaient les dissiper ». « Votre ardeur, ajoutait-il, ne se ralentira pas au moment où, de toutes parts, elle est couronnée par le succès... Vous resterez semblables à vous-mêmes, et la France reconnaissante vous honorera. »

X

L'insurrection a fait son suprême effort en essayant d'atteindre la Métidja. Repoussée sur ce point, elle ne fera désormais que décliner. Les agitateurs secondaires, découragés par l'échec d'Abd el-Kader, ne sont plus en état de nous opposer une sérieuse résistance. Par leurs mouvements combinés, Saint-Arnaud, Canrobert et Pélissier expulsent définitivement Bou-Maza du Dahra et le forcent à s'enfuir dans le désert. Il suffit au maréchal de se montrer dans l'Ouarensenis pour le pacifier, et le duc d'Aumale, revenu depuis peu en Algérie pour prendre sa part de la lutte et du danger, soumet, avec le concours des généraux Marey et d'Arbouville, la région montagneuse située au sud-est de la province d'Alger. Le maréchal Bugeaud ne se contente pas de rétablir ainsi notre autorité dans l'intérieur du Tell; il ne perd pas de vue Abd el-Kader dans le désert où celui-ci a été obligé de se retirer. Il le fait pourchasser sans répit par plusieurs colonnes qui l'atteignent et le maltraitent fort, l'une le 7 mars 1846, l'autre le 13. Dans cette dernière affaire, l'émir ne s'échappe qu'à grand'peine avec quatorze fidèles. Grâce cependant aux renforts qui lui viennent de sa deïra, il persiste à tenir la campagne. Pendant tout le mois d'avril, c'est Jusuf, devenu général, qui court après lui à bride abattue, tantôt perdant sa piste, tantôt tombant sur lui à l'improviste, lui tuant quelques hommes et lui arrachant quelque butin ; s'il ne réussit pas à s'emparer de sa personne, du moins il le réduit à l'existence d'un fugitif, sans cesse traqué, chaque jour plus dénué, plus affaibli, plus isolé.

Mais dans quel état revenaient, après ces poursuites, nos fantassins déguenillés et fourbus, nos cavaliers à pied, traînant par la bride des chevaux hors de service ! La Moricière, qui avait assisté à l'un de ces retours, en était tout ému ; il déclarait « n'avoir rien vu de semblable, ni après la retraite de Constantine, ni après la désastreuse campagne d'Alger en 1840 », et s'inquiétait de l'effet produit sur les indigènes par un tel spectacle. Ce fut même le sujet d'un de ces désaccords qui éclataient trop fréquemment entre le gouverneur général et le commandant de la province d'Oran. Ce dernier, persuadé qu'en fermant le Tell à Abd el-Kader et en le privant ainsi de tout moyen de se ravitailler, on finirait par avoir raison de lui, ne cachait pas son peu de goût pour ces courses perpétuelles dans le désert qui, selon lui, éreintaient les soldats sans profit suffisant ; ou du moins il n'eût voulu les voir entreprendre que « sur des renseignements certains, avec des probabilités d'un succès important ». Le maréchal releva vivement ces critiques. « Les opérations dans le désert, écrivit-il à La Moricière, nous ont rendu les plus grands services ; ce sont elles qui ont ruiné l'émir, en ne lui laissant qu'une poignée de cavaliers exténués ; elles ont amené la soumission de tout le désert au sud de la province d'Alger ; elles nous ont ramené plusieurs tribus du Tell qui avaient émigré. » Le maréchal « reconnaissait que le général Jusuf, avec des qualités militaires très distinguées, n'avait pas tout l'ordre d'administration et d'organisation qu'on aurait pu désirer », mais il estimait qu'en somme son action avait été utile. « On ne fait les choses extraordinaires, à la guerre, ajoutait-il, qu'avec des moyens extraordinaires, et Napoléon a commis une faute en n'engageant pas la garde impériale à la fin de la bataille de la Moskova. C'était, disait-on, afin d'assurer la retraite. Mauvaise raison. Il faut tout faire pour gagner la bataille d'une manière décisive, quand on a fait tant que de la livrer. Si on la gagne, on n'a pas besoin de faire retraite. Si nous chassons et ruinons Abd el-Kader, notre infanterie et notre cavalerie auront le temps de se remettre. Je ne regrette donc nullement les travaux qui ont amené le délabrement qui vous afflige. Jusuf jouait un coup de partie pour la tranquillité de toute l'Algérie; il voulait avant tout réussir, et je pense sincèrement que le résultat lui donne raison [1]. »

Quelque confiance que le gouverneur général eût dans les chevauchées de Jusuf, il sentait qu'il y aurait eu un moyen bien plus sûr et plus prompt d'avoir raison d'Abd el-Kader; c'eût été de porter la guerre sur le territoire marocain et d'y poursuivre cette deïra qui, à l'abri de nos coups et contrairement aux stipulations du traité de Tanger, servait de base d'opérations à la révolte. Ce n'était pas la première fois que, devant la mauvaise volonté ou l'impuissance de l'empereur Abd er-Raman, le maréchal songeait à se faire justice lui-même en passant la frontière. Mais toujours il avait été contenu par le gouvernement, qui gardait un souvenir trop présent des difficultés diplomatiques nées de la guerre du Maroc, pour vouloir recommencer une pareille aventure[2]. Au point de vue de la politique générale, rien de plus raisonnable que cette prudence du gouvernement : n'eût-il pas été fort périlleux de nous trouver aux prises avec une nouvelle question marocaine, au moment de la querelle des mariages espagnols? Mais on conçoit que ceux qui, comme le maréchal Bugeaud, regardaient surtout les choses au point de vue de la pacification

---

[1] KELLER, *Le général de La Moricière*, t. Ier, p. 421 à 423. — V. aussi C. ROUSSET, *La conquête de l'Algérie*, t. II, p. 91 à 93.

[2] Le Roi, notamment, avait manifesté sur ce point, dès l'origine, une volonté très arrêtée. « Si on ne met pas un éteignoir absolu de notre côté, écrivait-il, le 12 novembre 1844, au maréchal Soult, on nous enfilera dans une nouvelle guerre avec le Maroc. Je crois qu'il faut *des ordres péremptoires* de ne laisser passer les frontières du Maroc par nos troupes, *nulle part et sous quelque prétexte que ce soit, pas même celui de la poursuite d'Abd el-Kader*. Nous sommes hors du guêpier, et ne nous y laissons pas entraîner une seconde fois. » (*Documents inédits.*)

de l'Algérie, fussent tentés de se montrer moins patients. La grande insurrection de 1845-1846, la vue de l'émir se relevant chaque fois des coups qu'on lui portait, au moyen des secours qu'il tirait de sa deïra, n'étaient pas faites pour rendre cette patience plus facile. Aussi, à cette époque, le maréchal Bugeaud était-il de plus en plus convaincu de la nécessité d'une « opération sérieuse » sur le territoire marocain, et de plus en plus pressé de l'entreprendre[1]. Il s'en ouvrit dans les dépêches qu'il adressa à Paris : si l'on ne voulait pas l'autoriser formellement à faire cette « guerre d'invasion défensive », il demandait au moins qu'on la lui laissât faire, sauf à en rejeter plus tard sur lui seul la responsabilité. Le gouvernement, effrayé de tels projets, fit aussitôt connaître à Alger, par écrit et par envoyés spéciaux, sa ferme volonté de ne rien permettre de pareil. De plus, M. Guizot profita de l'habitude où il était de correspondre amicalement avec le maréchal, pour lui expliquer les motifs de cette décision. Dans une lettre en date du 23 avril 1846, il lui exposa l'avantage qu'avait pour nous un accord même imparfait et peu efficace avec l'empereur du Maroc, l'opposition qu'une nouvelle guerre soulèverait en France, les complications qu'elle ferait naître en Europe, l'anarchie, fâcheuse pour nos intérêts, qu'elle provoquerait au Maroc, l'impossibilité où serait notre armée d'atteindre, dans ces régions lointaines et inconnues, l'émir qu'elle ne parvenait pas à joindre sur le territoire algérien. Il rappela, en terminant, que, « quand on est en présence de populations semi-barbares et de gouvernements irréguliers et impuissants », il faut savoir prendre son parti de certains maux inévitables. « Il n'y a pas moyen, ajoutait-il, d'établir, avec de tels gouvernements et avec de tels peuples, même après leur avoir donné les plus rudes leçons, des relations sûres, des garanties efficaces; il faut, ou pousser contre eux la guerre à fond, jusqu'à la conquête et l'incorporation complète, ou se

---

[1] Voir notamment les lettres que le maréchal Bugeaud écrivait, le 6 avril 1846, au duc d'Aumale et à M. Léon Roches. (D'IDEVILLE, *Le maréchal Bugeaud*, t. III, p. 97 à 99 et p. 103.)

résigner aux embarras, aux incidents, aux luttes que doit entraîner un tel voisinage, en se mettant en mesure de les surmonter ou d'en repousser plus loin la source qu'on ne peut tarir. » Vérité d'expérience fort utile à méditer pour tous les gouvernements qui font de la politique coloniale. Déjà, du reste, l'année précédente, lors du débat sur le traité de Tanger, le duc de Broglie avait développé cette même idée avec sa précision accoutumée. Devant des raisons si fortes et une volonté si ferme, le maréchal Bugeaud céda, non sans regret, mais sans hésitation. « Ce que vous me dites, répondit-il à M. Guizot, le 30 avril, de la conduite que nous devons tenir envers le Maroc, me paraît d'une grande justesse, me plaçant à votre point de vue, et c'est là qu'il faut se placer [1]. »

Au moment même où le gouvernement retenait ainsi le maréchal, le territoire marocain était le théâtre d'un événement atroce qui eût suffi, et au delà, si des raisons de politique générale ne nous eussent arrêtés, à justifier notre intervention. Depuis plus de six mois, la deïra d'Abd el-Kader renfermait deux cent quatre-vingts prisonniers français; quatre-vingt-quinze, dont cinquante-sept blessés, étaient les héroïques survivants de Sidi-Brahim; les autres étaient ceux qui avaient capitulé sans combat sur la route d'Aïn-Temouchent. Ces prisonniers avaient été d'abord bien traités. Plusieurs fois Abd el-Kader avait fait, pour leur échange, des ouvertures toujours repoussées. Le maréchal était convaincu, — et son opinion était partagée par plusieurs généraux d'Afrique, — que de telles propositions étaient surtout, dans l'intention de l'émir, un moyen de faire croire aux Arabes qu'il négociait avec la France en vue d'une paix prochaine, et de retenir sous son influence, à l'aide de cet artifice, les tribus qui commençaient à lui échapper. Bugeaud refusait donc de se laisser prendre à ce qu'il jugeait être un piège. On n'était pas toutefois, de notre côté, sans travailler à la libération des captifs; usant d'un procédé qui lui avait déjà réussi dans une cir-

---

[1] *Mémoires de M. Guizot*, t. VII, p. 212 à 223.

constance analogue, notre diplomatie s'adressait à l'empereur du Maroc : « Vous êtes en paix avec nous, lui disait-elle; nous ne pouvons donc admettre que des prisonniers français soient retenus sur votre territoire par Abd el-Kader; faites-vous-les livrer, et rendez-les-nous. » Mais, pendant que ces pourparlers se continuaient avec plus ou moins de chance de succès, la deïra subissait une crise : la mauvaise fortune de son maître réagissait sur elle; les vivres et l'argent commençaient à lui manquer; avec la détresse, étaient venus le mécontentement, la discorde et les désertions; des tribus entières partaient pour l'intérieur du Maroc; quant à celles qui demeuraient fidèles, il leur fallait se préparer à un exode, car Abd el-Kader les appelait dans le sud, auprès de lui. Dans ces conditions, la garde des prisonniers devenait un embarras. Le 24 avril 1846, aussitôt après l'arrivée d'un courrier de l'émir, douze des prisonniers, dont six officiers, furent emmenés hors du camp, sous prétexte d'assister à une fête; c'étaient ceux dont on espérait une rançon. Les deux cent soixante-huit autres, à la tombée de la nuit, furent répartis, par petits groupes, dans les huttes de leurs gardiens. A minuit, au signal donné par un cri, le massacre commença. Ceux qui ne tombèrent pas dès les premières fusillades furent brûlés dans les gourbis où ils se réfugièrent. Un seul s'échappa, blessé, nu; les Marocains le ramassèrent et le reconduisirent à nos avant-postes, où il arriva le 17 mai; ce fut par lui qu'on eut le récit de l'horrible scène. Cette nouvelle causa, en France, une douloureuse émotion que les ennemis du maréchal tâchèrent d'exploiter contre lui; ils l'accusèrent, dans la presse et à la tribune, d'avoir négligé et même d'avoir systématiquement écarté ce qui eût pu prévenir ce malheur. Abd el-Kader était-il l'auteur du massacre? On en voudrait douter, ne serait-ce qu'à cause de l'attitude chevaleresque qu'il avait prise en d'autres circonstances[1]. Mais lui-même a avoué plus tard que tout s'était

---

[1] En 1843, dans un combat de cavalerie, le trompette Escoffier, voyant son capitaine démonté et sur le point d'être capturé, mit pied à terre et lui amena son cheval : « Montez vite, mon capitaine, lui dit-il, c'est vous et non pas moi

fait par son ordre, et il n'a trouvé d'autre excuse à invoquer que l'irritation où l'aurait jeté le refus d'échanger les prisonniers [1].

Ce n'était pas par cet acte d'inutile cruauté qu'Abd el-Kader pouvait relever sa fortune. La chasse qu'on lui donnait dans le désert continuait toujours. Comme, pour échapper à Jusuf, il s'était rejeté vers l'ouest, la poursuite était désormais menée par l'un des lieutenants de La Moricière, le colonel Renault. Elle se prolongea de la fin de mai au commencement de juillet 1846, avec les fatigues et les péripéties accoutumées. L'émir, surpris le 1er juin, n'eut que le temps de sauter sur un cheval pour s'enfuir. Le plus grave pour lui était que les tribus nomades du désert l'abandonnaient et venaient nous demander l'aman. Les gens d'Arbà, auxquels il réclamait le cheval de soumission, ne lui offrirent qu'un âne. Les Ouled-Sidi-Cheikh, qu'il appelait aux armes, lui répondirent : « Tu es comme la mouche qui excite le taureau ; quand tu l'as irrité, tu disparais, et nous recevons les coups. » La deïra, ruinée et réduite des trois quarts, n'était plus en état de fournir des renforts. Si fier que fût toujours son cœur, Abd el-Kader était à bout, et, dans les premiers jours de juillet, abandonnant la partie, il rentra dans le Maroc par Figuig. Il y avait sept mois que, seul, par son prestige, son énergie, son audace, sa fécondité de ressources, cet homme vraiment extraordinaire défiait toutes les poursuites et tenait en alerte une armée de cent mille hommes, commandée par nos meilleurs officiers. Pourquoi faut-il que le sang des prisonniers massacrés ternisse une gloire qui aurait pu être si pure?

---

qui rallierez l'escadron. » Le brave trompette fut fait prisonnier. Le maréchal Bugeaud fit connaître à l'armée, par un ordre du jour, cet acte héroïque, et le Roi, sans attendre la libération d'Escoffier, le décora de la Légion d'honneur. Informé de ces faits, Abd el-Kader traita son prisonnier avec les plus grands égards et lui fit même remettre solennellement la croix de la Légion d'honneur devant ses troupes réunies. Escoffier fut échangé l'année suivante.

[1] Dans une lettre écrite par Abd el-Kader au Roi, en novembre 1846, nous lisons : « L'accroissement de notre colère a été tel que nous nous sommes décidé à ordonner le massacre. » Et dans une lettre au maréchal Soult, de la même date: « La colère a fini par déborder de notre cœur, et nous avons ordonné que l'on tuât vos prisonniers. »

XI

Pendant la longue lutte qu'il venait de soutenir, le maréchal Bugeaud n'avait pas eu seulement affaire aux Arabes. En France, une bonne partie de l'opinion, travaillée par certains journaux, s'était montrée assez mal disposée à son égard. Elle s'en était prise à lui de tout ce qui, dans cette insurrection, l'avait déçue, alarmée, attristée, ennuyée : de la violence imprévue de l'explosion, des malheurs du début, de la lenteur et des difficultés de la répression. Cette guerre, sans faits d'armes, n'avait ni intéressé son imagination, ni flatté son amour-propre. Tout était matière à reproches : la dissémination des troupes, leurs fatigues excessives, le retard et la médiocrité des résultats. Les beaux esprits se croyaient le droit de plaisanter le maréchal qui courait, avec cent mille soldats, contre un seul homme, sans pouvoir seulement l'atteindre; les badauds de Rome ne raillaient-ils pas déjà Metellus de ce qu'il tardait à s'emparer de Jugurtha?

Tout ce bruit de critiques arrivait aux oreilles de Bugeaud, jusque dans les régions lointaines où il faisait campagne, et il ne savait pas le dédaigner. « Je ne m'étonne pas, mandait-il à un de ses amis, le 22 mars 1846, que vous soyez indigné de toutes les ordures et sottises qu'on me jette à la tête. Ferait-on pire si j'avais perdu cent combats et toute l'Algérie? On n'a jamais rien vu, je crois, de pareil à ce déchaînement sans base aucune, puisque je n'ai pas éprouvé le plus léger échec, et que j'ai donné, tout au moins, l'exemple de la plus grande activité et d'une opiniâtre persévérance à vaincre l'hydre qui m'entourait de ses mille têtes. J'ai la conscience de n'avoir jamais mieux mérité de la France [1]. » Tels furent même son irritation

---

[1] *Le maréchal Bugeaud*, par d'Ideville, t. III, p. 100.

et son dégoût qu'il en revint à parler de démission. Il écrivait, en avril, à M. Guizot : « Je sais que vous voulez me défendre à la tribune, et que vous me défendrez bien; mais votre éloquence effacera-t-elle le mal qui se fait et se fera tous les jours? Croyez-vous qu'on puisse rester, à de telles conditions, au poste pénible et inextricable où je suis? Mon temps est fini, cela est évident. L'œuvre étant devenue quelque chose, tout le monde s'en empare ; chacun veut y mettre sa pierre, bien ou mal. Je ne puis m'opposer à ce torrent, et je ne veux pas le suivre ; je m'éloigne donc de la rive. J'ai déjà fait la lettre par laquelle je prie M. le ministre de la guerre de soumettre au gouvernement du Roi la demande que je fais d'un successeur. Je fonde ma demande sur ma santé et mon âge qui ne me permettent plus de supporter un tel fardeau, et sur mes affaires de famille; mais, entre nous, je vous le dis, ma grande raison, c'est que je ne veux pas être l'artisan des idées fausses qui règnent très généralement sur les grandes questions d'Afrique. Je ne redoute ni les grands travaux de la guerre, ni ceux de l'administration; mes soldats et les administrateurs de l'Algérie le savent très bien; mais je redoute l'opinion publique égarée[1]. » Ce n'était certes pas que le maréchal Bugeaud manquât de foi dans son œuvre. Pour ce qui regardait, notamment, la dernière insurrection, il estimait que l'événement répondait victorieusement à tous les détracteurs de sa tactique, et, bien que sa campagne ne fût marquée par aucune action militaire éclatante, il s'en honorait comme d'une des plus remarquables qu'il eût faites. A un ami qui venait de se marier, il écrivait, le 31 mai : « Vous êtes, à présent, enfoncé dans la lune de miel... Cette lune ne reviendra plus pour moi, mais je suis dans ma lune de gloire ; j'ai vaincu les Bédouins de France, en même temps que ceux d'Afrique. Je crois ceux de France plus près de reprendre les hostilités que ceux d'Afrique. Ils disent, à présent, que ce n'était rien, que cela ne valait pas la peine de s'en occuper, et qu'avec des moyens aussi grands

---

[1] *Mémoires de M. Guizot*, t. VII, p. 223 à 225.

que ceux que j'avais, j'aurais dû faire bien plus vite et mieux[1]. »

La discussion qui s'ouvrit à la Chambre des députés, en juin 1846, sur les crédits relatifs à l'Algérie, fournit aux préventions qui s'étaient formées, depuis quelque temps, contre le maréchal Bugeaud, une occasion de se manifester. Sans doute, on ne pouvait plus lui reprocher de ne pas savoir vaincre Abd el-Kader, puisqu'à cette époque la révolte était considérée comme domptée; mais la critique trouvait ailleurs à quoi se prendre. Le signal fut donné par le rapporteur de la commission, M. Dufaure; tout en rendant hommage à l'œuvre militaire du gouverneur, il refusa d'approuver son œuvre administrative et colonisatrice, réclama un régime civil, et exprima le vœu de voir établir un ministère de l'Algérie dont le gouverneur ne serait plus que l'agent. Au cours du débat, de nombreux orateurs reproduisirent ou même aggravèrent ces griefs : entre tous, il faut citer M. de Tocqueville et M. de Lamartine. A entendre M. de Tocqueville, ce qui manquait à l'Algérie, c'était un bon gouvernement, ou même seulement un gouvernement; il appuya sur les tiraillements, les conflits qui s'étaient produits entre le cabinet et le gouverneur général; il montra le cabinet n'osant pas rappeler le maréchal, mais le laissant malmener par ses amis, tandis que, de son côté, le maréchal faisait attaquer le cabinet par ses journaux; le résultat était que les deux pouvoirs se tenaient en échec et aboutissaient à l'impuissance. Quant à M. de Lamartine, dans un discours de proportions gigantesques, il s'attaqua à tout le système appliqué en Algérie, y dénonçant je ne sais quoi d'excessif, d'immodéré, et comme « un débordement de guerre, de sang et de millions ». Il se plaignit que le maréchal Bugeaud, au lieu de remplir le mandat qui lui avait été donné de « fermer cette grande plaie de l'Algérie », l'eût au contraire « envenimée et élargie ». Ce qu'il préconisait, c'était, en réalité, l'occupation limitée qui

---

[1] D'IDEVILLE, t. III, p. 124, 125.

était pourtant depuis longtemps jugée. Il s'éleva aussi contre la « dictature militaire », à laquelle il imputait tous les maux de la colonie, et termina par un réquisitoire indigné contre l'inhumanité de notre guerre africaine, particulièrement contre les razzias.

M. Guizot répondit à ces critiques par un discours considérable. Après avoir écarté, en quelques mots émus, l'accusation de cruauté portée contre nos généraux, il examina la conduite suivie en Afrique, depuis 1840. Tout d'abord, il fit honneur au cabinet d'avoir résolument engagé sa responsabilité en envoyant le général Bugeaud à Alger et en lui fournissant tous les moyens d'action dont il avait besoin. Ce lui fut une occasion de s'expliquer sur les désaccords survenus entre le ministère et le gouverneur, désaccords auxquels ce dernier avait parfois donné un éclat si compromettant et dont l'opposition avait naturellement cherché à se faire une arme. Le sujet était délicat; M. Guizot se tira de la difficulté avec adresse et dignité. « C'est le devoir du gouvernement, dit-il, de subordonner toujours ce qui est secondaire à ce qui est essentiel, et de savoir, avec ses agents, passer par-dessus des erreurs et des dissidences, quand il s'agit de conserver au pays de grands et utiles services. En vérité, lorsque j'entends porter à cette tribune la petite histoire de nos dissidences et des anecdotes auxquelles elles ont donné lieu, quand je les entends grossir, quand on s'étonne que nous n'en ayons pas fait une plus grosse affaire, je m'étonne fort à mon tour. On oublie donc que cela est arrivé très souvent dans le monde et à des gouvernements qui se respectaient et savaient se faire respecter? Quand Louis XIV disait à un officier qui allait rejoindre l'armée de Turenne : « Dites à M. le maréchal de « Turenne que je serais bien aise d'avoir quelquefois de ses « nouvelles », car M. de Turenne ne voulait pas écrire à M. de Louvois, c'était là, permettez-moi de le dire, une irrévérence un peu plus grande que celle qu'on a rappelée à cette tribune. Cependant Louis XIV ne rappelait pas M. le maréchal de Turenne; il prenait seulement le petit moyen que je vous indiquais, pour le rappeler à son devoir. Eh bien, nous avons eu les mêmes raisons et nous avons tenu la même conduite. Nous savons parfaitement qu'un gouvernement doit se faire respecter des hommes qu'il emploie; mais quand nous considérons deux choses : l'une, l'éminence des services; l'autre, la loyauté du caractère; quand nous avons la certitude que ces deux choses-là existent, nous savons aussi ne pas tenir compte des petits incidents. » Abordant ensuite le fond de son sujet, M. Guizot insista principalement sur ce qui avait été fait, depuis six ans, pour la soumission de l'Algérie : il avait là beau jeu. Il passa plus rapidement sur l'administration et la colonisation, sentant probablement le terrain moins favorable. En ce qui touchait l'administration, il reconnut que le régime civil était le but, affirma qu'on s'en rapprochait chaque jour davantage, mais fit observer que, pendant quelque temps encore, le maintien du gouvernement militaire importait à notre sécurité. Quant à la colonisation, il déclara que « le gouvernement avait pris le parti de n'épouser exclusivement aucun mode, mais de les favoriser tous », et annonça, à ce titre, « certains essais » de colonisation militaire. A son avis, d'ailleurs, parmi les questions soulevées, il en était plusieurs qui devaient être examinées, mais qui n'étaient pas encore mûres; c'était à l'avenir de les résoudre. « Il faut, disait le ministre en terminant, être à la fois moins impatient et plus confiant dans l'avenir; il ne faut pas croire que des fautes, des erreurs, des misères empêchent le succès définitif. C'est la condition des affaires humaines : elles sont mêlées de bien et de mal, de fautes et de succès; il faut savoir supporter ces vicissitudes... Et, au milieu de ce continuel mélange, il ne faut désespérer de rien; il faut seulement se donner le temps de vaincre les difficultés et de résoudre les questions; c'est tout ce que le gouvernement du Roi demande quant à l'Algérie. »

De loin, le maréchal Bugeaud avait suivi ces débats. Il n'avait pu qu'être reconnaissant de la façon dont M. Guizot l'avait défendu; mais cela ne suffisait pas à lui faire prendre en patience les critiques, et il parlait toujours de s'en aller. « J'ai beaucoup à me louer du cabinet, écrivait-il à M. de Corcelle... Ce n'est donc pas par humeur et mécontentement que je désire me retirer... Mais je redoute les faiseurs de systèmes et de projets... Je suis effrayé de ce qu'exigent du gouverneur les hommes qui, n'ayant jamais fait que gratter du papier, croient qu'on improvise la colonisation et les grands travaux publics... On me dit que je n'ai rien fait. Jugeant bien que je ne puis pas faire mieux que par le passé, je dois fuir l'avenir... En colonisation, en administration, on ne peut pas faire rapidement de ces choses éclatantes qui captivent le suffrage public. C'est l'œuvre du temps et de la persévérance. Or, l'opinion ne me donnerait pas de temps, et d'ailleurs, à soixante-deux ans, on n'en a pas devant soi... N'ayant que très peu d'années devant moi, je suis bien convaincu qu'en quittant le gouvernement quand les forces me manqueraient, je m'en irais conspué pour n'avoir pas fait, de toute l'Algérie, des départements constitués comme ceux de la France [1]. » Quelques semaines plus tard, le 16 juillet 1846, dans un banquet donné en l'honneur de M. de Salvandy, alors de passage à Alger, le maréchal répondait assez mélancoliquement aux félicitations et aux vœux qui lui étaient adressés au nom de la population civile : « Messieurs, je suis profondément touché de ce que vous venez de me dire. Après l'estime du gouvernement et de la métropole, la vôtre m'est certainement la plus chère ; mais, quel que soit le dévouement qu'elle ravive en moi, il ne m'est pas donné, ainsi que vous m'y invitez, de compléter mon œuvre. Vous userez encore bien des gouverneurs avant d'y parvenir... » Deux jours après, il partait en congé pour la France.

---

[1] *Documents inédits.*

XII

Si difficile à vivre que leur parût parfois le maréchal Bugeaud, les ministres désiraient qu'il conservât encore la direction des affaires algériennes. Ils lui déclarèrent donc, dès son arrivée à Paris, qu'ils ne voulaient pas entendre parler de sa démission, et ils ne négligèrent rien pour le calmer et l'amadouer. D'ailleurs, à la fin de l'année précédente, la composition du cabinet avait subi un changement qui facilitait l'entente : le maréchal Soult, fatigué par l'âge, avait abandonné son portefeuille, pour ne conserver que la présidence du conseil, présidence un peu nominale; il avait eu pour successeur au ministère de la guerre le général Moline Saint-Yon, avec lequel le gouverneur était en très bons termes [1]. Le Roi, auquel Bugeaud était fort attaché, intervint personnellement pour le presser de garder ses fonctions. « Sire, j'obéis, répondit le maréchal, mais je supplie Votre Majesté de faire que j'aie quelque chose de grand, de décisif à exécuter en colonisation. » On sait ce qu'il entendait par là : c'était une allusion à cette fameuse colonisation militaire dans laquelle, plus que jamais, il voyait la solution nécessaire et unique. Sur les conseils de ses amis, il avait renoncé à l'exécution immédiate et en grand, qui avait tant effarouché les esprits; il réclamait seulement un essai sérieux. On lui donna satisfaction : engagement formel fut pris de demander, dès l'ouverture de la prochaine session, un crédit de trois millions pour faire cet essai.

Le maréchal Bugeaud rentra à Alger, en novembre 1846. Il y trouva la colonie assez tranquille. Abd el-Kader s'était définitivement retiré en terre marocaine, l'âme toujours indomptable, mais impuissant [2]. Moins il se sentait en état

---

[1] « J'ai beaucoup à me louer du nouveau ministre de la guerre », écrivait le maréchal Bugeaud à M. de Corcelle, le 19 juin 1846. (*Documents inédits.*)

[2] Si Abd el-Kader ne reprenait pas les hostilités, ce n'était pas la faute de lord

de reprendre la lutte armée, plus il tâchait de persuader aux indigènes que la France traitait avec lui. La présence à son camp des onze prisonniers, survivants de l'horrible massacre du 24 avril, lui fournit l'occasion d'ouvrir une sorte de négociation. Il chargea le principal d'entre ces prisonniers, le lieutenant-colonel Courby de Cognord, d'écrire aux commandants français de la frontière pour proposer un échange. Puis, sans attendre que ces premiers pourparlers eussent abouti, il fit traiter sous main d'une libération moyennant rançon; toute une comédie fut jouée pour faire croire que la rançon était exigée par les subalternes à l'insu de l'émir, et que celui-ci relâchait ses captifs par pure générosité. Le 25 novembre, Courby de Cognord et ses compagnons furent remis, contre argent, au commandant espagnol de Mélilla, qui avait servi d'intermédiaire, et de là conduits à Oran, où leur fut fait un accueil ému. Ils amenaient avec eux un Arabe, porteur de deux lettres d'Abd el-Kader à Louis-Philippe et au maréchal Soult. Ces lettres, d'une fierté pompeuse, concluaient à des propositions de paix : dans l'exposé des faits, l'émir se présentait comme ayant été contraint à la guerre par nos généraux; un fait toutefois le gênait visiblement, c'était le massacre des prisonniers : il reconnaissait l'avoir ordonné, mais disait y avoir été acculé par les mauvais procédés des commandants français, par leur refus obstiné de vouloir entendre parler d'échange, par leur injurieuse prétention de faire intervenir l'empereur du Maroc; il rejetait donc sur eux seuls la responsabilité du fatal dénouement; il terminait en se faisant honneur de la générosité avec laquelle il libérait les survivants. Le maréchal Bugeaud ne permit pas au messager de passer en France; il le renvoya au Maroc, avec cette réponse verbale : « Dis à ton maître que, s'il nous avait renvoyé nos

---

Palmerston, dont l'acharnement nous poursuivait jusque sur cette terre lointaine. A cette époque, lord Normanby avouait que « son gouvernement croyait de son devoir de soutenir Abd el-Kader, comme il l'avait toujours fait. » (Dépêche de M. de Brignole, ambassadeur de Charles-Albert à Paris, en date du 4 novembre 1846. HILLEBRAND, *Geschichte Frankreichs*, 1830-1848, t. II, p. 692.)

prisonniers sans rançon, je lui en aurais remis trois pour un ; mais, puisqu'il a fait payer la liberté de ceux-ci et a fait égorger les autres, je ne lui dois rien que de l'indignation pour sa barbarie. » Abd el-Kader, fort mortifié de cette réponse, protesta contre l'injure qu'on lui faisait en supposant qu'il « avait rendu les Français pour de l'argent ». « Tu oublies, écrivait-il au maréchal, que les choses du monde sont changeantes. A cet égard, j'en sais plus que toi. Je suis convaincu que rien ne peut être durable sur cette terre, depuis la création d'Adam jusqu'à l'extinction de la race humaine. C'est pourquoi je ne me réjouis point, je ne m'enorgueillis pas ni ne me fie aucunement aux effets du destin, si la fortune me sourit, comme aussi je ne m'afflige point ni ne me désespère, si je suis atteint par des revers, et cela parce que j'ai la croyance que rien n'est stable sur la terre... Au reste, les anciens sages ont comparé le destin à la grossesse d'une femme : le sexe de l'enfant prêt à naître ne peut être connu avant l'enfantement [1]. »

Quand Abd el-Kader se sentait impuissant, qui était de force à lutter contre nous ? Bou-Maza l'essaya cependant. Au commencement de 1847, il quitte le Maroc, se jette dans le sud de nos possessions, erre d'une oasis à l'autre, sans parvenir à y susciter un mouvement sérieux, et finit par pénétrer presque seul dans l'Ouarensenis et le Dahra, premier théâtre de ses combats ; mais ses anciens partisans, bien que le vénérant toujours, s'écartent de lui. Saint-Arnaud ne lui laisse pas un moment de répit. « Je fais traquer Bou-Maza comme un chacal », écrit-il à son frère, le 10 avril. Trois jours après, il ajoute, avec un cri de triomphe : « Bou-Maza est entre mes mains... C'est un beau et fier jeune homme. Nous nous sommes regardés dans le blanc des yeux. » Le 17, « un peu sorti du tourbillon », le colonel raconte ainsi comment les choses se sont passées : « Les dernières tentatives faites par Bou-Maza l'ont dégoûté et désillusionné. Partout, il nous a trouvés en garde... Enfin, il arrive chez un de ses affidés, le caïd des

---

[1] C. Rousset, *La conquête de l'Algérie*, t. II, p. 106 à 121.

Ouled-Djounés, qui, s'il eût été seul, se serait prosterné devant lui; mais il y trouve quatre de mes mokrazani. Ç'a été le dernier coup. Il a tout de suite pris sa détermination et a dit : « Menez-moi à Orléansville, au colonel de Saint-Arnaud lui-« même », ajoutant que c'était à moi qu'il voulait se rendre, parce que c'était contre moi qu'il s'était le plus battu. Les autres ont obéi; ils tremblaient encore devant Bou-Maza, qui a gardé ses armes et ne les a déposées que chez moi, sur mon ordre. En amenant Bou-Maza, mes quatre mokrazani étaient effrayés de leur audace. D'un signe, Bou-Maza les aurait fait fuir. L'influence de cet homme sur les Arabes est inconcevable. Bou-Maza était las de la guerre et de la vie aventureuse qu'il menait. Il a compris que son temps était passé, et qu'il ne pouvait plus soulever des populations fatiguées de lui et domptées par nous. C'est un événement remarquable[1]. » Bou-Maza fut traité avec égard. Interné à Paris, installé dans un riche appartement des Champs-Élysées, avec une pension de 15,000 francs, il fut un moment à la mode parmi les badauds de la capitale. Passé, en 1854, au service de la Porte, il fut fait, en 1855, colonel dans l'armée ottomane, et mourut peu après en Turquie.

Le découragement qui avait amené la reddition de Bou-Maza n'était pas un fait isolé. Vers la même époque, au nord-est de la province d'Alger, Ben-Salem, qui avait été l'un des plus importants khalifats d'Abd el-Kader, venait, accompagné de plus de cent chefs des régions voisines du Djurdjura, apporter solennellement sa soumission au maréchal Bugeaud. En avril et en mai 1847, trois colonnes, commandées par les généraux Jusuf, Cavaignac et Renault, pénétrèrent simultanément dans l'extrême sud et y promenèrent le drapeau de la France, sans avoir presque à tirer un seul coup de fusil.

---

[1] *Lettres du maréchal de Saint-Arnaud.*

XIII

Rien donc, dans la situation militaire, qui pût préoccuper le maréchal Bugeaud et qui l'empêchât de porter toute son attention et tous ses efforts sur le problème de la colonisation. C'était en résolvant ce problème qu'il prétendait signaler la fin de son gouvernement. A vrai dire, en cette matière, il était urgent de faire mieux qu'on n'avait fait jusqu'alors. L'état des villages créés dans le Sahel et la Métidja ne s'était pas amélioré depuis un an, bien au contraire. Les misères, déjà notées, à la fin de 1844, par les voyageurs, notamment par l'abbé Landmann, étaient encore aggravées. Beaucoup de colons avaient succombé ou s'étaient découragés. Les demandes de concession, qui, de 1842 à 1845, étaient allées toujours en augmentant, commençaient à diminuer. En 1846, les villages ne recevaient que 689 colons nouveaux, tandis qu'ils en perdaient 715 Il était manifeste que, sous le coup des déceptions survenues, le premier élan se ralentissait et menaçait de s'arrêter complètement. A ce mal, le gouverneur prétendait remédier par la colonisation militaire.

Sa confiance était plus inébranlable que jamais. « Ma conviction pour le système à adopter en colonisation, écrivait-il à M. Léon Roches, est aussi profonde que celle que j'avais sur le système de guerre à faire aux Arabes. Vous m'avez vu lutter (sur ce dernier point) contre tout le monde, même contre les ministres, sans jamais me décourager ; j'ai résisté avec acharnement et j'ai triomphé. Je serais sûr également de triompher dans l'essai d'une colonisation militaire[1]. » Sachant l'opinion peu favorable à ses idées, le maréchal n'hésita pas, pour tâcher de la convertir, à se faire publiciste et même journaliste : c'était son habitude. Dans le courant de la session de 1846, il

---

[1] D'IDEVILLE, Le maréchal Bugeaud, t. III, p. 186.

avait envoyé une brochure aux membres du Parlement. Il revint à la charge, par un *Mémoire aux Chambres*, distribué le 1er janvier 1847 : il y entrait dans tous les détails d'application de son système, en exposait les avantages, répondait aux critiques; c'était un appel pressant, qui respirait, de la première ligne à la dernière, une forte conviction. En même temps, il ne perdait pas un instant de vue le ministère : croyait-il deviner chez lui quelque hésitation à tenir la promesse faite, quelque velléité d'ajourner le dépôt du projet d'essai, il écrivait aussitôt au Roi et menaçait de donner sa démission [1].

Néanmoins, les préventions contre la colonisation militaire subsistaient toujours aussi vives dans la population civile. En novembre 1846, quatre députés, MM. de Tocqueville, de Lavergne, Plichon et Bechamel, débarquaient en Afrique, avec l'intention d'étudier par eux-mêmes et sur place les questions soulevées. Le maréchal, s'étant offert à les promener dans la province d'Alger, leur fit traverser la Métidja, les conduisit jusqu'à Médéa et les ramena ensuite par Miliana et Orléansville. Il se flattait de leur faire ainsi saisir sur le vif les avantages pratiques du régime militaire, et, en tout cas, de leur montrer la sécurité due au succès de ses armes. Sur ce dernier point, la démonstration fut éclatante ; sur le premier, elle parut moins concluante. Sans doute le maréchal eut beau jeu à montrer, à chaque pas, tout ce qu'avait fait l'armée; mais il avait plus de peine à convaincre ses compagnons de route que cette armée suffirait, dans l'avenir, à résoudre tous les problèmes de la colonisation, et que la population civile était satisfaite de vivre sous son autorité. Plus d'un incident vint, au cours du voyage, contrarier son argumentation. Un jour, par exemple, une délégation d'habitants de Miliana demandait au gouverneur, en présence des députés, qu'un commissaire civil fût chargé de l'administration municipale, et un juge de paix de l'administration de la justice ; le maréchal

---

[1] Lettre à Louis-Philippe, en date du 30 décembre 1846. (*Mémoires de M. Guizot*, t. VII, p. 225 à 227.)

répondit aux réclamants par un exposé des avantages d'une administration gratuite et expéditive, d'une justice également gratuite et fondée sur le bon sens, sinon sur la science juridique; il leur reprocha leur ingratitude envers les officiers qui se dévouaient à une tâche pénible et étrangère à leur carrière, sans avoir rien à y gagner; puis il les congédia avec assez d'humeur. Cette démarche malencontreuse lui resta sur le cœur, et plus d'une fois, les jours suivants, il y revint dans ses conversations avec les députés. « Que veulent-ils? leur disait-il; sont-ils fous? Ils ont besoin de nous à chaque instant, et les voilà qui veulent se séparer de nous! Où trouveront-ils, dans l'autorité civile, les ressources et l'assistance que leur fournit constamment l'autorité militaire? » Et se tournant vers le colonel de Saint-Arnaud qui venait de rejoindre la caravane, — car on approchait d'Orléansville, siège de son commandement : « Voyons, colonel, puisque nous en sommes là, dites-nous ce que vous avez fait ici pour la population civile. » Saint-Arnaud se mit alors à vanter la superbe organisation qu'il avait donnée à la milice, la discipline rigoureuse qu'il y maintenait. « Mais aussi, ajouta-t-il, à la moindre négligence, je les mets dans le silo, la tête la première; voilà ce que j'ai fait pour eux. » A cette conclusion, ce fut un rire général. Le maréchal, toutefois, fit la grimace, pensant que ce n'était pas le meilleur moyen de convaincre les députés de l'excellence du régime militaire. Le commandant du génie vint à son secours, en exposant tout ce qui avait été fait pour aider les colons : fourniture de matériaux, constructions, transports, prêts d'argent. « Eh bien! vous le voyez, s'écria alors le gouverneur, que gagneront-ils à passer de la tutelle paternelle de l'autorité militaire sous celle de l'autorité civile? Sera-ce l'autorité civile qui leur prêtera ses bras pour bâtir leurs maisons, ou ses équipages pour y faire voyager leurs marchandises? Où prendrait-elle cette abondance et cette variété de ressources que l'organisation de l'armée lui permet de mettre sans frais à la disposition des colons? Que les faiseurs de théories qui les excitent à réclamer des garanties, des institutions civiles, viennent donc ici leur garantir d'abord la première de toutes les nécessités, celle de pouvoir subsister et s'établir dans le pays! » Le soir, l'un des compagnons de M. de Tocqueville, prenant l'air dans une des rues d'Orléansville, y fut brutalement apostrophé par un sergent qui, sans prétexte, menaça de « le mettre dedans » s'il ne s'en allait au plus vite. « Je sais maintenant, disait plaisamment celui auquel était arrivée cette mésaventure, ce que c'est qu'un territoire *mixte*, c'est un territoire mêlé de sergents. » M. de Tocqueville quitta le maréchal à Orléansville et revint étudier seul, de plus près, les villages administratifs ou militaires créés autour d'Alger ; il sortit de cet examen mieux convaincu encore qu'il fallait chercher ailleurs la solution du problème de la colonisation algérienne [1].

Mal vu par les « civils », le système du maréchal était loin d'être soutenu par tous les militaires. Sur l'invitation du gouvernement, le général Bedeau avait préparé un plan de colonisation pour la province de Constantine. Il proposait « d'essayer tous les systèmes de colonisation, à l'exception toutefois de celui des pauvres qui lui paraissait très onéreux ». Bornant le rôle de l'État à la fixation de certaines limites et de certaines conditions protectrices, au don de la terre, à l'exécution des grands travaux de sécurité, de salubrité et de viabilité, il comptait principalement sur l'initiative des individus et des capitaux, et se préoccupait de leur laisser le plus de liberté possible. Il ne paraissait faire aucune part à la colonisation militaire.

C'est surtout du côté du général de La Moricière que venait l'opposition au système du maréchal Bugeaud. La rivalité un peu jalouse de ces deux hommes de guerre n'était pas un fait nouveau. Sans doute, dans leurs bons moments, ils compre-

---

[1] Voir, sur le voyage des députés, le récit qu'a fait un de leurs compagnons, M. A. Bussière. (*Revue des Deux Mondes* du 1er novembre 1853.) — Le colonel de Saint-Arnaud écrivait à son frère, le 29 novembre 1846 : « Voilà cinq jours que mon esprit, mes jambes et mes chevaux ne débrident pas. Le corps est moins fatigué que l'esprit. Mais tenir tête à un maréchal qui aime à parler, à quatre députés et deux journalistes qui interrogent sans cesse *ab hoc et ab hac*, c'est trop ; je suis rendu... M. de Tocqueville posait pour l'observation méthodique, profonde, raisonnée... »

naient, l'un et l'autre, le tort de leurs divisions; alors le maréchal rendait justice à son brillant lieutenant et le signalait lui-même au gouvernement comme l'un des hommes les plus capables de le remplacer[1]; alors aussi La Moricière écrivait à Bugeaud : « Pour moi, je repousse la situation de rivalité, d'opposition, dans laquelle on veut me placer par rapport à vous, Monsieur le maréchal; je la repousse, parce qu'elle répugne à mon caractère ; je la repousse, au nom de la discipline de l'armée que tout homme qui aime son pays doit respecter[2]. » Malheureusement, par l'effet des situations et aussi des caractères, les heurts étaient fréquents. Il s'en était produit dès 1842[3]. A partir de 1845, les rapports furent plus tendus encore. Quand il se voyait vilipendé dans le journal *l'Algérie*, tandis que le commandant d'Oran y était porté aux nues, le maréchal soupçonnait aussitôt ce dernier d'inspirer cette polémique, soupçon qui, il est vrai, ne tenait pas longtemps devant les protestations de La Moricière. En octobre 1845, lorsqu'il revenait soudainement en Afrique pour faire face à l'insurrection, il ne se retenait pas de blâmer tout haut la façon dont le commandant intérimaire avait conduit les choses, d'attribuer les premiers échecs à ses fausses mesures, d'insinuer même qu'il avait manqué de sang-froid dans le péril. Par contre, quelques mois plus tard, La Moricière ne se gênait pas pour se plaindre que le maréchal surmenât ses troupes sans profit. Tous ces désaccords étaient connus de l'armée, sur laquelle ils ne pouvaient avoir qu'un fâcheux effet. Le colonel de Saint-Arnaud, qui était entièrement du bord du maréchal et facilement injuste pour le commandant d'Oran, écrivait à son frère : « Il n'y a pas deux camps dans l'armée d'Afrique, mais il y a deux hommes :

---

[1] Dans une lettre du 28 septembre 1845, le maréchal Bugeaud, qui voulait alors se retirer, annonçait à M. de Corcelle qu'il avait jugé « de son devoir envers le Roi et le pays d'indiquer les deux hommes qu'il croyait les plus capables, par leur savoir et leur expérience, de le remplacer ». — « Vous comprenez, ajoutait-il, que je désignais les généraux Bedeau et de La Moricière. » (*Documents inédits.*)

[2] *Le général de La Moricière*, par M. Keller, t. Ier, p. 333.

[3] Voir plus haut, t. V, p. 306 à 308.

l'un, grand, plein de génie, qui, par sa franchise et sa brusquerie, se fait quelquefois des ennemis, lui qui n'est l'ennemi de personne; l'autre, capable, habile, ambitieux, qui croit au pouvoir de la presse et la ménage, qui pense que le civil tuera le militaire en Afrique et se met du côté du civil. L'armée n'est pas divisée pour cela entre le maréchal Bugeaud et le général La Moricière; seulement, il y a un certain nombre d'officiers qui espèrent plus du jeune général qui a de l'avenir, que du vieillard illustre dont la carrière ne peut plus être bien longue[1]. »

A *ssitôt que la question de colonisation commença à occuper les . rits, La Moricière y prit position à l'antipode de Bugeaud. Dès 1844 et 1845, dans des notes adressées au ministre ou publiées, il montrait la solution du problème, non dans l'intervention de l'État et de l'armée, mais dans l'action des capitaux qu'il fallait attirer et intéresser; il s'en rapportait à la spéculation du soin de faire venir les colons sur les terres dont elle se serait mise en possession. Au commencement de 1846, ses idées se précisent. Sur l'invitation que le gouvernement lui a adressée en même temps qu'au général Bedeau, il rédige, pendant ses nuits de bivouac, tout un plan de colonisation de la province d'Oran, qu'il a soin d'envoyer directement au ministre, par crainte que le gouverneur général ne l'intercepte. Partant de cette idée que « le bon sens du pays et de la Chambre a fait justice du projet de colonisation militaire[2] », il propose d'appeler les riches capitalistes au moyen de grandes concessions de terres faites par adjudication; certaines clauses seraient imposées aux adjudicataires en faveur des petits colons qui viendraient s'établir sur leurs terres. Il ne met à la charge de l'État qu'une dépense très limitée, celle de quelques travaux d'intérêt général; ainsi évalue-t-il à 200,000 francs les déboursés à faire pour 2,300 familles, et il oppose la modicité de ce chiffre aux frais colossaux du système

---

[1] *Lettres du maréchal de Saint-Arnaud.*

[2] Ainsi s'exprime La Moricière, dans une lettre du 21 mai 1846, lettre destinée, dans sa pensée, à être publiée.

du maréchal Bugeaud. Il se préoccupe aussi d'écarter les formalités compliquées qui trop souvent rebutent les initiatives particulières. Si le général compte avant tout sur les capitalistes, il n'exclut pas de plus modestes concessionnaires ; seulement, il insiste pour qu'on ne leur donne pas plus de terres que leurs ressources ne leur permettent d'en mettre en valeur. En tout cas, qu'il s'agisse d'attirer les capitaux gros ou petits, il faut, à son avis, remplacer, dans les territoires ouverts aux colons, l'arbitraire du régime militaire par les garanties du régime civil ; le but doit être d'assimiler ces territoires à la Corse, moins les droits électoraux dans les premières années[1]. Quant au gouverneur général, son rôle serait réduit à celui de commandant de l'armée et de chef du pays arabe. Était-il alors aussi facile que le supposait La Moricière, de faire venir les capitaux en Algérie ? Quand, par application de ses idées, on essaya de mettre en adjudication le territoire de plusieurs nouvelles communes dans la province d'Oran, à charge, pour les particuliers ou les compagnies qui se rendraient adjudicataires, de les peupler de familles européennes, le résultat fut à peu près nul. Il est vrai que les conditions compliquées imposées aux adjudicataires étaient bien faites pour décourager toute entreprise. Le général attribua l'insuccès à ces exigences de la routine administrative et aussi à la mauvaise volonté du gouverneur.

Le souci de faire prévaloir ses idées sur la colonisation et de mieux contre-balancer la grande autorité du maréchal Bugeaud éveilla chez La Moricière l'ambition de se faire, lui aussi, nommer député. Une occasion lui était offerte par les élections générales d'août 1846. Ses premières tentatives, à Paris et en Maine-et-Loire, ne furent pas heureuses. Ce fut seulement en octobre que M. de Beaumont, qui avait été élu par deux collèges, fit élire La Moricière à sa place dans celui de Saint-Calais. Arrivé à la Chambre sous de tels auspices,

---

[1] La Moricière a exposé cette partie de sa thèse dans une lettre écrite, le 11 avril 1846, au directeur des affaires algériennes au ministère de la guerre.

le général, qu'il le voulût ou non, se trouva plus ou moins lié à la partie de la gauche qui se groupait autour de M. de Tocqueville. L'opposition d'ailleurs se montra fort empressée à se parer d'une si brillante renommée. L'une des conséquences fut naturellement d'accentuer encore l'antagonisme existant entre le gouverneur général et son lieutenant. Ils apparaissaient au public comme les représentants de deux politiques contraires, aussi bien en France qu'en Algérie. Le colonel de Martimprey, fort dévoué à La Morière, s'alarmait d'une telle situation : « Je redoute, écrivait-il d'Afrique, le spectacle d'une lutte entre mon général et le maréchal Bugeaud ; il n'en sortirait rien de bon, ni pour l'un ni pour l'autre, et quelque vautour ne tarderait pas à se percher sur leurs cadavres. »

Plus le général de La Morière prenait ainsi position, plus le maréchal Bugeaud s'en irritait, et il n'était pas homme à garder son mécontentement pour lui. Il ne se borna pas à malmener, dans ses conversations, ce qu'il appelait la théorie des « colons en gants jaunes ». Au commencement de 1847, il publia et fit distribuer aux membres des Chambres une réfutation sévère du système de La Morière. A l'entendre, ce système, loin de résoudre la question coloniale et la question militaire, ne serait, sous ce double rapport, qu'une cause de ruines. Il s'attacha surtout à montrer que l'économie dont on faisait si grand bruit n'était qu'apparente. D'ailleurs, ajoutait-il, la colonisation la plus rapide et la plus fortement constituée serait, en définitive, quoi qu'elle coûtât, la plus économique, parce qu'elle seule permettrait de diminuer l'armée. Il déclarait donc repousser de tout son pouvoir les idées du général ; tout au plus consentirait-il à les essayer localement, afin d'en démontrer pratiquement l'inefficacité.

XIV

Cependant la session de 1847 s'était ouverte, et, le 27 février, le ministre de la guerre, fidèle à l'engagement pris envers le maréchal Bugeaud, déposait à la Chambre une demande de crédit de trois millions, pour établir en Algérie des « camps agricoles où des terres seraient concédées à des militaires ». L'exposé des motifs commençait par rappeler les divers modes de colonisation tentés jusqu'alors en Afrique; tout en se félicitant de ce qui avait été et de ce qui pourrait encore être obtenu, il indiquait l'utilité de « fonder, sur les limites des territoires occupés, une colonisation plus forte, plus défensive que la colonisation libre et civile, une colonisation armée, véritable avant-garde destinée à se servir du fusil comme de la bêche, sorte de bouclier pour les établissements placés derrière elle ». Il indiquait que l'armée seule pouvait fournir les éléments de cette colonisation. Venaient ensuite des détails sur la manière d'organiser ce corps de soldats appelé à devenir un peuple de colons.

Il fut aussitôt visible que l'opinion faisait mauvais accueil à l'idée des camps agricoles. A Alger, les colons se réunirent pour protester et envoyèrent en France des délégués chargés de demander le rejet de la loi. Le gouvernement, assez embarrassé et peu disposé à porter seul la responsabilité d'un projet qu'il n'avait présenté que par égard pour Bugeaud, insista fortement auprès de ce dernier pour qu'il vînt à Paris et assumât le premier rôle dans la discussion. Le maréchal ne parut pas pressé de se rendre à cet appel. Malade d'un gros rhume, mécontent de ce que le ministère ne s'engageait pas plus à fond, et probablement pressentant l'échec final, il répondit, sur un ton assez grognon, le 9 mars 1847, à M. Guizot : « Je n'ai rien vu de plus pâle, de plus timide, de plus incolore que l'exposé des motifs du ministre de la guerre. On y a mêlé l'historique incomplet de la colonisation, le système du général de La Moricière, celui du général Bedeau ; enfin le mien arrive comme accessoire... On lui donne la plus petite portée possible ; on l'excuse bien plus qu'on ne le recommande... Je compte infiniment peu sur la parole du ministre de la guerre, mais je compte infiniment sur la vôtre... C'est maintenant l'œuvre du ministère ; vous ne voudrez pas lui faire éprouver un échec. Pour mon compte, je n'y attache qu'un intérêt patriotique ; mon intérêt personnel s'accommoderait fort bien de l'insuccès. Je suis déjà un peu vieux pour la rude besogne d'Afrique. » Il écrivait de nouveau, le 15 mars : « C'est encore de mon lit de douleur que je vous écris. Je commence à craindre sérieusement de n'être pas en état de me rendre à Paris avant la fin du mois, et, dès lors, qu'irais-je y faire? Les partis seront pris ; la commission aura fait son rapport. » Puis, dans un *post-scriptum*, au reçu de la nouvelle que les députés nommés par les bureaux pour faire partie de la commission, étaient « très peu favorables » au projet, il ajoutait : « Le gouvernement, qui est si fort dans tous les bureaux, n'a donc pas cherché à faire prévaloir les candidats de son choix? Tout ceci est d'un bien mauvais augure. »

La commission était, en effet, presque unanimement hostile. Elle choisit pour président M. Dufaure et pour rapporteur M. de Tocqueville, tous deux connus comme adversaires de la colonisation militaire. Le gouvernement, qui se jugeait quitte pour avoir présenté le projet, ne manifestait nullement l'intention d'en faire une question de cabinet. Tout cela augmenta encore la répugnance du maréchal à s'engager de sa personne dans un débat qui ne pouvait bien tourner. Il fit savoir au ministère que, décidément, sa santé ne lui permettait pas de se rendre à Paris. Bien plus, il ne cacha pas que sa détermination était prise de se retirer. Toutefois, désireux de ne partir que sur un succès militaire, il voulut, avant de résigner effectivement ses fonctions, accomplir une expédition qu'il avait fort à cœur.

On sait comment, depuis longtemps, Bugeaud songeait à soumettre la Grande Kabylie, comment aussi il avait toujours été retenu par les Chambres et par le gouvernement [1]. En 1847, le calme qui régnait dans nos possessions africaines et l'ascendant que donnait aux armes françaises la défaite définitive d'Abd el-Kader lui parurent favorables à une opération décisive. D'ailleurs, à ses yeux, l'appui fourni à l'émir, l'année précédente, par les tribus du Djurdjura, condamnait la politique qui laisserait plus longtemps, au cœur de notre colonie, ce foyer d'indépendance. A la première révélation de ses projets, les ministres, préoccupés du sentiment connu de la Chambre, avaient fait des objections. Mais le maréchal insista, donna des explications rassurantes, et le gouvernement finit par se résigner à le laisser faire. « En vous voyant si certain du succès, lui écrivait le ministre de la guerre, je suis porté à y croire comme vous ; j'en accepte donc l'espérance, et je reçois avec satisfaction l'engagement par lequel vous terminez cette dépêche de ne rien entreprendre dans ce pays sans être moralement assuré du succès, de n'y faire stationner les troupes que le temps indispensablement nécessaire, de n'y créer aucun poste permanent, enfin de ne pas demander, pour cette expédition, un soldat de plus. » Aussitôt qu'on eut vent, à la Chambre, de l'entreprise préparée contre la Kabylie, l'émotion y fut grande. La commission des crédits, présidée par M. Dufaure, la même qui, à ce moment, examinait et repoussait le projet de colonisation militaire, prit, le 9 avril 1847, la délibération suivante, dont ampliation fut signifiée au ministre de la guerre : « La commission, après en avoir délibéré, convaincue, à la majorité, que l'expédition militaire dans la Kabylie, annoncée par M. le gouverneur général, est impolitique, dangereuse et de nature à rendre nécessaire une augmentation dans l'effectif de l'armée, est d'avis de faire connaître à M. le ministre de la guerre son sentiment à cet égard. » De l'avis du conseil, le ministre de la guerre répondit que « le

---

[1] Voir plus haut, p. 346 à 348.

gouvernement était toujours disposé à tenir grand compte des opinions émises par les Chambres », mais qu'il devait « maintenir avec soin les limites établies entre les grands pouvoirs de l'État ». Rappelant qu'en vertu de l'article 12 de la Charte, « les opérations militaires étaient conduites par le gouvernement du Roi en toute liberté, sous la garantie de la responsabilité des ministres », il s'étonnait de voir la commission « prendre une délibération sur une question qui rentrait exclusivement dans les attributions de la prérogative royale et notifier cette délibération au gouvernement du Roi ». Il déclarait « ne pouvoir recevoir une communication contraire à notre droit constitutionnel », et renvoyait à la commission la pièce qu'elle lui avait adressée. En même temps qu'il défendait avec cette fermeté ses droits contre les empiétements parlementaires, le gouvernement fit connaître au maréchal ce qui venait de se passer, et, sans oser absolument interdire l'expédition, ne cacha pas qu'il la voyait avec inquiétude et déplaisir. Cette dépêche, datée du 30 avril, parvint à Bugeaud le 7 mai, au moment où il sortait du palais pour entrer en campagne. Sans prendre la peine de remonter à son cabinet, il écrivit au ministre : « Il est bien évident que je dois prendre sur moi toute la responsabilité de l'œuvre dans la chaîne du Djurdjura. Il le faut bien, d'ailleurs, puisqu'elle m'est laissée ; mais cela ne m'effraye pas. Je vous prierai seulement de remarquer qu'on serait bien mal fondé de me répéter encore que je redoute la presse et l'opinion. Je monte à cheval pour rejoindre mes troupes[1]. »

Deux colonnes, l'une de sept mille hommes, commandée par le maréchal, l'autre de six mille, sous les ordres du général Bedeau, concouraient à l'expédition. Il ne s'agissait plus, comme on l'avait fait plusieurs fois, de mordre les bords du massif, mais bien de le traverser de part en part. Parties, la première de la province d'Alger, la seconde de la province de

---

[1] Cette réponse est rapportée par M. C. Rousset, *La conquête de l'Algérie*, t. II, p. 136.

Constantine, les deux colonnes devaient marcher l'une vers l'autre, pour se rencontrer devant Bougie, ville de la côte que nous occupions depuis longtemps, mais qui était constamment bloquée par les tribus hostiles des alentours. La colonne du maréchal, partie de Bordj-Bouira, le 13 mai, livra, le 16, un rude combat aux Beni-Abbès ; rien ne put résister à l'élan de nos soldats, qui escaladèrent les montagnes les plus abruptes. Les Beni-Abbès, vaincus et fort maltraités, se soumirent, et leur exemple fut suivi par les populations voisines. Le 21 mai, le maréchal rejoignit, à une journée de Bougie, le général Bedeau, qui, de son côté, n'avait rencontré qu'une faible résistance. Le lendemain, les deux colonnes firent leur entrée dans Bougie. Le gouverneur réunit les chefs des tribus soumises, pour leur donner l'investiture, et leur expliqua quels seraient désormais leurs devoirs envers nous : payement d'un impôt modéré ; obligation de nous assurer le libre parcours à travers leur territoire ; responsabilité de tous les méfaits commis. Il ajouta qu'il n'avait pas l'intention d'occuper leur pays d'une façon permanente, mais qu'il reviendrait, de temps à autre, les visiter en armes, et qu'alors, s'il avait à se plaindre d'elles, il réglerait leurs comptes. Les chefs acclamèrent le maréchal et firent toutes les promesses qu'on voulait. La colonne du gouverneur rentra ensuite dans la province d'Alger. Une partie de celle du général Bedeau demeura encore pendant quinze jours à Bougie : aucun incident ne s'étant produit, elle retourna, elle aussi, dans ses cantonnements.

Le maréchal Bugeaud triomphait d'un succès si facile et qui paraissait si complet. Il écrivait, le 29 mai 1847, à un de ses amis : « Je suis rentré, depuis trois jours, de l'expédition de la Grande Kabylie, qui a fait déclamer nos grands tacticiens de la Chambre et de la presse... Je me borne à vous dire que les résultats, qui ont dépassé mes espérances, donnent un éclatant démenti aux opposants[1]. » Ceux-ci, en effet, ne savaient plus

---

[1] D'Ideville, *Le maréchal Bugeaud*, t. III, p. 142.

trop que dire. Est-ce donc que, du coup, notre domination était établie en Kabylie? Non, ceux qui le disaient alors se faisaient illusion. La soumission obtenue n'était que passagère et nominale. La vraie conquête de cette région restait à faire, et elle ne devait être menée à fin que dix ans plus tard, par le maréchal Randon.

En tout cas, sur le moment, le succès apparent faisait au maréchal Bugeaud la belle fin qu'il cherchait. Rien ne retardait plus son départ : « J'ai pris la ferme résolution de demander un successeur, écrivait-il, le 29 mai 1847, dans la lettre dont j'ai déjà cité un fragment. Sans attendre la décision définitive, je pars, le 5 juin, pour le Périgord. J'ai exprimé ma détermination avec tant de force, que l'on renoncera sans doute à la faire changer [1]. » On lisait, le lendemain, 30 mai, dans le *Moniteur algérien :* « En ce moment, depuis la frontière du Maroc jusqu'à celle de Tunis, depuis la Méditerranée jusqu'à la mer de sable, l'autorité française règne incontestée sur toute l'Algérie. Le maréchal duc d'Isly rentre en France. Il a prié le ministre de la guerre de vouloir bien pourvoir à son remplacement. La durée de son gouvernement, rempli de faits qui appartiennent à l'histoire, a duré six ans. Le départ du maréchal gouverneur aura lieu le 5 juin. » Avant de quitter l'Algérie, le maréchal adressa trois proclamations à la population civile, à l'armée et à la marine. « Colons de l'Algérie, disait-il dans la première, jetez un coup d'œil sur la proclamation que je vous adressais en février 1841. Vous verrez que j'ai dépassé de beaucoup le programme que je m'étais tracé. » Il exposait alors ce qu'il avait fait pour la conquête et pour la colonisation. Puis, après avoir déclaré que « sa santé et la situation qui lui était faite par l'opposition qu'éprouvaient ses idées, ne lui permettaient plus de se charger des destinées de l'Algérie », il donnait de graves conseils aux colons, blâmant leur impatience et leurs injustes préventions contre le gouvernement militaire. « Ces conseils, ajoutait-il, n'ont rien qui doive vous blesser; ils sont,

---

[1] D'Ideville, *Le maréchal Bugeaud*, t. III, p. 142.

au contraire, la preuve du vif intérêt que je vous porte. » Dans la proclamation à l'armée, il rappelait, avec une mâle fierté, tout ce qu'ils avaient fait ensemble. « Il est des armées, disait-il, qui ont pu inscrire dans leurs annales des batailles plus mémorables que les vôtres. Il n'en est aucune qui ait livré autant de combats et qui ait exécuté autant de travaux ! » A la marine, enfin, il témoignait sa vive reconnaissance pour l'appui qu'elle lui avait constamment donné. Ayant ainsi fait ses adieux à tous, il s'embarqua, le 5 juin, sur le navire qui devait l'emmener en France. Une foule émue et respectueuse assistait à son départ.

La démission du maréchal, devenue publique, enlevait tout intérêt à la délibération de la Chambre sur le projet relatif à l'essai de colonisation militaire. Le 2 juin, M. de Tocqueville avait déposé, au nom de la commission des crédits, un rapport dans lequel, après avoir discuté les divers plans de colonisation, il concluait au rejet du crédit demandé pour les camps agricoles. Huit jours après, le 11 juin, le ministre de la guerre annonça le retrait du projet. Le gouvernement témoignait ainsi qu'il prenait son parti de la retraite du maréchal, et qu'il renonçait à le retenir comme il avait fait jusqu'alors. Plusieurs raisons le déterminaient. D'abord, l'obstination avec laquelle le gouverneur exigeait la colonisation militaire, et la prévention invincible de l'opinion et de la Chambre contre cette colonisation, avaient fait naître une difficulté vraiment inextricable. En second lieu, le ministère en était venu probablement à cette conclusion plus ou moins formelle que Bugeaud avait fait son temps; par l'effet même du succès obtenu, l'action guerrière où le maréchal excellait et pour laquelle on l'avait pris et gardé, passait désormais au second plan; au problème militaire succédait un problème d'organisation coloniale sur lequel il ne paraissait point avoir des vues aussi sûres. N'était-il pas dans le rôle du pouvoir de varier ses instruments, suivant les tâches qu'il convenait d'accomplir? Ajoutons que le Roi et ses ministres n'étaient pas pris au dépourvu pour le choix du nouveau gouverneur. Depuis longtemps, conformément au vœu exprimé plusieurs fois par le maréchal lui-même[1], ils réservaient sa succession au duc d'Aumale. Jusqu'alors, à cause de la jeunesse du prince et des services qu'ils attendaient encore de Bugeaud, ils n'avaient rien fait pour hâter la réalisation de ce projet; au contraire. Mais, en 1847, ils ne voyaient plus de raison de la retarder.

Si le cabinet consentait à se séparer, pour l'avenir, du maréchal Bugeaud, ce n'était pas qu'il méconnût ses services dans le passé. Le 9 juin 1847, à la tribune de la Chambre des députés, M. Guizot saisit l'occasion du débat sur les crédits extraordinaires pour célébrer de nouveau ces services. A considérer aujourd'hui les choses de loin et de haut, on ne peut que confirmer l'hommage rendu par M. Guizot à l'illustre maréchal. Quels qu'aient pu être alors les tâtonnements de la colonisation et les lacunes de l'administration civile, l'œuvre accomplie par Bugeaud apparaît singulièrement grande et suffit à sa gloire. C'est pendant les six années de son gouvernement que les Arabes ont été vaincus et soumis. Il a fait ce qu'auparavant nul n'avait pu faire, et si, après lui, plusieurs ont beaucoup fait, nul n'a fait autant que lui. Son nom demeure le plus éclatant et le plus considérable de notre histoire algérienne.

---

[1] Voir plus haut, p. 371.

FIN DU TOME SIXIÈME.

TABLE DES MATIÈRES

LIVRE VI

L'APOGÉE DU MINISTÈRE CONSERVATEUR.
(De la fin de 1845 au commencement de 1847.)

	Pages.
Chapitre premier. — Les élections de 1846 (fin de 1845-août 1846).	1
I. Bonne situation du ministère à la fin de 1845. M. Thiers unit le centre gauche à la gauche. Le *National* et la *Réforme*.	1
II. L'opposition dans la session de 1846. Débats sur les affaires du Texas et de la Plata.	4
III. L'opposition crie à la corruption. Défense du ministère. Qu'y avait-il de fondé dans ce grief?.	7
IV. La campagne contre le pouvoir personnel. Débat sur ce sujet entre M. Thiers et M. Guizot. La majorité fidèle au cabinet.	13
V. Tranquillité générale. Attentat de Lecomte. Évasion de Louis Bonaparte.	20
VI. Dissolution de la Chambre. Polémiques électorales. Attentat de Henri. Les résultats du scrutin. Ce qu'on en pense dans le gouvernement.	23
Chapitre II. — Les intérêts matériels.	31
I. Développement de la prospérité. Les chemins de fer. La spéculation et l'agiotage.	31
II. Timidité économique du gouvernement. Il fait ajourner la réforme postale. Ses idées sur le libre échange.	37
III. Les finances en 1846. L'équilibre du budget ordinaire. Le budget extraordinaire.	41
IV. L'administration locale. Le comte de Rambuteau.	46
V. Le matérialisme de la bourgeoisie. Elle succombe à la tentation du veau d'or. Elle devient indifférente à la politique. Dangers de cet état d'esprit.	48
VI. L'opposition accuse le gouvernement d'avoir favorisé ce matérialisme. M. de Tocqueville. Son origine, ses visées et ses déceptions. Amertume de ses critiques sur l'état social et politique.	54
VII. Le mal s'étend à la littérature. La « littérature industrielle ». Cependant l'état des lettres est encore fort honorable à la fin de la monarchie de Juillet. Le roman-feuilleton. Ce qui s'y mêle de mercantilisme et de spéculation. Alexandre Dumas. Le procès Beauvallon.	

Romans socialistes publiés dans les journaux conservateurs. Eugène Süe. Les *Mystères de Paris* dans le *Journal des Débats*. Autres romans publiés par le *Constitutionnel*. Aveuglement de la bourgeoisie, faisant fête à ces romans. 62

Chapitre III. — LE SOCIALISME. 80
   I. Le mal des masses populaires. Les socialistes dérivés du saint-simonisme. Pierre Leroux. Sa vie, son système et son action. 80
  II. Buchez. Son origine et sa doctrine. Prétention d'unir le catholicisme et la révolution. L'*Atelier*. Dissolution de l'école buchézienne. . . 86
 III. Fourier. Le phalanstère et l'attraction passionnelle. La liberté amoureuse. Fantaisies cosmogoniques. Fourier à peu près inconnu avant 1830. Développement du fouriérisme lors de la dissolution de la secte saint-simonienne. Ce qu'il devient après la mort de Fourier. Son influence mauvaise. 94
 IV. Buonarotti. Par lui le « babouvisme » pénètre, après 1830, dans les sociétés secrètes. Fermentation communiste à partir de 1840. . . . 106
  V. Cabet. Le *Voyage en Icarie*. Propagande icarienne. 111
 VI. Louis Blanc. Son enfance et sa jeunesse. Ses débuts dans la presse républicaine. Sa brochure sur l'*Organisation du travail*. Critique du système. Succès de Louis Blanc auprès des ouvriers. 116
 VII. Proudhon. Son origine. Son isolement farouche. Son état d'esprit en écrivant son premier Mémoire contre la propriété. « La propriété, c'est le vol! » Argumentation du Mémoire. L'effet produit. Second et troisième Mémoire. Proudhon et le gouvernement. Le *Système des contradictions économiques*. Impuissance de Proudhon à faire autre chose que démolir. Son action avant 1848. 125
VIII. Le socialisme devenu révolutionnaire. Attitude des radicaux et de la gauche en face du socialisme. Le gouvernement et les conservateurs savent-ils se défendre contre ce danger? Les économistes. Il eût fallu la religion pour redresser et pacifier les esprits du peuple. La bourgeoisie trop oublieuse de ses devoirs envers l'ouvrier. La société, jusqu'en 1848, ne croit pas au péril. 141

Chapitre IV. — M. GUIZOT ET LORD ABERDEEN. 152
   I. L'entente cordiale en Espagne. Réaction favorable à l'influence française. La candidature du comte de Trapani à la main d'Isabelle se heurte à de graves difficultés. La candidature du prince de Cobourg n'est pas abandonnée. M. Bresson, inquiet, interroge son gouvernement. Le duc de Montpensier est proposé pour l'Infante. Déclarations faites à ce sujet dans l'entrevue d'Eu, en septembre 1845. On continue à s'agiter en faveur de Cobourg. Le cabinet français instruit M. Bresson et avertit le cabinet de Londres qu'il reprendrait sa liberté si le mariage Cobourg devenait imminent. Intrigue nouée entre la reine Christine et Bulwer, au printemps de 1846, pour conclure ce mariage à l'insu de la France. Lord Aberdeen la fait échouer en la révélant à notre ambassadeur. Le ministre anglais fait au duc de Sotomayor une réponse qui semble inspirée par un sentiment différent. Impression que ces incidents laissent au gouvernement français. 152
  II. L'Orient après 1840. L'Égypte. La question du Liban. Efforts peu efficaces de la diplomatie française. 175
 III. La Grèce. Fâcheux débuts du nouveau royaume. M. Guizot propose

TABLE DES MATIÈRES.

à l'Angleterre de substituer, en Grèce, l'accord à l'antagonisme. L'entente cordiale à Athènes. Colettis au pouvoir. Opposition que lui fait la diplomatie anglaise. Succès de Colettis. La légation de France le soutient et l'emporte sur la légation britannique. Inconvénients de ce retour à l'ancien antagonisme. 180

IV. L'entente cordiale se maintient surtout par l'amitié personnelle de M. Guizot et de lord Aberdeen. Leur correspondance. Première démission du cabinet tory. Émoi causé en France à la pensée que Palmerston va reprendre la direction du *Foreign office*. M. Thiers, au contraire, qui a partie liée avec lui, s'en réjouit. Le ministère whig ne peut se former, à cause des objections faites contre Palmerston. Voyage de ce dernier en France. Chute définitive du ministère Peel et rentrée de Palmerston. 192

CHAPITRE V. — LES MARIAGES ESPAGNOLS (juillet-octobre 1846). 203

I. Dispositions hostiles de Palmerston, particulièrement en Espagne. M. Guizot donne comme instructions à M. Bresson, de marier le duc de Cadix à la Reine et le duc de Montpensier à l'Infante. M. Bresson croit pouvoir promettre à la reine Christine la simultanéité des deux mariages. Mécontentement de Louis-Philippe, qui veut désavouer son ambassadeur. 203

II. Palmerston nous communique ses instructions du 19 juillet, où il nomme Cobourg en première ligne parmi les candidats à la main d'Isabelle. A Paris, on voit dans ce langage l'abandon de la politique d'entente. M. Guizot ne consent pas encore la simultanéité, mais il détourne le Roi de désavouer M. Bresson. Ses avertissements au gouvernement anglais. 210

III. Lettres confidentielles que Palmerston adresse à Bulwer pour compléter ses instructions. Ce qu'il nous cache et ce qu'il nous montre. Il est dès lors manifeste que Palmerston a rompu l'entente et que la France est libérée de ses engagements. 216

IV. La reine Christine, inquiète de l'appui donné par le ministre anglais aux progressistes, nous revient; seulement elle exige la simultanéité. Le Roi se résigne à laisser faire M. Bresson. Répugnances de la reine Isabelle pour le duc de Cadix. L'accord sur les deux mariages est enfin conclu à Madrid. 222

V. Irritation de Palmerston. Il est appuyé par lord John Russell. Lord Aberden donne tort à M. Guizot. La reine Victoria est très blessée. Lettre justificative de Louis-Philippe et réponse de la reine d'Angleterre. L'opinion anglaise prend parti pour Palmerston. 228

VI. Attitude de l'opposition française. M. Thiers la décide à attaquer les mariages. 240

VII. Palmerston veut empêcher l'accomplissement du mariage du duc de Montpensier. Efforts de Bulwer et de son ministre pour soulever une opposition en Espagne et intimider le cabinet de Madrid. Tous ces efforts échouent. 244

VIII. Palmerston cherche à effrayer et à faire reculer le gouvernement français. Celui-ci ne se laisse pas troubler et ne modifie rien à ses résolutions. 248

IX. Palmerston demande aux autres puissances de protester avec l'Angleterre. M. Guizot s'occupe de contrecarrer cette démarche. M. de

TABLE DES MATIÈRES.

Pages.

Metternich refuse de s'associer aux protestations anglaises. La Prusse et la Russie l'imitent. Célébration des deux mariages. . . . 252

CHAPITRE VI. — LES SUITES DES MARIAGES ESPAGNOLS (octobre 1846-avril 1847).................................. 259

 I. M. Guizot est fier, mais un peu ému de son succès. Lord Palmerston cherche à se venger. Ses récriminations contre le gouvernement français. Ses menées en Espagne. Ses efforts pour attirer à lui les trois puissances continentales. Il échoue auprès de l'Autriche et de la Russie. Attitude plus incertaine de la Prusse. . . .'...... 259

 II. Les trois cours de l'Est profitent de la division de la France et de l'Angleterre pour incorporer Cracovie à l'Autriche. Émotion très vive en France. Lord Palmerston repousse notre proposition d'une action commune. Protestations séparées des cabinets de Londres et de Paris. Les trois cours peuvent ne pas s'en inquiéter. En quoi l'Autriche n'avait pas compris son véritable intérêt. 269

 III. M. Thiers se concerte avec lord Palmerston. Sa correspondance avec Panizzi et ses rapports avec lord Normanby. M. Greville vient à Paris pour préparer un rapprochement entre l'Angleterre et la France. M. Thiers, dans ses conversations avec M. Gréville et ses lettres à Panizzi, excite le cabinet britannique à pousser la lutte à outrance.. 279

 IV. Ouverture de la session française. Discussion à la Chambre des pairs. Le duc de Broglie et M. Guizot. 289

 V. Langage conciliant au Parlement britannique. M. Thiers s'en plaint. La publication des documents diplomatiques anglais rallume la bataille. 294

 VI. L'adresse à la Chambre des députés. Hésitation de M. Thiers à engager le combat. Son discours. Réponse de M. Guizot. Forte majorité pour le ministère. Impression produite par ce vote, en France et en Angleterre. 299

 VII. Querelle de lord Normanby et de M. Guizot. Lord Normanby est soutenu par lord Palmerston. Incident du bal. Lord Normanby, blâmé même en Angleterre, est obligé de faire des avances pour une réconciliation. Cette réconciliation a lieu par l'entremise du comte Apponyi. Dépit de l'ambassadeur anglais. 308

 VIII. Nouveaux efforts de lord Palmerston pour obtenir quelque démarche des trois puissances continentales. Malgré les efforts de lord Ponsonby, M. de Metternich refuse de se laisser entraîner. La Prusse est plus incertaine, mais, intimidée par notre ferme langage et retenue par l'Autriche, elle ne se sépare pas de cette dernière. La Russie est en coquetterie avec la France. 320

 IX. Conclusion : comment convient-il de juger aujourd'hui la politique des mariages espagnols?........................ 331

CHAPITRE VII. — LES DERNIÈRES ANNÉES DU GOUVERNEMENT DU MARÉCHAL BUGEAUD EN ALGÉRIE (1844-1847) 337

 I. Grande situation du maréchal Bugeaud après la bataille d'Isly. Ovations qui lui sont faites en France. 337

 II. L'insurrection de Bou-Maza. Le colonel Pélissier fait enfumer des Arabes. Incursions d'Abd el-Kader dans le Sud. Expédition en Kabylie.. 341

 III. Idées de Bugeaud sur le gouvernement civil de la colonie. Pour lui,

TABLE DES MATIÈRES.

	Pages.
« l'armée est tout ». Ordonnance du 15 avril 1845 sur l'administration de l'Algérie.	348
IV. Le problème de la colonisation. La crise de 1839. La colonisation administrative. Villages créés autour d'Alger.	353
V. La Trappe de Staouëli. Bugeaud et les Jésuites. Les premiers évêques d'Alger.	358
VI. Bugeaud et la colonisation militaire. Ce système est très critiqué. Le maréchal cherche, sans succès, à entraîner le gouvernement.	366
VII. Bugeaud, mécontent, parle de donner sa démission. Son voyage en France et son entrevue avec le maréchal Soult.	371
VIII. L'insurrection éclate en septembre 1845. Massacre de Sidi-Brahim. Capitulation d'Aïn-Temouchent. Bugeaud revient aussitôt en Algérie. Sa lettre au préfet de la Dordogne.	378
IX. Nombreuses colonnes mises en mouvement pour guetter et poursuivre Abd el-Kader. L'émir, insaisissable, fait une incursion dans l'Ouarensenis. Son irruption sur le bas Isser. La Métidja est en péril. Sang-froid de Bugeaud. Abd el-Kader battu par le général Gentil et rejeté dans le Sud.	385
X. Le maréchal fait poursuivre l'émir dans le désert. Il eût désiré porter la guerre sur le territoire marocain, mais le gouvernement l'en empêche. Massacre des prisonniers français dans la Deïra. Abd el-Kader, à bout de forces, est réduit, après sept mois de campagne, à rentrer au Maroc.	394
XI. Bugeaud supporte impatiemment les critiques qui lui viennent de France. Discussion à la Chambre, en juin 1845. Le maréchal parle de nouveau de donner sa démission.	401
XII. Le gouvernement promet à Bugeaud de proposer un essai de colonisation militaire. Délivrance des prisonniers français survivants. Soumission de Bou-Maza.	407
XIII. Efforts infructueux de Bugeaud pour convertir l'opinion à la colonisation militaire. Voyage de M. de Tocqueville et de quelques députés en Algérie. La Moricière propose, sur la colonisation, un système opposé à celui du maréchal.	411
XIV. Projet déposé par le gouvernement pour un essai de colonisation militaire. Il y est fait mauvais accueil. Bugeaud, qui s'en aperçoit, conduit une dernière expédition en Kabylie et donne sa démission. Son départ d'Alger. Le gouvernement accepte la démission du maréchal et retire le projet de colonisation militaire.	419

FIN DE LA TABLE DES MATIÈRES.

www.ingramcontent.com/pod-product-compliance
Lightning Source LLC
Chambersburg PA
CBHW070621230426
43670CB00010B/1601